TREINAMENTO DESPORTIVO

G633t   Gomes, Antonio Carlos.
      Treinamento desportivo : estruturação e periodização / Antonio Carlos Gomes. – 2.ed. – Porto Alegre : Artmed, 2009.
      276 p. : 25 cm

      ISBN 978-85-363-1948-3

      1. Esporte 2. Treinamento esportivo. 3. Resistência I. Título.

CDU 796.015

Catalogação na publicação: Renata de Souza Borges CRB-10/1922

TREINAMENTO DESPORTIVO
ESTRUTURAÇÃO E PERIODIZAÇÃO

2ª EDIÇÃO

ANTONIO CARLOS GOMES

Doutor em Ciência do Treinamento Desportivo de Alto Rendimento pela
Universidade Nacional de Educação Física e Desporto de Moscou, Rússia.
Mestre em Ciência do Treinamento Desportivo pelo Instituto Estatal de Cultura Física
de Moscou, Rússia. Professor do Curso de Pós-Graduação em Metodologia do Treinamento
Desportivo e Fisiologia do Exercício da Universidade Federal de São Paulo (UNIFESP).
Consultor Científico do Comitê Olímpico Brasileiro e da Confederação Brasileira de Triatlon.

2009

© Artmed Editora S.A., 2009

Capa:
Tatiana Sperhacke - TAT studio
Ilustração de capa:
© *iStockphoto.com/filo*
Ilustrações
Juliano Dall'Agnol
Preparação do original
Paulo Ricardo dos Santos
Leitura final
Sandra da Câmara Godoy
Supervisão editorial
Laura Ávila de Souza
Projeto e editoração
Armazém Digital® Editoração Eletrônica – Roberto Carlos Moreira Vieira

Reservados todos os direitos de publicação, em língua portuguesa, à
ARTMED® EDITORA S.A.
Av. Jerônimo de Ornelas, 670 – Santana
90040-340 – Porto Alegre, RS
Fone: (51) 3027-7000 Fax: (51) 3027-7070

É proibida a duplicação ou reprodução deste volume, no todo ou em parte,
sob quaisquer formas ou por quaisquer meios (eletrônico, mecânico, gravação,
fotocópia, distribuição na Web e outros), sem permissão expressa da Editora.

SÃO PAULO
Av. Angélica, 1091 – Higienópolis
01227-100 – São Paulo, SP
Fone: (11) 3665-1100 Fax: (11) 3667-1333
SAC 0800 703-3444
IMPRESSO NO BRASIL
PRINTED IN BRAZIL

In memoriam

Antonio Gomes
Lourdes Moreira Gomes
Meus queridos pais, motivo de todo o esforço que fiz na vida para me tornar um profissional na área da Educação Física e dos Desportos.

Leev Pavilovitch Matveev
Meu orientador científico durante o Curso de Mestrado e Doutorado na Universidade Nacional de Educação Física da Rússia.

AGRADECIMENTOS

Ao Professor Doutor Paulo Roberto de Oliveira, por ter sido a pessoa que mais me incentivou e motivou a tornar-me um profissional na área do Treinamento Desportivo. Desde a década de 1970, sempre esteve ao meu lado e, com seus ensinamentos, como professor, técnico e amigo, procurou mostrar-me os melhores caminhos para o sucesso pessoal e profissional.

À Professora Doutora Tatiana Germnova Fomitchenko, pelo apoio, pela orientação e pela amizade durante todo o período de minha estada no programa de pós-graduação na Rússia.

Ao Professor Doutor Yuri Verkhoshanski, pela amizade e pelo carinho que sempre teve comigo, orientando-me para o desenvolvimento do senso crítico em todos os trabalhos que desenvolvemos juntos.

Ao Professor Abdallah Achour Junior, pela colaboração na revisão técnica desta obra e pela grande amizade e apoio que demonstrou ao longo desses anos de nossa convivência.

Aos Professores Marcio Teixeira e Ney Pereira de A. Filho, pelo incentivo na produção desta obra e pela manifestação de companheirismo, amizade e solidariedade durante todo o tempo de nossa convivência pessoal e profissional.

A todos os meus atletas, que, durante muitos anos, me permitiram colocar em prática muitas das experiências que são relatadas nesta obra.

APRESENTAÇÃO

Sergio Gregório da Silva*

Mais uma vez tenho o prazer de apresentar esta obra, agora em edição ampliada e atualizada, e não tenho dúvida de que ela permanece sendo uma leitura obrigatória para todos aqueles que se dedicam à arte do treinamento desportivo, uma vez que fornece todos os passos necessários para tornar nosso trabalho mais científico, por meio do planejamento, da estruturação e do controle do treinamento.

A preparação do atleta para a competição compreende muitos aspectos, desde a descoberta do talento desportivo, passando pelas etapas de iniciação desportiva, até os detalhes da preparação de alto rendimento, culminando em um campeonato de nível mundial. Durante esse processo de desenvolvimento do atleta, observamos que o processo de treinamento deve estar devidamente fundamentado por áreas como fisiologia, psicologia, biomecânica e outras matérias norteadas pela ciência. Entretanto, o programa de treinamento também deve representar a experiência, a intuição, a coragem do técnico e a sua habilidade de obter o melhor do atleta em treinamento e em competição. Portanto, o treinamento desportivo transcende o nível da ciência e remete-nos à arte de preparar indivíduos para o desporto.

Nesta segunda edição, além da atualização de todos os capítulos, o Professor Antonio Carlos Gomes adicionou um tema muito importante para os especialistas que trabalham na área do treinamento desportivo: o desenvolvimento e o aperfeiçoamento das capacidades motoras, assunto de suma importância para o treinador preparar melhor os seus atletas. Além disso, tais informações consistem em um referencial teórico importante para os professores universitários que ministram aulas nas disciplinas relacionadas ao tema.

Ao apresentar a primeira edição, destaquei a importância desta obra naquele momento pelo fato de treinadores, professores e outros especialistas prescreverem atividades de treino sem a utilização de preceitos científicos e de métodos atualizados. Evoluímos muito nesse aspecto nos últimos anos, e agora o destaque está na realização da Copa do Mundo de futebol programada para o ano de 2014 em nosso país e, principalmente, na possibilidade de sermos sede dos Jogos Olímpicos de 2016. Esses dois eventos estabelecem definitivamente a era científica do desporto nacional.

O autor tem uma formação extremamente sólida e especializada, fundamen-

---

* Professor Doutor da Universidade Federal do Paraná. Consultor Científico em Fisiologia do Exercício.

tada em uma combinação de resultados de muitos anos dentro das pistas e das quadras como atleta e, depois, como técnico desportivo e preparador físico de diversas modalidades desportivas. Além de sua experiência profissional e formação acadêmica, nos últimos anos Antonio Carlos Gomes confirmou sua competência com resultados de destaque na modalidade de futebol, atuando como diretor científico de uma grande equipe da primeira divisão brasileira. Atualmente, ele colabora com o Comitê Olímpico Brasileiro, e sem dúvida esta obra será um dos instrumentos teóricos que sustentarão o novo sistema de preparação dos atletas brasileiros em busca da medalha de ouro nos próximos Jogos Olímpicos.

Esta segunda edição de *Treinamento desportivo: estruturação e periodização* apresenta os caminhos e as ferramentas de trabalho para organizar a atividade de treinamento de uma maneira clara e fácil pela riqueza de detalhes exposta pelo autor. Nesse particular, o Professor Antonio Carlos Gomes consegue não só nos trazer uma brilhante combinação de dezenas de anos de estudos dos cientistas do Leste Europeu como também propor uma metodologia muito adequada ao desporto brasileiro, utilizando suas experiências pessoais, principalmente como cientista e treinador de alto nível, ensinando-nos a colocar nossos sentimentos nessa atividade que nos traz tantas alegrias e prazer.

PREFÁCIO À SEGUNDA EDIÇÃO

Oscar Amauri Erichsen[*]

Esta nova edição de *Treinamento desportivo: estruturação e periodização* mantém o objetivo da anterior, que é discutir as tendências modernas do treinamento. Seu objetivo não é determinar a atividade a ser realizada, mas sim discutir e entender os fatores e os mecanismos fundamentais envolvidos na preparação do desportista. Temos certeza de que é um material para leitores sérios, que pretendem entender com profundidade os conceitos práticos e científicos da preparação do desportista.

A influência de autores e de pesquisadores da antiga União Soviética no trabalho do Professor Antonio Carlos Gomes justifica-se pelos longos anos de estudos e trabalhos ao lado dos maiores nomes da ciência da preparação desportiva, em nível mundial, daquele país.

Para aqueles que consideram o treinamento desportivo arte e ciência, este livro vem ao encontro de um aspecto fundamental: entender e combinar os elementos científicos para resolver os problemas do dia-a-dia do treinamento.

A organização do material procura estabelecer uma sequência de entendimento do conteúdo proposto. O Capítulo 1, *Princípios científicos da preparação desportiva*, permite ao leitor orientar-se com relação a leis e regras, princípios pedagógicos e biológicos que fundamentam os conhecimentos necessários ao técnico desportivo.

O Capítulo 2, *Sistema de competições desportivas*, trata da classificação das competições desportivas, do calendário desportivo e do sistema individualizado das competições. Por meio da identificação desses elementos, é possível que o técnico desportivo prepare seus atletas de acordo com as características específicas da competição.

No Capítulo 3, *Meios e métodos da preparação desportiva*, está muito bem caracterizada a pedagogia da preparação desportiva. Classificar exercícios e adequá-los a métodos de influência prática, verbal ou demonstrativa é o elemento fundamental do processo evolutivo da assimilação e da adaptação do gesto desportivo a respostas propostas pelas cargas de treinamento adotadas.

Depois de ser discutida a questão pedagógica, o Capítulo 4, *Carga de treinamento*, trata dos elementos da adaptação e dos efeitos do treinamento. Identificar o conteúdo, o volume e a organização de cargas de treinamento parece ser uma tarefa fácil após a leitura desse capítulo.

---

[*] Professor Doutor da Universidade Estadual de Londrina. Coordenador Científico do Clube Atlético Paranaense.

O Capítulo 5, *Treinamento e aperfeiçoamento das capacidades físicas*, aborda parâmetros importantes na concepção do treinamento desportivo, nos quais é observado de forma clara e objetiva todo o processo de aperfeiçoamento das capacidades motoras, bem como suas especificidades para cada grupo de desportos.

O Capítulo 6, *Estruturação e periodização do treinamento desportivo*, é o mais longo deste livro. Justifica-se pela complexidade do tema, mas principalmente pela discussão profunda das possibilidades levantadas por grandes estudiosos da preparação desportiva.

O Capítulo 7, *Modelos de periodização nos desportos*, concentra a discussão do tema desde a origem e evolução dos pressupostos teóricos do planejamento do treinamento até as propostas mais modernas. Esse capítulo não tem a intenção de apresentar receitas de treinamento desportivo, mas sim debater uma experiência viva e atual dos conceitos modernos na preparação desportiva.

Todo profissional da área do treinamento desportivo precisa obter conhecimentos do desenvolvimento da preparação em um contexto global. O Capítulo 8, *Planejamento do treinamento desportivo na infância e na adolescência*, permite ao leitor visualizar elementos importantes no desenvolvimento da vida do atleta. A partir desses conhecimentos é possível estabelecer um planejamento a longo prazo, evitando-se, assim, fatos comuns como, por exemplo, o treinamento precoce.

Como elemento conclusivo, o Capítulo 9, *Projeto de treinamento desportivo*, discute as etapas de desenvolvimento do planejamento de preparação desportiva. São tratados, nesse capítulo, os aspectos mais importantes que devem ser levados em consideração na elaboração de um planejamento.

Tenho certeza de que este livro fornece informações importantes tanto ao técnico em sua prática diária quanto aos pesquisadores e aos estudiosos da área.

SUMÁRIO

| | INTRODUÇÃO | 19 |

1 PRINCÍPIOS CIENTÍFICOS DA PREPARAÇÃO DESPORTIVA 21
Preparação desportiva, leis e regras 21
Princípios pedagógicos da preparação desportiva 21
    Princípios especiais da preparação desportiva 22
    Princípio da continuidade no processo da atividade competitiva 23
Combinação das cargas de treinamento no processo
de preparação desportiva 24
    Carga ondulatória durante o processo de preparação desportiva 28
Integração das diferentes partes da preparação do desportista 33

2 SISTEMA DE COMPETIÇÕES DESPORTIVAS 37
Classificação das competições desportivas 38
Calendário desportivo e sistema individualizado das competições 42
Prática competitiva do desportista a longo prazo 47
Participação dos desportistas nas competições 50

3 MEIOS E MÉTODOS DA PREPARAÇÃO DESPORTIVA 55
Meios pedagógicos da preparação desportiva 55
    Classificação dos exercícios 56
    Exercício competitivo 58
    Exercício preparatório especial 58
    Exercício preparatório geral 58
Métodos pedagógicos de preparação desportiva 60
    Método de influência prática "programado" 60
    Métodos de ensino da técnica de ações motoras 61
    Métodos de treino das capacidades motoras 63
        Método de exercício de carga contínua 63
        Método de exercício de carga intervalada 63
        Método de exercício de carga mista (intervalado e contínuo) 63
    Método competitivo 68

Método de jogo 68
Métodos de influência verbal 69
Métodos de influência demonstrativa 69

4 CARGA DE TREINAMENTO 71
Carga de treinamento e suas formas de ação 71
Características da carga de treinamento 71
Adaptação no treinamento desportivo 72
Efeitos de treinamento 75
- Efeito imediato de treinamento 76
- Efeito posterior de treinamento 76
- Efeito somatório de treinamento 76
- Efeito acumulativo (a longo prazo) de treinamento 76

Carga de treinamento e seus aspectos determinantes 76
- Conteúdo da carga 76
- Volume da carga 77
- Organização da carga 79
- Carga especializada 79
- Orientação da carga 81
    - Intensidade da carga 81
    - Duração do exercício 84
    - Duração dos intervalos de descanso 84
        - *Intervalo rígido de descanso* 86
        - *Intervalo curto de descanso* 86
        - *Intervalo completo de descanso (ordinário)* 86
        - *Intervalo supercompensatório* 86
        - *Intervalo prolongado de descanso* 86
    - Caráter de descanso 86
    - Cargas ótimas 87

5 TREINAMENTO E APERFEIÇOAMENTO DAS CAPACIDADES FÍSICAS 91
Sistema de treinamento e preparação física 91
- Treinamento e aperfeiçoamento da resistência 93
- Treinamento da resistência aeróbia 95
- Treinamento da resistência anaeróbia glicolítica 99
- Treinamento da resistência anaeróbia alática 101
- Treinamento das capacidades de força 103
    - Aspectos neuromusculares relacionados com a manifestação das capacidades de força 104
- Metodologia do treinamento das capacidades de força 106
    - Treinamento da capacidade de força concêntrica 108
    - Treinamento das capacidades de velocidade e de força 110
    - Treinamento da resistência de força 111
    - Treinamento da capacidade de força isocinética 112
    - Treinamento das capacidades de força excêntrica e combinada 113

Treinamento das capacidades de força isométrica e
combinada (dinâmico-estático) 117
Treinamento da capacidade de velocidade 122
Meios de treinamento de velocidade 123
Metodologia do treinamento da velocidade 127
Treinamento da capacidade de flexibilidade 134
Metodologia do treinamento da flexibilidade 135
Treinamento das capacidades de coordenação 141
Meios e particularidades do método de treinamento 142
Treinamento da precisão na reprodução dos parâmetros
de força, espaço, tempo e ritmo nos movimentos 142
Treinamento da capacidade de equilíbrio 145
Controle do nível de preparação física 146

6 ESTRUTURAÇÃO E PERIODIZAÇÃO DO TREINAMENTO DESPORTIVO 149
Bases teóricas da periodização do treinamento desportivo 149
Estrutura e preparação do atleta 150
Estrutura geral da preparação desportiva a longo prazo 151
Estrutura e conteúdo da preparação do atleta a longo prazo 152
Períodos sensíveis e desenvolvimento das capacidades motoras 155
Carga de treinamento e seu crescimento constante 157
Meios e métodos de preparação desportiva e sua relação
com a hereditariedade 158
Etapas de preparação a longo prazo 159
Etapa de preparação preliminar 160
Etapa de especialização desportiva inicial 161
Etapa de especialização profunda 163
Etapa de resultados superiores 165
Etapa de manutenção dos resultados 166
Estrutura e organização do treinamento no ciclo olímpico 167
Estrutura da sessão (semana) de treinamento 171
Sessão de treinamento 171
Parte preparatória 172
Parte principal 174
Sessões complexas de treinamento 176
Parte final 177
Estrutura e organização do treinamento no microciclo 179
Microciclos de preparação 180
Microciclo ordinário 180
Microciclo de choque 180
Microciclo estabilizador 181
Microciclo de manutenção 181
Microciclo recuperativo 183
Microciclo de controle 183

Microciclo pré-competitivo 184
Microciclo competitivo 184
Carga de treinamento no microciclo e suas diversas combinações 185
Estrutura e organização do treinamento no mesociclo 190
Classificação dos mesociclos 190
Mesociclo inicial 192
Mesociclo básico 192
Mesociclo de desenvolvimento 192
Mesociclo estabilizador 193
Mesociclo recuperativo 193
Mesociclo de controle 193
Mesociclo pré-competitivo 193
Mesociclo competitivo 193
Composição dos microciclos na estrutura do mesociclo 194
Mesociclo de preparação para mulheres 194
Estrutura do mesociclo pré-competitivo 196
Estrutura e organização do treinamento no ciclo anual e macrociclo 199
Estrutura do ciclo anual de preparação em vários desportos 203
Planejamento do treinamento em diferentes períodos do macrociclo 203
Período preparatório 204
Período competitivo 205
Período transitório 207

7 MODELOS DE PERIODIZAÇÃO NOS DESPORTOS 209
Modelos de treinamento 209
Modelos tradicionais 210
Modelos contemporâneos 213
Modelos de treinamento em bloco 214
Modelo integrador 220
Modelo de cargas seletivas 220
Organização e planejamento do treinamento na modalidade de futebol 226
Planejamento do treinamento para velocistas na modalidade de atletismo 229
Organização do processo de treinamento 229

**8 PLANEJAMENTO DO TREINAMENTO DESPORTIVO
NA INFÂNCIA E NA ADOLESCÊNCIA** 233
Treinamento desportivo na infância e na adolescência 233
Especialização desportiva 233
Desenvolvimento multilateral 234
Desporto na escola 234
Aperfeiçoamento desportivo 234
Técnico desportivo 235

    Organização das competições 236
        Forma de organização das competições 237
    Formação e educação dos atletas 240
    Clube desportivo 241
    Função educativa do treinador 241
    Seleção de talentos nos desportos 244
        Aptidões hereditárias 245
        Etapas da seleção de talentos 246
            Primeira etapa (preliminar) 246
            Segunda etapa (observação pedagógica) 247
            Terceira etapa (orientação desportiva) 248

9 PROJETO DE TREINAMENTO DESPORTIVO 255
    Análise dos resultados da temporada anterior 256
    Elaboração do planejamento da preparação desportiva 261
    Etapas de desenvolvimento do planejamento da preparação desportiva 261
    Planejamento a longo prazo 264
    Planejamento de treinamento do ciclo anual 266

CONSIDERAÇÕES FINAIS 271
REFERÊNCIAS 273

INTRODUÇÃO

A preparação desportiva é um processo tão complexo que o resultado final só pode ser atingido com a união de diversos fatores cujas explicações e cujo entendimento não dependem apenas do domínio do conhecimento do conteúdo de treinamento, mas também da arte e da intuição do treinador. Dessa forma, é possível considerar que o desenvolvimento do processo de preparação desportiva de qualquer modalidade está diretamente relacionado com as evidências empíricas diagnosticadas na prática pelo treinador. No entanto, é necessário, cada vez mais, o fundamento teórico proveniente da investigação científica nas diferentes áreas relacionadas com as ciências do desporto.

O conhecimento da teoria e da metodologia do treinamento desportivo tem-se tornado o maior artifício para o treinador, e o sucesso está relacionado com as investigações científicas no domínio do desporto e, por que não, em diversas outras áreas de atuação. A área da pedagogia do desporto tem dado sua contribuição, destacando-se consideravelmente como componente essencial na preparação do atleta moderno.

A experiência na área do desporto, tanto como atleta quanto como treinador, e a atuação na área de pesquisa permitem-me afirmar que uma das dificuldades enfrentadas pelo treinador está relacionada com a estruturação, a organização e a periodização do treinamento desportivo. As informações colhidas na literatura nacional ainda não respondem a todas as dúvidas que o treinador apresenta na sua prática de estruturação do processo de preparação do desportista.

A teoria de preparação desportiva formulada nos últimos anos tem como base as experiências de treinadores e de estudiosos oriundos de países do Leste Europeu, os quais, de modo sensacional, sugerem formas muito específicas de organização e de estruturação do processo de treinamento, sempre com o objetivo de preparar seus desportistas para obterem resultados em um sistema de competição que difere muito da realidade latino-americana.

Ao apresentar, nesta obra, os diversos modelos de estruturação da carga de treinamento no processo de preparação a longo prazo, procurou-se oferecer alternativas que venham atender, de forma concreta, às manifestações do calendário desportivo brasileiro.

A expressão *preparação desportiva* (PD) demonstrada na Figura 1 a seguir compreende todos os fatores relacionados com a preparação do atleta e que podem levá-lo ao desenvolvimento de uma boa

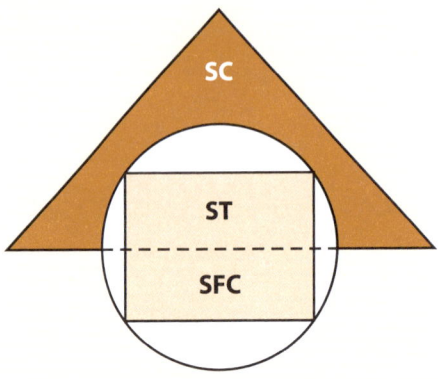

SC: Sistema de competições
ST: Sistema de treinamento
SFC: Sistema de fatores complementares

FIGURA 1
Sistema de preparação desportiva e seu subsistema (Matveev, 1999).

performance no desporto praticado. Dessa maneira, a PD é composta por três sistemas que, de uma forma integrada, facilitam a preparação do desportista. São eles:

- **Sistema de competições**: indica todas as manifestações da competição, desde sua forma de disputa até o diagnóstico das ações motoras realizadas pelo atleta na atividade competitiva do desporto praticado.
- **Sistema de treinamento**: está relacionado com o desenvolvimento e com o aperfeiçoamento de capacidades motoras tais como força, velocidade, resistência, coordenação e flexibilidade. A estruturação do sistema de treinamento depende do sistema de competições: em alguns desportos o sistema de treinamento é de fundamental importância, todavia, em outros, não. Assim, a construção do processo de treinamento apresenta particularidades de um desporto para outro.
- **Sistema de fatores complementares**: trata-se de todos os meios que auxiliam na preparação do atleta, principalmente os relacionados com a recuperação após cargas de treinamento e com os meios utilizados para a mobilização do atleta para a competição. Estão incluídas as áreas da psicologia, medicina, fisioterapia, nutrição e massoterapia, dentre outras.

A expressão *treinamento desportivo* tem relação direta com a adaptação psico-morfofuncional que se altera durante toda a temporada de treinamento. A organização, a estruturação e o controle do treinamento podem auxiliar, de forma decisiva, no ganho de performance de alto rendimento. Como definição, podemos nos referir ao treino desportivo como "um conjunto de procedimentos que devem ser considerados com o objetivo de aperfeiçoar as capacidades motoras até um estado ótimo, mantendo sempre o equilíbrio entre os sistemas biológico, psicológico e social".

Esta obra apresenta, em 9 capítulos, os temas mais pertinentes e fundamentadores do raciocínio científico relacionados com a estruturação e a periodização do treinamento desportivo, com exemplos concretos nos desportos, respeitando suas particularidades e, principalmente, o calendário desportivo que determina o processo de treinamento de nossos atletas.

PRINCÍPIOS CIENTÍFICOS DA PREPARAÇÃO DESPORTIVA

PREPARAÇÃO DESPORTIVA, LEIS E REGRAS

O treinamento desportivo moderno como um processo pedagógico ocorre sob a orientação dos conhecidos princípios científicos, que podem ser subdivididos em dois grupos fundamentais: gerais e específicos (Siff; Verkhoshanski, 2004).

O primeiro grupo inclui os princípios pedagógicos (didáticos) gerais, que representam todo o processo pedagógico, como: atitude, consciência, caráter, personalidade do atleta, etc. O segundo grupo está relacionado diretamente com a especificidade do treinamento desportivo, que reflete as características essenciais inerentes à modalidade desportiva. A teoria do treinamento desportivo defende que o conhecimento dos princípios científicos comumente chamados de leis e regras pode, na prática, orientar o caminho para o sucesso. As regras representam por si mesmas vínculos essenciais, objetivos, dependências e relações na esfera da atividade desportiva. Somente elas compõem o fundamento sólido de obtenção de resultados no desporto, deixando de ser subjetivas.

A diferença entre as manifestações inconscientes das leis e as regras da atividade, compreendida aqui também a desportiva, dá liberdade de optar por uma de suas variantes e, em função da variante escolhida e das condições concretas, levar a diferentes resultados. O efeito da aplicação dos mesmos meios e métodos de preparação desportiva diante de situações distintas não é o mesmo. Devido a isso, atribui-se um significado especial, na busca dos objetivos, à realização consequente dos princípios determinados, ou seja, das teses que, no estado ideal, revelam suas regras fundamentais e, ao mesmo tempo, orientam, de um modo mais preciso, como se deve observá-las nas condições típicas da prática desportiva. Assim, a observação das regras de preparação desportiva está ligada à elaboração dos princípios que a regulamentam.

Os princípios são adequados somente quando revelam objetivamente as regras e não são aleatoriamente deduzidos. Nisso consiste a interação dos princípios e das regras em questão: as regras são primárias, e os princípios (enquanto representação das regras), secundários.

PRINCÍPIOS PEDAGÓGICOS DA PREPARAÇÃO DESPORTIVA

Na literatura especializada (Gomes, 1999), ao expor os princípios para a orientação exata da atividade do técnico desportivo, comumente menciona-se, em primeiro lugar, *os princípios pedagógicos gerais, com os didáticos incluídos*, os quais se configuram na esfera da pedagogia geral, que une os conhecimentos aplicados referentes às regras do ensino e da educação; em outras palavras, são conhecidos pela denominação dos *princípios da consciência e da atividade, da intuitividade e da acessibilidade, do caráter sistemático*, etc. Isso é adequado à medida que os princípios desse gênero, elaborados corretamente, reflitam as regras universais do ensino e da educação que permeiam a preparação do atleta. Entretanto, tais princípios naturalmente não refletem suas regras específicas e, consequentemente, não podem ser utilizados na preparação do atleta.

Destacam-se também os princípios elaborados na teoria e na metodologia da educação física. São os princípios que asseguram o caráter permanente do processo de educação física, sua alternância sistemática de cargas, com intervalos de descanso, o aumento consecutivo das influências do treinamento e a construção cíclica do sistema de treinos e sua orientação adaptável a diferentes objetivos, adequada aos períodos de desenvolvimento físico (motor) do indivíduo (Matveev, 1991).

Tais princípios, refletindo integralmente as regras especiais da educação física, são adequados também em relação ao treinamento desportivo, conforme constituam uma das variedades do processo de educação física. Porém, eles não são igualmente potentes em sua totalidade como os princípios especiais, sendo aconselhável considerar somente os que reflitam suas regras específicas.

Princípios especiais da preparação desportiva

Os princípios especiais da preparação do desportista, sustentados pela identificação de suas regras básicas, passaram, ao longo da história do desporto, por muitos erros nas suas práticas. Embora o processo de conhecimento seja inquestionavelmente infinito, há fundamentos para confirmar que a abundância de resultados da experiência prática e o material da pesquisa científica permitem não só avaliar, com segurança, uma série de regras fundamentais da preparação desportiva como formular os princípios que a regulamentam.

Devemos concentrar a atenção, uma vez mais, no que se deve entender por regras de preparação do desportista. As principais são as que representam, unem e condicionam mutuamente os fatores da preparação que exercem sua influência nas alterações dos sistemas do organismo do atleta em razão do resultado do treinamento e do grau de preparação em geral. É impossível entender as regras em questão sem a aceitação de tal condição. Assim ocorre principalmente quando se trata de condicionar uma regra aparente da preparação desportiva, limitando-se à observação de algumas mudanças morfofuncionais do atleta e deixando de lado o que aconteceu nessa mesma preparação e que condicionou as mudanças observadas. Tal enfoque equivale à tentativa de explicar algo que é consequência das causas determinadas sem saber quais são elas.

Graças aos esforços realizados por muitos especialistas, a teoria e a prática do desporto, em geral, estão avançando, com sucesso, pelo caminho do conhecimento cada vez mais aprofundado e pelo uso apropriado das regras, com base nas quais se assegura o progresso desportivo; porém ainda não são conhecidas com a plenitude e a exatidão necessárias. A maior parte delas está descrita somente de forma aproximada. No complexo geral das regras de preparação do desportista, as de treinamento desportivo são as mais estudadas. Apesar disso, nas representações referentes às regras e aos princípios da preparação desportiva que serão discutidas a seguir, a atenção é concentrada não somente no treinamento, mas também nas esferas de preparação fora do treinamento e na problemática da interação da atividade preparatória e competitiva do desportista.

Princípio da continuidade no processo da atividade competitiva

Como se sabe, o princípio da continuidade é reconhecido há tempos como um dos mais importantes na área da educação. Os estudos que explicitam sua essência foram elaborados detalhadamente com base na teoria e na metodologia da educação física como apoio aos dados de pesquisa sobre as regras do processo de ensino dos movimentos locomotores e de formação das capacidades motoras (Matveev, 1991).

O problema da continuidade do processo de treino, destinado a assegurar a mudança progressiva da capacidade de trabalho dos que praticam desporto, surge, em primeiro lugar, por causa do caráter transitório das mudanças morfofuncionais ocorridas com a sessão de treinamento. Logo após o término da sessão, inicia-se o processo de restabelecimento do nível funcional inicial. Outras, ao se transformarem, durante um longo período de tempo (restabelecimento e supercompensação dos recursos bioenergéticos, modificações plásticas dos tecidos, etc.), são também como se nivelassem com o tempo e pudessem desaparecer por completo, se, por acaso, não houver sequência nas sessões de treinamento, as quais originam mudanças.

Nas condições de treinamento regular realizados a longo prazo, bastam alguns dias de interrupção do treinamento para que comece a diminuir o grau de treinabilidade, de preparação ou, no mínimo, da manutenção do nível alcançado. É necessário garantir, na sequência das sessões, a sucessão ininterrupta de seu efeito, ou seja, não admitir entre elas intervalos que não permitam a soma (acúmulo) dos efeitos que levem ao desenvolvimento ou destruam o efeito do treinamento obtido. Disso derivam, como princípios, as diretrizes para a frequência suficiente e a relação e duração das sessões no período. Nisso consiste a essência geral do *princípio da continuidade* e é, portanto, adequado à preparação do desportista. Com isso, a ideia da continuidade está em processo de concretização, refletindo a especificidade das regras do desenvolvimento da atividade desportiva.

As características da continuidade do processo de atividade desportiva estão condicionadas principalmente à ideia de realização máxima das condições do desportista, pelo nível elevado das cargas de treinamento e de competição em conjunto e, além disso, pela estrutura cíclica do processo de desenvolvimento da atividade competitiva e preparatória. Devido a esses fatores, a preparação para as competições e a prática competitiva do atleta desenvolvem-se como processo de sentido único (preparatório-competitivo), cuja continuidade se caracteriza plenamente pelos seguintes traços:

- a atividade desportiva (preparatória e competitiva) desenvolve-se, na prática, no decorrer de um ano completo e de muitos anos assim. Seu regime permanente assegura a aquisição, a conservação e o desenvolvimento da treinabilidade;
- a conexão desse processo é assegurada pela sucessão ininterrupta dos efeitos das sessões anteriores e posteriores em conformidade com as diversas etapas, mas com uma tendência comum à elevação do nível de treinabilidade e do grau de preparação em geral;

- o intervalo entre as sessões de treinamento reduz-se de acordo com o desenvolvimento da treinabilidade, o que dá origem à redução do regime geral das sessões, acompanhada pelo acúmulo de seus efeitos. Ao mesmo tempo, os intervalos recuperativos nas séries das sessões competitivas e de treinamento são regulados de tal maneira que não ocorra superesgotamento ou treinamento excessivo.

Na Figura 1.1 é demonstrada a dependência do efeito das sessões de treinamento em relação à sua quantidade. Com o aumento do volume das sessões de treinamento, torna-se primeiramente mais ativa a dinâmica de seus efeitos mais próximos e os dos vestígios recentes que ocorrem em período de tempo relativamente curto (neste caso, ocorre o restabelecimento imediato das fontes de energia, o esgotamento e o restabelecimento da capacidade de trabalho, etc.). Com isso, se o aumento da quantidade de sessões de treinamento for constante, ocorre um acúmulo dos efeitos do treinamento de longa duração (o que acontece no estabelecimento e na perfeição das habilidades motoras, no desenvolvimento da treinabilidade, no aumento das possibilidades funcionais do atleta, etc.).

Do ponto de vista metodológico, deve-se observar tudo isso, o que significa pôr em prática o princípio da continuidade da preparação desportiva. Sua manifestação típica no desporto moderno encontra-se, na prática, nas sessões desportivas organizadas diariamente durante todo o ano, ao longo de muitos anos. Paralelamente, os que passaram o período de preparação de forma adequada treinam não apenas diariamente, mas também com intervalos ainda mais reduzidos, ou seja, duas vezes ao dia ou mais (o número total de sessões, em algumas etapas, alcança 18 ou mais por semana). Graças a isso, o processo de treinamento – da mesma forma que todo o processo de desenvolvimento da atividade desportiva – reduz-se, o que possibilita as mudanças essenciais ao desenvolvimento da treinabilidade e à realização das possibilidades do atleta.

O efeito positivo de todos esses fatores, que influenciam do treino ao desenvolvimento, ocorre desde que sejam observados todos os princípios da construção do sistema de preparação do desportista. Dentre eles, está o princípio de continuidade, que apresenta um vínculo particularmente estreito com o princípio do desenvolvimento cíclico da preparação, juntamente com o sistema de competições (Matveev; Meerson, 1984).

COMBINAÇÃO DAS CARGAS DE TREINAMENTO NO PROCESSO DE PREPARAÇÃO DESPORTIVA

No desporto, objetiva-se o desenvolvimento *máximo* das capacidades do desportista. Isso está relacionado ao incremento máximo das cargas de treinamento e de competição, à complexidade das tarefas executadas no processo de preparação desportiva e à superação das crescentes dificuldades. Há muito constatou-se que as capacidades do indivíduo se desenvolvem melhor com sua exposição a atividades que requeiram esforços pouco ordinários.

No desporto, tal regra é revelada amplamente. Ela é observada principalmente durante a análise comparativa da dinâmica das cargas de treinamento dos desportistas de alto rendimento. Assim, a quilometragem do treinamento anual dos corredores de distâncias de meio fundo mais destacados da Europa, durante o mesociclo, cresceu em mais de 15 vezes (no ano de 1938, era de 430 km aproximadamente, realizada pelo recordista mundial em corrida de 800 m, Rudolfo Harbig; e

A) Efeito Acumulado da Sessão de Treinamento (EAST)

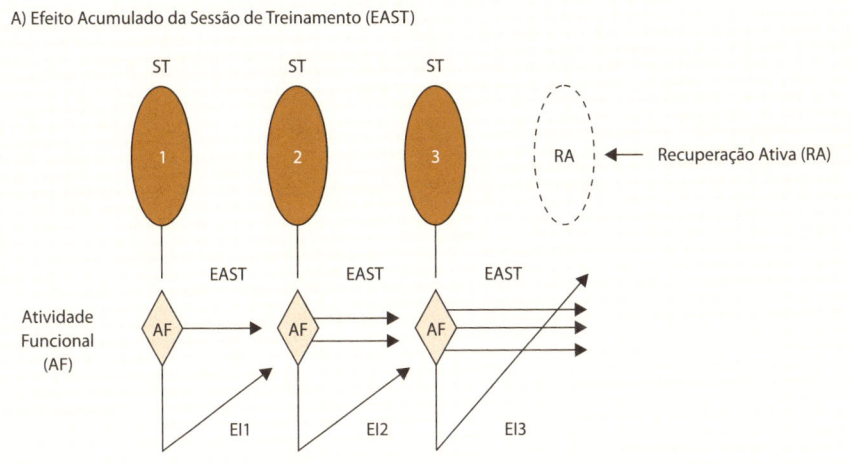

B) Efeitos Imediatos ST – Sessão de Treinamento (EI 1-3)

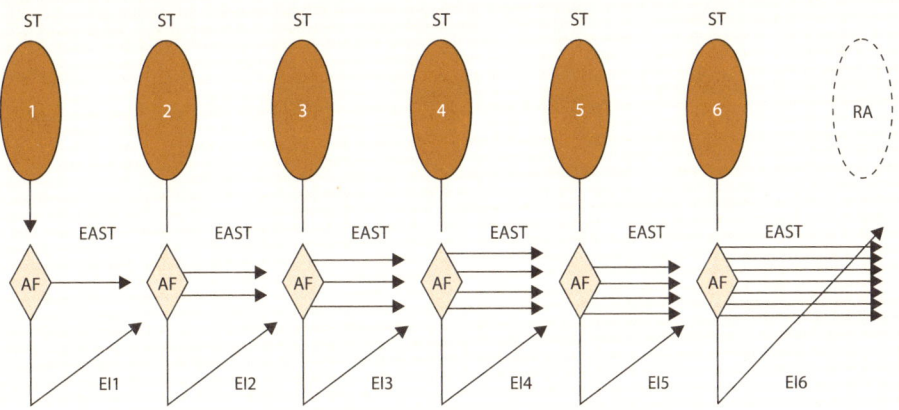

Legenda

ST	Sessão de Treinamento
RA	Recuperação Ativa
AF	Atividade Funcional
EI	Efeito Imediato
EAST	Efeito Acumulado da Sessão de Treinamento

FIGURA 1.1
Efeito acumulado da sessão de treinamento. (A) Três sessões consecutivas seguidas de recuperação ativa; (B) seis sessões consecutivas seguidas de recuperação ativa (Matveev, 1996).

os corredores de meio fundo contemporâneos, de alto rendimento, têm alcançado o nível de 6.500-7.000 km ou mais). A quilometragem anual de treinamento de natação dos principais nadadores, após os anos 50, cresceu em ritmo ainda mais acelerado (muitos nadadores contemporâneos, em alguns dias, nadam, durante o treinamento, uma quilometragem maior que a que seus antecessores dos anos 50 atingiam em um mês). No total, os parâmetros máximos das cargas dos principais desportistas são tão significativos que, comparativamente, até recentemente seria pouco provável que alguém pudesse afirmar que eram verdadeiras (Matveev, 1977).

Na realidade, tais fatos demonstram que existe uma dependência constante dos resultados desportivos em relação aos parâmetros das cargas no processo de preparação desportiva. Isso é evidenciado nas pesquisas experimentais que manifestam que para aproximar a atividade funcional das condições ideais é necessário estimular transformações progressivas no organismo que levem ao aumento dessas capacidades funcionais para desenvolver o máximo de trabalho. Por sua vez, fatos desse tipo propiciam a adaptação do *princípio das cargas máximas* na atividade desportiva.

O que é ainda necessário ser compreendido pela combinação dos termos "carga máxima ou carga limite" está relacionado com a representação sobre a carga "até certo ponto" – até o gasto total da capacidade de trabalho. A compreensão da carga máxima reflete parcialmente seus índices, com adaptação somente para alguns casos, deixando de lado os índices de uso, essenciais na prática, sob o ponto de vista metodológico. Para identificarmos isso, basta imaginar o seguinte exemplo: suponhamos que o desportista novato consiga suportar parâmetros de cargas de treinamento nas sessões isoladas até o nível que praticam os desportistas de alto rendimento, que possuem a experiência de treinamento a longo prazo.

No treinamento, a ideia do uso das cargas máximas é conduzida com eficácia? Certamente não, pois a não-correspondência das cargas às possibilidades adaptativas do desportista estimula o surgimento da tensão excessiva, o estado de supertreinamento ou de outros efeitos similares. Nesse caso, não se deve falar de carga máxima admissível, mas de carga "além do limite". No que diz respeito à carga máxima adequada, metodologicamente é justificada somente aquela que mobiliza totalmente as capacidades funcionais do desportista sem sair dos limites de suas possibilidades adaptativas. Seu traço característico consiste, também, em não prejudicar a normalização do estado geral do atleta depois da carga e, em condições determinadas, ser um fator especialmente potente que estimula o crescimento da capacidade de trabalho.

O período em que devemos usar tais cargas está condicionado, em muitos aspectos, à preparação realizada anteriormente, durante a qual se assegura o crescimento mais ou menos constante das cargas de treinamento. A graduação é, nesse caso, uma tendência ao incremento das cargas, que, segundo o tempo determinado, quanto maior forem e quanto mais rápido for o aumento de uma para a outra, menor será a medida da graduação, e, ao contrário, quanto menor for seu incremento no tempo, mais alta será a medida da graduação em sua dinâmica. A medida necessária da graduação depende das possibilidades adaptativas do organismo do atleta, uma vez que o aumento de novas cargas elevadas deve ocorrer de acordo com a adaptação às anteriormente propostas. No primeiro estágio do desenvolvimento dos processos adaptativos (o estágio da assim chamada "adaptação de urgência"), a reação do organismo – no que diz respeito às cargas não-usuais – não é completamente adequada e é excessivamente ativa (Platonov, 1987).

Uma das condições para atingir o estágio conhecido como estágio da adaptação estável (quando a reação às cargas propostas é adequada, econômica e estável) é a ocorrência da estabilização dos parâmetros da carga. Dessa maneira, o organismo do atleta assimila a carga de treinamento, possibilitando o crescimento desta, ou ainda a evolução do seu rendimento desportivo individual.

Assim, deduz-se que, no processo de direcionamento das cargas preparatórias desportivas, é necessário combinar duas tendências que pareceriam incompatíveis, ou seja, a graduação e a maximização das cargas de treinamento. O aumento gradual de carga facilita a adaptação, contribui para a consolidação das reestruturações adaptativas geradas e ajuda a criar adaptações ao novo nível elevado das cargas. Por sua vez, o uso em etapas das cargas máximas correspondentes às possibilidades adaptativas do atleta permite, de maneira eficaz, dinamizar o progresso da treinabilidade, sair dos limites do *status* adaptativo configurado nas etapas anteriores e gerar um impulso fortíssimo para o desenvolvimento. Por isso, não se deve contrapor a graduação e a maximização na dinâmica das cargas preparatórias desportivas como incompatíveis. Deve-se considerá-las tendências mutuamente correlacionadas e condicionadas no sentido da realização completa das possibilidades de sucesso do desportista.

O princípio da conexão permanente de graduação e de maximização na dinâmica dos fatores de treinamento fornece a seguinte orientação: deve-se combinar sistematicamente as tendências de graduação e de maximização adaptativa adequadas ao incremento das cargas propostas pela influência que exercem tais fatores (tanto durante a execução dos exercícios preparatórios, como no aumento da utilização dos meios do ambiente natural e de outros meios de preparação).

É preciso regulamentar a carga formada durante uma série de sessões, de etapas e de períodos de preparação do atleta com adaptações à dinâmica individual de sua treinabilidade, levando em consideração os índices concretos de adaptação às cargas que tenham exercido e que estejam exercendo influência no organismo. Não é correto considerar adequada cada carga imposta ao desportista, quando sua aplicação for de uma ou de poucas vezes, em caso de sua reprodução múltipla de uma sessão para outra. Enquanto isso, no processo de reprodução regular, podem ocorrer somente as cargas que correspondam ao nível presente das capacidades adaptativas do desportista, ou seja, aquelas às quais ele é capaz de se adaptar sem ter índices de tensão excessiva ou de supertreinamento. A partir disso, as cargas elevadas adquirem o controle minucioso de seu efeito acumulado, o fato de determinar, segundo seus índices, as tendências do desenvolvimento da preparação desportiva e de corrigir (enquanto surgir a necessidade) a carga somada em várias sessões ou semanas de treinamento para evitar tal estado, resultado do supertreinamento.

É preciso levar em conta o considerável aumento cumulativo dos parâmetros de várias cargas de treinamento, principalmente após os resultados da adaptação às cargas propostas anteriormente começarem a diminuir as mudanças funcionais originadas por elas. As possibilidades de utilização das cargas máximas adequadas são mais consideráveis quanto mais altos forem o nível de preparação física geral e o grau de treinabilidade específico obtidos pelo desportista. Deles depende também a duração do tempo ao longo do qual é normal aumentar a carga que é somada em várias sessões de treinamento.

Dependendo do grau de incremento de uma sequência de carga de treinamento e do processo de adaptação a ela, como momentos imprescindíveis da regulagem de sua dinâmica, ocorrem, às vezes, a estabilização e/ou a diminuição temporária de seu nível. A última é justificada preponderantemente quando o incremento anterior do volume e da intensidade das cargas passou por um período de tempo relativamente longo, com ritmos acelerados, e frequentemente esteve conjugado com a mobilização máxima ou aproximada das possibilidades funcionais e adaptativas do desportista.

Carga ondulatória durante o processo de preparação desportiva

A combinação das cargas de treinamento pode ocorrer de diferentes formas, principalmente no que concerne a duas variantes relacionadas com a dinâmica das cargas preparatórias desportivas. Uma delas expressa-se na dinâmica das cargas principais como se adquirissem a forma de degraus/elos, e a outra, a forma ondulatória (Figura 1.2).

Na dinâmica das cargas do primeiro tipo, os momentos de incremento são demarcados e localizados estritamente no tempo, e o período de estabilização de seus parâmetros é ampliado, apresentando as condições prévias para sua adaptação. A diferença entre esta e a dinâmica de ondas está na manipulação das cargas, pois, nas escalonadas (em degraus), o crescimento é constante. Na forma ondulatória, as cargas sofrem uma diminuição periódica antes de um novo pico de carga. Essa necessidade é assegurada pelo aumento das influências de desenvolvimento distribuído no tempo, pelas alterações no volume e na intensidade diferenciada, e não paralelamente, pela diminuição no tempo

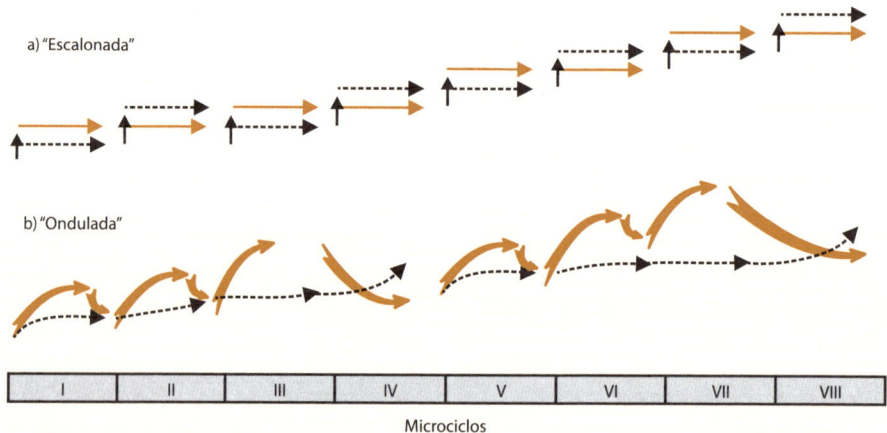

Legenda:
a) Setas contínuas: alterações dos volumes fundamentais das cargas.
b) Setas pontilhadas: alteração de sua intensidade.

FIGURA 1.2
Alteração das cargas de treinamento nos microciclos (Matveev, 1996).

do nível geral das cargas após terem alcançado o nível "de pico".

No processo de preparação desportiva, a forma escalonada da dinâmica das cargas é preferível nas primeiras etapas da atividade desportiva, no início dos ciclos longos de treinamento e em algumas outras situações, quando é necessário assegurar uma graduação especial no desenvolvimento das influências das cargas. A forma parecida, mas com o incremento da carga expresso ostensivamente (como um "salto"), pode servir, também, no alto rendimento do aperfeiçoamento desportivo, como fator que torna o desenvolvimento da treinabilidade mais dinâmico. Em geral, para a dinâmica das cargas de um atleta de alto rendimento que aspire à realização de suas possibilidades de sucesso em ritmo acelerado, é característica em maior grau a utilização da forma ondulatória do desenvolvimento. Isso torna-se claro se considerarmos suas particularidades já mencionadas, graças às quais se combinam, de forma natural, a vertente do incremento de tais influências com ritmos bastante elevados e a vertente que tende à prevenção da acumulação excessiva do efeito das cargas crônicas (o papel profilático principal é desempenhado na fase de "descarga", na dinâmica ondulatória das cargas).

Certamente, encontram-se, na literatura especializada, análises diferentes sobre seu caráter ondulatório. As opiniões vão, principalmente, no sentido de que o caráter ondulatório estudado está fundamentado não tanto nas razões regulares, mas nas causais, e de que, enquanto forma dominante das cargas preparatórias desportivas, tem de ser outra (segundo o critério de alguns autores – "dinâmica aos saltos", e de outros, no entanto, "retilínea", etc.). Nessa relação, salvo o que já foi mencionado, deve-se levar em conta que, devido ao seu caráter ondulatório, as cargas de treinamento no processo de preparação desportiva apresentam três formas:

- Curtas: caracterizam as cargas ondulatórias nos microciclos (semanas) de treinamento.
- Médias: trata-se das cargas expostas em uma série de microciclos, compondo, assim, o treinamento mensal (mesociclo).
- Longas: são as cargas que se manifestam em séries de ciclos médios que compõem etapas e períodos do macrociclo, conhecidos como temporada de treinamento e competições (Figura 1.3).

As modificações ondulatórias na dinâmica das cargas desportivas preparatórias não estão suficientemente claras, porém adquirem um caráter regular. Isso não está sujeito a dúvidas com a análise objetiva dos que exercem influência na estrutura do processo de preparação desportiva.

As mudanças ondulatórias das cargas nos microciclos são inevitáveis quando o nível geral do treinamento alcança magnitudes bastante grandes. A dinâmica ondulatória surge diante da necessidade de alternar adequadamente as fases principais de acúmulo nos microciclos (em que é assegurado o acúmulo progressivo dos efeitos das cargas) e as fases de "descarga" relativa, de descanso recuperador e profilático, visando a excluir o perigo do acúmulo excessivo e capaz de submeter o organismo do desportista ao estado de subtreinamento. Normalmente ocorre, na última fase do microciclo, o descanso ampliado não somente passivo, mas também ativo, que pode estar relacionado com o volume considerável de carga de baixa intensidade (Zakharov; Gomes, 1992).

Nos ciclos médios, com o crescimento da carga em várias sessões ao longo de uma série de microciclos, cedo ou tarde surge a necessidade de mudar sua tendência geral paralelamente à diminuição no tempo do nível de cargas que foram acrescidas com a atividade principal. Em pri-

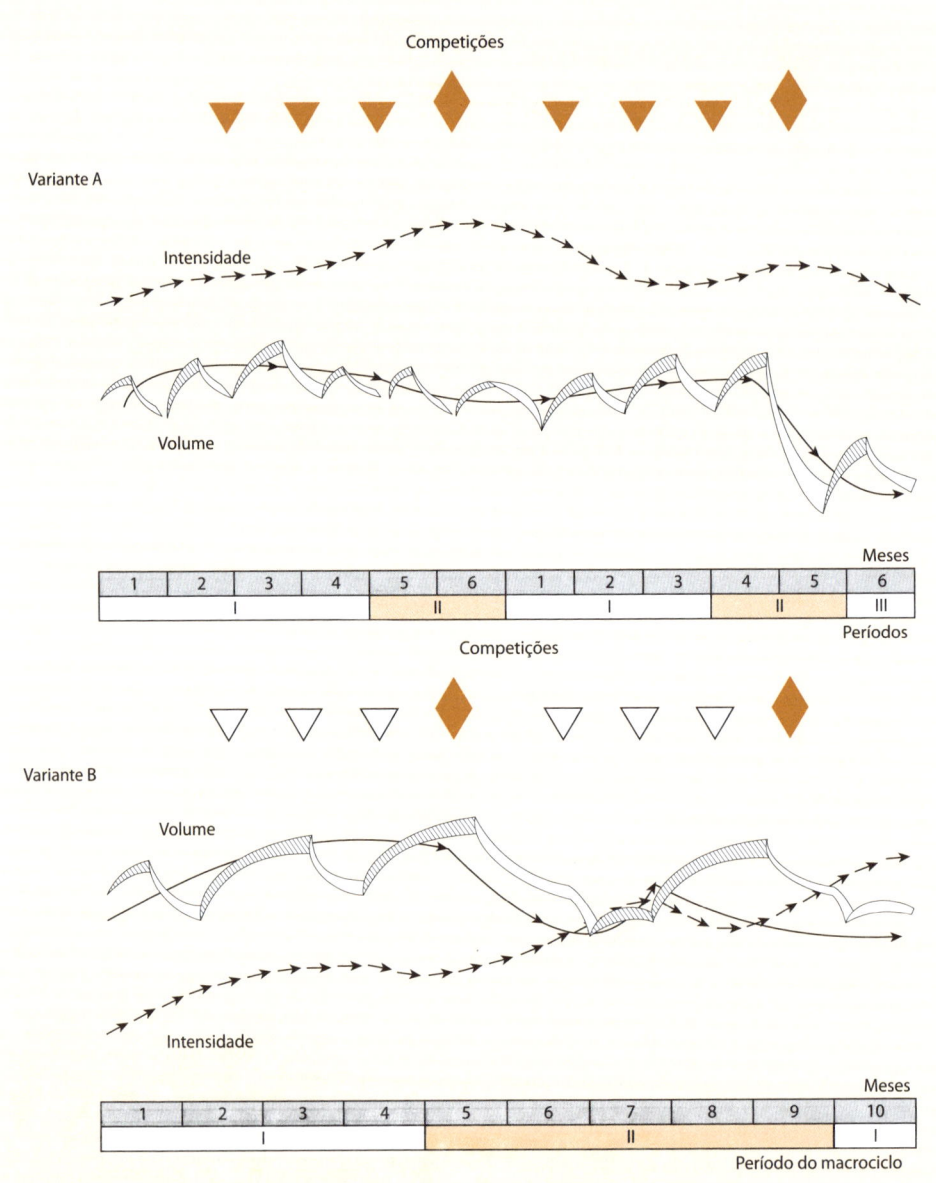

Legenda:
a) **Curvas onduladas contínuas**: alteração do volume das cargas nos ciclos médios e nos períodos dos macrociclos;
b) **Setas pontilhadas**: tendência geral da alteração da intensidade, preponderantemente nos exercícios preparatórios especiais.

FIGURA 1.3
Alterações das cargas fundamentais de treinamento nos macrociclos (Matveev, 1996).

meiro lugar, isso é necessário para excluir a transformação do efeito acumulado das cargas crônicas no estado de treinamento excessivo e em outros fenômenos parecidos, para não entrar em contradição perigosa com as possibilidades adaptativas do organismo, para facilitar a evolução dos processos adaptativos no estágio de "adaptação estável" e para garantir, com isso, as condições para assimilação dos novos parâmetros das cargas de treinamento para o desenvolvimento no mesociclo seguinte. Assim, a dinâmica está coordenada com as regras da transformação da acumulação das cargas preparatórias a longo prazo, no efeito do incremento dos resultados desportivos. Isso se expressa no fenômeno da "transformação tardia" (Shaposhnikova, 1984).

Em relação aos ritmos de aumento do volume sumário da carga, o fenômeno da transformação tardia revela-se no ritmo lento de rendimento desportivo. A melhora do resultado é observada não no mesmo momento em que o volume das cargas preparatórias alcança sua maior magnitude, mas algum tempo depois que este se estabiliza ou diminui temporariamente (Figura 1.4). Esse fenômeno já foi bem estudado e explica-se pela contradição entre os incrementos de volume e de intensidade das cargas.

As tendências gerais das mudanças das cargas ondulatórias durante os ciclos longos são asseguradas, em maior medida, pelas regras segundo as quais se direciona tanto a forma desportiva como o estado ótimo de preparação do desportista para os sucessos desportivos no âmbito do macrociclo, ou seja, pelas regras com as quais se assegura o estabelecimento da forma desportiva no momento das competições mais importantes, de sua possível manutenção ao longo de todo o período, além da passagem ao ciclo seguinte de preparação. Desde o início, outros fatores

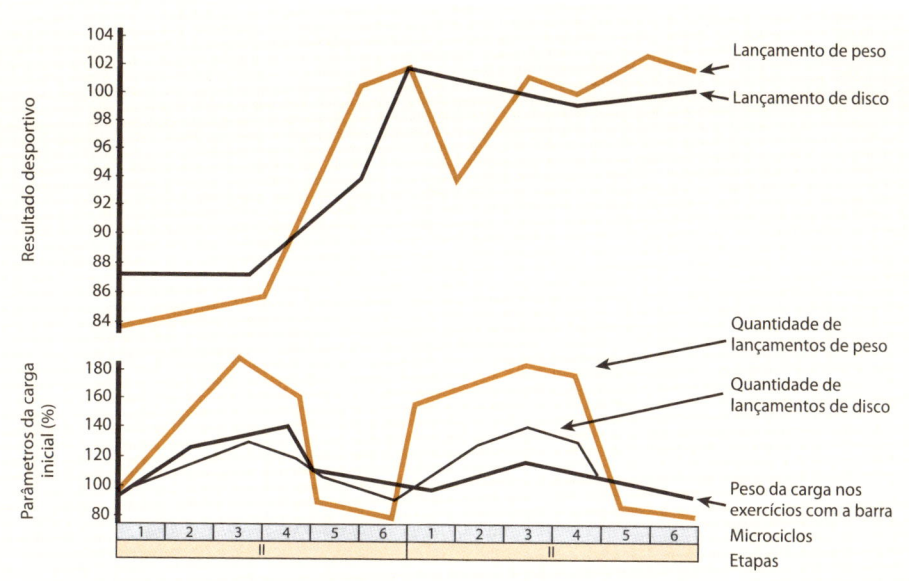

FIGURA 1.4
Fenômeno da eficiência competitiva das altas cargas de treinamento (Matveev, 1996).

e circunstâncias influenciam a dinâmica das cargas nos macrociclos, mas isso de forma alguma elimina o caráter regular de seu desenvolvimento total.

O caráter ondulatório não é característico de todas as cargas preparatórias desportivas, mas preponderantemente daquelas que estão relacionadas com o uso progressivo dos meios básicos que influenciam o treinamento no processo de desenvolvimento, segundo as etapas de preparação. Ao mesmo tempo, nem todos os parâmetros dessas cargas submetem-se uniformemente às oscilações ondulatórias (Costa, 1968). Existem parâmetros que, no processo da preparação de muitos anos, alcançam certos níveis e logo se estabilizam por um período longo. Entre eles estão, por exemplo, os índices de volume sumário das cargas, o número total de sessões de treinamento e o tempo gasto nelas: se tais índices alcançam o limite natural (quando as sessões se organizam todos os dias e mais de uma vez por dia) ou se limitam, de forma relativamente estável, pelas condições gerais permanentes de vida. Na essência de alguns parâmetros estáveis da carga, tem lugar a modificação dinâmica de outros que asseguram o crescimento dos sucessos desportivos (sobretudo dos índices parciais do volume e da intensidade da carga, em diferentes grupos e em subgrupos dos exercícios preparatórios).

Em geral, os diferentes parâmetros da carga no processo de desenvolvimento da preparação desportiva não permanecem constantes. Uma das causas principais são as "discrepâncias" na dinâmica de seu volume e na intensidade durante o aumento. Os parâmetros de seu volume e de sua intensidade podem, por algum tempo, crescer simultaneamente; então, quando se aproximam de um nível bastante alto, o aumento torna-se possível sob condição de estabilização presente, e logo também da diminuição da intensidade, que passa a ser condição para o aumento do volume. Devido a isso, em diferentes etapas da preparação desportiva, deve-se variar diferentemente tais parâmetros de carga, o que, a seu modo, influencia o caráter ondulatório de sua dinâmica.

Portanto, a forma ondulatória das cargas adquire maior significado quanto mais elevado for o nível comum. Com isso, o grau das mudanças ondulatórias de uns ou de outros parâmetros das cargas depende também de outros elementos específicos das sessões de treinamento no desporto. Assim, a dinâmica das cargas principais nos desportos de força/velocidade distingue-se pela predominância da tendência ao aumento da intensidade absoluta das ações competitivas e dos exercícios preparatórios mais próximos, com sua duração comparativamente menor. Isso condiciona o caráter ondulatório relativamente bem definido na mudança de volume das cargas preparatórias especiais principais (Figura 1.3-A). No entanto, nos desportos de resistência, o nível geral da intensidade das cargas fundamentais é consideravelmente mais baixo (frequentemente está dentro das zonas de potência fisiológica moderada e grande do trabalho muscular). Seu volume é sumário e alcança, de uma vez, magnitudes absolutas maiores, o que condiciona o caráter ondulatório menos definido na dinâmica comum das cargas (Figura 1.3-B).

Em geral, a grande quantidade de fatores e de circunstâncias, dentre elas os controlados, os parcialmente controlados e os não-controlados (acessórios casuais), influencia na dinâmica das cargas preparatórias desportivas e competitivas. A última pode alterar as formas objetivamente necessárias da dinâmica das cargas. A habilidade de direcioná-la é um dos elementos fundamentais da arte com a qual se elabora a preparação desportiva ótima. Isso pressupõe a habilidade para delinear as tendências imprescindíveis à dinâmica das cargas nos micro, meso e macrociclos, para comensurar e para regular adequadamente as alterações ondulatórias de seus parâmetros no processo da atividade na medida do aumento das cargas.

INTEGRAÇÃO DAS DIFERENTES PARTES DA PREPARAÇÃO DO DESPORTISTA

Na caracterização geral do conteúdo da preparação multilateral do desportista, a preparação física, a técnica, a tática e a psíquica, a preparação geral e a específica, além de outras, devem ser controladas a fim de não entrarem em contradição (quando afirmamos que o aumento excessivo do volume de algumas partes da preparação física pode prejudicar a preparação técnica). Apesar disso, por mais diferentes que possam ser as partes, as regras relacionadas com os resultados desportivos obrigam a garantir uma estruturação da preparação desportiva coordenada integralmente que leve a um resultado unificado, ou seja, ao estado de preparação do atleta para o sucesso de pleno valor. O princípio da tendência seletiva e da unidade das diferentes partes da preparação do desportista orienta racionalmente tal processo.

Esse princípio fundamenta-se na utilização direcionada das interdependências e das correlações naturais conhecidas, que unem diferentes qualidades, capacidades, destrezas e hábitos do desportista no processo de sua manifestação, de sua formação e de seu desenvolvimento. Todos – incluídas também as capacidades normalmente denominadas "físicas", "motoras" e "psicomotoras" – correlacionam-se ou estabelecem outras relações de unidade devido a unidades naturais do organismo, à indissolubilidade de suas estruturas e de funções corporais. Sabe-se, além disso, que essas relações, sob determinadas condições, revelam-se como interações de sentido único e que se caracterizam, em particular, por categorias como a passagem positiva e negativa dos hábitos, a passagem dos avanços no processo de desenvolvimento dos diferentes tipos de capacidades, a passagem seletiva e não-diferenciada dos componentes de treinabilidade, etc. (Matveev, 1996). Durante a preparação desportiva, condicionam, de forma seletiva, a passagem positiva ou negativa dos efeitos parciais acumulados. O problema aqui consiste no fato de utilizar totalmente a passagem positiva dos efeitos parciais da preparação (assegurados segundo as partes) em direção única que leve aos sucessos desportivos e à prevenção ou à superação dos momentos de passagem negativa que impedem o avanço esperado.

Pareceria que, para prever o perigo da passagem negativa, seria melhor excluir totalmente da preparação do atleta tudo o que dela estivesse impregnado. No entanto, na realidade, os momentos normalmente surgem como resultado do processo de muitos anos de progressos desportivos individuais; como, via de regra, todo o processo de desenvolvimento, de formação, de aperfeiçoamento individual tem, por essência, o caráter dialético e de contradições internas, compreende momentos de cooperação recíproca, mas também de resistência mútua. Em particular, temos as influências recíprocas das transformações funcionais e morfofuncionais que ocorrem durante o desenvolvimento das capacidades físicas do desportista (força e velocidade, resistência aeróbia e anaeróbia e outras), cuja melhoria é imprescindível para os resultados de qualquer desporto de movimento ativo. Frequentemente, a passagem negativa surge também no processo de formação primária ou na transformação dos hábitos desenvolvidos durante os exercícios preparatórios, ou no aprendizado inicial e no aperfeiçoamento da técnica das ações competitivas. Isso ocorre principalmente quando se formam, simultaneamente, os hábitos na estrutura de coordenação, nos quais, juntamente com os elementos semelhantes, estão os essencialmente diferentes (p. ex., no hábito de corrida rasa e com barreiras, no salto mortal de costas agrupado e no giro de costas estendido). Deve-se superar tal passagem (também chamada "interferência negativa dos hábitos") mais frequentemente na preparação técnica dos desportos, no corpo de ações competitivas de objetivo múltiplo e que se renova sistematicamente (ginástica olímpica, patinação artística, etc.).

Nessa relação, surge, como um dos aspectos mais importantes da construção do programa da preparação desportiva, a distribuição no tempo de alguns de seus componentes, cuja concentração simultânea aumenta a probabilidade do efeito que diminuiria a passagem negativa dos hábitos ou das mudanças de diferentes tipos no desenvolvimento das capacidades do desportista.

Se, por exemplo, na mesma etapa do treinamento, concentram-se exercícios preparatórios que requerem a mobilização completa do potencial aeróbio e anaeróbio do desportista, é provável o surgimento do "conflito" dentre os efeitos acumulados de tais exercícios. Sabe-se que a elevação do nível de consumo máximo de oxigênio (CMO) pode ser acompanhada da diminuição do nível do assim chamado limiar do metabolismo anaeróbio (LMAN). Por outro lado, quando o LMAN cresce, pode diminuir o CMO. Caso esses e outros exercícios, sem serem excluídos totalmente do treinamento, concentrem-se em etapas, o aumento das possibilidades aeróbias obtido inicialmente é capaz de se converter em uma das premissas básicas que contribuem para o desenvolvimento da resistência específica, que inclui os componentes anaeróbios. Expresso de forma figurativa, muda-se o "sentido da translação" com a consequência determinada das influências do treinamento. O mesmo refere-se também à interferência dos hábitos.

Provavelmente, as primeiras condições para a superação da passagem negativa sejam o aprendizado distribuído no tempo e o treinamento das ações por meio dos exercícios preparatórios diferenciados. Para poder resistir a ela, exigem-se, nas ações motoras de coordenação complexa, a expressão pouco comum das capacidades de movimento coordenado e o que regularmente se exercita, ativando o desenvolvimento em si.

Discutindo-se a ordem de combinação das diferentes partes da preparação do desportista, sobretudo daquelas como a geral e a especial, a física e a técnica, frequentemente se faz uma pergunta: elas devem ser conduzidas "paralelamente" ou "uma após a outra"? A rigor, tal maneira de elaborar o problema é incorreta em essência e em forma. O princípio da continuidade é apropriado, respectivamente, para todas as partes fundamentais da preparação desportiva, e, nessa relação, todas as partes mais longas desenvolvem-se sincronicamente. Com isso, diferentes componentes de conteúdo, de métodos e de proporções das partes (incluído também o problema de que "peso específico" tem cada parte da preparação em épocas distintas) mudam frequentemente. Devido a isso, as noções de "paralelismo" ou "não-paralelismo" pouco significam e podem orientar erroneamente.

É importante, em princípio, o fato de que, com a continuidade do processo de preparação do desportista, sua somatória, incluídas as proporções de diferentes partes, é regulada conforme a lei, segundo a sequência dos estágios, dos períodos e das etapas na estrutura cíclica. Ao mesmo tempo, fica assegurada, nos limites dos ciclos longos, a transformação do processo preparatório com o qual ela se desenvolve, segundo a lógica do processo de criação e de otimização das premissas dos sucessos do desportista. Isso significa, em particular, que a forma como estão relacionadas entre si as partes fundamentais da preparação desportiva, até que ponto elas se diferenciam uma da outra ou se unem, além de outros fatores, depende de sua "posição" na estrutura cíclica do processo de atividade desportiva, que se desenvolve de forma dinâmica, ou seja, depende em que estágios, períodos e etapas desse processo, constrói-se a preparação. Uma coisa é construí-la quando os resultados objetivados ainda não ocorreram, outra coisa é quando precisa ser criada para assegurar a elevação do nível das possibilidades funcionais do desportista, a formação dos novos ou a renovação e o aperfeiçoamento dos hábitos e das destrezas desenvolvidos anteriormente.

Desde o início, as modificações particularmente consideráveis no conteúdo e nas proporções de diferentes partes da preparação do atleta acontecem nos estágios longos (básico, de realização máxima e final). No primeiro estágio, geralmente está representada, com maior plenitude, a preparação geral. Isso tem fundamentos legais, dos quais o principal consiste em que as perspectivas individuais dos sucessos desportivos estão primordialmente condicionadas pelo desenvolvimento físico e psíquico do indivíduo, pelo nível geral de suas possibilidades funcionais com o enriquecimento sistemático do indivíduo, dos conhecimentos, das destrezas e dos hábitos. Na realidade, as fases ulteriores e o término dependerão de até que ponto se consegue assegurar a "base" no primeiro estágio da atividade desportiva de muitos anos.

À medida que a especialidade desportiva se aprofunda, deve crescer o "peso" da preparação especial orientada à perfeição no desporto escolhido como o exigem as regras de crescimento da *performance*, condicionadas pelo limite natural da duração de vida. Consequentemente, a unidade da preparação geral e especial do atleta, ainda que mutável na proporção, em princípio não perde significado em qualquer das etapas. Não o perde porque não existe a etapa em que se poderia menosprezar a necessidade da preparação geral sem danificar de alguma forma o desenvolvimento unilateral do desportista e de suas perspectivas desportivas.

Durante os ciclos longos de preparação, de tipo anual e semestral, vai se modificando consideravelmente a ênfase do trabalho geral e especial, e isso depende da concretização dos trabalhos realizados no período de preparação fundamental. Com o começo do ciclo, são relativamente mais marcantes as partes que exercem influência seletiva no desenvolvimento das capacidades físicas ou outras do desportista. Dentre elas está o progresso, assegurado insuficientemente pela especialização desportiva, mas necessário como premissa para avançar em novo nível de rendimento. Assim, com a mesma diferenciação, são assegurados a formação de novos, a reestruturação e o aperfeiçoamento dos componentes da técnica e da tática desportivas, adquiridas anteriormente. E, à medida que se aproximam as competições principais, deve-se aumentar a participação dos exercícios especiais, que juntamente com as competições, propiciam um ganho de *performance* de alto rendimento.

Graças a isso, acredita-se em seu gênero, em torno do qual ocorre a integração, a unidade de todas as partes da preparação desportiva, à proporção de seu desenvolvimento nos macrociclos. No total, suas partes não perdem o significado relativamente independente, mas, durante o ciclo, algumas tornam-se cada vez mais unidas, praticamente inseparáveis (como os componentes principais da preparação física, psíquica, técnica e tática especiais realizados à base da modelação da atividade competitiva e da prática competitiva). Outras adquirem, geralmente, as funções complementares (como os componentes da preparação física geral, usada no período das competições principais para manter a treinabilidade geral e para contribuir nos processos recuperativos) (Meerson; Pshennikova, 1988).

Deve-se destacar que o princípio da orientação seletiva e da unidade das diferentes partes da preparação desportiva não estabelece, de forma alguma, normas universais para suas correlações quantitativas. Não somente devido às mudanças na dinâmica da atividade desportiva a longo prazo, mas também à lei e à dispersão de sua variação, dependendo das particularidades individuais de desenvolvimento do atleta e de sua especialização desportiva, do pressuposto concreto de tempo que o atleta despende para o desporto e do estilo de vida, de uma série de outros fatores e de circunstâncias mutáveis. Por isso, seria interessante tentar-se deduzir algumas normas universais.

SISTEMA DE COMPETIÇÕES DESPORTIVAS

O sistema de competições representa uma série de confrontos oficiais e não-oficiais incluídos no sistema de preparação do desportista. Determinada prática competitiva pode ser encarada como um sistema de competições, quando as competições das quais o desportista ou a equipe participa apresenta uma ligação lógica entre si e outros elementos de preparação que visam à obtenção do aperfeiçoamento na preparação do desportista (Keller, 1995).

O sistema de competições desportivas é o elemento central em qualquer gênero de competição e representa o sistema de organização, de metodologia e de preparação do desportista, visando ao resultado nas ações competitivas. Sem a competição, não é possível aperfeiçoar plenamente as capacidades competitivas de alto rendimento. Por isso, o desporto olímpico é visto como uma esfera de desenvolvimento das ações competitivas.

De forma geral, sobre a essência competitiva do atleta, devemos ressaltar que diferentes competições desportivas, com características comuns, possuem também diferentes especificidades, distinguindo-se por suas particularidades (papel que desempenham na esfera do desporto) e por suas formas (de organização, de construção e de realização). Para ordená-las, devemos considerar os fatores e circunstâncias fundamentais que justificam as competições de um ou de outro tipo, as suas correlações e as suas consequências.

O objetivo das competições desportivas consiste na revelação das capacidades de atingir o resultado desportivo (Matveev, 1977). Consiste, além disso, na satisfação das necessidades pessoais e sociais na esfera do desporto. Tais características estão presentes em qualquer competição desportiva. Não obstante, devido ao caráter multifuncional do desporto em geral e das condições em que se organizam as competições, algumas de suas funções isoladas podem-se destacar de forma desigual. Algumas se tornam, por si mesmas, dominantes e determinantes (em particular, as que satisfazem as necessidades de espetáculo ou de propaganda ou até mesmo de interesses comerciais). Isso influi nas formas da organização e nas características específicas das competições.

Destacando, no momento, as causas e as circunstâncias que condicionam as particularidades das distintas competições no desporto, consideramos o seguinte:

- nível de prestígio e escala da competição (local, regional, estadual, nacional ou mais abrangente);
- características dos participantes (quantidade, idade, sexo, qualificação, etc.);

- condições de acesso à participação (se estão ou não previstas as eliminatórias prévias, se o acesso é condicionado pela manifestação prévia do sucesso determinado ou se não se introduz tal condição, etc.);
- forma pela qual se determina o resultado da competição (a definição dos vencedores e a classificação dos demais participantes), o regulamento (ordem de organização) e seu regime estabelecido de fato (com a eliminação ou não dos competidores no transcorrer da competição, dependendo dos seus resultados, participações simultâneas, de uma vez ou em duas ou mais etapas);
- condições de tempo, de lugar, de abastecimento técnico-material e de arbitragem da competição, os espectadores e o "ambiente" social e emocional formado em torno da competição e do desporto praticado.

Devido a esse condicionamento múltiplo e a suas variações, as competições, inclusive no âmbito do mesmo desporto, frequentemente se diferenciam de forma radical. Para compreender os princípios dessa diversidade e colocá-los em prática, é importante dispor de uma classificação precisa, segundo seus principais indicadores.

CLASSIFICAÇÃO DAS COMPETIÇÕES DESPORTIVAS

Encontram-se, na literatura especializada, várias tentativas de classificação das competições, apesar de ser uma tarefa difícil. Até o presente momento, no entanto, não se conseguiu estruturar uma classificação única, abrangente e satisfatória em todas as especificidades e que não suscite nenhuma surpresa ao se considerar a diversidade real de suas formas e maneiras de organização. Para se chegar a ela, exerce papel fundamental a elaboração de uma série de classificações que abranjam o complexo de diferentes indicadores que caracterizam as competições desportivas em sua totalidade (Suslov, 1995).

Para formular a classificação geral das competições, é necessário partir, do ponto de vista metodológico, de duas exigências. Inicialmente, deve-se tomar os índices objetivamente essenciais para o desporto como um todo. Por outro lado, não se deve construir tal classificação de forma linear, mas com muitos níveis, "muitos andares", demonstrando-a em diferentes níveis de indicadores adicionais ou de uma série deles. As primeiras já foram denominadas "competições desportivas próprias", e as segundas, "paradesportivas". A seguir, elas serão caracterizadas mais detalhadamente (Briankin, 1983).

As competições desportivas próprias representam a atividade competitiva própria, com todo o complexo de especialidades e o *status* oficial. São estruturadas (organizadas, dirigidas e realizadas) de tal forma que sejam assegurados os objetivos dos competidores, a unificação do corpo de ações competitivas, das condições de execução e dos métodos de avaliação dos resultados, a regulamentação do comportamento dos competidores, segundo os princípios da concorrência não-antagonista, e a incorporação oficial no sistema de ações desportivas que determinam a graduação dos resultados desportivos. O *status* oficial da competição, no desporto contemporâneo, é outorgado em conformidade com o seguinte:

- fazem parte do "calendário desportivo" oficial a escala e o local (campeonatos desportivos locais, regionais ou de nível maior, disputas de copas ou de outros prêmios desportivos de interesses diferentes, etc.), que são compostos e confirmados previamente pelas organizações desportivas (o

que ocorre, de costume, com um ano de antecedência);
- estão organizadas segundo o "regulamento de competição" oficial. Estão regulamentadas pelo documento normativo formalizado com precisão (nos padrões da "Carta olímpica" adotada normalmente, ou que se confirma ou se aprova antes da competição), no qual, em conformidade com o destino concreto da competição, são determinados o corpo de participantes, a ordem de acesso e a participação nas competições, concretizam-se o regime e os critérios do término da competição, outras partes e condições de sua organização e resumo dos resultados; e
- desenvolvem-se segundo as "regras das competições" adotadas oficialmente nos desportos e asseguradas pela arbitragem desportiva qualificada.

A rigor, não se consideram oficiais as competições que não correspondam a todo o complexo dessas teses de regulamentação (ainda que possam ser semioficiais quando, p. ex., ocorrem segundo o seu regulamento oficial). Como se sabe, as competições "de primazia" (regionais, nacionais e internacionais), os campeonatos dos desportos que ordinariamente incluem uma série de etapas sucessivas e as competições complexas de alto rendimento constituem as competições desportivas mais importantes. Nas últimas décadas, tem-se realizado também competições de várias etapas, como as copas com prova de etapa, realizadas em escala global e continental, e também as copas de federações desportivas internacionais. Somente o resumo dos resultados das participações nessas e em outras competições desportivas próprias determina oficialmente o nível de qualificação do atleta, sua graduação correspondente, o seu prestígio desportivo e a sua classificação (Platonov, 1987).

Precisamente pela classificação ("colocação") dos competidores, pelos lugares-graduação, registrados oficialmente, na dependência direta dos resultados obtidos em condições unificadas da competição desportiva, as competições desportivas próprias distinguem-se das "paradesportivas". Em síntese, ela pode ser denominada "classificação competitiva desportiva". No papel que o desporto desempenha, segundo as classificações desportivas, manifesta-se sua função de padrão competitivo e a ele devem ser submetidos o "mecanismo" da competição desportiva própria e as formas de sua organização e de sua realização.

Por sua vez, tais competições subdividem-se em uma série de variantes. Os indicadores do agrupamento de classificação, em diferentes níveis de sistematização, podem ter graus diferentes de fatores comuns. É por meio da qualidade dos indicadores mais comuns que devemos considerar a escala das competições e seu significado amplamente reconhecido. Por isso, há razões para se subdividir as competições desportivas próprias, como um dos primeiros níveis de classificação, conforme ilustrado na Figura 2.1 (Matveev, 1977).

Os indicadores tecnológicos desportivos (referindo-se ao regulamento) da forma de determinação do resultado da competição, de seu regime e de sua organização em geral revelam-se nos níveis de classificação a seguir. Assim, faz sentido destacar tais indicadores, aplicando-os não a todos os desportos, mas aos grupos isolados ou a grupos de desportos, dado que seus indicadores não são universais. Assim, em uma série de desportos estão, entre os indicadores "tecnológicos" essenciais, o caráter físico das competições ou a sua ausência (quando a competição é de um ato e celebrada simultaneamente, como, p. ex., na corrida com distância única para todos os participantes). Aqui está o indicador da ordem de "eliminação" dos participantes no transcorrer da competição, dependendo do nível de resultados obtidos ou sem tal "eliminação" (quando todos os participantes da competição nela intervêm, desde o princípio até o final). A partir disso, as competições distinguem-se por serem conduzidas "em encontros rotativos", pela "eliminação" consecutiva, por etapas dos participantes que possuem um grau menor de capacidade de concorrer (em quartas-de-final, semifinais, etc.) e pela forma combinada (que inclui "encontros rotativos" na primeira etapa e o procedimento com a "eliminação" posta em prática nas etapas seguintes, o que ocorre em maior ou menor escala nos jogos desportivos).

As competições "paradesportivas" também podem ser subdivididas, segundo a sua classificação, em vários grupos (Figura 2.1). Nelas estão as competições que não apresentam a função de distribuição bem-definida segundo a graduação desportiva (e, consequentemente, necessitam da função reveladora do resultado desportivo máximo), mas têm uma função particular definida de forma preponderante. Às vezes, é particularmente característica a função preparatória (relativamente às competições desportivas próprias), a condicional demonstrativa (quando a competição é organizada em forma de um espetáculo teatral ou familiar, etc.), a de recreação (quando tem caráter preponderante de descanso/diversão) ou outra função que não seja a desportiva própria.

É claro que, denominando-se tais competições de "paradesportivas", não se deve imputar ao termo uma conotação depreciativa. Frequentemente, elas podem exercer um papel importante na vida desportiva. Portanto, as competições preparatórias usadas em sistemas constituem um dos meios fundamentais que adquire, conserva e aperfeiçoa o estado de preparação competitiva específica do desportista. As competições demonstrativas têm um papel essencial na propaganda do desporto, no seu início massivo, e as recreativas, na organização do descanso saudável, rico em conteúdo.

Algumas delas ocupam um lugar especial no complexo comum das competições desportivas que, às vezes, são organizadas de forma episódica e, em condições determinadas, podem ou não ser desportivas próprias. Por isso, são competições amistosas, eliminatórias ou outras, cujo destino varia de acordo com as condições de organização. Quando elas se organizam sob princípios totalmente oficiais, adquirem o caráter de competições desportivas próprias e, quando não são oficiais ou são amadoras, perdem tal caráter (essa natureza mutável também é apresentada na Figura 2.1).

É importante, considerando-se a sistematização prática das competições, correlacionarmos o enfoque de classificação que reflita a relação dos personagens principais do desporto. Partindo das posições dos desportistas e dos especialistas que diretamente garantem a otimização do processo de aperfeiçoamento desportivo (dos técnicos, dos auxiliares técnicos, dos médicos e de outros profissionais), é lógica a subdivisão prévia das competições planejadas para o ciclo de um ano ou mais de atividade desportiva, em competições básicas e nas preparatórias. A diferença é determinada pela atitude subjetiva dos desportistas e de seus técnicos e pelas particularidades objetivas do papel e do lugar das competições no sistema da atividade desportiva do atleta e da equipe. Com relação às competições básicas, elabora-se a preparação pré-competitiva especial, durante a qual se modificam, de modo especial, o conteúdo e a estrutura do processo de treinamento. E, com relação às competições preparatórias, não se pratica a preparação especial, pois elas constituem um de seus procedimentos. Além disso, elas frequentemente ocorrem próximas das somas de cargas antecedentes, não destacando os altos resultados do desportista (legalmente, esses resultados são mais baixos que os obtidos anteriormente).

Dentre as competições básicas, é possível destacar a competição principal e as secundárias (Figura 2.1). Na maioria dos casos, as últimas compreendem as oficiais programadas. Como uma das principais para o desportista, pode ocorrer a chamada competição "eliminatória", se ele, com seus resultados anteriores, não conquistou o direito de estar na seleção desportiva (se o seu resultado for mais alto do que o de qualquer outro pretendente à incorporação na seleção, a fase eliminatória praticamente perde, para ele, o significado de básica). Na prática, estão compreendidas, dentre as competições básicas nos desportos coletivos, também as competições amistosas e outras que se organizam de forma especial, que não são comparativamente de grande escala, e seu término tem o significado

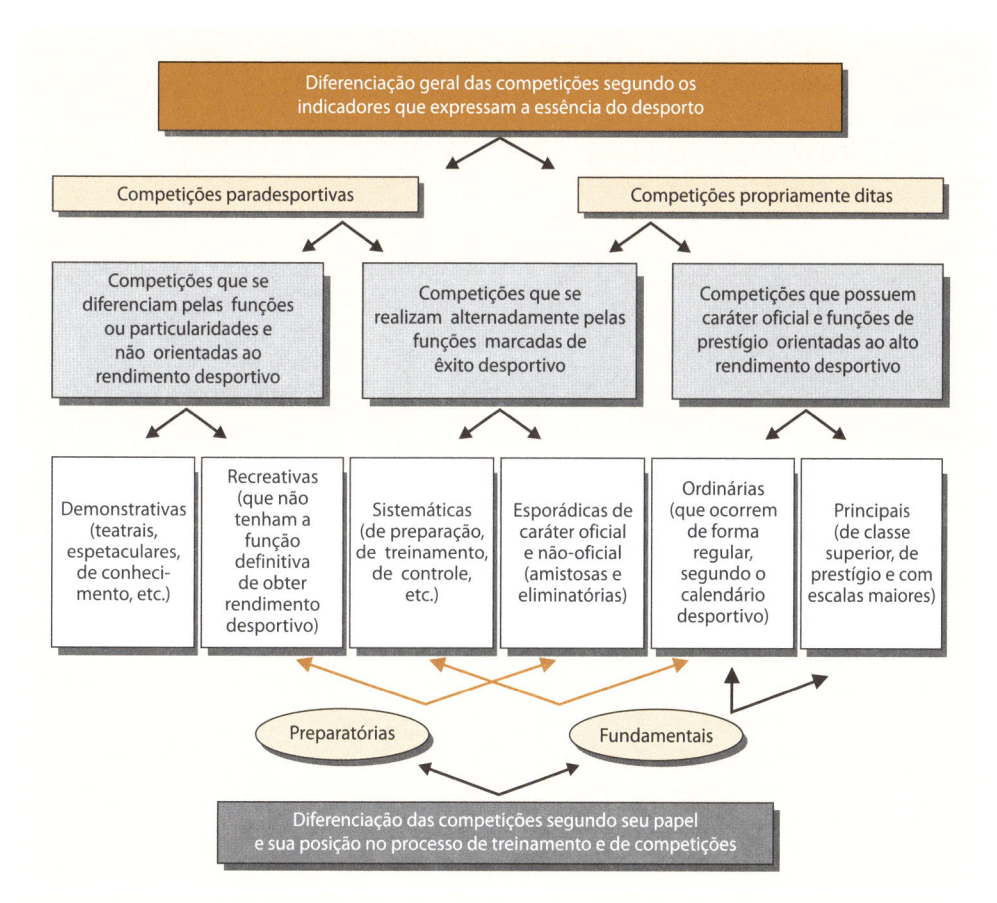

FIGURA 2.1
Classificação das competições (Matveev, 1977).

de princípio para a próxima participação na competição geral. No entanto, com tal determinação da classificatória, existe o perigo de prevalecerem os princípios puramente subjetivos na avaliação de seu significado.

O complexo das competições preparatórias do atleta (da equipe) é formado pelo número de competições oficiais e não-oficiais que, por circunstâncias exteriores à sua organização, apresentam um caráter predominantemente preparatório, incluindo o treinamento (que contribui na elevação do nível do estado condicionado pelo treinamento ou de suas partes individualmente), a adaptação (que contribui com a acomodação às condições exteriores análogas às das competições básicas e, principalmente, às principais) e o controle (que possibilita acompanhar o estado de preparação do atleta em sua totalidade ou com relação a algumas de suas partes individualmente).

Essas competições podem ser denominadas "treinamento preparatório", pois exercem um papel primordial no processo de elevação do nível de preparação dos desportistas diante de condições conhecidas; isso supõe uma alternância sistemática em série nos limites do período determinado de tempo, com intervalos que contribuem para a acumulação dos efeitos das cargas competitivas. Assim, ao se elaborarem representações regulares sobre a diversidade das competições praticadas no desporto, é preciso viabilizá-las, considerando todas as suas facetas e perseguindo consecutivamente suas qualidades e correlações sob o ponto de vista escolhido na estruturação sistemática da atividade competitiva. Considerando-se que as posições ocupadas pelos participantes do movimento desportivo não coincidem com os diferentes níveis de organização, quando se planeja e se constrói um sistema concreto das competições desportivas, existe o problema comum de coordenação das posições. É extremamente importante, para solucionar o problema mencionado, ater-se às determinações do calendário desportivo comum e das variantes individualizadas do sistema de competições (Gomes et al., 1999).

CALENDÁRIO DESPORTIVO E SISTEMA INDIVIDUALIZADO DAS COMPETIÇÕES

Denomina-se *calendário desportivo* uma relação mais ou menos sistematizada de competições planejadas e oficializadas pelas organizações desportivas (federações, comitês, clubes, etc.), com indicação de datas, lugares e denominações, adaptadas às competições segundo os grupos de desporto. Os calendários desportivos únicos podem ser os seletivos combinados, que, em nível organizacional, selecionam os calendários das competições de diferentes desportos: de grupos desportivos e de grupo de desportistas iniciados em um determinado desporto, destinados aos grupos isolados de desportistas (diferenciados segundo o nível de qualificação desportiva, idade, sexo e outros atributos). Todos eles podem ser também compostos por diferentes escalas demográficas territoriais (local, regional, nacional, continental ou mundial) ou sob o aspecto das estruturas organizativas desportivas (sociedades desportivas, federações, etc.). Em qualquer de suas variantes, o calendário desportivo não substitui o plano individual da participação do atleta nas competições compostas por ele e por seus treinadores, considerando o calendário desportivo comum. Tampouco se deve confundir o plano da participação em competições com o sistema real que se estabelece sob a influência da multiplicidade de fatores, dentre os quais os mutáveis, de caráter provável (Shaposhnikova, 1984).

As exigências fundamentais para o calendário unificado comum das competições no desporto contemporâneo estabelecem o seguinte:

- as regras de competições de tipos e de graduações diferentes, que permitiriam aos desportistas sair frequentemente dos longos ciclos do processo competitivo e de treinamento de tipo anual ou semestral. Prevê, em muitos desportos, certo número e certa frequência de competições nos longos ciclos, das quais os desportistas suficientemente preparados tenham a possibilidade de participar semanalmente, na maior parte do ano;
- o envolvimento dos desportistas de destaque, de diferentes idade e sexo;
- a sucessão na distribuição das competições de menor e maior grau (de tal forma que as de menor nível antecedam, via de regra, as de maior);
- a proporção dos intervalos entre as competições de prestígio, importantes para todos, e as magnitudes reduzidas até os indicadores médios de tempo, necessários objetivamente para adquirir ou preservar a "forma ótima desportiva" para os resultados pelos participantes mais prováveis dessas competições. Tal exigência é de suma importância quando se é obrigado a realizar simultaneamente duas ou mais competições de relevo no mesmo ciclo de treinamento competitivo (p. ex., campeonato nacional e continental ou campeonato mundial e jogos olímpicos);
- a estabilidade do calendário, garantindo que seus pontos fundamentais confirmados não serão submetidos à mudança, exceto por extrema necessidade e, além disso, a reprodução tradicional de um ano para outro do que se justifica na prática e não contraria as tendências do crescimento do desporto.

O limite para se realizar tais exigências depende, na prática, de uma série de fatores, entre eles, o econômico e o material. O fato é que a qualidade do calendário desportivo determina a prática competitiva de diferentes atletas no calendário e as condições de sua realização, também a qualidade do sistema complexo individualizado de treinamento e das competições organizadas pelo técnico e pelo desportista, individualmente.

Por outro lado, seria incoerente exigir resultado do atleta em todas as competições previstas no calendário comum suficientemente sobrecarregado, dedicado a um ou a outro tipo de desporto.

Uma exigência dessas também pode tornar-se incoerente até no caso em que o calendário for composto, calculando-se somente o grupo seletivo do desportista (digamos, para todos os candidatos prováveis à seleção nacional de algum desporto). Se, apesar disso, ocorrer tal exigência, o fato prova a ignorância das diferenças que existem entre dois caminhos individuais visando ao mesmo fim: a participação com sucesso na competição principal.

Nos casos em que competições importantes prevêem a participação do mesmo grupo de atletas, planeja-se um calendário comum, de tal modo que se contraponham regras de aquisição e de conservação da "forma desportiva". Por isso, é extremamente difícil assegurar o programa desportivo comum com o sistema individualizado das competições. Isso ocorre particularmente quando se planeja uma quantidade muito grande de competições importantes e sua distribuição no tempo não permite a possibilidade de uma preparação adequada. Nessa situação, o calendário desportivo perde seu significado organizador positivo, contribuindo para a desorganização da atividade desportiva. Consequentemente, é necessário compor o calendário desportivo com base na participação eficaz obrigatória, em uma série de competições importantes do mesmo grupo de desportistas, tendo em vista as regras do desenvolvimento da forma desportiva.

A possibilidade de que apareçam contradições entre o calendário desportivo comum, o sistema individualizado de competições e a possibilidade de "neutralizar" as contradições depende do conteúdo do calendário e do modo como se regula a atitude dos desportistas com relação às competições nele previstas. Caso os órgãos que dirigem o desporto, e dos quais dependem de uma ou outra maneira o comportamento e a condição dos desportistas, os obriguem a atuar em várias competições previstas pelo calendário, exigindo continuamente o resultado máximo, os atletas e seus treinadores estarão constantemente em situação difícil. Tal situação poderá prejudicar seriamente o processo de construção do sistema individualizado de competições (enquanto o desportista não se negar a cumprir tais exigências). Entretanto, se os desportistas e os seus treinadores tiverem o direito de participação seletiva em uma série de competições previstas pelo calendário e se puderem variar os resultados nas mesmas, conforme o plano individual de preparação para as competições de maior importância, então a probabilidade de que apareça um impedimento, por parte do calendário desportivo comum, se reduzirá ao mínimo, até nos casos em que ele não seja perfeito.

A experiência acumulada na organização do desporto com as outras especificidades distingue-se pela separação coordenada de um número mínimo de competições principais, obrigatórias para um grupo determinado, compreendida entre elas a de maior importância e que representa o objetivo de todos, e pela outorga aos desportistas e técnicos da possibilidade de variar amplamente os planos individualizados de participações no restante das competições, excluindo as eliminatórias, exceto as principais indicadas, de acordo com as variantes individuais da construção do programa de preparação para a competição principal. Além disso, deve-se considerar que, para chegar ao objetivo desportivo principal (p. ex., para os desportistas mais importantes, é a participação nos jogos olímpicos ou no campeonato mundial), às vezes é sensato negar-se a participar de competições antecedentes muito grandes e prestigiadas (p. ex., no campeonato continental), se a preparação para atuar e a participação em si obrigam o atleta a desviar da variante ótima, segundo a qual se constrói a preparação para a competição mais importante.

Na composição dos calendários desportivos modernos, incluídos os sinópticos gerais, é cada vez mais marcante a tendência a diferenciá-los para os desportistas de distintos níveis de classificação desportiva. Isso se justifica por várias razões, pois contribui para a intensificação da concorrência desportiva das competições e para o incremento de sua atração espetacular e de sua rentabilidade econômica, entre outras. No entanto, tal tendência favorece o progresso do desporto em sua totalidade.

No sistema individualizado de competições, a diferença do calendário desportivo comum leva-nos a refletir sobre os pontos determinados do calendário unificado e sobre as particularidades do sistema de competições adequado ao atleta. É necessário construí-lo sempre de um modo individualizado, considerando-se o nível de preparação do desportista, as orientações de objetivo, as possibilidades de sua realização, a variante seletora do sistema de construção de treinamento, as singularidades individuais da reação às cargas competitivas e de treinamento, as particularidades do regime de atividade vital e outras que se diferenciam de modo específico. É por isso que ocorrem "divergências" entre o calendário desportivo comum e o sistema individualizado de competições (Harre, 1982).

A estruturação do sistema individualizado das competições desportivas e a otimização de todo o processo competitivo de treinamento, nos limites dos ciclos anuais ou outros mais longos, ao final, estão fundamentadas nas regras que dirigem o desenvolvimento da forma desportiva nas várias manifestações condicionadas individualmente, considerando as condições concretas da atividade desportiva. Isso significa que, decidindo participar ou não de uma ou outra competição e fixando os parâmetros da atividade competitiva do desportista segundo os períodos do ciclo competitivo de treinamento longo, número de participações competitivas, sua frequência, nível dos resultados competitivos e outras especificidades do sistema de competições, vale a pena considerar somente as decisões que contribuírem para o seguinte:

- no primeiro período do ciclo (preparatório) – ao estabelecimento da forma desportiva;
- no segundo período (competições principais) – à sua conservação e à sua materialização nos resultados desportivos; e
- no terceiro período (transitório) – à criação das condições favoráveis para o início do novo ciclo de desenvolvimento da forma desportiva.

Somente com essa posição, empregando os critérios que concordem com ela, pode-se determinar quais variantes da prática favorecem o incremento dos sucessos desportivos e quais medidas se distinguem pelas características contrárias. A ordem das participações do atleta nas competições elaboradas a partir disso exige, desde o início, uma correlação no tempo dos pontos selecionados do calendário desportivo comum com os prazos fixos de tais competições, nas quais o desportista se dispõe a participar, o que será ponto de referência na construção do sistema individualizado de treinamento e das competições. Naturalmente, nos diferentes grupos de desportos, o problema da coincidência entre o plano individualizado das participações competitivas e o calendário desportivo comum é solucionado de forma não completamente uniforme, sobretudo com os assim chamados desportos individuais e de equipe. Nos desportos individuais, é muito mais fácil solucionar tais problemas, pois, quando o desportista não está incluído permanentemente na mesma equipe desportiva, seu acesso à competição seguinte não depende do resultado da competição anterior, podendo dispor de liberdade maior na seleção das competições do que os que se especializam nos desportos coletivos. Já nos desportos coletivos, a solução é dificultada em grande medida pela incorporação permanente de desportistas na equipe, pela participação duradoura e frequente em sua composição, segundo o calendário desportivo unificado, principalmente quando sua parte mais importante é composta por campeonatos de várias etapas que duram muitos meses, como acontece no torneio nacional de futebol, hóquei e outros desportos coletivos. No entanto, não se deduz que o sistema individualizado de competições esteja excluído por completo. Ele torna-se possível pela variação individual e de microgrupos, como, por exemplo, os grupos de jogos desportivos na composição da equipe, pela substituição periódica e episódica dos membros da equipe em uma ou outra competição. Além disso, é necessário variar o sistema de competições de equipes finalistas mediante a introdução de competições que não estejam previstas no calendário desportivo comum. Dentre elas, estão as competições de *treinamento preparatório*, as *adaptativas* e as de *controle*, indispensáveis à orientação do desenvolvimento da forma desportiva da equipe. Considerando-se que as participações do atleta nas competições estão condicionadas ao nível e à dinâmica de seu estado de preparação, a atividade competitiva nos diferentes períodos do ciclo competitivo de treinamento modifica-se significativamente. Por sua vez, os parâmetros do sistema individualizado de competições também transformam-se periodicamente. As especificidades necessárias de tais modificações serão abordadas detalhadamente na sequência.

No primeiro período do ciclo competitivo de treinamento, sobretudo quando é garantida a preparação multilateral do atleta, é dada a orientação preparatória às competições. O conteúdo, as formas, o número e a frequência das competições devem estar regulamentados de tal modo que contribuam para o estabelecimento da forma desportiva, não obstruindo o processo de sua formação no novo nível. Considerando-se a dificuldade causada pela repetição das ações competitivas gerais nesse aspecto e com o mesmo resultado obtido durante o longo ciclo do período preparatório, justifica-se o desejo de disputa nos exercícios competitivos modificados (p. ex., os corredores competem nas corridas de *cross*; os lançadores, no lançamento dos aparelhos desportivos ligeiros ou mais pesados) e em outros exercícios de preparação especial ou geral (básica). A partir desse raciocínio, dependendo das características dos grupos dos desportos, empregam-se também outros procedimentos da prática desportiva.

Em particular, participam-se de competições com regras modificadas em relação às padronizadas; por exemplo, nos jogos desportivos, compete-se em quadra reduzida de jogo, com uma maior exigência de ações motoras, utilizando-se um menor período de tempo, como no "torneio-relâmpago", etc.

Em todo caso, a preparação plena para as competições principais desse período exige que a prática competitiva não seja prejudicial, mas que esteja submetida à lógica do desenvolvimento do processo de treinamento com o incremento dos volumes e da intensidade das cargas de treinamento de forma planejada. Porém, próximo ao final do período, pode ser oportuno, para os desportistas suficientemente treinados, organizar a participação em competições preparatórias semelhantes a séries de sessões de treinamento alternadas em curtos intervalos de restabelecimento. Graças às qualidades específicas mobilizadoras do processo de disputas e à acumulação do efeito de influências competitivas, tal regime de cargas é capaz de estimular, de forma extremamente poderosa, o aumento do nível de treinamento e o desenvolvimento da capacidade competitiva, cristalizando as possibilidades de sucesso do desportista. A exemplo disso, pesquisas experimentais revelam que a participação em séries sucessivas, ao longo de várias semanas, com intervalos de três dias entre as competições, dos atletas de alto rendimento que atuam em exercícios competitivos de potência submáxima pode apresentar uma melhora significativa do resultado desportivo.

No período das competições principais do ciclo competitivo de treinamento a longo prazo, toda a atividade realizada pelo atleta torna-se competição oficial; aqui ela está orientada para assegurar a participação eficaz, para aperfeiçoar e para conservar a forma desportiva necessária. Em princípio, esse período deve ser sobrecarregado de competições, se as condições permitirem aos desportistas – até mesmo os que não são de alto rendimento – competir todas as semanas, variando as orientações competitivas concretas de acordo com a significação pessoal e oficial em disputas distintas. No entanto, a participação do desportista nas competições depende também das condições que facilitam a "aproximação" a elas e da duração do período. Quando for bastante longo, dura, algumas vezes, de 4 a 5 meses ou mais; compreende competições básicas em ambas as fases e, com isso, as mais importantes são eliminadas. Deve-se destacar, em seus limites, a etapa ou as várias etapas entre grandes competições, livres das mais importantes. É necessário utilizar tal período para ativar as influências competitivas que assegurem a conservação ou a aquisição constante da forma desportiva no momento da disputa principal.

No período transitório que culmina o ciclo, as competições oficiais estão ausentes na maioria dos casos. Ocorrem, nesse período, as competições não-oficiais com finalidade recreativa ou demonstrativa. É preciso identificar até que ponto essas competições são mesmo necessárias, o que pode ser verificado pela reação do organismo do atleta à quantidade de cargas competitivas e de treinamento apresentadas no período anterior. O temperamento do atleta, o seu meio mais próximo e outras circunstâncias são também importantes. Em geral, tal período está destinado principalmente ao descanso ativo e efetivo, que exclui o perigo do "estado de treinamento excessivo" e que desenvolve as condições para o início eficaz do novo ciclo longo do processo competitivo de treinamento.

Essas são as características do sistema de competições aceitas nos limites do ciclo considerado. Conforme pode-se verificar, não é fácil construí-lo bem. Para se conseguir completá-lo, tanto o técnico como o desportista devem dispor de um domínio muito bom das habilidades práticas. Portanto, o fato de construir um sistema individualizado de competições constitui um dos avanços fundamentais da arte de orientar o progresso da forma desportiva. Infelizmente, apenas alguns conseguem dominar completamente tal arte. Uma testemunha indireta desse fenômeno é o fato preocupante de, há não muito tempo, somente um número relativamente pequeno de desportistas ter conseguido concretizar seus melhores resultados durante as competições principais e de maior prestígio (incluídos os jogos olímpicos e os campeonatos mundiais). Concomitantemente, os demais participantes (80% ou mais) não conseguiram repetir nem superar seus resultados anteriores. É verdade, porém, que as equipes desportivas de vários países na mesma situação têm melhorado nas últimas décadas (Tabela 2.1).

PRÁTICA COMPETITIVA DO DESPORTISTA A LONGO PRAZO

Não há dúvidas de que o sistema individualizado de competições desportivas, a longo prazo, seja mutável. Ele se altera com as modificações da prática competitiva do atleta naquilo que contribui para sua atividade competitiva e para o seu regime total, sob a influência do incremento do nível que determina o estado de preparação desportiva, do passado e da experiência desportiva, da idade, da dinâmica das condições vitais concretas e de outros fatores e circunstâncias. Isso também reflete na elaboração dos programas desportivos, calculados para abranger diferentes grupos de atletas.

Na primeira fase da atividade desportiva a longo prazo, que compreende a fase de preparação básica, assim chamada quando as classes desportivas iniciam a tempo e são adequadamente preparadas,

TABELA 2.1 – Número de membros da equipe (% em relação a toda a equipe) que obtiveram resultados individuais nas competições de natação, nos jogos olímpicos de 1988 (dados oficiais)

Equipes nacionais	% de desportistas que obtiveram resultado individual de alto rendimento		
	Na equipe toda	Na ala masculina da equipe	Na ala feminina da equipe
RDA	44,7	45	44,4
Hungria	43,5	44,4	40
Austrália	38,3	44	31,8
Rússia	35,9	25	53,3
Inglaterra	31	40	25
China	31	5,6	50
Suíça	26,1	33,3	18,2
Canadá	22,7	20	26,3
Itália	20	21	18,8
França	19,5	21,7	16,7
EUA	15,8	24,1	7,2

segundo a metodologia moderna, é normal assegurar a prática competitiva de motivação dos atletas e conceder a cada um a possibilidade de provar suas capacidades desportivas nas competições de várias modalidades, compreendidas as que se diferenciam na essência e que estão próximas ao objeto pretendido ou já escolhido da especialização desportiva. Tal ato permite evitar os erros na seleção do objeto de especialização desportiva, preservando o atleta das possíveis desilusões. Com isso, já nos primeiros anos da atividade desportiva, é possível assegurar um volume considerável de práticas competitivas que aceleram, sem esforço excessivo, a materialização das potencialidades de sucesso do atleta (Matveev, 1996).

Nas primeiras fases da preparação desportiva, o volume total das participações em competições normalmente cresce de forma considerável. No entanto, quando os parâmetros das cargas competitivas alcançam certa magnitude, as tendências de transformação ulterior de grupos determinados de atletas, em princípio, não coincidem. A divisão dos grupos de que tratamos é determinada pelo nível de possibilidades de conseguir um sucesso desportivo que se manifeste e por sua orientação à esfera básica da atividade vital. Por isso, alguns atletas continuam praticando desportos nos limites de sua orientação, enquanto outros passam às esferas superiores.

É evidente que, a partir das posições sociais gerais ou pessoais, seria absolutamente injustificável que a atividade competitiva desportiva, assim como todas as atividades desportivas desempenhadas por uma multidão de atletas, ocupasse o lugar dominante na atividade vital, prejudicando as esferas de ensino básico, a formação profissional, o trabalho criativo, o serviço ou outras esferas da atividade vital das pessoas. Excluindo-se um grupo relativamente pequeno de atletas, a atividade desportiva de um grande número de pessoas iniciadas no desporto ocupa um lugar subordinado a outra atividade principal. Diante de tais condições, o uso do tempo e da força destinados à atividade desportiva é rigidamente limitado, o que naturalmente limita também os parâmetros da prática competitiva. Assim, os desportistas que organizam participações em competições nos limites do desporto, em uma frequência razoável, apresentam um volume de cargas competitivas bem reduzidas, que, num período de tempo mais ou menos longo, se estabiliza desde o início com variações individuais e de etapas. Normalmente, à medida que se inicia a involução natural da idade, no que concerne às possibilidades adaptativas e à treinabilidade, os interesses desportivos transformados passam para a esfera da cultura física de apoio condicionado, em que o volume da atividade competitiva é reduzido ao mínimo, e as sessões organizam-se para esse tipo de treinamento.

Os parâmetros da prática competitiva, a longo prazo, dos atletas que atingem alto rendimento e que, em condições conhecidas, nela se profissionalizam, bem como o volume total das participações competitivas e a carga referentes a esses atletas aumentam muitíssimo durante as etapas de preparação a longo prazo, alcançando magnitudes de limites na fase da realização máxima das potencialidades desportivas. Dessa forma, há os desportistas jovens que atingem o sucesso muito cedo, mas que ainda não são suficientemente maduros para a chamada "idade dos resultados desportivos superiores". A idade da maioria dos que se especializam nos desportos é bastante constante – aproxima-se, na média, à idade de 20 a 26 anos com variação de 4 a 6 anos (Tabela 2.2) –, e o volume das cargas competitivas é bastante considerável, com dezenas de competições durante o ano em alguns desportos. Por sua vez, o número de participações em competições nas quais intervêm os desportistas mais fortes e a sua concentração no tempo alcançam magnitudes tão grandes que há pouco tempo era difícil imaginá-las (Tabela 2.3).

Aproximando-se do máximo, o volume das cargas competitivas nos ciclos longos de treinamentos a que se sujeitam os desportistas de alto rendimento estabiliza-se e permanece, durante vários anos, oscilando periodicamente. Com isso, a intensidade da atividade competitiva não se estabiliza até o momento em que se abandona o objetivo pessoal orientado aos sucessos absolutos e se diminui a avidez do confronto competitivo. Constata-se que, mais cedo ou mais tarde, inicia-se o processo de redução das cargas competitivas também dos desportistas de nível mais alto. Isso ocorre, em geral, primeiramente com a diminuição da quantidade de participações nas competições relativamente menos significativas para o atleta de menor destaque, não somente por razões de prestígio, mas também por outras razões, incluindo a premiação. Vale salientar que a redução do volume da atividade competitiva no desporto de alto rendimento, que frequentemente se observa nos desportistas relativamente jovens (entre 5 e 6 anos), é condicionada não pelo esgotamento das reservas biológicas de sua capacidade desportiva de trabalho, mas por outras razões, como as demandas exageradas que buscam a concentração máxima das cargas competitivas e de treinamento diante das possibilidades de adaptação e de mobilização da treinabilidade, além da carga psíquica permanente que pode tornar-se exorbitante, inclusive para o desportista destacado, sob influência da grandeza das competições principais.

O sistema de competições dos desportistas que passaram à esfera do desporto comercial profissional se estabelece de modo distinto. Ele se forma segundo as regras de superação dos resultados desportivos e as condições que possibilitam empregar o conhecimento desportivo acumulado com a finalidade de perceber os maiores sucessos financeiros possíveis. A maioria dos desportos aqui praticados está frequentemente relacionada com as competições organizadas sob a forma de espetáculos teatralizados e com a "extensão" dos ciclos durante os quais elas se realizam. E, perante os desportistas que tentam participar paralelamente nas competições do desporto comercial e não-co-

TABELA 2.2 – Idade dos desportistas (homens e mulheres) que ocupam os primeiros lugares no desporto mundial

Os dados referem-se aos participantes dos 17 jogos olímpicos contemporâneos com um total de 57.747 pessoas (segundo os documentos elaborados pelos colaboradores do Instituto de Pesquisa Científica de Cultura Física da Rússia).

Desportos	Idade das desportistas femininas (anos)						Idade dos desportistas masculinos (anos)					
	Das líderes			Das 10 primeiras			Dos líderes			Dos 10 primeiros		
	MÍN.	MÉD.	MÁX.	MÍN.	MÉD.	MÁX.	MÍN.	MÉD.	MÁX.	MÍN.	MÉD.	MÁX.
Natação: Olímpica	14	19,4	24	14	19,5	27	19	22,5	28	17	21,8	28
Halterofilismo:												
Categ. peso até 75 kg							20	22,4	27	17	23,3	31
Categ. peso mais de 75 kg							25	27,4	32	19	24,1	32
Saltos atléticos:												
Altura, Distância	23	24,5	26	18	25	30	21	24	27	20	24,7	32
Lançamento de Disco, Peso	25	25,5	26	19	26,2	34	26	27	28	22	29,1	38
Corrida:												
Velocidade (100, 200)	29	29	29	23	26,5	31	21	24,8	27	21	24,8	28
Meio-Fundo (800, 1.500)	25	30	35	22	26,9	35	28	28	28	22	26,5	32
Fundo 5,10 km e Maratona	24	26,6	28	21	28,9	38	21	23,7	26	21	27,5	33
Idade dos participantes	(%) na totalidade dos participantes dos jogos por faixa etária											
Até 20 anos	12											
de 21 a 25 anos	33											
de 26 a 30 anos e mais (em geral até 35 anos)	55											

mercial de alto rendimento (ultimamente apareceram tais desportistas em quantidade no mundo), surge o problema dos sistemas de competições, adaptados ao desporto profissionalizado. Tais tentativas são frequentemente frustradas, se apreciadas segundo o nível de eficiência manifestado pelos desportistas nas competições. Durante as últimas décadas, as seleções russas de futebol e de hóquei participaram nos campeonatos mundiais e continentais com a inclusão na equipe de atletas profissionais.

Ao finalizarem sua carreira desportiva principal, frequentemente, os desportistas que possuem a capacidade "competitiva" extraordinariamente acentuada não deixam de participar regularmente das competições, dentre elas as oficiais, orientando-se para os sucessos superiores. Levando-se em consideração tudo isso, não somente na escala local, mas também em nível de organizações desportivas internacionais, são aprovados os programas desportivos para os esportistas de idade madura e mais velhos. Os resultados mundiais expressos até pelos atletas mais velhos são impressionantes.

Isso comprova uma vez mais quão infinitas são, na prática, as possibilidades humanas de se obter resultado. Contudo, não vale a pena abusar em sua exploração. Apesar das particularidades individuais, o risco de danificar a saúde na busca de resultados desportivos aumenta com a idade, até chegar ao ponto em que se torna inviável tentar consegui-los.

PARTICIPAÇÃO DOS DESPORTISTAS NAS COMPETIÇÕES

Nos últimos anos, o número de competições desportivas, que constitui o principal fator na melhora da *performance* dos atletas de alto rendimento, tem aumenta-

TABELA 2.3 – Quantidade máxima de dias oficiais de competição e de participação dos desportistas de alto rendimento

Desportos	Quantidade de dias de competição	Quantidade de participações
Ginástica desportiva	20-30	150-200
Saltos ornamentais	20-30	250-320
Salto em altura	35-45	120-180
Salto em distância	35-45	120-180
Lançamento do martelo	35-45	120-180
Corrida de curta distância (100 e 200 m)	22-26	28-32
Corrida de meia distância (800 e 1.500 m)	20-25	20-25
Corrida de longa distância (5.000 e 10.000 m)	15-20	15-20
Corrida de maratona	4-6	4-6
Futebol	70-85	70-85
Tênis de mesa	75-80	380-420
Polo aquático	50-55	70-85
Handebol	70-80	70-80
Luta livre	30-40	50-70
Boxe	25-30	25-30
Levantamento de peso	10-12	50-77

do. De uma forma geral, Platonov (1997) classifica-as como:

- **Competição preparatória**: esse tipo de competição apresenta, como principal tarefa, o aperfeiçoamento da técnica e da tática das ações competitivas do desportista. Além disso, propicia a adaptação do organismo nos vários sistemas relacionados com as cargas competitivas.
- **Competição de controle**: permite a avaliação tanto do nível de preparação atingida pelo desportista nos aspectos tático e técnico como do aperfeiçoamento das capacidade motoras, físicas e psíquicas. Os resultados obtidos nesse tipo de competição permitem ao treinador fazer a correção de todo o processo de treinamento.
- **Competição simulada**: a tarefa mais importante desse tipo de competição é a preparação direta do desportista para a competição principal, seja no ciclo anual, no macrociclo ou mesmo no ciclo olímpico. Essas competições são organizadas de forma especial durante o sistema de preparação do atleta, podendo estar dentro do calendário oficial. Elas devem simular a competição-alvo na totalidade ou em parte.
- **Competição seletiva**: nesse tipo de competição, o desportista deve mostrar o seu melhor potencial (resultado). Normalmente, essas competições ou torneios existem com o objetivo de selecionar os atletas para as equipes representantes dos estados, do país ou, até mesmo, em alguns casos, para representar o continente. Trata-se de competições oficiais ou programadas para esse fim.
- **Competição principal**: a competição principal é aquela em que o desportista, obrigatoriamente, deve atingir o seu melhor resultado, deve competir visando ao recorde (caso do desporto individual) ou à sua melhor participação no desporto coletivo. A mobilização pessoal e a da equipe devem ser máximas, sendo de grande influência a preparação psicológica, além, evidentemente, de um alto rendimento

de aperfeiçoamento das capacidades e qualidades físicas, técnica e tática.

Atualmente, os especialistas procuram controlar o nível de aperfeiçoamento dos atletas durante o processo de treinamento por meio do controle de participações em competições. O agrupamento dos desportos, procurando respeitar suas características motoras e fisiológicas, facilita um maior acompanhamento.

Na teoria dos desportos, estudiosos tentaram, mais de uma vez, classificar as modalidades existentes, porém a grande diversidade de composição e de estrutura de atuação de várias modalidades e de provas em separado dificulta aos autores destacarem um único indício de classificação. Até o momento, todas as abordagens para a sua resolução apresentaram certas deficiências e não permitiram, a nosso ver, uma classificação completa das modalidades desportivas. Mesmo assim, levando em consideração a necessidade prática de uma classificação para a orientação nas questões específicas de preparação, é necessário assumir uma classificação, ao menos aproximada, das modalidades desportivas. Uma das abordagens mais divulgadas e que se justifica, do ponto de vista prático, é a organização das modalidades desportivas referentes à esfera da educação física, segundo o objetivo das competições e os requisitos predominantes em relação às capacidades físicas (motoras) do desportista. Com esses aspectos, é possível classificar os desportos em oito grupos de modalidades desportivas (Zakharov; Gomes, 1992).

- **Grupo I – Modalidades complexas de coordenação**: são as que exigem a expressividade estética e artística na execução de exercícios competitivos, tais como ginástica artística, nado sincronizado, patinação artística, salto ornamental, ginástica rítmica desportiva, etc. (Keller; Platonov, 1983).
- **Grupo II – Modalidades de força e de velocidade**: exigem as características acíclica e mista dos movimentos em que os atletas procuram alcançar resultados máximos expressos em medidas exatas de deslocamento (saltos de atletismo, arremessos, halterofilismo).
- **Grupo III – Modalidades de alvo**: aqui a atividade motora é pequena, a maior evidência está em poder avaliar corretamente a condição de atirar em um alvo utilizando armas desportivas (arco e flecha, tiro com pistola, dardo, etc.).
- **Grupo IV – Modalidades de condução**: a atividade motora está preferencialmente ligada à direção (condução) dos meios de locomoção (corridas de automóvel, motocicleta, vela, hipismo, etc.).
- **Grupo V – Modalidades cíclicas**: manifestam-se preferencialmente nas provas de corrida no atletismo, no ciclismo, na natação, no remo, no esqui, na patinação, no triatlo, com características destacadas para a resistência.
- **Grupo VI – Jogos desportivos**: destacam-se as modalidades com bola e as coletivas, tais como futebol, voleibol, basquetebol, tênis, handebol, hóquei, etc.
- **Grupo VII – Modalidades de combates**: a tática está ligada à condição técnica, à preparação física, à característica de contato e de golpes e impõe vantagens sobre o adversário (luta greco-romana, luta livre, judô, caratê, boxe, esgrima, etc.).
- **Grupo VIII – Provas combinadas**: a característica é determinada com base na combinação tática, na qual tais modalidades proporcionam pontos que representam o resultado final (pentatlo

moderno, decatlo na modalidade de atletismo, biatlo na de esqui, etc.).

A atividade competitiva nesses grupos de desportos apresenta-se de forma muito diferenciada, pois ainda é possível classificá-los em desportos individuais e coletivos, ou mesmo pelas manifestações fisiológicas, como aeróbios, anaeróbios e mistos, ou ainda pela biomecânica, considerados cíclicos e acíclicos, além de outras formas de classificação.

MEIOS E MÉTODOS DA PREPARAÇÃO DESPORTIVA

MEIOS PEDAGÓGICOS DA PREPARAÇÃO DESPORTIVA

Durante todo o processo da atividade motora do indivíduo, deve ser resolvido um grande número de tarefas motoras. A solução dessas tarefas correlaciona-se com a percepção da atividade motora (AM). A atividade motora, que faz parte da atividade integral do indivíduo, deve ser sempre consciente e orientada. A diferença do princípio da atividade motora e do movimento como função do organismo humano manifesta-se por meio da locomoção motora humana sob duas formas:

- manutenção constante da posição corporal (postura);
- deslocamento do corpo em relação ao meio circundante ou deslocamento de algumas de suas partes em relação a outra (Schimidt, 1985).

As ações motoras constituem um meio integrante e específico da preparação do atleta, e cada tipo de atividade desportiva caracteriza-se por seu conjunto de ações motoras.

Como regra, um movimento articular por si não constitui ainda uma AM independente. A ação com a qual o atleta resolve a tarefa motora é composta de movimentos articulares distribuídos e interligados no espaço e no tempo. Em cada AM podem-se distinguir, condicionalmente, movimentos isolados. Assim, no salto em altura, destacam-se: impulso, ação conjugada da movimentação da perna para cima sobre a barra e aterrissagem (Boguem, 1985).

O exercício físico constitui a base da preparação do atleta como processo pedagógico. Por conseguinte, os exercícios físicos são a forma principal de utilização das ações motoras na preparação desportiva.

O exercício físico integrado no processo de preparação do atleta pode ser definido como a atividade motora inclusa no sistema geral das possíveis influências pedagógicas orientadas para a solução das tarefas de preparação do atleta. A corrida, por exemplo, adquire significado no exercício físico quando utilizada de acordo com os requisitos justificados do ponto de vista da preparação do desportista (Gomes, 1997b).

O exercício físico está obrigatoriamente ligado ao método, uma vez que o processo organizado, objetivando o aperfeiçoamento de qualquer qualidade do indivíduo e pressupondo um sistema estável de ações repetidas, possui interligações necessárias para a solução de tarefas previstas e não somente num conjunto casual de operações. Por conseguinte, tais ações, em sua essência, formam um método.

Na linguagem desportiva, o termo "meio" significa *o que* se utiliza, e o termo "método", *como* se utiliza o meio no processo de obtenção do objetivo da preparação. Dessa forma, o exercício físico representa o meio, e o modo de sua utilização representa o método.

Juntamente com as ações motoras, referem-se aos meios muitos outros fatores, cuja utilização orientada determina a eficiência da preparação do atleta. Por exemplo, na qualidade de meios de preparação do atleta, devem ser considerados:

- **Equipamentos especiais**: o material desportivo, as instalações desportivas, os aparelhos de treino desportivos, os aparelhos de ginástica, barra de ferro, aparelhagem de diagnóstico – testes, piscinas, etc.
- **Fatores da natureza**: a influência do ar e da água, radiação solar, condições climáticas das zonas montanhosas.
- **Condições sociais e ecológicas de vida dos atletas**: as condições de vida cotidiana, o regime de sono, os estudos, o trabalho, os fatores social, econômico e cultural, etc.
- **Alimentação do atleta**: deve ser vista como fator importante na preparação; o que determina, no organismo, a recepção das quantidades necessárias de substâncias ricas de energia, água, microelementos, vitaminas e sais.
- **Fatores de recuperação**: a massagem, os preparados farmacológicos, a fisioterapia, a sauna, etc.
- **Influências informativas**: a informação verbal e visual do técnico, a observação como forma de obter dados, etc.

É costume caracterizar o exercício físico pela forma e pelo conteúdo. A forma do exercício físico é determinada pelos parâmetros dinâmicos e cinemáticos. A cinemática fornece a ideia do aspecto externo dos movimentos do atleta e caracteriza-se pelos seguintes parâmetros:

- **Espaço**: a posição do corpo e de suas partes e a amplitude do movimento.
- **Tempo**: a duração do exercício.
- **Espaço e tempo**: a velocidade, a aceleração e a desaceleração.

As características dinâmicas fornecem a ideia das forças que exercem influências sobre o movimento do corpo. Esses parâmetros são influenciados pelas forças correlativas ao movimento.

A ideia integral sobre a forma do exercício físico é expressa na "técnica do exercício físico". O conteúdo do exercício físico revela-se no processo da atividade locomotora imediata do indivíduo e caracteriza-se pela sua "carga".

Há a necessidade de se orientar, na diversidade de exercícios físicos, aquele que melhor corresponde, num volume mais completo, às tarefas da preparação. Podem ser observadas abaixo algumas formas de classificação do exercício físico, fundamentadas em diferentes indícios.

Classificação dos exercícios

De acordo com o regime de contração muscular no movimento, a contração muscular no exercício físico pode ser estática ou dinâmica. Os exercícios físicos estáticos são os que estão relacionados com a manutenção da posição tomada, como, por exemplo, a posição do corpo no exercício ginástico nas argolas em "cruz". Os exercícios físicos dinâmicos estão ligados ao deslocamento do corpo do atleta ou de suas partes (p. ex., os exercícios de corrida e os de saltos). A divisão dos exercícios em dinâmico e estático é muito convencional, pois a maioria dos movimentos se realiza combinando os regimes dinâmico e estático com contrações de diferentes músculos. Assim, para executar o movimento dinâmico da mão ou da perna, todos os músculos do tronco devem primeiro assegurar a tomada de uma determinada posição estática. Por outro lado, para manter a posição, é preciso que, em resposta a qualquer ação que perturbe tal posição, realizem-se os correspondentes movimentos dinâmicos compensatórios (Schimidt, 1985).

Em relação à estrutura do movimento, os exercícios dinâmicos dividem-se em cíclico, acíclico e misto (Zatsiorski, 1970). Os exercícios cíclicos caracterizam-se pela repetição múltipla dos ciclos de movimentos em relação à estrutura biomecânica. Ao fim de cada ciclo de movimentos, todas as partes do corpo do atleta voltam à posição inicial (corrida, natação, ciclismo), o que proporciona a possibilidade de repetir, durante muito tempo, os movimentos. Os exercícios acíclicos caracterizam-se pela variação no final do movimento em comparação com a inicial, o que exclui a possibilidade da repetição reiterada e ligada de tais movimentos (p. ex., arremessos e ações motoras nos jogos desportivos). Quanto aos exercícios mistos, são os que combinam os movimentos do tipo cíclico e acíclico (p. ex., o salto com vara).

Dependendo do volume da massa muscular ativa que participa no movimento, os exercícios físicos classificam-se em exercícios *localizados*, *regionais* e *globais* (Sudakov, 1984). Os exercícios locais são aqueles em cuja realização participa até um terço de toda a massa muscular do corpo do atleta (p. ex., o exercício feito apenas com os músculos do braço ou da perna). Os regionais são os exercícios cuja realização envolve de um terço a dois terços de toda a massa muscular (p. ex., exercícios com halteres deitado). Os exercícios globais são os que envolvem mais de dois terços de toda a massa muscular (natação, corrida, esqui, etc.). Essa classificação é de suma importância do ponto de vista do sistema energético do exercício. Com todas as condições iguais, os exercícios globais têm valor energético maior.

O aperfeiçoamento físico do indivíduo adquire uma orientação especial de preparação somente quando os exercícios são escolhidos considerando-se sua significância para o aperfeiçoamento da atividade motora na modalidade desportiva praticada. A orientação especial constitui o pivô metódico que determina a estrutura e o conteúdo dos meios de preparação do atleta. É por isso que se utiliza mais amplamente, na teoria e na prática de preparação dos atletas, a classificação dos exercícios físicos segundo a medida de semelhança das características cinemáticas e dinâmicas das ações motoras que compõem o exercício físico dado, com as ações motoras que baseiam a modalidade escolhida da atividade competitiva. De acordo com esse indício, todos os exercícios físicos dividem-se em exercício competitivo, preparatório especial e preparatório geral, conforme apresentado na Tabela 3.1 (Matveev, 1991).

TABELA 3.1 – Caracterização dos exercícios de treinamento

Exercícios	Aspectos motores	Aspectos fisiológicos
Competitivo (C)	+ + + + +	+ + + + +
Preparatório especial (PE)	+ + + – –	+ + + – –
Preparatório geral (PG)	+ + – – –	+ – – – –

Exercício competitivo

É uma atividade motora integral, dirigida no sentido da solução da tarefa locomotora que constitui o objeto da competição e realizada de acordo com as regras da modalidade desportiva.

É importante distinguir os exercícios propriamente competitivos, realizados em condições reais, com todos os requisitos próprios das competições. A forma de treino (modelo) do exercício competitivo coincide com a primeira forma pelas principais características cinemáticas e dinâmicas dos movimentos, mas cumpre-se nas condições do treino e é dirigida para a solução das tarefas deste. Como exemplo, podemos mencionar o combate no boxe ou a corrida na distância igual à de competição, objetivando obter o resultado máximo, etc. Os exercícios competitivos, conhecidos também como fundamentais, podem ainda ser classificados conforme apresentado na Tabela 3.2.

Exercício preparatório especial

Representa o exercício que é muito parecido, pelo seu parâmetro, com os competitivos.

A especialização é um princípio importantíssimo de aperfeiçoamento em qualquer tipo de atuação. É por isso que tais exercícios representam o principal meio que condiciona as melhoras dos resultados desportivos. É necessário destacar que os exercícios preparatórios especiais não são idênticos aos exercícios competitivos; do contrário, não haveria razão alguma para recorrer a eles. Tais exercícios são utilizados para assegurar a influência seletiva e mais considerável que corresponde aos parâmetros determinados do exercício competitivo integral (Matveev, 1991).

Os exercícios preparatórios especiais representam a modelagem seletiva dos componentes da atividade competitiva.

Eles têm importância muito grande na preparação especializada do atleta, pois, nas etapas iniciais de preparação, é inacessível o cumprimento integral do exercício competitivo, devido ao baixo nível de condição. Mas existe a possibilidade de modelar, no processo de treino, alguns parâmetros, com a reprodução limitada simultânea de outros. Tudo isso torna acessível a realização do exercício. Os exercícios preparatórios especiais aproximam-se paulatinamente, pelos seus parâmetros, dos competitivos. Como exemplo de tal modelagem parcial, pode servir o de um ciclista quando pedala em ritmo de competição, mas com as transmissões baixas ou nas corridas com uma motocicleta líder.

Nesse caso, um parâmetro corresponde completamente ao parâmetro orientado ao ritmo de movimentos, e o outro limita-se ao regime de força do exercício. Nas modalidades cíclicas desportivas, são muito difundidos os exercícios preparatórios especiais, em que se planifica o cumprimento de distâncias mais curtas do que a distância de competição, mas com a velocidade de competição, ou, pelo contrário, trechos mais longos, mas com a velocidade abaixo da de competição.

Nas modalidades complexas de coordenação, como, por exemplo, na ginástica, pode ser utilizado o exercício com a execução de toda a combinação de competição, mas com a distribuição mais prolongada no tempo dos elementos do que no exercício de competição (competitivo).

Exercício preparatório geral

É o exercício que tem ou não semelhança com os principais exercícios competitivos. Uma vez que o organismo humano representa algo único, o desenvolvimento de algumas qualidades não ocorre isoladamente do desenvolvimento

TABELA 3.2 – Classificação dos exercícios competitivos fundamentais (Matveev, 1991)

Classe de exercícios	Grupos	Subgrupos e tipos de exercícios
Exercícios pluriestruturais (formas relativamente estáveis)	1. Exercícios de velocidade e de força	A. Saltos (em atletismo e outros desportos); B. Lançamentos (dardo, disco, martelo, peso, etc.); C. Levantamento de pesos (exercícios de triatlo); D. *Sprint* (exercícios de atletismo e outros cíclicos de máxima potência).
	2. Locomoção cíclica para desenvolvimento da resistência	A. Locomoção de potência submáxima (corridas de distâncias médias, provas de natação de 100-400 metros, etc.); B. Locomoção de grande e moderada potência (corridas de 3 a 5 km e mais, provas de natação de 500 metros e mais, etc.). *Slalom* e descida de velocidade em esquis.
Exercícios poliestruturais (formas alternadas, que variam segundo as condições da competição)	3. Jogos desportivos	A. Jogos que se caracterizam pela elevação da intensidade e pela possibilidade de exclusão periódica durante o processo de jogo (basquetebol, handebol, etc.); B. Jogos que se caracterizam pela sua relativa continuidade e prolongamento da participação nas competições (futebol, hóquei escandinavo, etc.).
	4. Corpo a corpo desportivo	A. Esgrima; B. Boxe e luta.
Série de exercícios competitivos (duatlo e provas combinadas)	5. Duatlo e provas combinadas com um conteúdo renovável 6. Duatlo e provas combinadas com renovação periódica do conteúdo	A. Provas combinadas homogêneas (tetratlo de patinagem, triatlo de esquis de montanha, etc.); B. Diatlo e provas combinadas heterogêneas (pentatlo e decatlo no atletismo, pentatlo moderno, etc.). C. "Arte desportiva" (ginástica desportiva, acrobacia, saltos ornamentais, etc.).

das outras. A especialização extremamente estreita, quando se ignora o necessário desenvolvimento multilateral, contradiz o desenvolvimento natural do organismo.

É extremamente importante levar isso em consideração nas idades infantil e juvenil. Toda a experiência da preparação dos atletas mostra que a especialização desportiva bem-sucedida, em certa modalidade, é condicionada, em grande medida, pelo desenvolvimento físico multilateral. De acordo com essa disposição, a melhora do nível geral das habilidades funcionais do organismo do atleta possui um significado primordial para a especialização desportiva bem-sucedida. Essa importante tarefa de preparação é resolvida com a ajuda dos exercícios preparatórios gerais.

A prática do desporto acumulou, durante toda a sua história, enorme quantidade de exercícios preparatórios gerais. No entanto, ao resolver as tarefas de preparação, considerando sua orientação especial, escolhe-se a composição dos meios de preparação geral do atleta de modo que se possa contribuir justamente para o desenvolvimento das qualidades que têm significado dominante na modalidade desportiva escolhida praticada.

Todos os meios de treinamento desportivo até agora apontados não são apenas formas de preparação física, mas de preparação técnica, tática e psicológica. Ao mesmo tempo em que se utilizam os meios específicos, empregam-se formas variáveis de preparação intelectual, moral e estética. Na sequência, são descritos exemplos de exercícios para o desenvolvimento das capacidades motoras.

MÉTODOS PEDAGÓGICOS DE PREPARAÇÃO DESPORTIVA

O método de preparação desportiva está diretamente ligado ao objetivo pretendido, o qual representa um sistema estável de ações consecutivas direcionadas para a solução de tarefas programadas anteriormente.

A preparação integral do atleta pressupõe a obtenção de vários objetivos, que determinam os mais diversos meios e métodos de preparação desportiva.

Para cada componente do sistema de preparação do atleta, existe uma composição de métodos. Na sequência, é abordada apenas a característica geral dos métodos de influência pedagógica. Tais métodos, para podermos estudar com profundidade, serão divididos em três grupos: *influência prática*, *verbal* e *demonstrativa*, conforme a Figura 3.1 (Matveev, 1977).

A especificidade da preparação do atleta pressupõe a orientação predominante das influências sobre o aperfeiçoamento das capacidades locomotoras do organismo humano, que determina o significado dominante dos métodos de influência prática. No processo de preparação do atleta, tais métodos são apresentados, preferencialmente, pelos métodos de exercício físico. Os dois outros grupos de métodos, influência verbal e demonstrativa, são complementares para a ótima realização dos métodos práticos (Zakharov; Gomes, 1992).

Os métodos de influência prática são referendados pelos métodos de exercício físico conhecidos como *programados*, *de jogos* e *competitivos*.

Método de influência prática "programado"

A programação constitui a condição indispensável de influência orientada dos meios de treinamento que contribuem para a solução eficiente das tarefas de preparação. Qualquer método tem grau determinado de programação, variando apenas seu grau e parâmetros.

Os métodos de exercício programados regulamentados são muito diversificados. O aspecto interno do conteúdo de cada um dos métodos apresenta caráter muito específico. Convém comparar a característica de cada método com o objetivo concreto de preparação dos atletas. Cada método apresenta uma série de variáveis que são utilizadas à medida que cresce a exigência das tarefas motoras. Por isso, apresentaremos a seguir apenas a classificação geral dos métodos com base nos indícios externos do exercício. Todos os

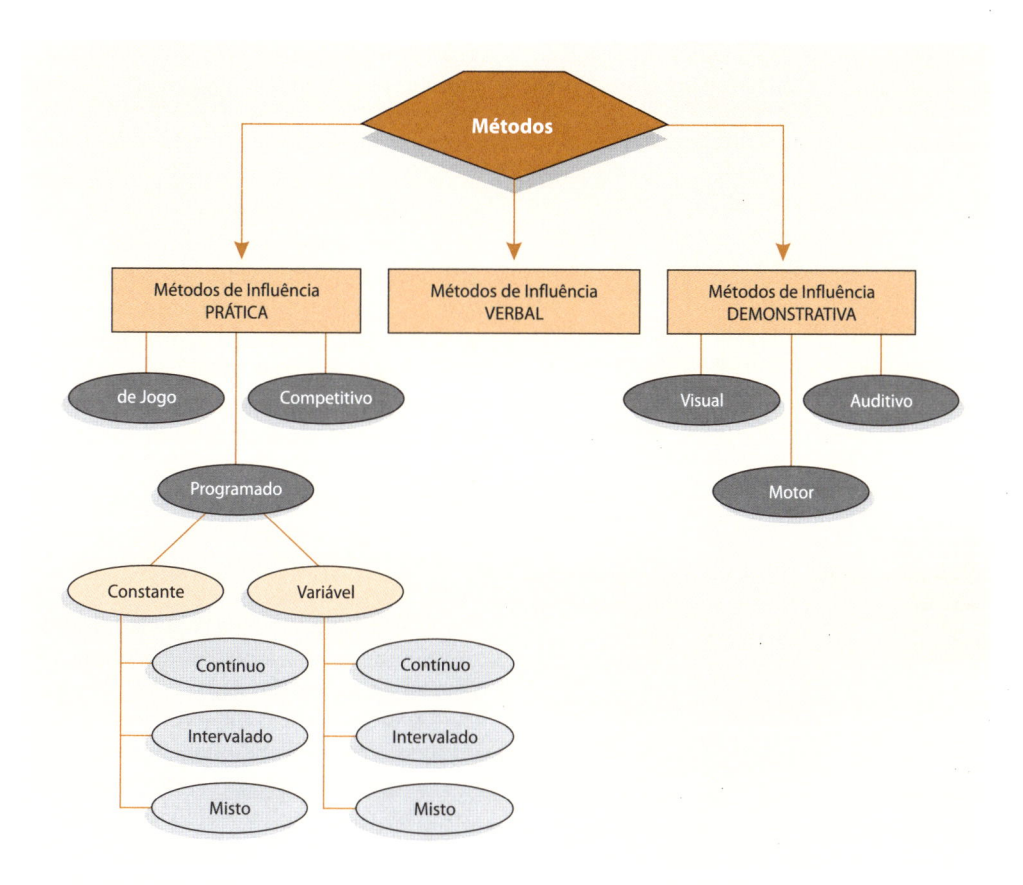

FIGURA 3.1
Métodos pedagógicos de preparação desportiva.

métodos do exercício programado podem dividir-se em dois subgrupos:

- Métodos orientados para o ensino da técnica das ações motoras.
- Métodos orientados para o treinamento das capacidades motoras.

Essa divisão acertadamente é considerada convencional, pois qualquer execução prática do exercício exerce influência conjugada sobre diversos aspectos de preparação do atleta. Dessa forma, tal classificação permite distinguir os diversos elementos que são próprios desses métodos.

Métodos de ensino da técnica de ações motoras

Destacam-se dois enfoques metodológicos principais do ensino da técnica das ações motoras: o *integral* e o *dividido*.

a) Método de ensino integral

Pressupõe o estudo da técnica das ações motoras de uma só vez e em caráter integral.

A sua principal vantagem é que a técnica da atividade motora pode ser assimilada, de forma integral, à interação permanente de suas fases, o que permite manter o ritmo das ações e sua estrutura geral. Quanto às deficiências, podemos destacar:

- a dificuldade de aplicar o método no ensino das ações motoras complexas;
- as dificuldades na correção dos erros, pois o técnico não é capaz de corrigir imediatamente todos os erros cometidos durante a realização do exercício;
- a dificuldade de prestar atenção seletiva ao aperfeiçoamento de certos elementos das Ações Motoras (AM);
- o rápido cansaço do atleta promovido pela múltipla repetição do exercício.

Tal método é utilizado na aprendizagem inicial das ações motoras relativamente fáceis quanto à técnica ou das ações que não podem ser divididas sem a desfiguração das fases e dos elementos destacados. Aplica-se amplamente na etapa de consolidação e no aperfeiçoamento da técnica da AM.

O método da execução integral múltipla da AM pode ser utilizado nas seguintes variantes (Maznitchenko, 1977):

a) execução repetida da AM com o consequente aperfeiçoamento dos elementos e dos detalhes;
b) repetição múltipla da AM nas condições permanentes com o objetivo de sua consolidação;
c) execução com as condições crescentes que se aproximam das realizadas em competição;
d) execução nas condições complexas (com muito cansaço, com a presença do adversário, com as condições climáticas, etc.).

b) Método de ensino dividido (analítico-sintético)

Representa a divisão da atividade motora em elementos ou em fases relativamente independentes, que podem ser aprendidos de modo autônomo, com sua posterior ligação globalizada.

A possibilidade de concentrar a atenção dos atletas de modo mais completo, na fase destacada, e seu aperfeiçoamento mais detalhado, constitui o seu aspecto positivo. Durante o trabalho com os componentes da técnica, exclui-se a execução repetida das partes e das fases ainda não assimiladas. Com isso, pode-se evitar que surjam erros estáveis (o que é destaque no método de ensino integral). A execução das partes isoladas é menos cansativa do que a execução da ação integral. Por conseguinte, é possível o aumento do número de repetições de elementos em ação.

Convém dividir a atividade motora, a fim de que haja o menor número possível de desfigurações das partes destacadas. A sua assimilação não deve ser levada até o automatismo (nível de hábito).

Uma das deficiências consideráveis desse método é que ele não deve ser aplicado nos casos em que a AM não possa ser dividida (p. ex., nos saltos na ginástica, no chute na bola) ou não possa ser dividida sem consideráveis desfigurações das partes destacadas. Mesmo nas circunstâncias mais favoráveis, quando na técnica da AM destacaram-se as partes ou as fases relativamente independentes, não se consegue manter por completo, na composição da AM integral, as características próprias.

As deficiências do método de ensino dividido diminuem quando as partes destacadas da atividade motora apresentam-se sob a forma de exercícios chamados "exercícios parecidos". Eles representam variantes simplificadas das ações trabalhadas ou partes destacadas transformadas nas AM integrais (Achmanin, 1990).

As principais variantes desse método são:

a) o estudo separado dos elementos da ação com posterior ligação para o movimento total;
b) o ensino consequente dos elementos da técnica da AM com sua ligação gradativa (ensino da técnica da AM com o método de "intensificação");
c) o destaque dos elementos da AM, para curto período de tempo, para sua precisão;
d) o aperfeiçoamento dos elementos da AM sob a forma de exercícios.

Métodos de treino das capacidades motoras

Na classificação geral dos métodos orientados para o treinamento das capacidades motoras, há alguns indícios externos do exercício. Assim, o exercício pode ser executado no regime contínuo (permanente) intervalado ou misto. Cada uma das variantes pode-se caracterizar pelos parâmetros constantes ou variáveis do exercício. Assim sendo, destacam-se os seguintes métodos do exercício programado, aplicáveis ao aperfeiçoamento das capacidades motoras (Figura 3.2).

Método de exercício de carga contínua

Caracteriza-se pela execução prolongada do exercício sem alteração frequente do ritmo. As mudanças no ritmo de carga são programadas anteriormente e podem ser enfocadas na prática de diversas formas. Esse tipo de capacidade aeróbia (VO_2 máx.) nos desportos, principalmente nas modalidades em que a *performance* depende dessa fonte de energia, como: a natação, o ciclismo, o atletismo, o remo, a canoagem, entre outros (Figura 3.3).

O método de exercício contínuo pode ser controlado na sua intensidade pelos parâmetros de frequência cardíaca, concentração de lactato e velocidade média de execução do exercício: o volume é controlado pelo tempo de duração ou mesmo pela metragem total da atividade. O importante é que o treinador observe com qual dinâmica de carga ele pretende ministrar o trabalho, pois isso tem relação direta com o nível que apresenta o desportista.

Método de exercício de carga intervalada

O exercício de carga intervalada deve ser estruturado levando em consideração o objetivo do treino. Esse tipo de exercício auxilia no desenvolvimento aeróbio, anaeróbio alático, anaeróbio lático, nos trabalhos de flexibilidade, de força, técnico e na coordenação de movimentos. Ao organizar a sessão de treinamento, o treinador seleciona a dinâmica da carga coerente com seu objetivo de treino, determinando, assim, as dinâmicas a serem utilizadas ou mesmo o número de repetições ou séries que deverão compor o programa de treinamento. A intensidade e o volume estão diretamente relacionados com o tipo de desporto. Os exercícios intervalados devem ser prioridades nos desportos de luta, jogos coletivos e em uma série de outros desportos de curta duração (Figura 3.4).

Método de exercício de carga mista (intervalado e contínuo)

Na Figura 3.5, apresentamos dinâmicas de cargas mistas, em que a prioridade é sempre iniciar com cargas intervaladas, terminando com as cargas contínuas. Na prática, é muito comum o treinador resolver, por exemplo, no início do treino, o treinamento do sistema anaeróbio alático e terminar o treino com o sistema aeróbio, podendo compor os trabalhos de di-

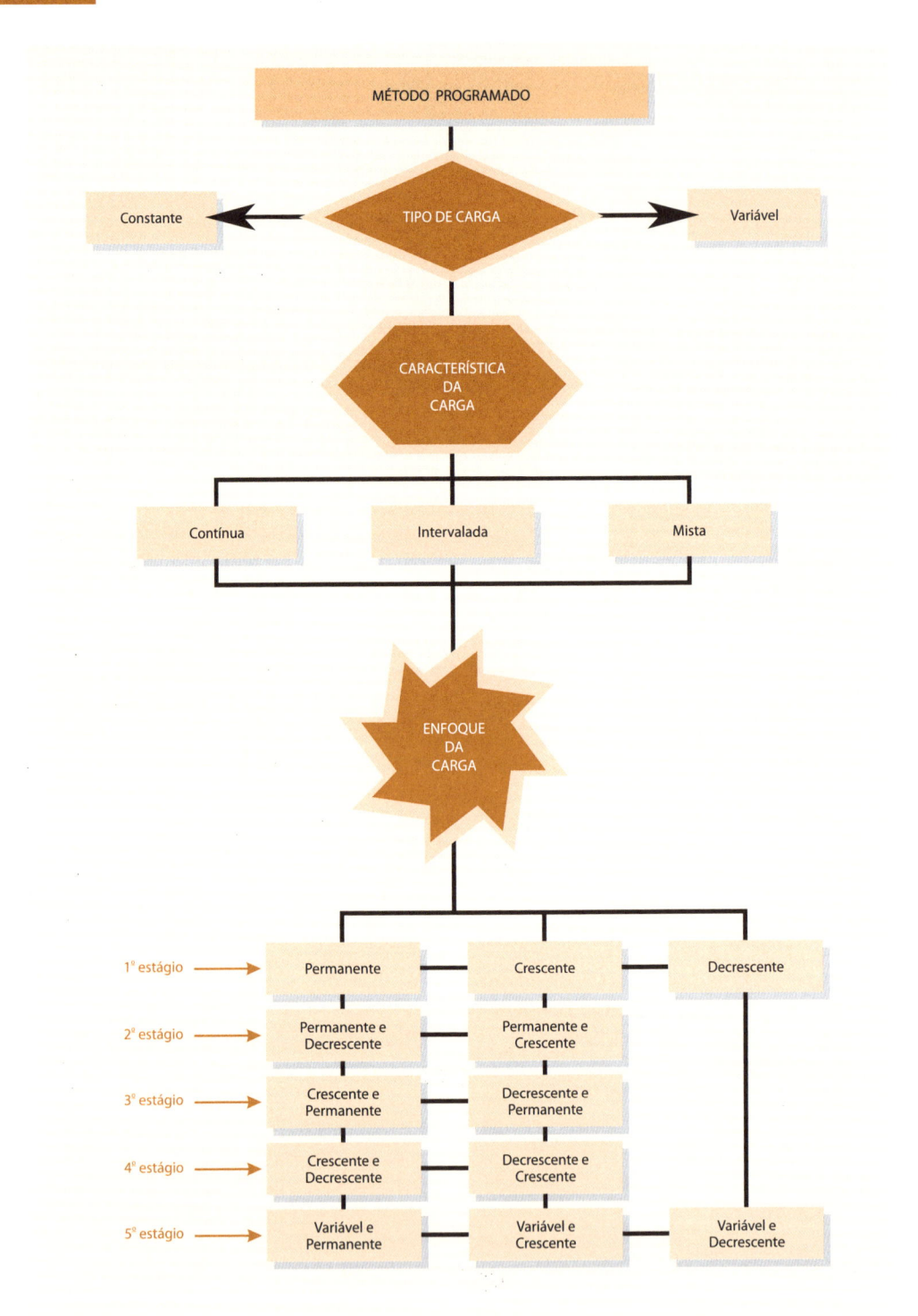

FIGURA 3.2
Método do exercício programado.

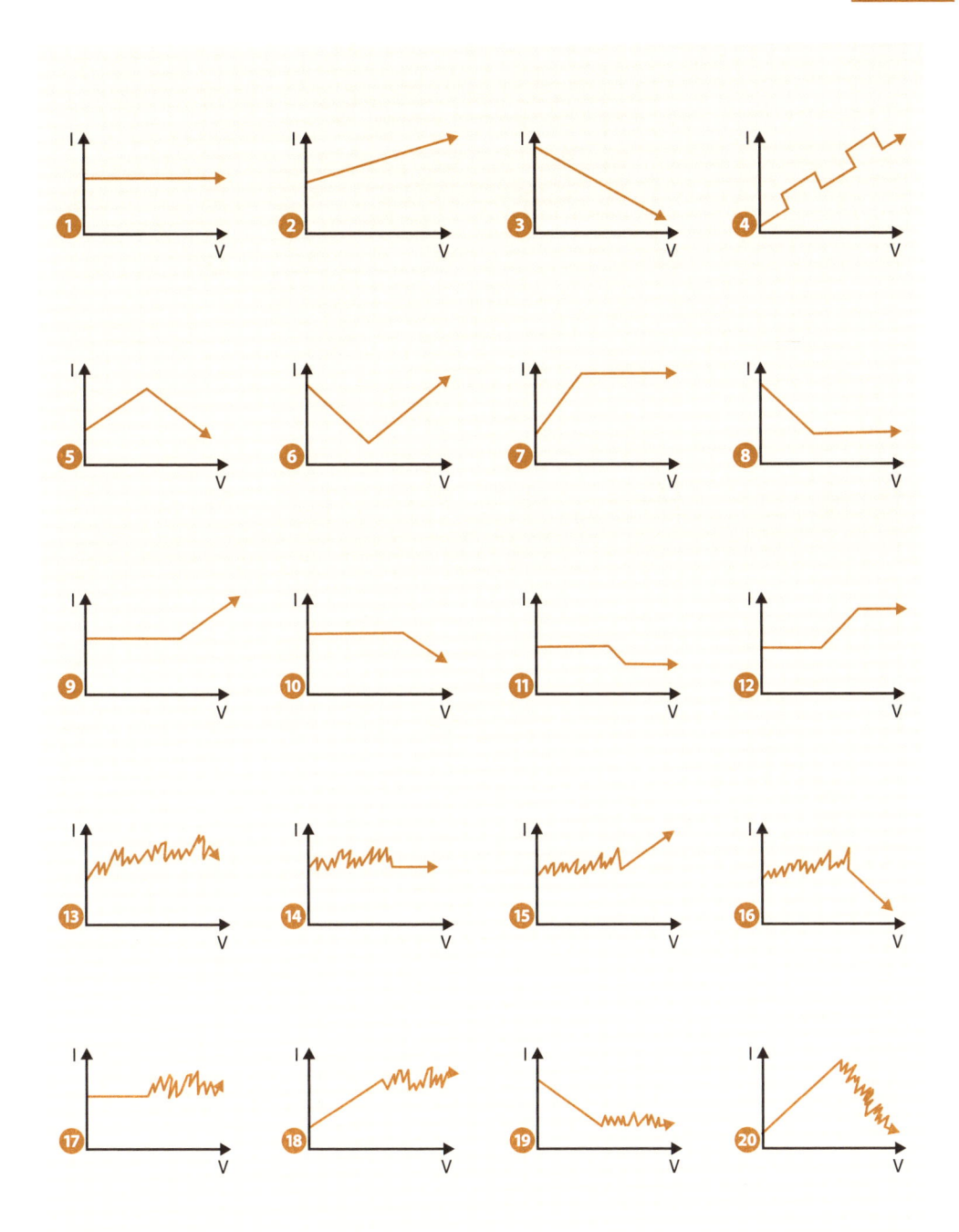

Treinamento desportivo

Legenda:
I = Intensidade
V = Volume

FIGURA 3.3
Dinâmica das cargas do método de exercício contínuo.

Legenda:
I = Intensidade
V = Volume

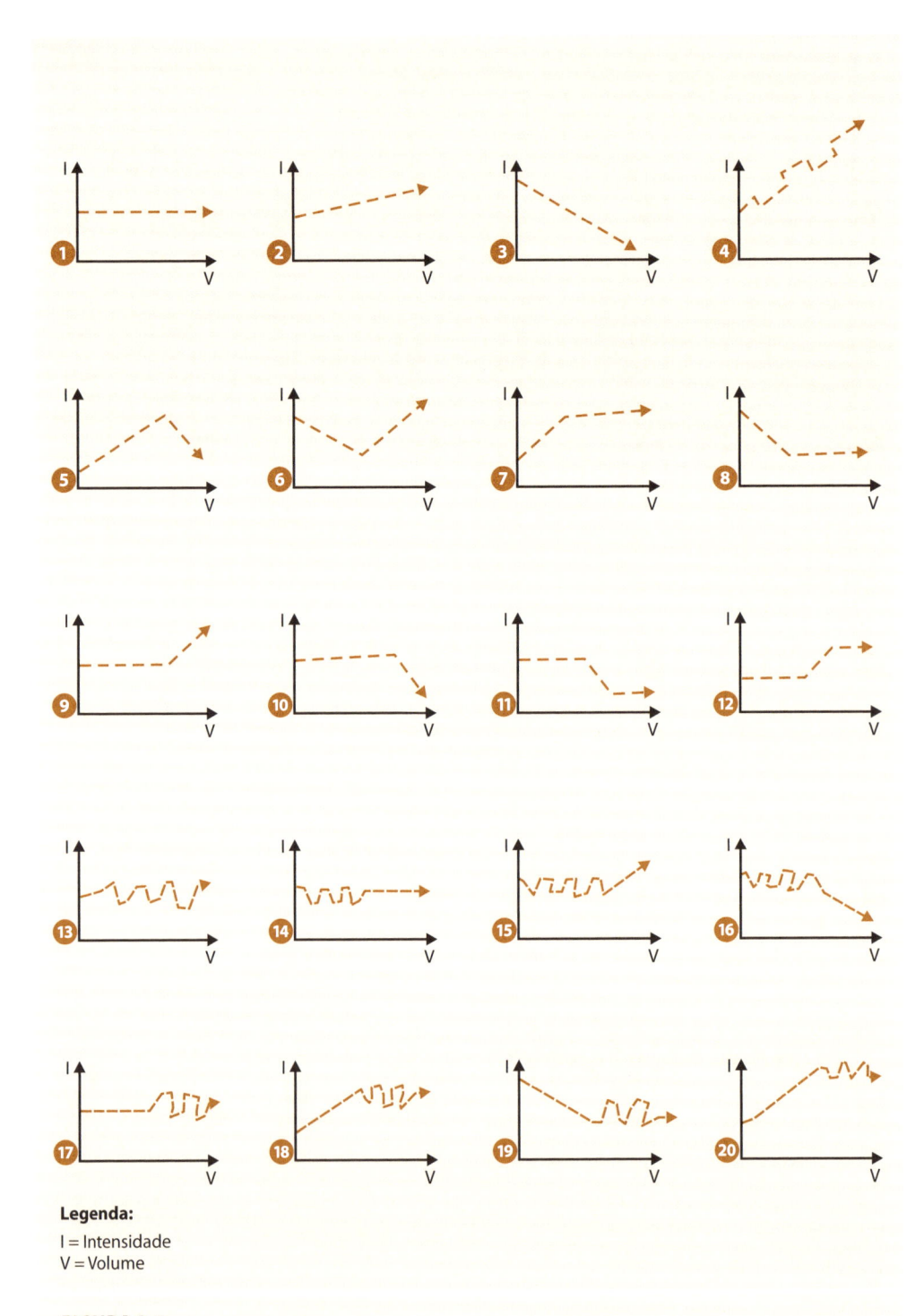

FIGURA 3.4
Dinâmica das cargas do método de exercício intervalado.

Legenda:
I = Intensidade
V = Volume

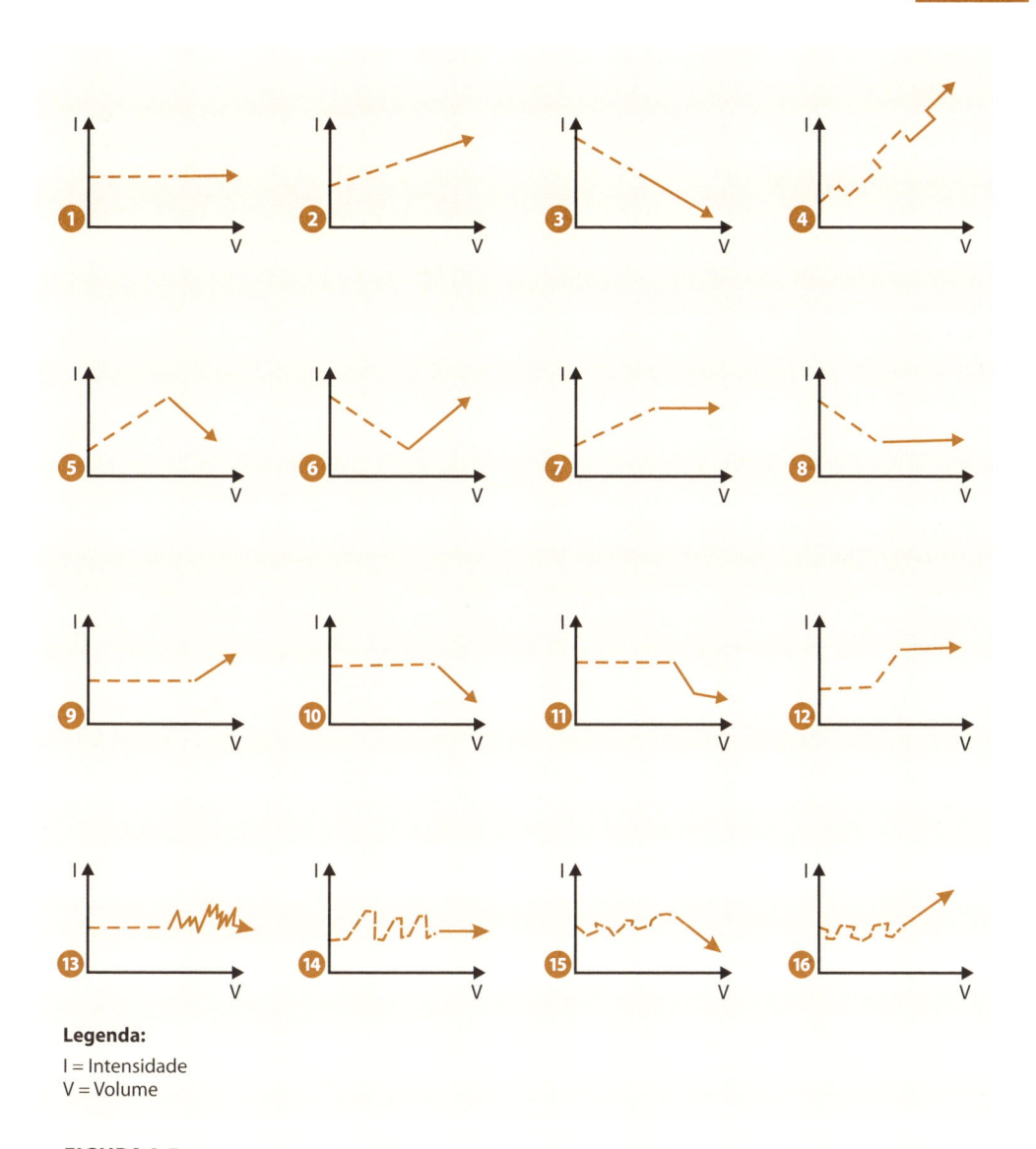

FIGURA 3.5
Dinâmica das cargas do método de exercícios mistos.

versas formas, dependendo do desporto e da prioridade da sessão de treinamento.

Os métodos abordados não abrangem toda a multiformidade dos meios de solução das tarefas de preparação dos atletas. Na prática, tem-se utilizado largamente diversas variantes de combinação dos métodos, ou seja, os chamados "métodos combinados". A estruturação dos treinos com base em métodos combinados permite frequentemente resolver com mais sucesso as tarefas de preparação, pois isso tem ampliado as possibilidades de prescrição dos exercícios.

Método competitivo

O método competitivo deve ter os indícios próprios das competições. A competição é a expressão mais brilhante do método competitivo, que possui uma esfera muito ampla de aplicação e pode ser utilizado em qualquer modalidade com base nos exercícios físicos. A subordinação da atuação do atleta à tarefa de vencer os adversários, ou de superar o resultado atingido anteriormente, é o índice mais característico do método competitivo. Semelhante tarefa orientada representa um poderoso impulso para a mobilização máxima das potencialidades físicas e psíquicas do atleta. O fator de rivalidade cria condições emocionais nas quais se reforçam as mudanças funcionais no organismo do atleta. Nas condições do método competitivo, o efeito de treino fica mais expresso do que no caso de utilização de outros métodos. É justamente com isso que se explica o significado particular do método na preparação dos atletas de alto nível.

A deficiência desse método está na limitação de direção do atleta no processo de execução do exercício sob forma competitiva, assim como na dificuldade de dosagem e no controle da carga.

O método competitivo aplica-se com o objetivo de resolver diversas tarefas de preparação dos atletas, assegurando a influência complexa (conjugada) sobre diferentes aspectos de preparação e, por isso, é de grande eficiência na etapa de aperfeiçoamento desportivo. A aplicação do método competitivo na etapa inicial de aprendizagem da técnica da AM, ou com baixo nível de desenvolvimento das capacidades motoras, não é aconselhável, pois o resultado pode ser negativo.

Método de jogo

O método de jogo realiza-se não apenas por meio dos jogos habituais (voleibol, futebol, basquetebol, etc.), mas é muito mais amplo pelos meios e formas de realização. A principal particularidade do método de jogo consiste em desenvolver a atividade locomotora do indivíduo. Como base de desenvolvimento, podem servir as situações imaginadas de vida (jogos de imitação), alguns movimentos e ações característicos da prática laboral e militar do homem. Por exemplo, se o aperfeiçoamento de deslocamento em equilíbrio tem como desenvolver a forma de "travessia do rio por uma ponte estreita", nesse caso, aplica-se o método de jogo. Se o mesmo exercício não tem semelhante sentido de desenvolvimento e se subordina por completo à tarefa de aperfeiçoamento da técnica da ação ou da rapidez de deslocamento, nesse caso, é aplicado o método de exercício programado ou o método competitivo. No método de jogo, sempre há um confronto entre os participantes do jogo, mas está subordinado ao desenvolvimento do exercício. Só no caso em que um jogo desportivo torna-se o conteúdo do exercício realizado à base do método de jogo, e, segundo o seu resultado, realiza-se a competição, e desaparecem as diferenças entre os dois métodos (Achmanin, 1990).

Juntamente com a forma, a falta de programação rigorosa e a emotividade claramente expressa da atividade dos jogadores são os indícios mais característicos do método de jogo.

A diversidade das situações de jogo exige independência criadora na escolha das soluções mais eficazes das tarefas motoras. Nesse sentido, geralmente, no jogo, se manifesta o complexo de diversos hábitos e capacidades motoras. Todas essas características elevam o valor do método de jogo no processo de preparação dos jovens desportistas.

Ao aplicar o método de jogo, é preciso ter em vista que ele não permite dosar com precisão a carga, pois não há possibilidade de prever as ações de cada um dos participantes.

Métodos de influência verbal

A própria denominação desse método deixa claro o tipo de interação entre técnico e atleta que ele envolve. A solução de qualquer que seja a tarefa de preparação do atleta é impossível sem a utilização das formas verbais de contato. Dentre os métodos de influência verbal, podem ser citados a explicação, a conversa, o comando, a indicação corretiva, a análise verbal, a avaliação, etc. Convém relevar o conteúdo emocional e o sentido lógico (informativo) de cada método verbal.

O alto nível pedagógico do técnico manifesta-se, em grande medida, na maneira como são tratados os atletas, sabendo utilizar a palavra para a ativação e para a direção eficiente da sua atuação. É muito difícil falar dos caminhos concretos de aplicação de tal ou qual método, pois são demasiadamente diversificadas as situações que determinam a escolha do processo pedagógico.

O técnico apoia-se frequentemente em critérios de difícil detecção e ligados à intuição, à experiência pessoal, ao conhecimento das particularidades individuais do atleta, à situação concreta, etc. Não poderíamos, neste livro, analisar todas as situações possíveis e os métodos de influência verbal ligados a elas. É por isso que temos de nos limitar à constatação geral do papel do método na preparação dos atletas.

Métodos de influência demonstrativa

Ao tratar da demonstração, temos em vista a utilização, no processo de treinamento do atleta, das possibilidades de diferentes sistemas sensoriais do homem. Destacam-se três grupos de métodos de influência demonstrativa:

a) métodos demonstrativos visuais;
b) métodos demonstrativos auditivos;
c) métodos demonstrativos motores (cinestésicos).

a) Os métodos demonstrativos visuais podem ser divididos em apresentação da atividade motora, demonstração de materiais didáticos e orientação visual.

A demonstração da atividade motora é o método mais divulgado de ensino que se aplica na etapa de aprendizagem. Na base do ensino, com a ajuda da demonstração, está a imitação. É de particular importância a utilização desse método no trabalho com crianças, pois elas têm capacidade de imitação muito desenvolvida. O método demonstrativo visual sempre combina com o método de influência verbal.

Para criar uma ideia geral, aplica-se a demonstração integral; porém, para apresentar detalhadamente as particularidades da AM, recorre-se à demonstração adaptada. Nela, os movimentos são apresentados em ritmo lento e, na medida do possível, destacando-se expressivamente as posições do corpo com as paradas.

A demonstração dos materiais didáticos proporciona possibilidades complementares para que o atleta perceba o meio de solucionar a tarefa motora. Empregam-se, para tal fim, gravações de vídeo, cartazes, desenhos, esquemas, etc.

A orientação visual ajuda a executar corretamente o movimento no espaço e no tempo. Como pontos visuais de referência, utilizam-se objetos ou marcações, de acordo com os quais o atleta tem de construir seu movimento (p. ex., os saltadores de altura utilizam amplamente a marcação que determina o comprimento, a direção do impulso e a colocação dos pés). Para a orientação visual, utilizam-se diversos engenhos técnicos (p. ex., o aparelho de treino com lâmpadas que acendem em diversos pontos do quadro, especial para o treinamento de rapidez e para a precisão do impulso, ou a "onda" luminosa ao longo da pista de corrida ou na borda da piscina).

b) Os métodos demonstrativos auditivos (sonoros) criam os pontos sonoros de referência, necessários ao início e ao fim do movimento ou de seus elementos. Com um sinal sonoro combinado de antemão, pode-se indicar o momento do esforço principal (p. ex., a curva do corpo, na execução de um elemento ginástico no aparelho). Com a ajuda da demonstração sonora, assimila-se bem o ritmo das ações motoras, utilizando-se, para isso, um líder sonoro.

c) Os métodos demonstrativos motores (cinestésicos) visam à organização da percepção pelo atleta das sensações vindas do aparelho motor. Como exemplo de demonstração motora, podemos citar a ajuda dirigente (o técnico guia a mão do atleta, no ensino dos golpes do tênis). A técnica de fixação das posições do corpo ou de suas partes em momentos separados da AM (p. ex., a fixação da postura correta do ciclista ou da posição do pugilista) ajuda também no ensino desta. Ao aproveitar a técnica de fixação das posições, será muito útil que o atleta sinta a posição correta comparada com a incorreta.

4

CARGA DE TREINAMENTO

CARGA DE TREINAMENTO E SUAS FORMAS DE AÇÃO

A relação entre a condição do atleta e a carga de treinamento constitui o problema central da teoria e da técnica de planejamento do treinamento. Trata-se de um assunto que requer atenção por parte dos especialistas e uma investigação científica contínua e permanente.

Durante a prática desportiva, os estímulos utilizados determinam a carga de trabalho à qual o desportista é submetido. Antes de examinar os aspectos práticos entre a carga e a condição do atleta, queremos apresentar alguns conceitos de carga de treinamento e seus efeitos. Inicialmente, podemos definir carga de treinamento como o resultado da relação entre o volume total de trabalho e a qualidade do trabalho, ou seja, a intensidade. Para compreendermos melhor o componente da carga de treinamento, devemos entender que se trata de um trabalho muscular que implica em si mesmo o potencial de treinamento, oriundo da condição do desportista, o qual produz um efeito de treinamento que leva a um processo de adaptação (Zakharov; Gomes, 1992).

O conceito de carga de treinamento é muito discutido na literatura internacional. O pesquisador Verkhoshanski, por exemplo, defende que a carga de treinamento não existe, trata-se de uma função de trabalho muscular típica da atividade de treinamento e de competição do desporto praticado. É propriamente o trabalho muscular em si mesmo. Em consequência, também propicia o efeito de treinamento que é determinado em grande medida pela condição atual do atleta (Verkhoshanski, 1990).

Portanto, a relação entre a condição do atleta e a carga de treinamento é muito complexa, depende de muitos fatores e determina-se por um grande número de variáveis; lamentavelmente, devemos admitir que existem poucos dados objetivos sobre essa relação. As investigações desenvolvidas em todo o mundo nesse campo ainda ocorrem de forma isolada e incompleta, não permitem chegar a resultados absolutos e, de certa forma, são incompatíveis e contraditórias.

CARACTERÍSTICAS DA CARGA DE TREINAMENTO

Na base do treinamento desportivo fundamentado pela fisiologia, verifica-se que qualquer influência sobre o organismo humano provoca reações e, consequentemente, uma adaptação. A reação à influência exterior é a condição biológica natural da existência de qualquer organismo vivo na natureza. Essas reações de resposta de adaptação estão ligadas à noção de "adaptação".

Pelo termo "carga de treinamento" entende-se a medida quantitativa do trabalho de treinamento desenvolvido. Geralmente distinguem-se os conceitos de carga externa, de carga interna e de carga psicológica. A primeira trata da quantidade de trabalho desenvolvido; a segunda, do efeito que propicia sobre o organismo; e a terceira trata de como isso é visto psicologicamente pelo atleta. Essas variáveis já foram discutidas pelo Professor Matveev, em 1964, e confirmadas pelo bioquímico Volkov, em 1989. Eles chamavam de índices gerais de controle das cargas, utilizados até hoje, conhecido como volume e intensidade (Ozolin, 1949).

Com o objetivo de controlar os níveis de adaptação à carga de treinamento, surgem várias classificações que levam em conta a especificidade motora dos desportos, a intensidade do trabalho muscular, as tarefas pedagógicas que se desenvolvem durante o treinamento, a influência dos processos de recuperação, o efeito sobre o trabalho sucessivo e a interação de um trabalho com diferentes orientações. Tudo isso, estudado já nos anos 1950 e 1960, são indicadores de controle da carga de treinamento, em que o objetivo é propiciar uma boa adaptação. Apesar disso, nenhuma dessas classificações, levadas a cabo individualmente, apresenta-se como a melhor forma de solucionar os problemas da programação do processo de treinamento; com tudo isso, ainda falta uma aproximação em que se possa prever as exigências especiais para a evolução da carga de treinamento e, principalmente, que considere os critérios de classificação citados anteriormente com base em outras formas de sistematização.

O conceito de carga compreende, em primeiro lugar, a medida fisiológica do organismo provocado, evidentemente, por um trabalho muscular específico, que, no organismo, se expressa na forma concreta de reações funcionais de uma certa intensidade e duração. Precisamente por isso, surge a necessidade de sucessivo desenvolvimento sobre a ideia de carga externa e interna e da introdução dos conceitos de potencial de treinamento e seu efeito, que permitam uma definição mais concreta da relação estímulo-efeito, que ofereça uma maior precisão.

O resultado do estímulo produzido pela carga sobre o organismo pode expressar-se pelo efeito do treinamento e pode ser identificado, sobretudo, na base dos valores que variam da condição do atleta. Na literatura, a forma de manifestação do efeito do treinamento é interpretada equivocadamente. Em geral, reduz-se a representação linear de como se manifestam os estímulos de treinamento citados por Zatsiorski, em 1966, ou seja, a carga imediata, a carga posterior e a carga acumulativa são as primeiras formas que se referem à sessão de treinamento. O efeito imediato é a reação atual do organismo à carga física, ou seja, são as manifestações do organismo no momento da prática do exercício. Já o efeito retardado são as trocas que ocorrem no organismo e que podem ser observadas depois da sessão de treinamento; o cansaço muscular, a fadiga muscular estabelecida pós-treinamento, o processo de recuperação e o efeito acumulativo são o resultado da soma dessas cargas que ocorreram no organismo após algumas sessões de treino.

ADAPTAÇÃO NO TREINAMENTO DESPORTIVO

A dinâmica dos processos adaptativos tem sido tema de estudo científico. Weigert, citado por Zhelyazkov (2001), comprovou, em seus estudos, que, quando o músculo suspende sua atividade e com isso detém a degradação ativa de suas substâncias, os processos de ressíntese iniciam com tanta intensidade que os recursos energéticos gastos durante certo período depois do trabalho (carga) alcançam um nível mais alto do que o inicial. Esse estado é chamado pelo autor de fase de supercompensação (Figura 4.1). Consequentemente, somente depois da excitação, após o estado de trabalho da matéria viva, se observa um intenso metabolismo, o qual auxilia o organismo a se recuperar e autorrenovar em um nível estrutural e funcional qualitativamente mais alto.

A adaptação em resposta às influências externas, essenciais à integridade do organismo e ligadas ao desenvolvimento consequente das mudanças no organismo, passou a chamar-se síndrome de adaptação geral, estresse e reação. O desenvolvimento do estresse e da reação, de acordo com o tempo, pode ser dirigido segundo a concepção clássica de G. Selie em três fatores (Selie, 1960):

a) reação de alarme;
b) fases de resistência;
c) fases de esgotamento.

Na fase de alarme, surgem respostas ao fator choque. Com o estresse, cresce a velocidade do consumo de energia e aumentam as necessidades do organismo em ATP. A essência dos processos, na primeira fase do estresse e da reação, consiste na intensificação do metabolismo para o crescimento da produção de energia. Esses processos têm início com o sinal do sistema nervoso central sobre o início do estresse e com o crescimento da velocidade de síntese de hormônios, os quais, por sua vez, estimulam uma série de reações químicas. O resultado disso é a aceleração dos processos de síntese dos substratos energéticos que satisfazem as neces-

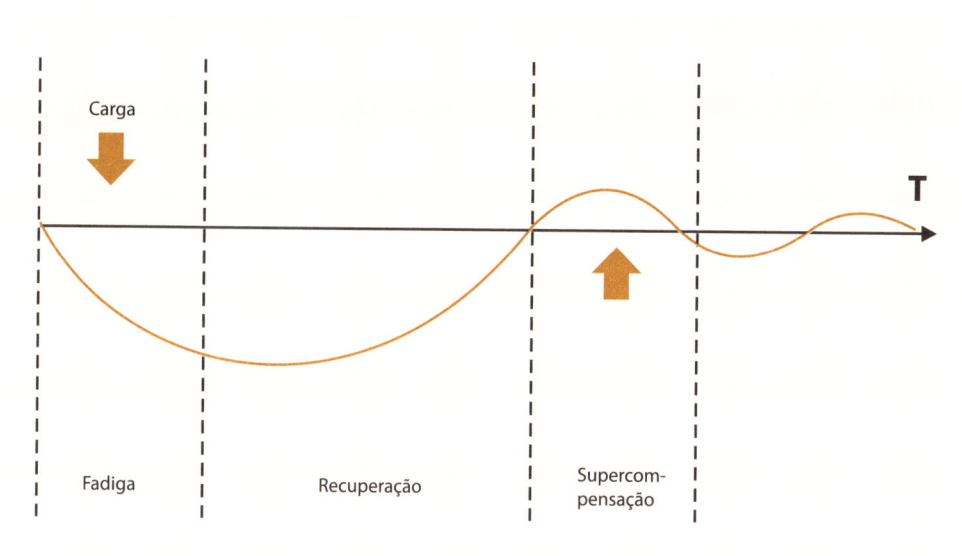

Legenda:
T = Tempo

FIGURA 4.1
Processo de adaptação (supercompensação).

sidades do organismo. Não se consegue, porém, obter o equilíbrio do organismo, pois isso ocorre devido ao surgimento dos grandes mecanismos consumidores de energia de adaptação imediata. Se a ação do fator de estresse não diminui, verifica-se o esgotamento paulatino dos recursos de adaptação imediata, e surge a reação defensiva do organismo, percebida subjetivamente pelo indivíduo como fadiga: uma forte fadiga, ligada a mudanças substanciais na condição do organismo, impedindo de continuar o contato com o agente estressante. Mais adiante, se a ação do estresse repete-se sistematicamente, o processo de adaptação entra na fase de resistência.

O tempo de obtenção dessa fase é de semanas ou meses e depende da receptividade do organismo e da intensidade dos fatores de estresse em ação. A essência da fase de resistência consiste na substituição dos mecanismos urgentes de adaptação do organismo pelas mudanças estruturais e funcionais a longo prazo, o que permite satisfazer as necessidades de energia. De acordo com os requisitos apresentados, ocorre não só a mobilização dos recursos energéticos e plásticos estruturais do organismo, mas também a redistribuição desses recursos para o sistema dominante do organismo, responsável pela adaptação.

A adaptação a longo prazo do organismo do atleta ao processo de treinamento pode ocorrer de várias formas (Meerson, 1986; Meerson; Pshennikova, 1988; Platonov, 1988):

1. acúmulo de elementos estruturais dos órgãos e dos tecidos que asseguram o crescimento de suas reservas funcionais, tais como o aumento do volume de massa muscular, o crescimento do consumo máximo de oxigênio, etc.;
2. aperfeiçoamento da estrutura coordenadora dos movimentos;
3. aperfeiçoamento dos mecanismos reguladores que asseguram a atividade de diversos componentes do sistema funcional do organismo;
4. adaptação psicológica às particularidades da atividade competitiva, aos meios de influência de treinamento e às condições do treinamento em competição.

A obtenção da fase de resistência às cargas específicas constitui o objetivo principal do processo de treinamento, sendo seu índice integral a elevação do nível dos resultados desportivos.

Se a ação de estresse for prolongada ou as exigências em relação às possibilidades de adaptação do organismo forem extremamente altas, pode aparecer a terceira fase, que é o esgotamento. A manutenção da produção elevada de energia, que surge na fase anterior, exige gasto maior de proteína, mas a velocidade de sua síntese é lenta em relação às necessidades. Assim, verifica-se sua deficiência crônica.

As estruturas das células que não têm substituição dos elementos intracelulares utilizados modificam-se. As células, após as mudanças, perdem a capacidade de funcionar em regime normal, e surge o estado conhecido como patológico.

O processo de adaptação pode ser interrompido nessa fase, a ação do estresse é afrouxada ou cessa. Se, no entanto, nas fases anteriores, for possível o retorno do organismo ao estado inicial, na fase de esgotamento, mesmo o desaparecimento do estresse deixará mudanças irreversíveis nas estruturas celulares. É por isso que, no processo de treinamento, não se deve atingir a fase de esgotamento.

Do ponto de vista biológico, convém ver o treino desportivo como um processo de direção das adaptações do organismo do atleta, habitualmente conhecido como *carga*. São as causas que provocam as alterações de adaptação no organismo do desportista. No processo de preparação, os exercícios físicos são o principal fator específico que caracteriza a carga.

De acordo com a classificação dos exercícios físicos, convém distinguir a *carga de treinamento*, condicionada pela influência sobre o organismo dos diversos tipos de exercícios preparatórios, e a carga competitiva, condicionada pela execução do próprio exercício competitivo. Juntamente com isso, deve-se levar em consideração que a carga é determinada também por toda uma série de fatores concomitantes à execução dos exercícios físicos (fatores psicológicos, condições ambientais, etc.), os quais também devem ser considerados como componentes da carga.

As alterações que ocorrem no organismo como consequência da carga são conhecidas como *efeitos do treinamento*.

EFEITOS DE TREINAMENTO

A influência da carga sobre o organismo não se restringe ao tempo de execução do exercício de treinamento, mas abrange também o período de descanso após o trabalho. O efeito de treinamento, atingido como resultado da aplicação da carga, não permanece constante pelos seus parâmetros, mas se altera em função da continuidade do descanso, entre as influências e o acúmulo de efeitos de novas cargas. No entanto, destacam-se os seguintes tipos de efeitos de treinamento (Figura 4.2):

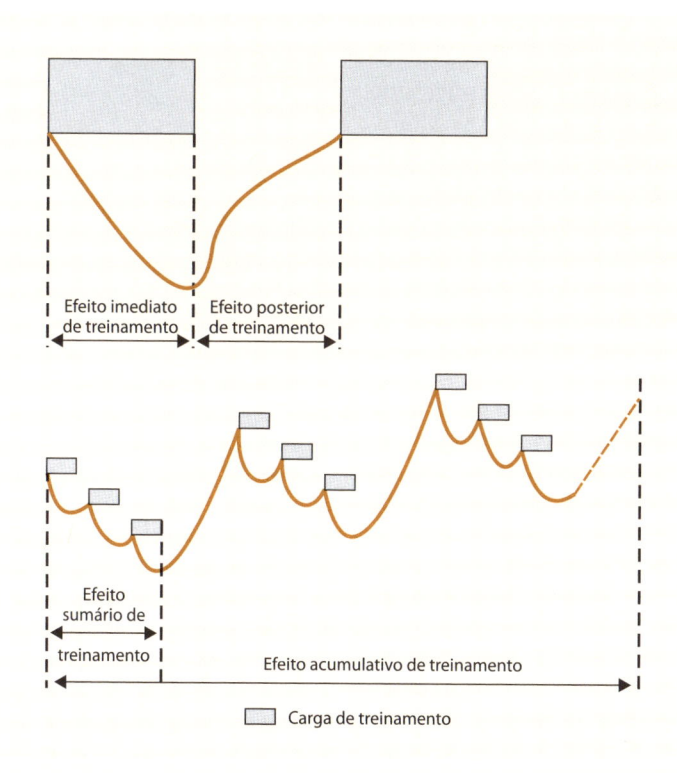

FIGURA 4.2
Tipos de efeitos de treinamento (Zakharov; Gomes, 1992).

Efeito imediato de treinamento

Caracteriza as alterações que ocorrem no organismo do atleta imediatamente, no período da execução do exercício ou na sua conclusão. As mudanças funcionais no organismo ocorrem de acordo com o mecanismo de adaptação imediata e o desenvolvimento dos processos de fadiga.

Efeito posterior de treinamento

É o que caracteriza as alterações no organismo do atleta, no período de recuperação até o próximo treinamento. As alterações funcionais no organismo ocorrem de acordo com as leis naturais dos processos de recuperação.

Efeito somatório de treinamento

É o resultado da soma dos efeitos de várias cargas de treinamento. As alterações funcionais no organismo são determinadas pelas condições de interação dos efeitos das cargas aplicadas.

Efeito acumulativo (a longo prazo) de treinamento

É o resultado da junção dos efeitos de alguns ciclos de influências e caracteriza-se pelas consideráveis reestruturações de adaptação a longo prazo dos sistemas funcionais.

A eficiência do processo de treinamento está condicionada pela compreensão da essência da relação "carga/efeito de treinamento". O saber dirigir o processo de treinamento está relacionado com o saber obter o necessário efeito de treinamento por intermédio da seleção e da complexidade das respectivas cargas. A complexidade desse problema explica-se por um grande número de variáveis e pela multiformidade de fatores extremamente complexos que determinam as relações consequentes da carga e de seu efeito. Uma vez que as cargas dos atletas são muito diversificadas, surge a necessidade de destacar seus principais indícios. Dentre os indícios essenciais da carga, temos: o caráter especializado, o dirigido, a grandeza, a complexidade psicológica e coordenativa (Godik, 1980).

CARGA DE TREINAMENTO E SEUS ASPECTOS DETERMINANTES

Para selecionar uma ótima carga de trabalho, deve-se levar em consideração alguns aspectos, que serão discutidos a seguir (Figura 4.3).

Conteúdo da carga

A carga pode ser determinada por dois aspectos do treinamento: o primeiro é o nível de especificidade, e o segundo é o potencial de treinamento.

a) Nível de especificidade: ocorre pela maior ou menor similaridade ao exercício competitivo. Isso permite englobar os exercícios em dois grupos: os de preparação especial e os de preparação geral.
b) Potencial de treinamento: define-se como a forma em que a carga estimula a condição do atleta. O potencial de treinamento dos exercícios reduz-se com o crescimento da capacidade de rendimento, por isso surge a necessidade de variar os exercícios e usa-se a intensidade para seguir alcançando implementos em seu rendimento. Os exercícios utilizados devem ser aumentados gradativamente, observando a consequência lógica, de forma

que os utilizados em primeiro lugar devem criar as condições favoráveis para aqueles utilizados posteriormente (Viru, 1995).

Volume da carga

É determinado pelo aspecto quantitativo do estímulo utilizado no processo de treinamento. Nesse aspecto, a carga distingue-se da seguinte forma (Gomes; Filho, 1991):

a) magnitude da carga;
b) intensidade da carga;
c) duração da carga.

a) Magnitude do volume e da carga

Trata-se da medida quantitativa global das cargas de treinamento de diferentes orientações funcionais que se desenvolvem em uma sessão, em um microciclo, em um mesociclo ou em um macrociclo. A magnitude é determinada pelo nível de treinamento do atleta e pelo momento da preparação a que se pretende chegar. Mas nem sempre se cumpre o maior volume de trabalho correspondente para o rendimento. É certo que, durante as primeiras etapas da vida desportiva, o aumento do volume vai auxiliar na melhora do rendimento; porém, uma vez que se chega ao alto nível, nem sempre há correspondência entre o incremento do volume e a melhora do resultado, e muitas vezes o aumento exagerado do volume pode diminuir a capacidade de rendimento do atleta.

b) Intensidade da carga

A intensidade da carga trata do seu aspecto qualitativo. Assim como o que ocorreria com a magnitude, a intensidade está relacionada com o nível do desportista e, evidentemente, ao momento em que ele se encontra na temporada. Define-se intensidade como a força de estímulo que manifesta o desportista durante o esforço (Grossen; Starischa, 1988).

FIGURA 4.3
Índices e critérios da carga de treinamento (Verkhoshanski, 1990).

No trabalho de força, uma pessoa não-treinada deve utilizar pesos entre 30 e 40% de sua força máxima para conseguir um aumento consecutivo do rendimento. Já um desportista treinado necessita trabalhar com cargas acima de 70%. Alguns estudos destacam os seguintes aspectos na intensidade para o trabalho de força:

1. A relação entre as repetições com que se trabalha a intensidade máxima e os resultados obtidos, ou seja, o aumento progressivo do número dessas repetições favorece a melhora dos resultados, mas, alcançados certos valores, os efeitos começam a ser negativos.
2. A utilização de repetições de alta intensidade superiores a 90% não melhora os resultados. Atualmente, o treinamento de halterofilismo inicia-se com grandes cargas de trabalho, ou seja, com intensidade alta, algo que também coincide com estudos de Ramon, em 1988, inclinando-se por uma maior proporção de trabalho efetuado na zona de intensidade de 70 a 80%. Outros tantos ocorrem nos desportos de resistência. As pessoas sedentárias realizam esforços de 30 minutos com batimentos cardíacos de aproximadamente 130 bpm e produzem adaptações; no entanto, os desportistas que praticam provas de fundo necessitam incrementar a velocidade de corrida e fazer grandes volumes para conseguir melhoras em sua capacidade funcional ou em seu rendimento. As formas de controlar as intensidades da carga variam de uma modalidade desportiva para outra.

c) Duração da carga

A duração da carga de treinamento é um aspecto fundamental do volume. A distância percorrida e o tempo total gasto para completar toda a carga em uma sessão de treinamento devem ser considerados, também, como uma carga caracterizada pela sua duração.

Hoje em dia, é sabido que as cargas de diferentes características apresentam limites a partir dos quais a carga não provoca melhoras no rendimento. Nesse sentido, as cargas aeróbias provocam, em um mês, um aumento significativo dos índices de rendimento aeróbio. Mais adiante, o incremento é mais lento, até os três meses de treinamento aproximadamente; independentemente do volume, os índices não variam substancialmente, mantendo-se os níveis adquiridos. Já a respeito das cargas anaeróbias, o ritmo de melhora da capacidade de rendimento não evolui tanto quanto a capacidade aeróbia. Para conseguirem-se valores máximos de capacidade anaeróbia, é necessário de três a quatro meses de trabalho, precedidos por um considerável trabalho aeróbio (Suslov, 1976; Zatsiorski, 1966).

A força explosiva estabiliza o seu crescimento em três ou quatro meses; porém, se, no processo de treinamento, as cargas de força explosiva forem aplicadas mais espaçadamente, essa condição pode continuar crescendo até por volta de 10 meses.

A magnitude da carga, segundo consideram alguns autores, é um novo fator da densidade do estímulo.

A densidade do estímulo está diretamente relacionada com o esforço e com o descanso em uma unidade de trabalho dentre aquelas que se organiza no treinamento. As pausas entre os estímulos (descansos) cumprem duas finalidades: reduzir o cansaço (pausas completas) e permitir os processos de adaptação (pausas incompletas). Essas pausas podem ser utilizadas de duas maneiras: ativas ou passivas. As ativas, aplicadas corretamente e em alguns casos, aceleram o processo de recuperação. Por exemplo, depois de elevadas cargas anaeróbio-láticas, a velocidade de eliminação do lactato com recuperações passivas é de 0,02 a 0,03 gramas/litro por minuto, aumentando a velocidade de eliminação para 0,08 a 0,09 gramas/litro por minuto. Ao realizar uma recuperação ativa de uma intensidade que corresponde de 50 a 60% do VO_2 máx., isso adquire uma importância especial do desporto moderno, em que os atletas são submetidos a elevadas cargas de trabalho, de 600 a 800 sessões de treinamento; 70 a 120 competições por ano (Zakharov; Gomes, 1992).

Organização da carga

Entende-se por organização de carga a sistematização no período de tempo determinado. A base dessa sistematização deve ser realizada com a obtenção de um efeito acumulado de treinamento positivo de cargas de diferentes orientações. Isso nos obriga a considerar dois aspectos dentro do processo organizacional:

a) a distribuição da carga durante o tempo;
b) a interconexão dessas cargas.

a) Pela distribuição das cargas no tempo entende-se de que forma colocam-se as diferentes cargas nas partes em que, tradicionalmente, divide-se o processo de treinamento, por exemplo: sessão, dia, microciclo, mesociclo ou macrociclo.
Na atualidade, existem duas formas de sugerir as cargas de treinamento em relação ao tempo de trabalho: as formas diluídas e as formas concentradas.
b) A interconexão indica a relação que as cargas de diferentes orientações apresentam entre si. Uma combinação das cargas de diferentes características assegura a obtenção do efeito acumulativo de treinamento. Alguns exemplos desse efeito entre as cargas de diferentes orientações relacionadas com o treinamento de resistência são:

- Positivo: os exercícios de caráter aeróbio são executados depois das cargas do tipo anaeróbio alático. Os exercícios de caráter aeróbio são executados depois de exercícios anaeróbio láticos de baixo volume. Os exercícios de caráter anaeróbio lático são executados depois de cargas anaeróbio aláticas.
- Negativo: os exercícios de orientação anaeróbio alática são executados depois de um trabalho de orientação anaeróbio lática. Se executam exercícios de orientação anaeróbio lática depois de realizar grandes volumes do tipo aeróbio. Devemos manter todos esses critérios na hora de determinar a carga adequada de trabalho, tendo como finalidade conseguir que o desportista atinja a forma ótima de rendimento durante o período competitivo (Powers; Howley, 2001.

Carga especializada

A especialização da carga, sendo um de seus indícios, reflete o grau de semelhança da carga do exercício aplicado e da carga no exercício competitivo do atleta. Todas as cargas, de acordo com tal indício, são classificadas em especializadas e não-especializadas (Godik, 1980). Para avaliar o grau de especialização, devemos levar em consideração diversos critérios que refletem as características bioquímicas, fisiológicas e psicológicas. Quanto maior o grau de coincidência, tanto mais especializada poderá ser considerada uma determinada carga.

As cargas especializadas asseguram o desenvolvimento predominante das capacidades e das habilidades funcionais do organismo do atleta que determinam o nível das realizações nessa ou naquela modalidade desportiva. Por essa razão, o conteúdo das cargas especializadas, em seu volume completo, apresenta-se como importante característica do processo de treinamento, que, por sua vez, determina os ritmos do crescimento e o nível dos resultados desportivos.

A influência das cargas não-especializadas é extremamente importante na estratégia geral de preparação durante muitos anos. Essas cargas foram a base funcional para a posterior preparação especializada. As cargas não-especializadas exercem influência diversificada sobre o organismo do indivíduo, permitem conseguir um aumento das possibilidades dos sistemas funcionais, sem a aplicação dos meios específicos de preparação de ação forte, e ampliam a base de hábitos e as capacidades motoras. A violação de determinadas proporções, na correlação das cargas especializadas e não-especializadas em diferentes etapas de preparação de muitos anos, reflete-se negativamente no nível dos resultados dos atletas.

Na determinação do grau de especialização de tal ou qual exercício, cometem-se frequentemente erros. Por exemplo: durante muito tempo, os arremessadores de peso utilizavam os exercícios com amortecedor de borracha como principal meio especializado de elevação das capacidades de velocidade e de força. Entretanto, pesquisas mais recentes revelaram que os exercícios com amortecedor e os movimentos competitivos reais dos arremessadores de peso são pouco parecidos em seus parâmetros dinâmicos internos, embora sejam parecidos na amplitude e na trajetória do movimento. Nos exercícios com amortecedor, a velocidade diminui na fase final, ao passo que aumenta a necessidade de aplicação de maiores capacidades de força. Mas, no exercício competitivo, tudo ocorre ao contrário. Por conseguinte, a utilização de tais exercícios nos treinos não irá desenvolver as capacidades de velocidade e de força, necessárias ao arremessador de peso. A mudança na escolha dos exercícios, nesse caso, traduziu-se na brusca elevação dos resultados. Semelhantes erros são amplamente difundidos também em outras modalidades desportivas.

O exemplo apresentado mostra que, na determinação do grau de especialização da carga, não devemos orientar-nos apenas no sentido do aspecto externo do movimento, mas, também, no caráter da estrutura coordenativa do funcionamento dos músculos, no abastecimento energético do exercício, nas reações vegetativas, etc. Juntamente com isso, não se deve esquecer que atualmente nem sempre é possível definir com precisão o valor quantitativo do grau de especialização de qualquer meio de treinamento.

Se, nas modalidades cíclicas, essa tarefa pode, de certo modo, ser resolvida, nas modalidades desportivas de coordenação complexa surgem sérias dificuldades. O caminho mais eficiente pode ser a ordenação parcial dos exercícios por um especialista que defina o grau de especialização deles.

Em diferentes modalidades desportivas, o coeficiente de especialização da carga é definido como a relação do volume de exercícios especializados e do volume total (p. ex., o volume da carga de treinamento → 500 horas, o volume de exercícios especializados → 300 horas). O coeficiente será de 60%. Controlando o processo de treinamento com a ajuda desse coeficiente, pode-se acompanhar a dinâmica de cargas especializadas em diferentes etapas de preparação (Godik, 1988).

O nível de especialização das cargas depende do nível do atleta. Sabe-se que a estrutura de preparação do atleta, que assegura a atividade competitiva eficiente, difere substancialmente em diversas etapas de aperfeiçoamento durante muitos anos, tanto entre atletas de diferentes níveis (inclusive os de alto nível) como entre atletas de alto nível.

Orientação da carga

O critério pressupõe a divisão de todas as cargas de treinamento em função do seu grau de influência sobre o aperfeiçoamento de diversos aspectos qualitativos de preparação dos atletas. A preparação do atleta é uma noção complexa determinada pelo desenvolvimento de diversas capacidades motoras, pelo aperfeiçoamento da técnica e da tática e pela prontidão psicológica. Diferentes cargas de treinamento exercem diferentes influências sobre os sistemas do organismo do atleta, determinando o nível de manifestação de diversos aspectos de preparação.

As cargas podem ser de orientação seletiva e complexa. As cargas de orientação seletiva estão predominantemente ligadas à influência sobre um sistema funcional que assegura o nível de manifestação de tal ou qual qualidade ou capacidade. As cargas de orientação complexa prevêem a garantia de trabalho de dois ou mais sistemas funcionais.

É necessário considerar que não se pode assegurar, com os meios de treinamento desportivos, a influência seletiva rígida sobre certo órgão ou sistema funcional. Qualquer ação motora envolve, no seu funcionamento, os mais diversos mecanismos reguladores e executivos. A aplicação da influência seletiva das cargas, porém, permite provocar a máxima mobilização de alguns desses mecanismos que asseguram uma função concreta com um grau bastante baixo de participação de outros.

O técnico, ao dar determinadas tarefas aos componentes do exercício, procura obter o efeito de treinamento imediato, cuja soma, no futuro, levará às correspondentes reestruturações de adaptação a longo prazo e à melhora do resultado desportivo. A orientação da carga pode ser regulada por meio de alterações dos parâmetros do exercício (Figura 4.4).

Intensidade da carga

É bastante específica, e é por isso que, na escolha dos critérios de intensidade, devemos levar em consideração as particularidades de diferentes modalidades desportivas.

Nas modalidades cíclicas de desporto, é a velocidade de deslocamento do atleta que constitui o parâmetro externo de intensidade da carga. Existe certa interligação da velocidade de deslocamento, no processo de execução do exercício, com a orientação do efeito de treinamento. Se a velocidade dos exercícios físicos não for alta, o consumo do oxigênio, durante o trabalho, satisfaz por completo as necessidades do organismo, e os gastos de energia são relativamente baixos. O trabalho com tal intensidade passou a chamar-se subcrítico.

Com o aumento da velocidade de execução do exercício, vem o momento em que a demanda de oxigênio e seu consumo tornam-se iguais. Isso acontece quando o consumo corrente do oxigênio pelo atleta atinge o nível de suas possibilidades aeróbias máximas. O trabalho com tal intensidade chama-se crítico. E, finalmente, a intensidade sobrecrítica condiciona a superação substancial da demanda de oxigênio em relação ao consumo. Esse trabalho ocorre com o aumento brusco dos gastos energéticos (Kots; Vinogradova, 1981).

É bastante divulgada, na prática desportiva, a determinação da intensidade relativa do exercício. Nesse caso, a velo-

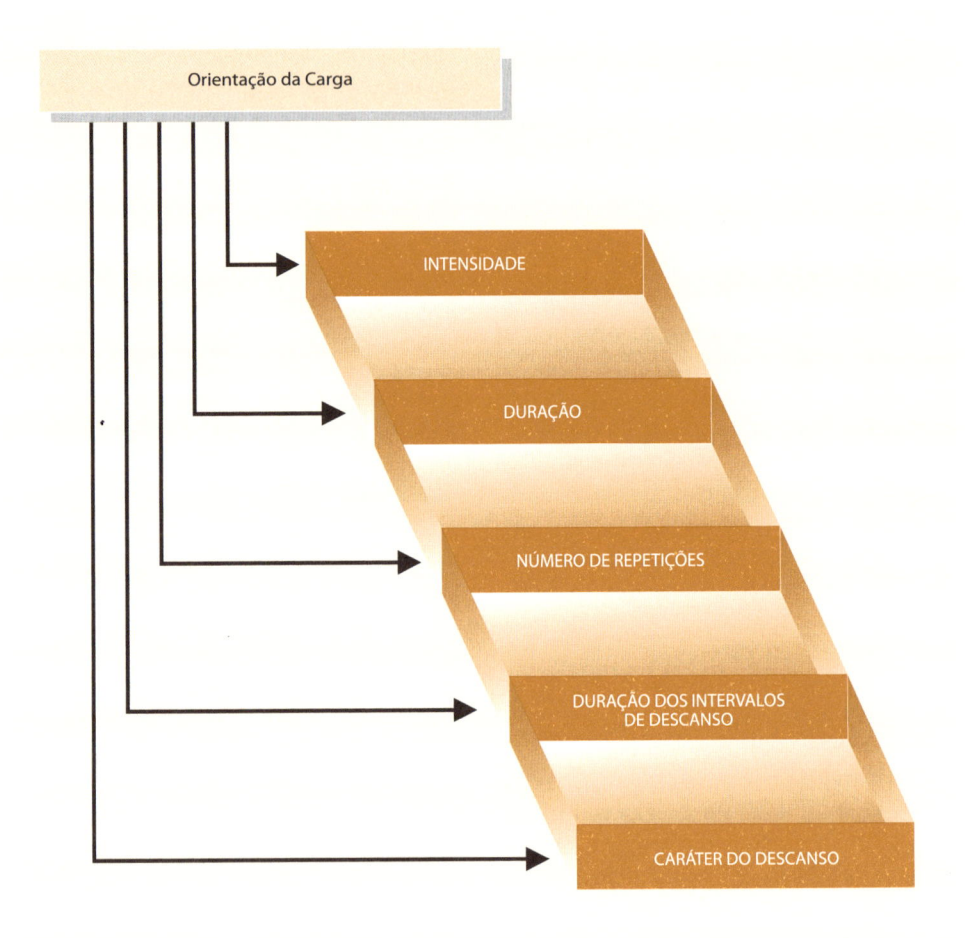

FIGURA 4.4
Formas de alterações dos parâmetros do exercício.

cidade média do atleta, na distância competitiva, é tomada como índice de intensidade absoluta. Assim, se o ciclista tem o resultado de cinco minutos na distância de quatro quilômetros, a média será de 13,3 m/seg. A intensidade relativa é determinada em porcentagem relativamente à absoluta. Vamos supor que o mesmo ciclista tenha percorrido a distância de um quilômetro em um minuto e 20 segundos, com a velocidade média de 12,5 m/seg.; nesse caso, a intensidade relativa da carga será de 80%. A intensidade média do treinamento apresenta-se como a soma da intensidade dos exercícios em separado.

Para a elevação da intensidade de carga, existem diferentes critérios fisiológicos: os índices de frequência cardíaca e o teor de lactato no sangue. Com base na medição da frequência cardíaca (FC), foram propostos muitos métodos diferentes da avaliação da intensidade. Assim, para determinar a intensidade relativa, emprega-se a seguinte fórmula:

$$I = \frac{FC\ da\ carga - FC\ de\ repouso}{FC\ máxima - FC\ de\ repouso} \cdot 100\%$$

- FC de repouso mede-se de manhã, após o sono, em posição deitada.
- FC máxima mede-se num teste veloergométrico crescente em graus com o trabalho até a exaustão.

Exemplo: um indivíduo que apresenta uma frequência cardíaca de repouso de 50 batimentos por minuto e, no teste de esforço máximo, chegou a 188 batimentos por minuto (bpm), trabalhando com frequência de 160 bpm, estará trabalhando em que intensidade?

$$I = \frac{160 - 50 \cdot 100\%}{188 - 50}$$
$$I = 79{,}71\%$$

Ao utilizar o índice da FC, convém considerar que ele não é correto para diagnosticar o trabalho nas condições anaeróbias. Nesse último caso, o índice mais objetivo será o teor de lactato no sangue (Volkov, 1989).

Os especialistas em treinamento desportivo, mais de uma vez, tentaram classificar as cargas segundo as zonas de intensidade. Nessas classificações, procuram ligar diferentes índices que caracterizam o sistema energético do trabalho: o grau de alterações nos sistemas funcionais, a velocidade de deslocamento, a duração do trabalho, etc. A nosso ver, a variante mais apropriada de classificação é a proposta na Tabela 4.1. As zonas de intensidade permitem-nos determinar a orientação das cargas, dependendo da sua intensidade. Alterando a intensidade de trabalho, pode-se contribuir para a mobilização predominante de determinadas fontes de asseguramento energético, intensificar de forma diferente a atividade dos sistemas funcionais e influir sobre o aperfeiçoamento de preparação técnica do atleta (Zakharov; Gomes, 1992).

Nos jogos desportivos e nas lutas, o controle de intensidade é difícil de ser realizado, pois os exercícios, nessas modalidades desportivas, têm caráter variável. O principal significado cabe ao controle do número de ações numa unidade de tempo e aos índices ligados à frequência cardíaca.

Nas modalidades desportivas de velocidade e de força, por exemplo, no halterofilismo, é mais difundido o índice de peso médio dos halteres, que é a relação da soma de quilos levantados e do número de repetições; e o índice de intensidade

TABELA 4.1 – Classificação de cargas pelas zonas de intensidade

Nº	Zonas	Critérios Fisiológicos			Duração máxima de trabalho
		FC (por min)	em % de VO$_2$ máx.	Lactato (mmol/L)	
I	Aeróbia	até 140	40-60	até 2	Algumas horas
II	Aeróbia (de limiar)	140-160	60-85	até 4	Mais de 2 horas
III	Mista (aeróbia-anaeróbia)	160-180	70-95	4-6 6-8	30 min-2 h 10-30 min
IV	Anaeróbia (glicolítica)	mais de 180	95-100-95	8-15 10-18 14-20 e mais	5-10 min 2-5 min até 2 min
V	Anaeróbia (alática)	—	95-90	—	10-15 s

relativa é calculado em porcentagem, com base na comparação do peso de halteres do dado exercício de treinamento com o peso recorde no exercício. Por exemplo, o atleta tem o resultado máximo no agachamento com 150 quilos nos ombros. No exercício de treinamento, executou o mesmo movimento com o peso de 120 quilos. Por conseguinte, o índice de intensidade relativa do exercício será de 80%.

Nas modalidades complexas de coordenação, por exemplo, na ginástica, empregam-se os seguintes índices para a avaliação da intensidade (Godik, 1988):

- densidade do trabalho (exprime-se em porcentagem como relação do tempo líquido do trabalho nos tipos de poliatlo com o tempo geral);
- número de elementos em uma combinação (movimento), em uma sessão de treino;
- relação do número de elementos de elevada complexidade e do número total de elementos.

Duração do exercício

Está estritamente ligada à intensidade de sua realização, pois os exercícios de diferentes durações são assegurados por diferentes mecanismos energéticos. Assim, se o trabalho é curto (entre um e dois minutos, com a intensidade máxima), esse trabalho está sendo realizado por conta das fontes anaeróbias de energia. Com a duração maior do trabalho, começam a se desenrolar forçadamente os processos respiratórios ligados à formação aeróbia de energia.

A influência do número de repetições pode ser vista facilmente no exemplo do treinamento intervalado. Por exemplo, o atleta tinha como tarefa o exercício de 16 x 500 m de corrida. A análise do nível do lactato no sangue durante a execução do exercício mostra que a corrida intervalada dos primeiros tiros, com a velocidade alta, mobiliza primeiro as possibilidades aláticas. No entanto, após algumas repetições (com intervalo rígido de descanso), acumula-se no sangue uma quantidade considerável de lactato, e os esforços posteriores irão contribuir predominantemente para a elevação das possibilidades anaeróbio-glicolíticas. Dentro de certo período de tempo, o mecanismo glicolítico de síntese de ATP esgotará essencialmente as suas possibilidades, e o trabalho posterior já começará a realizar-se por conta das reações aeróbias (Godik, 1980; Volkov, 1989). Desse modo, ao alterar o número de repetições, pode-se efetuar o aperfeiçoamento, tanto seletivo como complexo, de certos mecanismos de asseguramento energético.

Duração dos intervalos de descanso

As fases separadas da carga determinam, num grau substancial, sua orientação. Logo após o fim da execução do exercício, começam a ocorrer no organismo as mudanças oriundas da atividade de diversos sistemas funcionais e, antes de mais nada, dos sistemas que asseguram a realização do dado exercício. Todo o conjunto de mudanças, nesse período, pode ser entendido pela noção de recuperação. O processo de recuperação tem caráter de fases.

Para obter determinado efeito de treinamento, a duração das pausas entre certas doses de cargas deve ser planejada, levando em consideração as fases de recuperação (Figura 4.5).

A primeira fase de recuperação passou a chamar-se *recuperação imediata*, pois abrange os primeiros minutos de descanso após o trabalho, e caracteriza-se pelo ritmo alto de reações recuperativas, ligadas à eliminação dos produtos dos processos anaeróbios que se acumulam

```
                    ┌─────────────────────┐
                    │    TREINAMENTO      │
                    │   E RECUPERAÇÃO     │
                    └─────────────────────┘
              ↓                                    ↓
   ┌────────────────────┐              ┌────────────────────┐
   │ FASES DE RECUPERAÇÃO│              │ INTERVALO DE DESCANSO│
   └────────────────────┘              └────────────────────┘
```

Nº	FASES	FORMA DE INTERVALO
I	Recuperação imediata	Rígido
II	Recuperação lenta	Curto
III	Recuperação completa	Ordinário
IV	Supercompensação	Supercompensatório
V	Retorno ao nível inicial	Prolongado

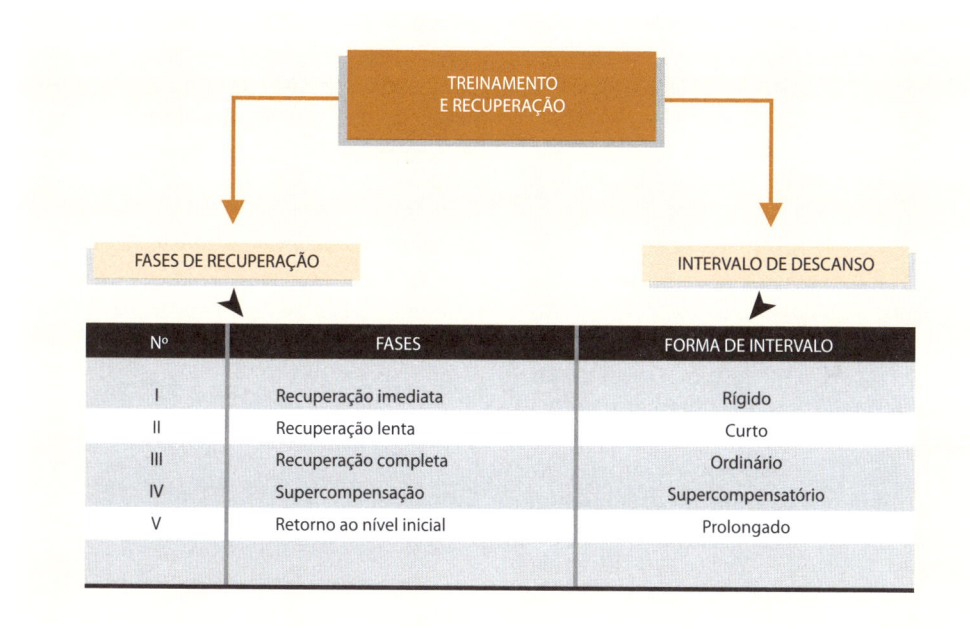

FIGURA 4.5
Modificação da capacidade de trabalho e do período de recuperação.

durante a execução do exercício e à reposição do débito de O_2 que se formou. Assim, a maior parte desse débito de O_2 recompõe-se nos primeiros 2 ou 3 minutos de recuperação.

A segunda fase de recuperação (ou *recuperação lenta*) pode levar muitas horas de descanso, dependendo do caráter do exercício executado. Essa fase caracteriza-se pelo reforço dos processos de troca plástica e de restauração do equilíbrio iônico e endócrino no organismo, perturbado durante o exercício (Kots; Vinogradova, 1981). No período de recuperação lenta, ocorre o regresso à norma dos recursos energéticos do organismo e reforça-se a síntese de estruturas de proteína destruídas durante o trabalho. Convém considerar que os processos recuperativos, depois de quaisquer cargas, decorrem heterocronicamente. Por isso, só se pode fazer ideia do fim do processo de recuperação geral após o retorno ao nível inicial (antes do trabalho) pelos índices que se recuperam mais lentamente e não pelos índices isolados e mesmo por alguns índices limitados.

Recuperam-se mais rapidamente as reservas de O_2 e de creatinafosfato nos músculos que participam do trabalho; mais tarde, as reservas glicogênicas nos músculos e no fígado e, por último, as reservas de gordura e as estruturas de proteína destruídas durante o trabalho (Volkov, 1989).

A intensidade da realização dos processos de recuperação e os tempos de recuperação das reservas energéticas do organismo dependem da intensidade de seu consumo durante a execução do exercício, do grau de treino do atleta, das particularidades individuais do organismo, do estado emocional do atleta e de outros fatores.

Depois de algum tempo, após a recuperação completa, as reservas energéticas podem superar o nível verificado antes do trabalho.

Tal fenômeno é chamado de supercompensação (Kots; Vinogradova, 1981; Volkov, 1989). O grau de superação do nível inicial e a duração da fase de supercompensação dependem da duração total da execução do trabalho e da profundidade de mobilização das reservas funcionais do organismo. Essa fase vem muito rapidamente depois do trabalho potente e de curta duração, mas acaba também de forma rápida. Nesse caso, a super-recuperação das reservas intramusculares de glicogênio ocorre dentro de 3 a 4 horas de descanso e termina 12 horas após o trabalho. Depois do trabalho duradouro de potência moderada, a supercompensação chega dentro de 12 horas e se observa durante 48 a 72 horas (Volkov, 1989).

A continuação posterior do descanso leva o retorno paulatino das reservas energéticas ao nível inicial. Considerando as fases de recuperação, podem-se destacar cinco tipos de intervalos de descanso:

Intervalo rígido de descanso

Pressupõe que uma parte da carga retorna ao período de redução considerável da capacidade de trabalho que corresponde à primeira fase de recuperação. O uso de tal tipo de intervalo leva ao desenvolvimento da fadiga em progressão rápida.

Intervalo curto de descanso

Pressupõe que uma parte da carga retorna à segunda fase do período de recuperação, quando a capacidade de trabalho ainda não se restabeleceu, mas já se aproxima do nível que antecede o trabalho. Embora tal intervalo de descanso leve à fadiga em progressão, os ritmos de seu aumento são consideravelmente mais baixos do que no primeiro caso. Isso permite realizar um volume bastante maior de trabalho.

Intervalo completo de descanso (ordinário)

A duração do descanso assegura, no momento da carga repetida, a recuperação completa ou quase completa. Esse intervalo permite utilizar a carga repetida com o estado relativamente estável do atleta.

Intervalo supercompensatório

Pressupõe que a duração do descanso assegure a supercompensação e, antes de tudo, as fontes energéticas. Nesse caso, é possível a manifestação da capacidade de trabalho elevada com a mesma reação de resposta do organismo.

Intervalo prolongado de descanso

Pressupõe uma duração do descanso que supere essencialmente a duração de recuperação completa. Significa o retorno ao nível inicial da capacidade de trabalho. No caso de um descanso demasiadamente prolongado, poderão surgir mudanças que podem implicar a redução da capacidade de trabalho.

Caráter de descanso

Ainda em 1903, nas experiências do eminente fisiólogo russo Ivan Setchenov, foi mostrado que a recuperação cada vez mais rápida e substancial da capacidade de trabalho não é assegurada pelo descanso passivo, mas pela passagem a outro tipo de atividade, pela inclusão de outros grupos de músculos que antes não estavam envolvidos na atividade, ou seja, pelo descanso ativo.

O efeito positivo do descanso ativo manifesta-se também na execução do mesmo tipo de trabalho, mas com intensidade menor. Um exemplo disso é a passagem da corrida de grande velocidade para a corrida de trote resulta em eficiente trabalho para a aceleração dos processos de recuperação do atleta. Observa-se o efeito do "descanso ativo", de modo bastante expresso, durante a execução dos exercícios de potência submáxima ou máxima.

Nesse caso, o lactato acumulado no sangue é eliminado muito mais rapidamente no processo de execução dos exercícios de baixa potência aeróbia do que com o descanso passivo. Isso se explica pelo fato de que cerca de 70% do lactato é eliminado no processo de sua oxidação nos músculos do esqueleto (Kots; Vinogradova, 1981).

Nos exercícios de coordenação complexa e nos de intensidade máxima, é preferível o caráter passivo de descanso. Os exercícios de relaxamento contribuem também para a aceleração da recuperação, sendo que, em uma série de casos, proporcionam um efeito maior que o próprio trabalho em ritmo lento.

Cargas ótimas

A discussão sobre as cargas de treinamento tem contribuído em grande medida no esclarecimento de sua influência formativa. Ainda existe uma série de problemas relacionados a esse tema por falta de estudos práticos e científico-experimentais que sejam convincentes. Dessa forma, um grande número de especialistas afirma que, no desporto moderno, só é possível atingir altos resultados com a aplicação de cargas máximas sistematicamente no processo de treinamento. Essa concepção tem base na conhecida lei biológica da força de estímulo, quer dizer, a reação ou resposta do organismo é proporcional à carga física. Nesse caso, é importante verificarmos até que ponto esse processo se destaca na teoria e na metodologia do treinamento com base na ideia exposta anteriormente.

Há muitos anos é sabido que, para manter uma determinada forma funcional, é necessário certo nível de carga física. Quando a carga é realizada exageradamente acima do nível crítico, a capacidade funcional (a forma física) do organismo diminui. É natural que quanto mais alto for o nível de estado de treinamento, tanto mais alto será o limite inferior de sua manutenção.

Quando a carga física aumenta progressivamente, ocorrem simultaneamente modificações funcionais nitidamente manifestadas. Esse fenômeno ocorre com base em duas questões:

- É linear o vínculo entre carga física (externa) e seu efeito construtivo?
- Podem aumentar de forma ilimitada as trocas adaptativas positivas do organismo?

Sobre a primeira questão existem estudos suficientes que afirmam que, com o aumento das cargas físicas, as modificações funcionais positivas ocorrem com rapidez. Mas a manutenção dessas cargas, depois de um tempo, já não é suficiente para produzir melhoras. Em outros termos, verifica-se que existe um limite individual de adaptação em que o ritmo de crescimento das funções condutoras paulatinamente diminui com a manutenção da mesma carga de treinamento. As tentativas na prática de aplicação de cargas extremas provocam uma reação negativa na adaptação. Como consequência, o processo adaptativo é uma função não-linear da carga física. A Figura 4.6 demonstra onde a dependência "dose-efeito" é ilustrada por uma curva (Volkov, 1986). Esta aponta cinco tipos básicos de interconexões entre a magnitude da carga e o incremento das respectivas funções do organismo. Sendo assim, na fase inicial do processo adaptativo (fragmento1), a dependência entre estímulo e efeito é exponencial. Na sequência, o nível de aplicação da carga cresce de forma linear, demonstrando que o nível de adaptação ainda não foi alcançado e a carga pode ir aumentando sem perigo para o organismo (fragmento 2). Com a aproximação às cargas máximas a dependência dose-efeito diminui (fragmento 3), o que sugere uma preocupação com o crescimento da carga pelo perigo de entrar no estado de sobretreinamento e fracassar o processo adaptativo. Nesse caso, é necessário uma maior prudência no intervalo das cargas limites (fragmento 4), onde a dependência já descrita adquire caráter parabólico.

Nesse nível de carga (zona), as modificações funcionais positivas se definem, e, se a carga continua crescendo, o efeito alcançado diminui bruscamente (fragmento 5).

A diminuição dos ritmos de carga propicia o aparecimento dos processos adaptativos, aumenta o estado de treinamento, assim como outros fatores que auxiliam nos processos de recuperação, como o nutricional, o fisioterapêutico, o medicamentoso, etc. Estudos científicos e a prática desportiva, nos últimos anos, têm mostrado que um controle eficiente da recuperação rápida do organismo depois de cargas extremas se faz necessário, pois a continuidade destas pode provocar danos irreparáveis no organismo do atleta.

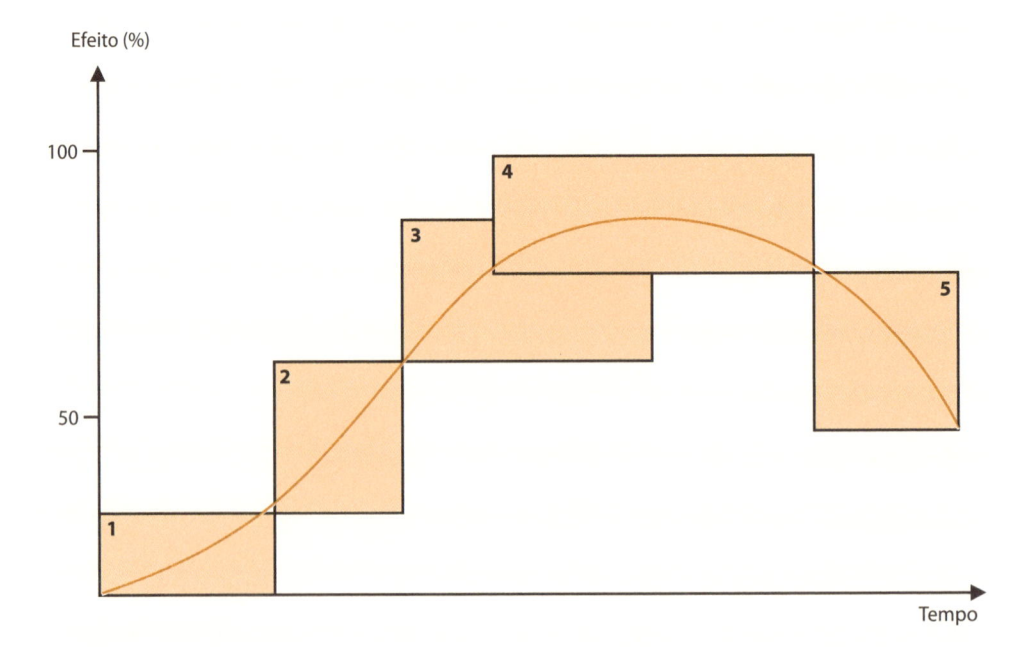

FIGURA 4.6
Fases básicas da dependência dose-efeito no processo de treinamento (Volkov, 1986).

Uma observação importante é que cada organismo reage diferentemente à mesma carga. Os estudos apontam três tipos de carga, que se caracterizam durante o treinamento desportivo, sendo elas as cargas positivas (crescente), quando a dose realiza uma nova influência no organismo do atleta; as cargas neutras (sem trocas), quando a dose é realizada em nível médio ou baixo, não estimulando o organismo a uma nova adaptação, e sim se tratando de uma carga de manutenção do estado adquirido; e as cargas negativas (descendente), quando a dose é realizada fora de uma carga débil ou demasiadamente forte, o que conduz a um efeito negativo. No primeiro caso (débil), está relacionada com a perda de adaptações ganhas e, no segundo caso (muito forte), pode levar o organismo do atleta ao estado de sobretreinamento.

Para a teoria e metodologia do treinamento desportivo é interessante somente o primeiro tipo de carga, quando a influência é positiva (crescente). Assim, quando visualizamos a carga do ponto de vista pedagógico, ela se divide em máxima (90-100%), submáxima (75-90%), média (60-75%), moderada (45-60%), baixa (30-45%) e insignificante (até 30%), e cada um desses estímulos apresenta suas características específicas. Na prática desportiva, deve ser dada uma atenção especial a cada um deles (Figura 4.7).

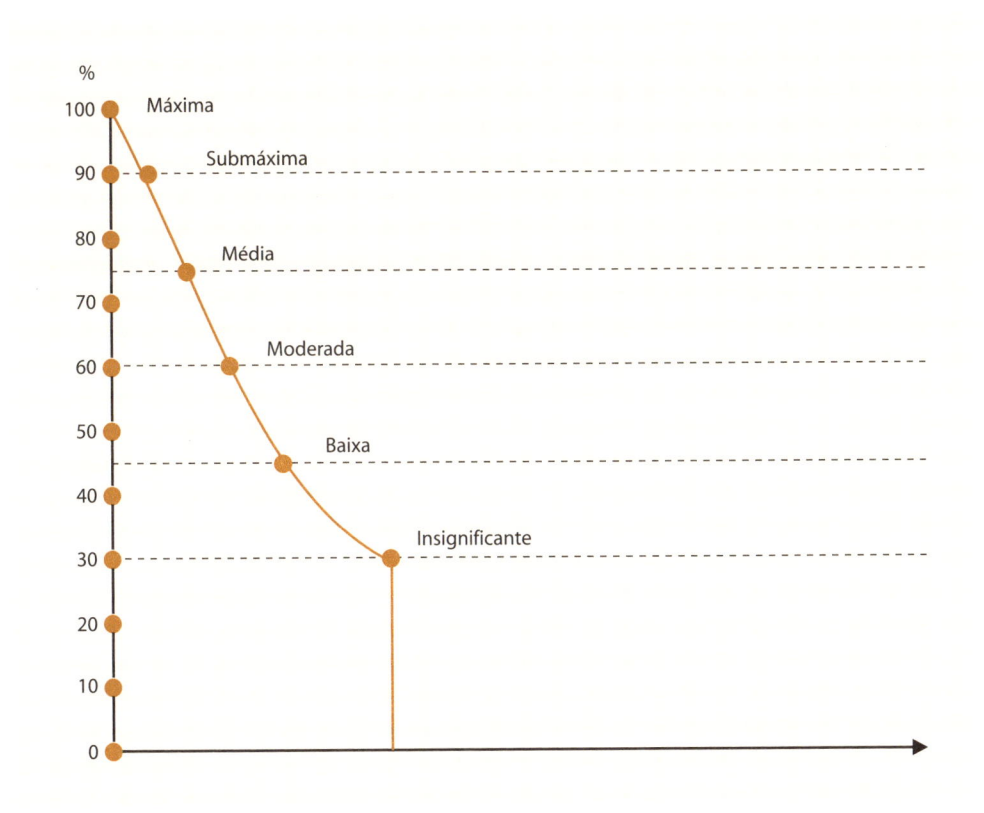

FIGURA 4.7
Valores e faixas-limite da carga segundo Milanovich, 1997.

5

TREINAMENTO E APERFEIÇOAMENTO DAS CAPACIDADE FÍSICAS

SISTEMA DE TREINAMENTO E PREPARAÇÃO FÍSICA

A preparação física é um componente do sistema de treinamento do desportista e tem como objetivo propiciar o bom desenvolvimento e aperfeiçoamento em um nível máximo (ótimo) para o desempenho na modalidade específica. Para uma melhor compreensão, é necessário definir o termo *capacidade física* como um sistema que constitui o ponto inicial para uma análise filosófica da categoria *capacidade*.

O estudo dos sistemas está relacionado, antes de tudo, com o esclarecimento dos elementos que os compõem e de sua interligação. Se analisarmos o organismo como um sistema geral, é possível destacar muitos elementos, como estruturas morfológicas, órgãos, etc., os quais ficam, de certa forma, interligados e ordenados. Qualquer que seja a tarefa funcional que o organismo deva desempenhar, ela ocorre graças à interação existente entre seus elementos; essa interação não é livre, mas determinada pela função que o organismo realiza, o que permite destacar o sistema funcional como uma forma de auto-organização que permite reunir seletivamente diferentes órgãos e sistemas do organismo humano visando à obtenção do resultado.

O organismo, ao interagir com o meio ambiente, responde internamente com diferentes capacidades (propriedades). O organismo humano possui uma variedade de capacidades, uma vez que, em diferentes condições de contato com o meio ambiente, revela diversas capacidades funcionais. Dessa forma, essas capacidades do homem podem se definir como o *conjunto de propriedades do organismo* que se apresentam no processo de sua interação com o meio ambiente. Nesse caso, podem distinguir-se na história do homem algumas propriedades comuns do organismo que permitem, com sucesso, determinado tipo e solicitação de tarefa motora. Assim sendo, podemos destacar cinco tipos de capacidades funcionais, reunidas pela noção conhecida como *capacidades físicas*:

- resistência,
- força,
- velocidade,
- flexibilidade e
- coordenação.

Ao estudar as capacidades físicas, normalmente os autores procedem de forma didática, analisando-as isoladamente. É importante salientar que essas capacidades, por mais que apresentem seus limites convencionais, não se desenvolvem ou se aperfeiçoam separadamente, mas mantêm entre si e com outras propriedades do organismo humano certas relações e ligações. Esse enfoque na prática se justifica, pois permite ao técnico fazer uma ideia inicial da estrutura de preparação do atleta e definir os caminhos de seu aperfeiçoamento.

A seleção dos meios de treinamento e dos métodos de preparação física deve ser determinada pelas exigências do sistema de preparação a longo prazo (muitos anos) da modalidade desportiva e pelo nível do desenvolvimento individual das capacidades fisiológicas do desportista. Dentro desse panorama, podem-se distinguir dois níveis de objetivos para a preparação física. O primeiro tem como tarefa propiciar o desenvolvimento multilateral geral das capacidades físicas, o qual se fundamenta na ideia do desenvolvimento harmonioso do homem e no sentido da criação de uma base para o aperfeiçoamento na modalidade desportiva praticada. Para atingir esse objetivo, faz-se a opção da preparação física geral. O segundo nível de objetivos da preparação física está relacionado com as exigências máximas em relação ao desenvolvimento das capacidades físicas, destacando, assim, a especificidade do gênero da atividade desportiva. Nesse caso, utiliza-se a preparação física especial, manifestada nas diversas capacidades (Figura 5.1).

FIGURA 5.1
Manifestações das capacidades físicas.

Treinamento e aperfeiçoamento da resistência

A resistência pode ser definida como um trabalho psicofísico prolongado, mantendo os parâmetros musculares de dado movimento. A realização de qualquer atividade exige diferentes gastos de energia, o que pode ser ilustrado por uma corrida de maratona ou mesmo por uma atividade moderada e que se prolonga algumas horas no dia-a-dia das pessoas comuns ou mesmo de atletas. A fonte direta de energia para a contração muscular é o adenosina trifosfato (ATP). Para que os filamentos musculares possam trabalhar durante muito tempo, é necessária a recuperação (ressíntese) permanente do ATP. A ressíntese do ATP ocorre em consequência de reações bioquímicas com base em três mecanismos energéticos:

- **Mecanismo aeróbio**: ocorre por conta da oxidação, ou seja, com a participação direta de O_2, de hidratos de carbono e de gorduras disponíveis no organismo;
- **Mecanismo anaeróbio láctico (glicolítico)**: ocorre a dissociação anaeróbia (sem ou (com pouca) participação de O_2) do glicogênio, com a formação do lactato;
- **Mecanismo anaeróbio alático**: está ligado à utilização dos fosfogênios, presentes nos músculos em atividade, principalmente do fosfato de creatina (CrF).

Cada mecanismo referido acima pode ser caracterizado com a ajuda dos critérios bioquímicos de potência, capacidade e eficiência (Viru; Kyrgue, 1983). Os critérios de potência refletem a velocidade de liberação da energia nos processos metabólicos. Os critérios de capacidade refletem as dimensões das fontes de energia acessíveis para serem usadas ou o volume total de mudanças metabólicas no organismo ocorridas durante o exercício. Os critérios de eficiência determinam em que medida a energia liberada nos processos metabólicos é utilizada para a realização do trabalho específico. Na sequência, de forma muito breve, discorreremos sobre os principais mecanismos de sistema de energia.

O mecanismo fosfogênico (anaeróbio alático) possui maior potência e permite assegurar a energia aos músculos em atividade já nos primeiros segundos do trabalho. É por isso que desempenha um importante papel no asseguramento energético de exercícios de curta duração (potência máxima). A capacidade do sistema fosfogênico é limitada pelas reservas de ATP e CP nos músculos e, devido a esse fato, é capaz de sustentar o trabalho com a potência máxima apenas durante 6 a 10 segundos, sendo que, aos 30 segundos, as reservas de CP praticamente se esgotam e não contribuem para a ressíntese do ATP (Leninger, 1985).

A glicólise anaeróbia atinge a potência máxima depois de aproximadamente 30 a 45 segundos após o início do trabalho. A potência do mecanismo anaeróbio glicolítico é menor do que a do fosfogênio; no entanto, graças à sua capacidade energética mais substancial, esse mecanismo constitui a principal fonte para manter o trabalho com a duração máxima de 30 segundos até 2 a 5 minutos. Sua capacidade é limitada principalmente pela concentração de lactato no sangue, uma vez que, durante o trabalho muscular nas condições anaeróbias, não ocorre o esgotamento completo de glicogênio nos músculos em atividade.

Os processos aeróbios são as principais fontes de formação de energia durante a realização do trabalho prolongado, cuja duração poderá ser de algumas horas. O desenvolvimento dos processos aeróbios ocorre gradualmente, podendo atingir o valor máximo nunca antes da faixa de 2 a 5 minutos após o início do trabalho. O metabolismo oxidante não é capaz de garantir por completo as necessidades de energia do organismo durante a realização do trabalho de grande potência, mas sua capacidade energética supera consideravelmente outras fontes energéticas, graças às grandes reservas de hidratos de carbono e gorduras no organismo.

A capacidade de resistir à fadiga durante um tempo prolongado, no trabalho aeróbio, é determinada pela quantidade máxima de consumo do oxigênio (VO_2 máx), que, durante o trabalho muscular, pode ser absorvido do ar inspirado, transportado para os músculos em atividade e utilizado nos processos de oxidação. A correlação entre os substratos energéticos oxidados depende da intensidade do trabalho em porcentagem do VO_2 máx. Na realização do trabalho com intensidade menor que 50 a 60% do VO_2 máx e de duração até algumas horas, a parte substancial da energia é formada graças à oxidação de gorduras (lipólise). Durante o trabalho com a intensidade superior, em média a 60% do VO_2 máx, os hidratos de carbono constituem a fonte predominante de energia.

O papel de cada um dos mecanismos de asseguramento energético se altera em função das exigências apresentadas ao organismo do atleta durante o processo de treinamento. Ao apontar a contribuição predominante de diversas fontes para a manutenção energética, destacam-se três tipos de resistência: *aeróbia, anaeróbia glicolítica (lática)* e *anaeróbia alática*.

Em diversos tipos de situações, destacando a ligação entre formas diferentes de manifestação das capacidades físicas e sua especificidade na estrutura de preparação do desportista, distinguem-se *a resistência de força, a resistência de velocidade, a resistência de coordenação e alguns outros tipos*. No entanto, uma vez que, em qualquer caso, o caráter de asseguramento energético constitui o fator decisivo de influência na duração da realização do trabalho muscular, parece-nos racional examinar as particularidades da metodologia do treinamento da resistência, considerando, em primeiro lugar, o mecanismo de manutenção energética.

O grande problema enfrentado pelo treinador ao selecionar os meios para o treinamento da resistência está na determinação dos níveis de intensidade e no tempo de duração do exercício, o qual é necessário para uma influência orientada sobre os sistemas funcionais determinantes do nível de revelação da resistência.

Diversas opiniões são apresentadas pelos especialistas no que se refere aos fatores que limitam a resistência. É difícil concordar com os especialistas que destacam somente um fator como a causa limitadora do nível de resistência e selecionam apenas um dos meios de treinamento para seu aperfeiçoamento. A melhora da resistência (como, aliás, de outras capacidades físicas) está ligada não somente à elevação das possibilidades funcionais de certos órgãos ou sistemas, mas também de todo um complexo de mudanças interligadas no organismo humano.

Acompanhando o raciocínio acima, as cargas de treinamento subdividem-se em várias zonas de intensidade. A princípio, o direcionamento mais difundido é a classificação em primeiro lugar pelo VO_2 máx, depois, pelo limiar anaeróbio e, mais tarde, pelo limiar aeróbio (Kots; Vinogradova, 1981). O controle da intensidade de trabalho deve ser realizado na prática segundo os dados da frequência cardíaca e da concentração de lactato. Entretanto, devido ao fato de a reação da frequência cardíaca à carga ser bastante individualizada e, além disso, de a frequência cardíaca nos exercícios de caráter anaeróbio nem sempre permitir a definição precisa da intensidade de carga, o índice mais informativo é a concentração de lactato no sangue. Considerando a dependência entre a intensidade de cargas e a concentração de lactato, podem-se distinguir cinco zonas de intensidade de cargas (Quadro 4.1, Capítulo 4). O processo de aperfeiçoamento da resistência tem relação com a mobilização das capacidades funcionais do organismo, nas condições em que o desportista deve continuar a realizar a atividade motora, apesar da fadiga crescente. A duração do exercício, o número de repetições e a duração dos intervalos de recuperação entre os diferentes exercícios devem, porém, ser selecionados de acordo com os mecanismos de fadiga que determinam a orientação do efeito de treinamento.

Para aperfeiçoar a capacidade de resistência, podem ser utilizados os exercícios mais diversificados por sua forma, desde que apresentem condições que permitam garantir o efeito necessário de treino. Os exercícios cíclicos são os meios mais propagados na literatura do treinamento, com vários tipos de resistência: a corrida, a natação, o ciclismo, o remo, a canoagem, o esqui, etc.; entretanto, para a solução das tarefas relacionadas com o treinamento dos tipos específicos de resistência, podem ser utilizados quaisquer exercícios que se executem com as repetições múltiplas interligadas. Por exemplo, no treinamento de lutadores, utilizam-se, para o treinamento da resistência, as séries de lançamento dos manequins nas lutas; na ginástica, empregam-se os complexos especiais de exercícios que abrangem os saltos prolongados de *tramp* e as repetições múltiplas de exercícios acrobáticos, entre outros.

Treinamento da resistência aeróbia

A maioria dos estudos apresenta o treinamento da resistência aeróbia como fundamental para a maior parte das modalidades desportivas, sem exceção, pois a elevação do nível das possibilidades aeróbias do organismo forma a base funcional necessária para o aperfeiçoamento de diversos aspectos de preparação do desportista. É por isso que esse tipo de resistência é chamada frequentemente de resistência geral. A melhora do nível de resistência aeróbia deve se realizar com atenção às exigências de cada modalidade desportiva. Esse tipo de resistência é de grande valia para as modalidades cíclicas, em que o resultado competitivo depende das capacidade aeróbias do atleta.

Nas diversas outras modalidades, como a de coordenação complexa, de velocidade, de força, etc., a resistência aeróbia manifesta-se de forma indireta, em particular nos processos de recuperação, entre os exercícios e no aumento fundamentado no volume total das cargas nas sessões e nos ciclos de treino. Nesse sentido, os exercícios que visam ao aumento das capacidades aeróbias do desportista devem ser realizados apenas num volume que garanta as premissas funcionais para a eficiência do trabalho específico. O abuso no volume de cargas de orientação aeróbia pode provocar mudanças no organismo do atleta que dificultam o crescimento das capacidades de velocidade e coordenação e da excelência técnico-tática. A metodologia do treinamento da resistência aeróbia representa a combinação equilibrada dos exercícios nos regimes aeróbios e anaeróbios. É muito importante o método de realização contínuo e permanente dos exercícios aeróbios. A aplicação dessas cargas, durante um período prolongado de tempo, garante as mudanças favoráveis e estáveis de adaptação a todos os níveis do organismo do homem e cria o estado de aperfeiçoamento das capacidades do sistema de respiração e do sistema cardiovascular. Com o aumento do volume do sangue em circulação no organismo, altera-se sua composição, ocorre a elevação da intensidade da corrente sanguínea e sua redistribuição entre os músculos e órgãos ativos e não-ativos, crescem as possibilidades de assimilação do oxigênio nos músculos, etc. Não há necessidade de explorar, detalhadamente, todos os fatores fisiológicos relacionados com o aumento das possibilidades aeróbias do organismo humano, pois estes já foram objeto de análise detalhada em literatura especial dedicada a esse tema (Howald, 1982).

No sistema de treinamento da resistência, é considerada mais eficiente a execução dos exercícios no nível do limiar anaeróbio (lactato 3-4 mMol/L). O estado do organismo que corresponde a essa intensidade da carga passou a se chamar *crítico* ou *estado estável máximo*. Nessa intensidade de trabalho, é possível manter a atividade durante um tempo prolongado e o nível dos índices dos sistemas funcionais do organismo relativamente estável (VO_2, FC, pH, etc.). Entre os iniciantes, o estado estável máximo pode ser verificado, durante 15 a 30 minutos, com intensidade de exercício em 40 a 50% do VO_2 máx., sendo que, nos atletas de alto rendimento especializados nas modalidades cíclicas, esse índice já é de 1 a 2 horas, com intensidade de 80 a 85 de VO_2 máx. A frequência de contrações cardíacas que corresponde ao limiar anaeróbio pode variar numa ampla faixa, dependendo das reações individuais do organismo do atleta e da etapa de preparação. Assim, nos atletas de alto nível, a frequência cardíaca, no nível do limiar anaeróbio, pode constituir, na etapa inicial do período preparatório, 150 a 160 bpm, ao passo que, no estado de prontidão superior, 175 a 185 bpm (Suslov, 1987). Os treinamentos realizados no nível do limiar anaeróbio são considerados como base de preparação dos desportistas de alto rendimento, principalmente nas modalidades de ações motoras cíclicas. Essas cargas constituem, em algumas modalidades, mais de 50% do volume total anual.

Com a melhora do estado de treinamento do desportista, ocorre também, paulatinamente, a elevação da intensidade absoluta dos exercícios, a qual o atleta é capaz de manter no nível do limiar anaeróbio (p. ex., a velocidade da corrida). A intensidade e a duração de realização do trabalho, no limiar anaeróbio, é o critério mais informativo do nível de resistência aeróbia do desportista (Howald, 1982).

A prática dos exercícios aeróbios realizados com intensidade inferior a 70% do nível do limiar anaeróbio e com duração de 1 a 1,5 horas, embora úteis como meio de atividade física recreativa, não garantem um bom efeito de treinamento ao desportista de alto rendimento. É por isso que, durante os treinamentos, essas cargas são utilizadas principalmente como meios auxiliares para auxiliar na recuperação.

Os exercícios aeróbios de longa duração, quando utilizados, caracterizam, na prática, uma economia no aproveitamento do potencial energético do organismo. Isso tem relação com a elevação das possibilidades do organismo em utilizar as gorduras como fonte de energia (Costill, 1984). O crescimento da parcela de oxidação das gorduras aumenta consideravelmente a potência energética do sistema aeróbio do organismo. A utilização das gorduras como fonte energética é objeto de atenção na preparação e no treinamento das mulheres. De acordo com a opinião de alguns especialistas, as mulheres não somente dispõem de reservas substanciais de tecido adiposo no organismo, mas também são capazes de passar, com maior facilidade do que os homens, a utilizar as fontes energéticas de gordura (Sologub, 1987). Essa particularidade do organismo feminino tem relação com alguns prognósticos feitos por especialistas no estabelecimento dos recordes nas distâncias superlongas.

Para aperfeiçoar as capacidades de utilização das gorduras, é necessário realizar regularmente exercícios prolongados (durante algumas horas) com intensidade não superior ao nível do limiar anaeróbio do atleta (lactato 4 mMol/L). O trabalho com uma intensidade que produza a concentração do lactato no sangue bloqueia o metabolismo de gordura (adiposo), e o asseguramento energético segue o caminho de aproveitamento de hidratos de carbono. Quanto maior o nível de resistência dos atletas, maior o grau de aproximação que se verifica nas inter-relações recíprocas de hidrato de carbono/gorduras no metabolismo (Viru; Iurimiae; Smirnova, 1988).

Embora o método do exercício contínuo permanente constitua o fundamento do treinamento de resistência aeróbia, este não deve se limitar exclusivamente à sua aplicação. Devemos salientar que são mais eficientes os métodos contínuos variáveis e os métodos intervalados construídos com base nos exercícios dos regimes misto (aeróbios/anaeróbios) e os anaeróbios. Desse modo, se o treinador tem como objetivo melhorar as capacidades do atleta em realizar o trabalho com intensidade superior ao limiar anaeróbio, pode ser racional a utilização do método de exercício contínuo variável, conhecido e divulgado pela literatura mais antiga como *fartlek*. A duração das fases intensivas do exercício, nesse caso, deve ser selecionada conforme as capacidades do atleta em manter determinado nível de consumo de oxigênio. Aplicando, porém, o método de exercício contínuo, é muito difícil garantir a dose necessária de influências de treino no nível de consumo máximo de oxigênio a um estado mais elevado. Os desportistas, mesmo os bem treinados, não são capazes de manter por mais de 20 a 30 minutos a intensidade de 90 a 95% do VO_2 máx; isso significa que só podem trabalhar 6 a 10 minutos no nível próximo do consumo máximo de oxigênio. O método de treinamento intervalado oferece melhores possibilidades na criação das influências de treinamento que visam ao aumento das possibilidades de o atleta trabalhar no nível do VO_2 máx. Sabe-se que um dos principais fatores limitadores do VO_2 máx são as capacidades funcionais do sistema cardiovascular e, em particular, as capacidades do coração (Saltin, 1985). O consumo máximo de oxigênio depende diretamente das grandezas máximas do volume corrente de sangue por minuto (a quantidade de sangue que o coração pode injetar na aorta por minuto). Por sua vez, as diferenças individuais nesse volume por minuto dependem das dimensões das cavidades do coração (dilatação) e das propriedades de contração do músculo cardíaco (miocárdio). As capacidades funcionais do coração podem ser substancialmente aumentadas aplicando-se o método intervalado de treinos, cuja variante foi proposta, ainda nos anos 1950, por H. Reindeli e W. Gerschler. Na base desse método, está a particularidade funcional do coração, segundo a qual, no início do intervalo de repouso, o volume de choque do coração fica, durante algum tempo, em nível máximo (dependendo da velocidade de redistribuição do déficit de oxigênio). Assim sendo, no início do período de repouso, o coração sofre a influência de treinamento específico, que não difere essencialmente da influência verificada durante a atividade muscular ativa. O principal fator fisiológico que exerce influência de treinamento imediato sobre o coração é o volume de choque do sangue. Esse volume tem seu máximo com frequência cardíaca (FC) de cerca de 120 bpm e se mantém nesse nível na execução do exercício com a FC até 175-185 bpm. O aumento mais significativo da FC dificulta o enchimento completo das cavidades do coração devido à fase muito curta de diástole. Por conseguinte, ao determinar a intensidade da carga que visa ao aumento das capacidades funcionais do coração (antes de tudo, o aumento do volume de suas cavidades), convém orientar-se pelo índice da FC, que não deve superar 175 a 185 bpm no fim da fase ativa do exercício, nem ser menor que 120 bpm no fim da pausa de descanso. A duração da fase ativa do exercício (p. ex., o tempo de corrida de uma distância) é habitualmente de 1 a 2 minutos. O intervalo de repouso é determinado conforme a duração da fase ativa e da velocidade de recuperação da FC, que, via de regra, fica na faixa de 45 a 90 segundos. Em uma sessão de treino, pode haver até 30 a 40 repetições.

As capacidades funcionais do coração dependem, como já foi dito, do volume de suas cavidades e da capacidade de contração do miocárdio. Dependendo da intensidade das cargas aplicadas, pode ocorrer influência seletiva sobre diferentes possibilidades funcionais do coração. Assim, a aplicação de cargas aeróbias contribui, predominantemente, para a dilatação do coração, mas não garante a alta força da contração do miocárdio. Por isso, durante um trabalho de grande intensidade, o coração sofre sobrecarga, o que poderá causar a limitação da capacidade de trabalho. A utilização dos exercícios apenas com intensidade alta produz o efeito contrário: a hipertrofia substancial das paredes do coração adquire força maior, mas não exerce influências consideráveis sobre a elevação do volume de choque (Karpman; Khruchev; Borissova, 1978). Por conseguinte, apenas a combinação racional de cargas de diferentes intensidades permite obter aumento das capacidades funcionais do coração. Nesse sentido, ganha importância o método intervalado de treinamento na etapa preparatória especial.

Treinadores mais experientes, ao selecionarem o método intervalado, têm como objetivo caracterizar, na prática, o modelo da atividade competitiva, procurando assim assegurar o maior grau de adaptação do desportista. Porém, nas primeiras etapas de preparação para as competições principais, o atleta não apresenta condições de modelar por completo a atividade motora especialmente orientada (p. ex., correr uma distância com o resultado determinado). Só é possível modelar o exercício orientado fazendo algumas adaptações; em particular, dividindo o exercício em partes alternadas por intervalos de repouso. Segundo esse enfoque para o treinamento da resistência especial, por exemplo, de ciclistas que se preparam para a corrida de 100 km por equipe, a distância é dividida em percursos (p. ex., de 4 x 25 km), com intervalo de descanso sob a forma de corrida lenta durante 10 minutos. Cada um dos percursos é superado com a velocidade competitiva média predeterminada. Passo a passo, de um treino a outro, o grau de semelhança entre o exercício de treino e o competitivo orientado se aproxima graças ao aumento dos percursos de distância (p. ex., 3 x 33 km, 2 x 50 km) e à diminuição dos intervalos de descanso. O método intervalado, na modelagem do exercício competitivo orientado, apresenta numerosas variantes, que refletem a capacidade criativa dos treinadores em diversas modalidades desportivas.

Uma vez que a economia do trabalho depende, de certa forma, da parcela do mecanismo aeróbio, a elevação da velocidade de inclusão dos sistemas funcionais de asseguramento energético e da duração da manutenção de sua atividade em um nível alto passa a ser o objetivo das tarefas atuais do treinamento de resistência. Para cumprir a primeira tarefa, utiliza-se o método de repetição. As influências de treinamento, nesse caso, estão na ativação múltipla de inclusão do sistema de asseguramento energético aeróbio, quando o VO_2 cresce rapidamente, chegando próximo do máximo, no início da execução do exercício. A intensidade da carga deve corresponder à zona III (aeróbia-anaeróbia). A intensidade mais alta da carga é pouco justificada, pois provoca rápido acúmulo de lactato e pressão das reações de oxidação no organismo. Quando o objetivo do treinamento visa apenas ao aperfeiçoamento do mecanismo de inclusão, a duração da fase intensiva é de 2 a 3 minutos. Os exercícios devem ser repetidos após o intervalo a fim de se obter descanso suficiente para a recuperação do organismo até o nível próximo do início do novo esforço. Essas repetições múltiplas de contraste contribuem para a melhoria da coordenação da atividade dos sistemas funcionais do organismo que garantem a velocidade de mobilização de seu potencial aeróbio. O número de repetições depende do nível do estado de treinamento do desportista e da velocidade de acúmulo do lactato. Dessa forma, a possibilidade de manutenção do alto nível de VO_2 ocorrerá em exercícios com duração de 6 a 10 minutos; apesar disso, a concentração de lactato não será tão significativa.

Treinamento da resistência anaeróbia glicolítica

A concentração de lactato é o principal fator limitante da capacidade de trabalho na execução dos exercícios de caráter anaeróbio glicolítico. Ela leva à diminuição das propriedades de contração dos músculos e exerce influência sobre outros sistemas do organismo do desportista. Quando ocorre uma concentração de lactato no sangue próxima do nível máximo para o nível do seu estado de treinamento, as pessoas não-treinadas apresentam o estado de fadiga. Isso ocorre já com concentrações não superiores a 10-12 mMol/L, ao passo que, nos atletas especializados em modalidades que exigem alto nível de resistência glicolítica, esse índice pode superar os 30 mMol/L. O nível de concentração de lactato no sangue comprova a grandeza da energia que é formada como resultado da glicólise anaeróbia e da estabilidade do organismo em relação à alteração do equilíbrio ácido-alcalino (pH) no organismo. Por isso o índice do teor de lactato no sangue serve como principal critério na orientação das cargas anaeróbio-glicolíticas e do nível do estado de treinamento do atleta.

O ritmo de execução do exercício, na prática, determina a quantidade e a grandeza do acúmulo de lactato (Figura 5.2). Com o aumento da intensidade da carga até 50 a 60% do VO_2 máx, a concentração de lactato no sangue do atleta pouco se altera e não supera 4 mMol/L, sendo que, entre os desportistas altamente qualificados, a concentração de lactato pode se manter também com a intensidade do exercício em 70 a 85% do VO_2 máx. O efeito anaeróbio-glicolítico mais expressivo é observado como resultado da aplicação de cargas com a concentração de lactato de mais de 8 mMol, zona IV de intensidade.

Ao prescrever o tempo de duração do exercício de treino, deve-se considerar que a potência máxima do mecanismo anaeróbio-glicolítico atinge valores máximos, nunca antes de 30 a 45 segundos após o início do trabalho com a intensidade máxima e se mantém nesse nível durante 2 a 3 minutos (Boiko, 1987). Em uma série de pesquisas, constatou-se um teor aproximadamente igual de lactato no sangue, independentemente da duração do trabalho, na faixa de 1 a 7 minutos. Porém, se a duração do trabalho máximo aumenta até 10 minutos ou mais, a concentração do lactato diminui consideravelmente (Gollnik; Hermansen, 1982).

Quando o objetivo for o de treinar a resistência anaeróbia glicolítica, podem ser utilizadas diversas variantes dos métodos intervalado e contínuo. Na utilização do método intervalado, aplicam-se com mais frequência os exercícios com a duração da fase intensiva de 30 segundos até 3 minutos (Tabela 5.1). Os intervalos de descanso pressupõem a realização do exercício repetido com alto déficit de oxigênio. Nesse sentido, a redução das pausas de descanso eleva o acúmulo do ácido láctico no sangue e ocorre a fadiga. Se os intervalos de repouso forem correspondentes à duração das fases de trabalho na razão de 1:1 ou 1:1,5 e representarem 1,5 a 2 minutos, o número total de repetições do exercício com a intensidade máxima diminui, devido à rápida fadiga em evolução, até 3 a 4 vezes (Volkov, 1986). Neste regime, consegue-se a maior velocidade de glicólise anaeróbia nos músculos em atividade e se verificam os índices mais altos do acúmulo máximo de ácido láctico no sangue. Para consolidar o efeito do treinamento, geralmente o trabalho é realizado em 3 a 4 séries, com intervalos prolongados de repouso (de l0 a 15 minutos ou mais).

Os intervalos de descanso prolongados e não regulamentados permitem diminuir o nível de concentração de lactato

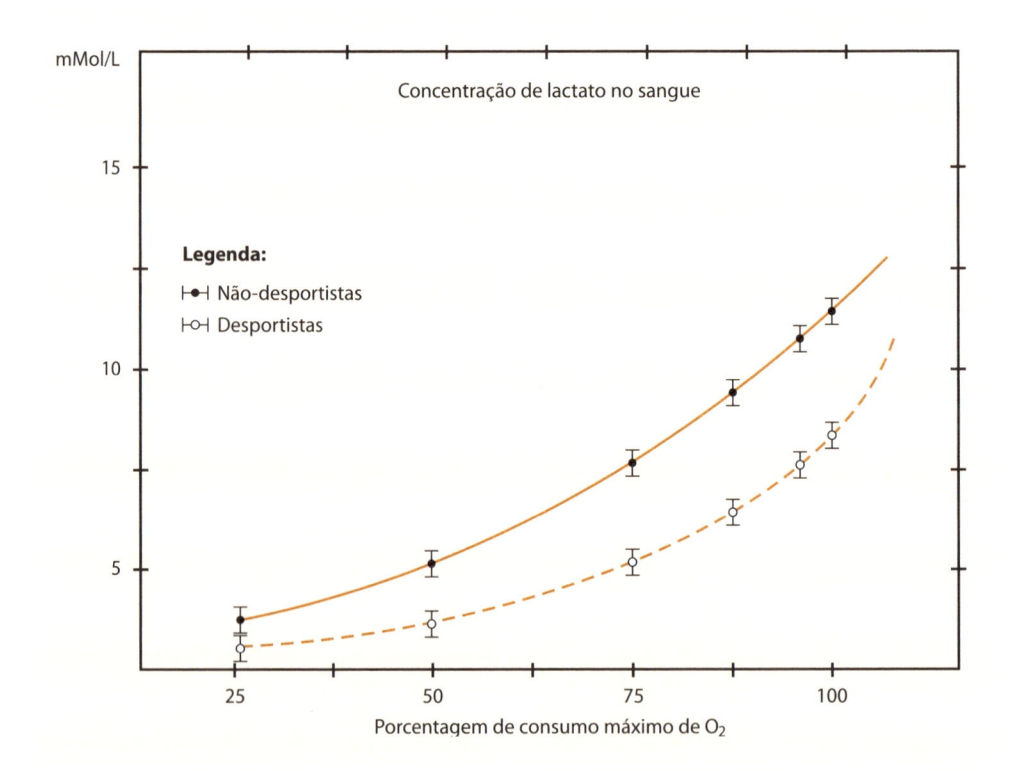

FIGURA 5. 2
Relação da concentração de lactato no sangue com a intensidade relativa do trabalho em % de VO_2 máx (Modificada de Hermansen, 1971).

TABELA 5.1 – Utilização do método intervalado e os parâmetros das cargas orientadas para o treinamento da resistência anaeróbio glicolítica

Duração da fase intensiva do exercício (min)	Número de fases intensivas na série	Intervalo de descanso entre fases intensivas na série (min)	Intervalo de descanso entre séries (min)	Número de séries na sessão	Número total de fases intensivas na sessão
3	1	—	8-12	—	6-8
2	2-3	2-3	10-12	2-6	10-15
1	3-6	3-6	10-15	3-8	20-30
0,5	4-8	4-8	10-15	4-10	30-40

e reproduzir, em cada repetição, o efeito necessário de treino. O número de repetições do exercício é limitado pela concentração do lactato. Uma vez que nem sempre se pode controlar, nas condições práticas, o valor da carga segundo os índices de lactato, cada desportista deve saber que sensações acompanham o estado de alta concentração de lactato no organismo e controlar, de acordo com essas sensações, o regime de cargas. Ao planejar o número total de repetições, convém considerar que, à medida que aumenta continuamente o volume de trabalho realizado, o caminho glicolítico da ressíntese de ATP vai sendo substituído paulatinamente pelo aeróbio. Na realização dos exercícios em série, com intervalos consideráveis de descanso entre eles, isso não é verificado, e o trabalho é executado, predominantemente, graças à glicólise anaeróbia.

Os atletas que apresentam alto nível de treinabilidade efetuam, durante um treinamento, até 30 a 40 esforços de meio minuto de duração, até 20 a 30 esforços de um minuto de duração e, em certos casos, ainda mais do que isso (Platonov, 1986).

Ao utilizar o método intervalado, é muito importante levar em consideração que a concentração do lactato no sangue se reduz muito mais rápido se, em vez do descanso passivo, for realizado um trabalho físico com intensidade da ordem de 50 a 60% de VO_2 máx com caráter ativo de recuperação; nesse caso, a parcela de lactato utilizada pela via aeróbia aumenta, pois sua parte maior sofre oxidação nos músculos esqueléticos. Deve ser realizado um trabalho leve com participação de grande volume muscular, aumentando, assim, a velocidade de remoção do lactato.

Treinamento da resistência anaeróbia alática

Os mecanismos fisiológicos que fundamentam a resistência anaeróbia alática são, em grande parte, parecidos com os que determinam o nível das capacidades de velocidade e força do atleta. Por conseguinte, o aperfeiçoamento dessas capacidades efetua-se também em uma unidade. No entanto, o aumento da potência do sistema alático apresenta uma particularidade em comparação com outras fontes energéticas. As reservas de ATP e de CP nos músculos não são grandes e são utilizadas já nos primeiros segundos após o início do trabalho com intensidade máxima.

A rápida diminuição do teor de CP nos músculos em atividade é observada com as cargas superiores a 75% de VO_2 máx. A concentração da CP no músculo, após o trabalho de curta duração, pode cair quase a zero, ao passo que o teor de ATP diminui até 50 a 70% do nível inicial. Sob o efeito das influências regulares de treino, pode ser verificado certo aumento

(20 a 30%) da concentração de fosfogênios nos músculos em atividade e a elevação da atividade de fermentos que determinam a velocidade de sua dissociação e da ressíntese.

O aumento da concentração das fontes anaeróbias aláticas constitui um dos fatores que permite fazer crescer a duração do trabalho de intensidade máxima. Com esses objetivos, o regime de influências de treinamento deve visar ao esgotamento máximo das reservas da CP nos músculos em atividade para estimular sua super-recuperação posterior. O programa de treino é construído com base no método de exercício intervalado. Levando em consideração a velocidade de consumo das reservas da CP, a duração de um exercício representa 10 a 15 segundos. Alguns especialistas, porém, consideram que, com a aplicação de tais cargas, não se pode conseguir o esgotamento das reservas da CP nos músculos maior do que 50%. O efeito mais considerável, segundo a opinião deles, é proporcionado pelos exercícios de intensidade máxima durante 60 a 90 segundos, ou seja, essencialmente o trabalho de caráter anaeróbio-glicolítico (Prampero; Dilimas; Sassi,1980).

Os intervalos de descanso entre as repetições não devem ser menores do que 2 a 3 minutos, os quais propiciam uma recuperação bastante completa de fosfatos macroenergéticos gastos durante o trabalho (Figura 5.3). A diminuição dos intervalos de descanso, com a manu-

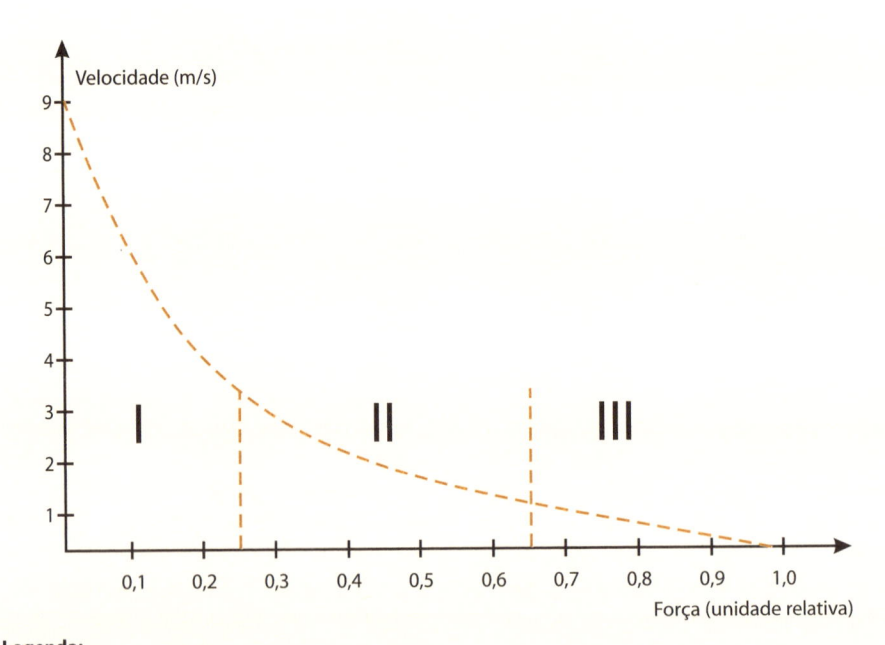

Legenda:
I – Zona de manifestação das capacidades de velocidade
II – Zona de manifestação das capacidades de velocidade e força
III – Zona de manifestação das capacidades de força

FIGURA 5.3
Dependência da força e da velocidade de execução do exercício.

tenção da mesma duração do exercício, é acompanhada do rápido acúmulo de lactato e leva à ativação da glicólise. Isso ocorre devido ao fato de, na terceira ou quarta repetição, o teor do lactato aumentar significativamente. Convém, portanto, realizar o treinamento com 2 a 3 séries e 3 a 6 repetições em cada uma das séries, prevendo-se o intervalo de 5 a 8 minutos para descanso entre as séries. O esgotamento das reservas de CP nos músculos em atividade manifesta-se na redução substancial da potência máxima do trabalho (p. ex., a diminuição da velocidade de corrida). Geralmente, consegue-se o referido estado já com 8 a 12 repetições do exercício de intensidade de 95 a 100% da máxima. Esse número de repetições pode ser considerado ótimo para a maioria dos atletas. Caso o número de repetições seja aumentado, as influências de treino irão adquirir, passo a passo, a orientação anaeróbio-glicolítica e aeróbia.

Treinamento das capacidades de força

A força do homem como capacidade física relaciona-se com a capacidade de superação da resistência externa e de ação oposta a essa resistência por meio dos esforços musculares (Matveev, 1991). As capacidades de força do desportista não podem reduzir-se apenas às propriedades contráteis dos músculos, pois a manifestação direta dos esforços musculares é assegurada pela interação de diferentes sistemas funcionais do organismo (muscular, vegetativo, hormonal, mobilização das qualidades psíquicas, etc.).

Os esforços musculares constituem a condição necessária para a realização de qualquer ação (gesto) motora, embora o caráter de manifestação da força possa ser muito diferente. Isso é verificado, de maneira mais evidente, na atividade desportiva. Basta comparar as formas de revelação da força durante a maratona, no levantamento de peso máximo, no chute do futebolista ou ao observar o ginasta que fixa a posição do corpo em parada de mãos. Em todos esses exemplos, os desportistas revelam diversos tipos de capacidades de força, que dependem do valor do peso (carga) superado, da velocidade de movimento e da duração do exercício. O gráfico apresentado na Figura 5.3 mostra que, à medida que diminui o peso, aumenta a velocidade do movimento, mas a força muscular reduz-se. De acordo com os estudos de teóricos do treinamento desportivo, podem-se distinguir os seguintes tipos de capacidades de força:

- **Força máxima,** revelada pelo nível de força que o atleta é capaz de atingir em consequência da tensão muscular máxima.
- **Capacidades de velocidade e de força,** caracterizadas pela capacidade de superar no menor tempo possível a resistência. A força de "explosão" representa a manifestação das capacidades de velocidade e de força relacionadas com o esforço único (saltos, lançamentos, etc.).
- **Resistência de força**, caracterizada pela capacidade do atleta de realizar, durante um tempo prolongado, os exercícios com pesos, mantendo os parâmetros do movimento.

O regime de contração dos músculos determina a metodologia de treinamento da capacidade de força. Se a grandeza da força que o músculo desenvolve permite superar a resistência externa, o músculo se reduz. Esse regime de contração muscular chama-se *superação* (conhecido também como regime miométrico ou concêntrico). Nesse caso, o movimento na articulação ocorre com o aceleramento. Nos casos em que o movimento ocorre com velocidade constante, esse regime recebe o nome de isocinético; se a tensão muscular desenvolvida não permite superar a carga externa e, sob a ação dessa carga, o músculo se alonga, o regime é chamado de cedente (pliométrico ou excêntrico). Nesse caso, se a carga não for muito grande, o movimento na articulação ocorre com a diminuição (afrouxamento) da velocidade. Todos os regimes em que os músculos alteram seu comprimento referem-se à forma dinâmica de manifestação das capacidades de força.

As condições em que os músculos desenvolvem a tensão e mantêm o comprimento constante relacionam-se com o regime de manutenção (isométrico) e referem-se à forma estática de manifestação das capacidades de força. Na prática da atividade desportiva, é quase impossível encontrar a manifestação exclusiva de um regime de tensão muscular. Na execução de qualquer ação motora dinâmica, alguns músculos trabalham em regime de superação e outros em regime cedente ou de manutenção. Por exemplo, no exercício de flexão do antebraço, os músculos da superfície anterior do cotovelo realizam o trabalho de superação, ao passo que os extensores do ombro efetuam o trabalho cedente. É pouco provável que possa existir a contração puramente isométrica dos músculos, pois, nas condições da atividade desportiva, não se consegue fixar absolutamente a articulação, excluindo a alteração completa do comprimento do músculo. Dessa forma, nas condições reais da atividade muscular, prevalece o regime misto (auxotônico ou anisotônico).

Aspectos neuromusculares relacionados com a manifestação das capacidades de força

Antes de analisarmos as particularidades metodológicas do treino da capacidade de força, devemos discutir, de forma breve, alguns fatores que determinam o nível de manifestação da força. A compreensão do papel desses fatores define a seleção de um ou outro método, faz com que sua aplicação tenha caráter racional e, por conseguinte, seja mais eficiente.

Hipertrofia muscular: o músculo esquelético é composto de filamentos musculares. A força desenvolvida pelo músculo representa a soma das forças de determinados filamentos. A força máxima depende do número de filamentos musculares que compõem o músculo e da espessura deles. Se o número de filamentos no músculo humano é condicionado geneticamente, como afirmam os especialistas, ele praticamente não se altera durante o treinamento, mas a espessura desses filamentos pode aumentar substancialmente (Platonov, 1988). Esse aumento transversal dos músculos é conhecido como hipertrofia muscular.

No desenvolvimento dos trabalhos na prática, é comum distinguir-se dois tipos de hipertrofia das fibras musculares:

- **Primeiro tipo (sarcoplasmático):** o engrossamento da fibra verifica-se pela parte não-contrátil do tecido muscular, que é o sarcoplasma. Esse tipo de hipertrofia influi pouco na melhora do crescimento da força máxima, mas aumenta essencialmente a capacidade para um trabalho duradouro, ou seja, o trabalho que exige a manifestação da resistência.
- **Segundo tipo (miofibrilar):** esse tipo de hipertrofia está ligado ao aumento do número e do volume de miofibrilas, ou seja, do próprio aparelho contrátil do tecido muscular. Nesse sentido, cresce principalmente a densidade da disposição das miofibrilas no tecido muscular. Esse tipo de hipertrofia leva

ao crescimento substancial da força máxima na prática do treinamento desportivo.

A hipertrofia das fibras musculares representa a combinação dos dois tipos referidos. O desenvolvimento predominante de um ou outro tipo de hipertrofia é determinado pelo caráter das influências de treinamento.

Os hormônios desempenham um papel importante no ganho de massa muscular. Assim, os homens têm, no organismo, uma quantidade de androgênios (hormônios masculinos) maior do que as mulheres, o que os favorece na melhora das capacidades de força (Lukin, 1990).

Composição do tecido muscular. Na composição do tecido muscular, dentro do próprio músculo, distinguem-se dois tipos principais de fibras musculares: a de contração lenta (ST – *slow twitch*) e a de contração rápida (FT – *fast twitch*). As fibras musculares rápidas podem ser, por sua vez, divididas em dois subtipos: FTa e FTb (Prampero; Dilimas; Sassi, 1980).

As fibras lentas (ST) têm uma rede rica de capilares e um elevado teor de mioglobina e frequentemente são chamadas de "vermelhas", o que lhes permite receber uma grande quantidade de oxigênio no sangue e assegurar o transporte deste dentro das células musculares. As fibras ST distinguem-se também por apresentarem um grande número de mitocôndrias. Esses indícios morfológicos demonstram que as fibras musculares "lentas" são mais adaptadas para assegurar as contrações musculares relativamente pequenas pela força, porém são duradouras.

As fibras rápidas (FT) têm a rede capilar menos desenvolvida e um número menor de mitocôndrias, sendo a atividade dessas fibras ligada, em maior grau, à utilização das vias energéticas anaeróbias. As fibras do subtipo FTa distinguem-se pela capacidade de oxidação relativamente mais alta do que as fibras FTb e ocupam uma posição de certo modo intermediária entre as fibras ST e FTb. As fibras musculares rápidas são, em geral, mais adaptadas para as contrações musculares de curta duração e que exigem consideráveis manifestações (força e rapidez).

A contração das fibras musculares ocorre em resposta ao impulso nervoso que vai pelo axônio, a partir das células nervosas especiais (motoneurônios). O motoneurônio, sua axe e as fibras musculares, inervadas por essa axe, representam, em conjunto, uma unidade motora.

Os motoneurônios das fibras musculares lentas e rápidas diferem pelo limiar de excitação, velocidade de impulsos e estabilidade de impulsos. As unidades motoras rápidas são as de limiar mais alto e "menos excitáveis". A contribuição delas para a força total desenvolvida pelo músculo é grande, pois cada fibra muscular tem mais miofribilas e é mais espessa do que as fibras musculares lentas. Por conseguinte, as capacidades de força do desportista dependem da correlação das fibras ST e FT nos músculos condicionados geneticamente. Como resultado de influências orientadas de treinamento, torna-se possível a hipertrofia seletiva das fibras musculares de diferentes tipos, o que, por sua vez, leva ao crescimento respectivo das capacidades de força. Assim, a hipertrofia das fibras lentas leva ao acréscimo da força isométrica e da resistência de força, ao passo que a hipertrofia das fibras rápidas traduz-se no crescimento das capacidades de velocidade e de força.

Coordenação neuromuscular. A execução do movimento caracteriza-se por determinada ordem de ativação das unidades motoras no músculo e pela interação de diferentes músculos. A ordem (sequência) da ativação das unidades motoras e o número total das unidades envolvidas numa única contração muscular são determinadas pelo mecanismo da coordenação intramuscular. O número das unidades motoras que podem ser mobilizadas, no caso de contrações musculares de forças máximas, não supera, geralmente, entre os homens não-treinados, 25 a 30% do número total, sendo que, entre desportistas treinados e acostumados às cargas de força, esse número pode chegar a 80 a 90% (Verkhoshanski, 1988). Os resultados das pesquisas mostram que a força a ser desenvolvida pelo músculo constitui o fator que determina a quantidade e o tipo das unidades motoras recrutadas (Costill, 1980).

Ao iniciar o trabalho, as unidades motoras de contrações lentas são as primeiras a entrar em ação. Quando elas já não são capazes de desenvolver a força necessária, ocorre o recrutamento das unidades motoras de contração rápida. Por exemplo, quando se realiza um exercício com peso baixo, num ritmo lento, a maior parte do esforço é assegurada pelas fibras ST. Mas, com o aumento da velocidade e da força, as fibras FT envolvem-se no trabalho.

Na necessidade de manifestar a força máxima, incorporam-se as fibras FTa. Com velocidades baixas e pesos consideráveis, as fibras musculares de ambos os tipos se contraem de modo sincronizado, contribuindo no conjunto para a força de tração, mas, à medida que aumenta a velocidade de contração, diminui cada vez mais a participação das fibras lentas, que já não conseguem se contrair, e a força total de tração do músculo diminui. O trabalho muscular prolongado (que requer a manifestação da resistência) está ligado ao envolvimento alternado de diversas unidades motoras (preferencialmente lenta).

Quando algumas unidades se cansam, entram em cena as outras. Se o caráter do trabalho não admite tal substituição mútua, a manutenção da capacidade de trabalho fica ligada ao reforço de impulsos nervosos (Platonov, 1988). Dessa forma, ao regular a carga do peso e a velocidade de execução do exercício, pode-se efetuar a influência seletiva de treinamento sobre diferentes tipos de unidades motoras.

Outro indício de perfeição da coordenação neuromuscular, determinante da revelação das capacidades de força, é a concordância da tensão e do relaxamento dos músculos durante a execução do movimento (coordenação intermuscular). Os músculos, cuja ação conjunta condiciona a possibilidade de realização de um determinado movimento, são chamados de sinergistas; os outros músculos (antagonistas), graças a seu tono ou ação em direção contrária ao movimento, asseguram sua suavidade e protegem a articulação de um traumatismo.

A prática sistemática de exercícios em regime específico leva à eliminação da tensão excessiva dos músculos antagonistas, na execução desses movimentos, e assegura, ao mesmo tempo, o trabalho simultâneo dos músculos sinergistas. A eliminação das perdas de força dos músculos ligadas à sua interação ineficiente, durante a execução dos movimentos, leva à elevação do significado resultante da força.

O nível de manifestação das capacidades de força depende também de vários outros fatores, como: a manutenção energética e das propriedades elásticas dos músculos em ação, o grau de mobilização psicológica do desportista e alguns outros. Esses fatores devem ser levados em consideração no processo do treinamento das capacidades de força.

Metodologia do treinamento das capacidades de força

No processo de treinamento das capacidades de força, utilizam-se numerosos exercícios cuja execução requer elevada tensão dos músculos. O principal fator que estimula essa tensão é a grandeza da carga (resistência) ao movimento. Segundo as particularidades da carga, os exercícios se dividem em:

1. *exercícios com carga externa;*
2. *exercícios com o próprio peso corporal.*

A carga externa é o que é somado ao próprio peso do corpo do atleta (resistência criada pelo parceiro, pelos aparelhos de treino, pelo meio ambiente, pelo peso do aparelho, etc.). Nos exercícios com o próprio peso corporal, a influência de treinamento sobre os músculos é assegurada pelo peso do próprio corpo do atleta ou da resistência criada pelos músculos antagonistas.

Ao selecionar os exercícios de força, é preciso verificar se ficarão ativos os músculos cuja força deve ser aumentada. As mudanças não-significativas da posição do corpo podem alterar a atividade dos músculos.

A dependência entre o número-limite de repetições dos exercícios e a grandeza do peso superado tem grande importância prática para a definição dos parâmetros dos exercícios de treino, com objetivo de aumentar a força (Figura 5.4). O número-limite das repetições possíveis numa tentativa com o referido peso

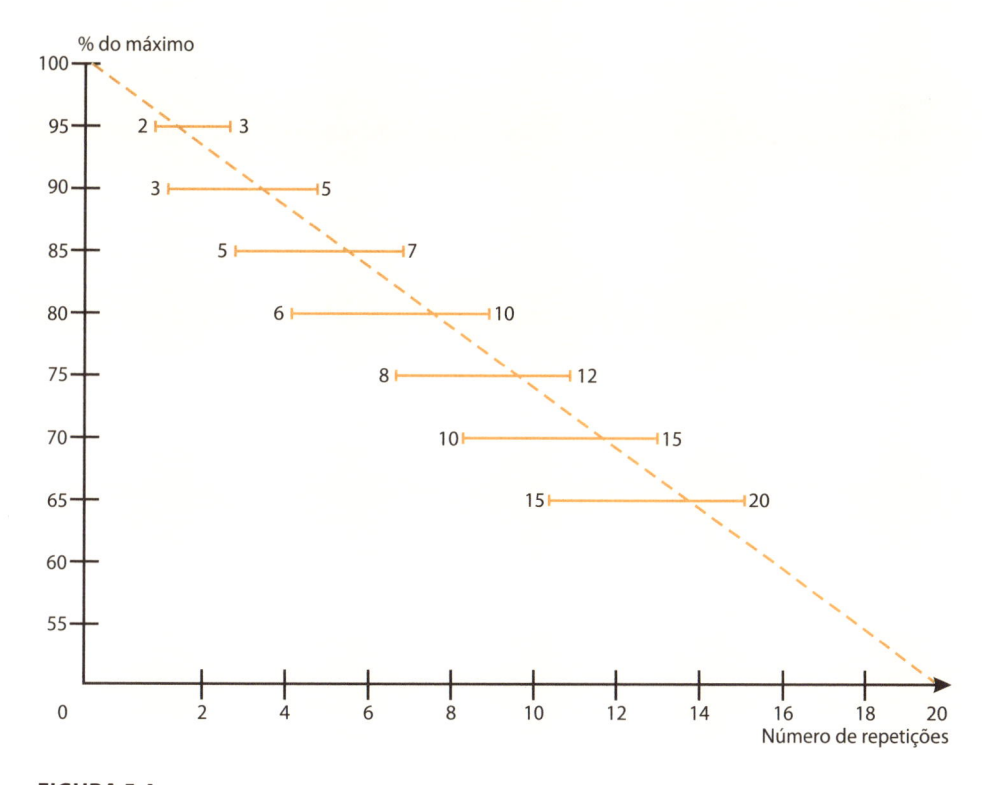

FIGURA 5.4
Número máximo de repetições possíveis e a grandeza da carga (em % do peso máximo, superado no trabalho de força) (Matveev, 1991).

chama-se repetição máxima (RM). Apesar das oscilações individuais (ligadas à especificidade de preparação de força do atleta, ao grau de mobilização psicológica, etc.), essa dependência permite definir rapidamente a grandeza do peso adequado às tarefas de preparação de força dele.

As particularidades da metodologia de treinamento das capacidades de força devem ser examinadas conforme os diferentes regimes de contração dos músculos no treinamento.

Treinamento da capacidade de força concêntrica

Uma vez que o regime concêntrico da atividade muscular é mais característico em diversos tipos de atividade motora do homem, a ele está ligado o maior número de métodos do treinamento da capacidade de força.

O treinamento da força máxima. A metodologia do treinamento da força máxima apresenta a combinação de duas abordagens, que, a princípio, se baseiam em diferentes mecanismos fisiológicos. O primeiro mecanismo pressupõe a crescimento do nível da força máxima, com o aperfeiçoamento da coordenação neuromuscular. O segundo trata-se da elevação do nível da força máxima por meio do aumento da massa muscular (hipertrofia das fibras musculares).

Ao comparar as duas formas possíveis de aumentar as capacidades de força do atleta, deve ser destacado os elementos positivos e negativos relacionados com a utilização dessas formas. O aperfeiçoamento do mecanismo da coordenação neuromuscular permite melhorar os índices de força em curto prazo de tempo (o efeito pode ser obtido dentro de alguns treinos). Essa abordagem (enfoque) chama a atenção dos especialistas nas modalidades em que é de fundamental importância o crescimento dos índices de força sem os acréscimos de peso do desportista. Lamentavelmente, havendo limitações das influências de treinamento, verifica-se de modo muito rápido a perda do nível de força alcançado. Para obter aumento de força por meio da hipertrofia das fibras musculares, é necessário um período bastante longo de influências de treinamento; porém as mudanças de adaptação, nesse caso, acabam tornando-se mais estáveis no tempo. Considerando essas abordagens, vejamos os principais direcionamentos da metodologia do treinamento da força máxima.

Com o objetivo de melhorar a força máxima dos músculos, são indicados os exercícios com o volume de peso na faixa de 70 a 95% do máximo. A execução dos exercícios até a fadiga, com o peso de cerca de 95% do máximo (2 a 3 RM), exige o envolvimento do número máximo das unidades motoras numa única tensão (coordenação intramuscular) e contribui para a formação da interação máxima dos músculos durante a realização do exercício. A utilização dos pesos na faixa de 70 a 80% (8 a 12 RM) estimula, em uma medida maior, os processos de síntese de proteína que estão na base da hipertrofia das fibras musculares.

A utilização particular de pesos máximos (1 RM) para o treino da força máxima não permite obter o efeito de treinamento necessário, pois, numa sessão de treinamento, não devem ser executados mais de 1 a 2 movimentos. Além disso, a aplicação de pesos máximos exige a mobilização psicológica completa e eleva o risco de um traumatismo. Porém, em algumas modalidades desportivas, como, por exemplo, no halterofilismo, é necessária a aplicação de pesos máximos em algumas etapas da preparação (Dedvedev, 1986).

O ritmo de execução ótimo para o treinamento e o aperfeiçoamento da coordenação motora deve ser conduzido lentamente, cada movimento com duração de 1,5 a 2,5 segundos. Quando o objetivo for o aumento da massa muscular, o ritmo dos movimentos deverá ser ainda mais lento, de 4 a 6 segundos para o exercício, sendo 2 segundos para a fase de superação do movimento e 4 segundos para a fase cedente. O alto ritmo é pouco eficaz, pois, nesse caso, a tensão máxima dos músculos terá lugar somente na fase inicial ou final do movimento, sendo que, nos outros ângulos da amplitude do movimento, os músculos não terão a necessária tensão devido à inércia. Além disso, o trabalho em ritmo alto não permite o envolvimento das fibras musculares lentas, o que reduz significativamente o nível de manifestação da força. O número de repetições numa série, para a melhoria da coordenação muscular, varia geralmente de 2 a 6. Se o objetivo for aumentar a força por meio do acréscimo da massa muscular, os exercícios devem ser efetuados durante 30 a 60 segundos, com 8 a 12 repetições.

A duração do intervalo entre as repetições, no caso do trabalho com o objetivo de melhorar a coordenação neuromuscular, deve assegurar a recuperação quase completa, antes do início do exercício seguinte. Geralmente a duração das pausas é de 2 a 3 minutos, entre as repetições, e de 5 a 8 minutos, entre as séries, e depende principalmente do volume dos músculos envolvidos no trabalho. O sentido subjetivo de prontidão para a execução do exercício é um indicador bastante exato na determinação do tempo de repouso. A metodologia pressupõe que o aumento da massa muscular exige pausas mais curtas entre as séries, de 15 a 30 segundos entre os exercícios de caráter local, 20 a 45 segundos entre os exercícios de caráter regional e 40 a 60 segundos entre os exercícios de caráter global (Verkhoshanski, 1988).

O número total de repetições na sessão depende do caráter dos exercícios e da metodologia de elevação da força máxima. Se os exercícios pressupõem o envolvimento no trabalho de grandes volumes musculares, o número de repetições durante o treino não é grande (até 10 a 15 repetições). No caso do aperfeiçoamento da coordenação neuromuscular para cada grupo de músculos, realizam-se 2 a 3 repetições; no caso do aumento da massa muscular, esse número será de 3 a 5 repetições. Habitualmente, na sessão de treino, são exercitados 3 a 5 grupos musculares. De uma sessão para outra, as cargas referentes aos grupos de músculos alternam-se de modo que o descanso para esses grupos seja de 48 a 72 horas. Essa circunstância tem um significado particular devido aos processos de síntese de proteínas nos músculos (Verkhoshanski, 1988; Meerson, 1986).

Ao determinar os parâmetros dos exercícios orientados para o treino da força máxima, devem ser obrigatoriamente levados em consideração o sexo e a idade do desportista. A preparação de força das mulheres desportistas utilizando exercícios com pesos altos poderá provocar o aumento da pressão intra-abdominal e outros efeitos indesejáveis em relação aos orgãos internos da mulher. Um dos meios mais simples de redução da pressão intra-abdominal provocada pela grande tensão de força é a alteração da posição inicial, na execução dos exercícios de caráter de força. Por exemplo, podem-se mencionar os exercícios nos aparelhos especiais de treinamento ou o levantamento de halter com uma ou duas pernas, ficando a desportista deitada de costas. Ficando nessa posição inicial, a atleta poderá levantar um peso várias vezes superior ao peso com que ela poderia fazer as flexões, sem que se verifique o aumento significativo da pressão intra-abdominal. Para a diminuição dessa pressão e do efeito sobre a coluna vertebral, recomenda-se também a utilização do cinto especial.

Nas sessões com jovens, não devem ser aplicados exercícios com pesos altos, pois o efeito de treinamento necessário pode ser obtido com pesos de 50 a 60% do máximo; para o jovem atleta, tal efeito pode ser conseguido aumentando-se o número de repetições em cada série até 15 a 20, em 3 a 5 séries. São bastante eficientes diversos exercícios com peso corporal, com a resistência do parceiro, com a utilização de halteres, de *medicine ball* e outros exercícios acessíveis.

Treinamento das capacidades de velocidade e de força

O nível e a manifestação das capacidades de velocidade e de força caracterizam a possibilidade de revelar a força máxima (F máx) no menor tempo possível (T máx) (Figura 5.5). As capacidades de velocidade e de força podem manifestar-se também com diferente correlação dos componentes de força e de velocidade.

A carga a ser utilizada é determinada considerando-se a complexidade de coordenação e a velocidade do exercício competitivo; pode-se considerar ótima a correlação que não produza deformações consideráveis na estrutura dos movimentos. Na prática, utilizam-se habitualmente as cargas da ordem de 25 a 50% do máximo, podendo ir até 70 a 80%, se for necessário influenciar predominantemente o componente de força ou baixar até 5 a 10%, sendo necessário estimular o desenvolvimento do componente de velocidade. Nesse caso, é preciso levar em consideração que a utilização de cargas altas

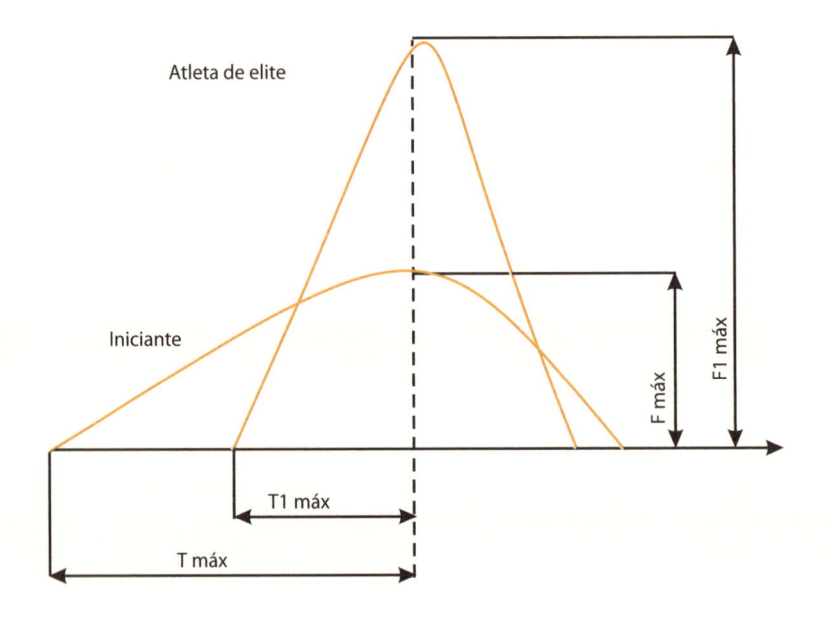

FIGURA 5.5
Dinamograma de repulsão durante o salto vertical sem impulso (aceleramento): o exemplo de manifestação da força de explosão (Zatsiorski, 1981).

leva à diminuição da velocidade dos movimentos e à perturbação dos mecanismos específicos de coordenação muscular. Se, durante o treino, forem utilizadas cargas próximas das máximas, a melhora da força poderá não obter o efeito positivo no exercício de velocidade e de força. Sabe-se, por exemplo, que, para o desportista atingir a força máxima, são necessários, pelo menos, 0,8 a 1,0 segundo (Prus; Zajac, 1988), sendo a duração de repulsão, na corrida dos melhores velocistas, de 0,09 a 0,11 segundo; a repulsão, nos saltos em distância, de 0,15 a 0,18 segundo, no salto em altura, cerca de 0,25 segundo; e o esforço final no lançamento do dardo, cerca de 0,15 segundo (Vorobiev, 1987). Em todos esses casos, os atletas não têm tempo para manifestar sua força máxima. Por conseguinte, o aperfeiçoamento das capacidades de velocidade e de força deve ser realizado nas mesmas condições do exercício competitivo.

O tempo de duração do exercício de treinamento deve garantir a possibilidade de sua execução sem a redução da velocidade. O número de repetições pode variar de uma repetição, no caso do aperfeiçoamento da força nos movimentos acíclicos (p. ex., os esforços iniciais ou os esforços finais nos lançamentos), até 5 a 6 repetições, e sua duração não deve ser superior a 6 a 8 segundos.

Os intervalos de descanso devem propiciar a recuperação completa da capacidade de trabalho a cada nova série. Na sessão de treinamento, a duração total dos exercícios orientados para o treinamento das capacidades de velocidade e força não supera habitualmente 25 a 30 minutos.

Treinamento da resistência de força

A resistência de força manifesta-se em várias modalidades desportivas. Por esse motivo, durante o treino da resistência de força, devem-se levar em consideração as condições específicas de sua manifestação, sendo de grande importância as influências da grandeza do peso. Enquanto a tensão muscular desenvolvida for de 5 a 20% da máxima, a corrente de sangue no músculo crescerá proporcionalmente à força da resistência. Com as tensões superiores, em média a 40% da máxima, a corrente de sangue nos músculos em atividade reduz bruscamente devido à pressão dos vasos arteriais, o que é acompanhado de hipoxia local, e o músculo passa a trabalhar por conta das fontes energéticas anaeróbias (Mellenberg, 1991). Por conseguinte, se o aumento da resistência de força, em uma certa modalidade desportiva, está ligado predominantemente ao crescimento das possibilidades aeróbias das fibras musculares, deve-se utilizar a carga na faixa de 10 a 40% do máximo. No entanto, tratando-se das possibilidades anaeróbias, torna-se possível a aplicação de cargas a 70 a 80% do máximo (Badillo; Serna, 2002).

A duração de cada exercício depende da grandeza da carga e, via de regra, é de 30 segundos a 5 a 6 minutos. O ritmo e o número de repetições são selecionados conforme os parâmetros do exercício competitivo. Por exemplo, na preparação de força do tetracampeão olímpico de natação Salnikov (da antiga URSS), observava-se rigorosamente a especificidade da superação de sua principal distância competitiva, que era de 1.500 metros. No seu programa de treinamento, estavam incluídos, correspondentemente, exercícios de força no aparelho de treinamento com força 15 x 1 minuto, o que, na soma, correspondia ao tempo de passagem da distância competitiva básica, controlando-se, durante os treinos, o ritmo e a potência dos movimentos dos braços (Platonov; Fessenko, 1990). O aumento da carga durante as sessões que visam ao treino da resistência de força não deve seguir o aumento do ritmo, mas realiza-se por meio do aumento paulatino da resistência, diminuindo-se os intervalos entre certas repetições, ou por meio do aumento da duração total dos exercícios.

Para resolver as tarefas de treino relacionadas com a resistência de força, recorre-se frequentemente à organização dos treinos sob a forma de treinamento circular do tipo "circuito". O número dos exercícios incluídos no programa de treinamento em circuito pode ser diferente. Geralmente, ele inclui 8 a 12 exercícios de força (estações), mas, na natação, por exemplo, esse treinamento poderá incluir até 25 estações. A composição dos exercícios deve ser selecionada tendo em vista influenciar diferentes grupos musculares, com a utilização de diversos aparelhos de treino e diferentes pesos (halteres, amortecedores, barras de ferro, resistência do parceiro, etc.). Em cada uma das estações, efetuam-se de 20 a 40 repetições. O volume do peso é escolhido de modo que, no fim do exercício, o desportista sinta grande fadiga muscular. O regime do trabalho é estabelecido em função do nível do estado de preparação dos atletas e das tarefas da respectiva etapa de preparação. Na preparação dos atletas de alto nível, por exemplo, pode ser utilizado o seguinte regime: trabalho durante 50 segundos, descanso e passagem para outra estação de 25 segundos. A duração do trabalho e do repouso é controlada pelo sinal do treinador. A duração total do treinamento em circuito será de 45 a 60 minutos, podendo o atleta, durante esse tempo, passar 2 a 3 vezes. O descanso, depois de cada passagem, deve ser de 5 a 7 minutos. Para o treino da resistência especial de força em diversas modalidades desportivas, utilizam-se os exercícios com pesos complementares em condições aproximadas ao máximo das específicas. Por exemplo, aplica-se na natação a resistência complementar que contribui para o crescimento da resistência de força, o que é garantido por meio da utilização de cordões de borracha, roldana, palmares especiais (nadadeiras de mão), amortecedores, etc. (Zenov, 1986).

Esses exercícios, juntamente com o treino da resistência de força, auxiliam no aperfeiçoamento da técnica.

Treinamento da capacidade de força isocinética

Na realização dos exercícios de força, como no regime tradicional de superação da contração dos músculos, o peso da barra de ferro continua o mesmo no decurso de todo o movimento. Ao mesmo tempo, a grandeza máxima da força revelada pelo desportista em diversos pontos da trajetória do movimento não pode ser constante devido à alteração das condições biomecânicas da tensão dos músculos (alteração do ângulo de tração e do braço de alavanca do músculo). Além disso, durante a execução dos movimentos com alta velocidade, o esforço máximo desenvolvido no início do movimento proporciona a aceleração do corpo do desportista e do peso em exercício, como barra de ferro, lançamento, remo, natação, etc., e, por isso, nas fases anteriores do movimento, os músculos não sentem a influência do treinamento ótimo para o treino da capacidade de força. Por conseguinte, aproveitando apenas os regimes tradicionais dos exercícios, torna-se difícil e, muitas vezes, impossível conseguir o grau necessário de influência (efeito) de treinamento sobre os músculos em diversas fases do movimento. O aumento da força ocorre como resultado da aplicação de tais regimes de trabalho dos músculos, embora nem sempre proporcione o correspondente acréscimo da força no exercício competitivo. Segundo a opinião dos principais especialistas, a transferência das capacidades

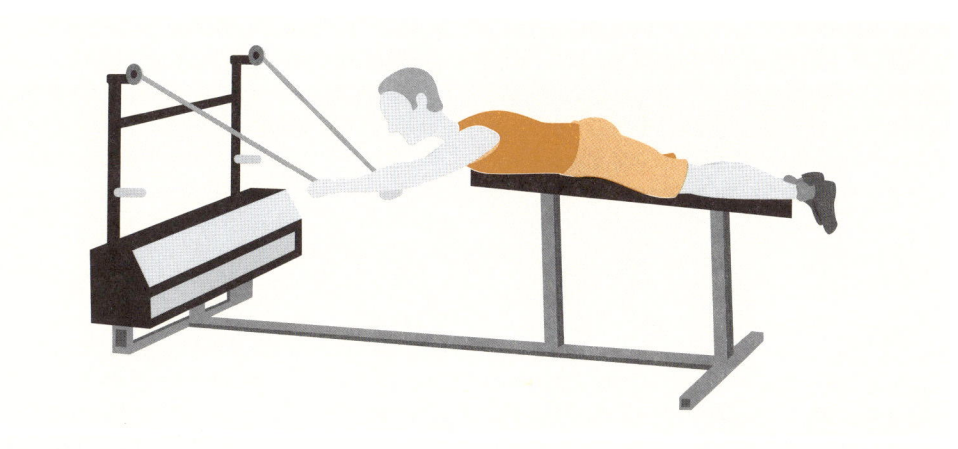

FIGURA 5.6
Aparelho de treinamento para braços e tronco.

de força adquiridas nos exercícios de treinamento para os exercícios competitivos constitui o principal problema metodológico da preparação moderna de força dos desportistas (Cousillman, 1982).

A busca de solução para esse problema tem sido relacionada, durante muitos anos, com a elaboração de diversos equipamentos de treinamento, dos quais os mais eficientes são aqueles que garantem o regime isocinético de trabalho muscular (Figura 5.6). O regime isocinético prevê a velocidade constante de movimento. Graças às particularidades construtivas dos aparelhos de treinos isocinéticos, a resistência exterior se altera, dependendo da força de tração dos músculos, em diversas fases do movimento e à medida que evolui a fadiga. Dessa forma, é dada a velocidade de execução do movimento e não a grandeza do peso (como nos métodos tradicionais). Essa particularidade do método isocinético de treinamento da capacidade de força assegura a carga otimizada sobre os músculos em toda a amplitude do movimento. Ao dirigir os parâmetros dos exercícios isocinéticos, pode-se imitar, com alta precisão, a dinâmica dos esforços do desportista no exercício competitivo. A especificidade das influências de treinamento assegura um grau muito alto de transferência do nível das possibilidades de força para os exercícios competitivos. A possibilidade de selecionar um número maior de exercícios de influências locais e a diminuição do perigo de sofrer um traumatismo constituem uma vantagem dos aparelhos de treinamento isocinéticos. Todos esses fatores garantem uma grande eficácia do regime isocinético de treino da capacidade de força.

Treinamento das capacidades de força excêntrica e combinada

Os exercícios no regime pliométrico aplicam-se esporadicamente nos treinos desportivos, como um meio auxiliar para o treino da força máxima. Os movimentos de carárer excêntrico são executados com pesos de 10 a 40% superiores aos máximos, na execução do exercício análogo no regime de superação. A título de exemplo desse tipo de exercícios, pode ser mencionada a flexão do joelho com a barra de ferro nos ombros, sendo o peso da barra na ordem de 120% do peso máximo com que o atleta pode levantar-se da posição de semiflexão (para colocar a barra nos ombros, utilizam-se os montantes). Os exercícios com a extensão forçada dos músculos são executados com velocidade baixa, em 4 a 6 segundos para cada movimento, com 3 a 4 repetições em três séries, sendo o intervalo de repouso entre as séries de 3 a 5 minutos em função do volume dos músculos envolvidos no trabalho. Para a execução dos exercícios nesse regime, é necessário equipamento especial ou o auxílio do técnico para maior segurança e para fazer o peso regressar à posição inicial.

A utilização dos exercícios no regime pliométrico, com pesos supermáximos, apresenta algumas limitações. Tais exercícios somente podem ser recomendados para pessoas que tenham alto nível de preparação de força nas modalidades desportivas em que a atividade competitiva requeira a capacidade máxima da força. Uma vez que a execução desses exercícios cria cargas muito altas em articulações e ligamentos, eles são aplicados uma vez a cada 7 a 10 dias.

Na prática do treinamento desportivo, são muito difundidos os métodos de preparação de força elaborados com base na combinação dos regimes excêntrico e de superação do trabalho dos músculos. Os mais populares são os exercícios de saltos. Esses exercícios são aproveitados com êxito para o treino da força de explosão dos músculos das pernas (chamada *springness*) em diversas modalidades, durante os treinos dos atletas com diferentes níveis de preparação. Os exercícios de saltos são executados com impulsão única ou múltipla, repetida com uma ou duas pernas. Os saltos múltiplos com potência máxima abrangem, geralmente, em uma série, 3 a 8 impulsões, sem aceleração ou com pequena aceleração (p. ex., cinco saltos em uma perna; de uma perna para outra ou em duas pernas; os saltos através dos bancos, bolas, barreiras, etc.). A duração dos intervalos de descanso entre os exercícios é de 10 a 20 segundos e geralmente fica condicionada pelo tempo de regresso do desportista à posição inicial para a execução do exercício. O número de repetições em uma série é de 3 a 4, sendo o intervalo entre as séries de 3 a 5 minutos. Em cada sessão, são efetuadas não mais do que 2 a 3 séries, no treinamento da força explosiva, e de 6 a 10 séries, no treino da resistência de saltos.

No treinamento da força explosiva de diferentes grupos musculares, o mais eficaz é o método de "choque". As variantes dos exercícios com o aproveitamento desse método estão apresentadas na Figura 5.7. Esse método baseia-se no aproveitamento do efeito que surge no momento da passagem rápida do trabalho muscular do regime excêntrico para o regime concêntrico, nas condições da tensão máxima dos músculos. A extensão preliminar dos músculos na fase de amortecimento provoca sua deformação contrátil (energia de deformação contrátil) e garante o acúmulo de certo potencial nos músculos que aumenta seu efeito de trabalho com o início da fase de superação (p. ex., o momento de impulsão nos saltos) (Danskoi; Zatisiorski, 1979). A capacidade dos músculos de acumular a energia da deformação contrátil (elástica) e utilizá-la eficientemente ocorre apenas na condição da passagem rápida do regime excêntrico para o regime concêntrico do trabalho muscular. Caso contrário, esse efeito não é observado. Dessa forma, o resultado do salto sem aceleração, por exemplo, feito da posição de flexão após uma pausa, será pior do que no caso do salto após a flexão prévia sem pausa (Verkhoshanski, 1988).

Para o treino da força explosiva dos músculos das pernas, utiliza-se a impulsão depois do salto em profundidade (Fi-

FIGURA 5.7
Variante dos exercícios com a aplicação do método de "choque".

gura 5.8). Uma das principais condições metodológicas que determinam a eficácia desses exercícios, como já foi referido, é a passagem rápida do regime cedente para o regime concêntrico, e, por isso, as fases de amortecimento e de impulsão devem ser executadas pelo atleta como algo único, com potente esforço concentrado. A duração da fase amortecedora depende da altura de onde se faz o salto e do nível de força do atleta. Quanto maior for a altura de onde se cai, tanto maior será a fase de amortecimento necessária para amortecer a energia cinética acumulada no corpo durante a queda e vice-versa. Assim, os desportistas velocistas de alto nível, quando saltam da altura de 1 metro, têm o tempo de apoio, em média, de 0,295 segundo; nos saltos de altura de 1,4 metro, de 0,375 segundo (Serov, 1988).

Os princípios metodológicos que fundamentam o treino das capacidades de velocidade e de força com a utilização do método de choque foram estudados, de maneira mais profunda, por Verkhoshanski (1988). Com base nessas recomendações, deve-se levar em consideração algumas particularidades da técnica do salto em profundidade.

Durante o salto, o desportista não deve impulsionar-se com as duas pernas, é preciso fazer como se fosse realizar um passo com um pé e juntar a outra perna no início da queda. Antes de saltar, o atlea)

b)

c)

FIGURA 5.8
Exercícios com a aplicação do método de "choque" para os músculos das pernas (Verkhoshanski,1988).

ta não deve flexionar as pernas (pernas verticais) nem impulsionar o corpo para a frente (a trajetória da queda deve ser brusca). Aterrissa-se com as duas pernas, na parte dianteira da planta do pé, com o apoio posterior dos calcanhares. No momento da aterrissagem, as pernas são levemente flexionadas nos joelhos. A aterrissagem deve ser elástica, com a passagem gradual para o amortecimento.

Com o objetivo de suavizar o impacto, convém ter no local de aterrissagem uma placa de borracha integral de 2,5 a 3 cm de espessura. As mãos, no momento do salto, ficam atrás, para baixo e, no momento da impulsão, ajudam o salto com um balanço enérgico. A posição de impulsão deve ser escolhida considerando a correspondência da posição em que se desenvolve o esforço de trabalho no exercício competitivo. Para a ativação da impulsão, no ponto mais alto do voo, seria desejável ter um ponto de orientação a ser alcançado pelo atleta (p. ex., as argolas de ginástica ou o arco do basquete) (Figura 5.8c).

A altura dos saltos varia habitualmente de 50 a 75 cm, dependendo do nível de força dos desportistas. Em alguns casos, essa altura poderá ser aumentada em certos exercícios, chegando até 1,0 a 1,10 m. Na realização dos treinos, recomenda-se praticar os exercícios de choque no volume de 3 a 4 séries, tendo cada uma delas de 8 a 10 saltos para os atletas bem preparados e de 2 a 3 séries com 6 a 8 saltos para os atletas menos preparados.

O repouso entre as séries é de 5 a 8 minutos. No intervalo de repouso, seria desejável realizar os exercícios de relaxamento ou uma corrida solta. Os saltos em profundidade no volume referido não devem ser praticados mais de 3 vezes por semana, pois exercem forte influência sobre o aparelho de apoio, e, por isso, sua aplicação deve ser limitada e estar ligada somente às etapas determinadas de preparação dos atletas. No período competitivo, esses saltos podem ser aproveitados como meio de manutenção do nível atingido de velocidade e da forma física. Nesses objetivos, os saltos são incluídos nos treinos uma vez em 10 a 14 dias e, no máximo, até 7 a 8 dias antes das competições (Suslov, 1987). Para o treino da força explosiva dos músculos da cintura escapular (ombros), são recomendados os impulsos com as mãos, na posição deitada, sobre diferentes grupos musculares (Figura 5.9). A carga de choque pode também ser obtida com a superação da ação do peso em queda no aparelho de treinamento de roldana (Figura 5.7). No começo, o peso baixa livremente e, na posição-limite baixa, levanta-se bruscamente com a transmissão ativa dos músculos para o trabalho concêntrico k grandeza da carga de choque, que é determinada pelo peso e pela altura de sua queda.

Treinamento das capacidades de força isométrica e combinada (dinâmica-estática)

Os exercícios isométricos desempenham, no sistema de preparação da força, uma função auxiliar. Sua aplicação em determinada proporção em relação aos exercícios dinâmicos (não são mais de 10%) é bastante eficaz para o aperfeiçoamento da força máxima e da resistência de força. Os exercícios isométricos permitem exercer influências locais sobre certos grupos musculares em determinadas posições, o que é impossível conseguir com os exercícios dinâmicos (pliométricos). Nesses exercícios, a tensão máxima é conseguida apenas em certos momentos do movimento (às vezes, trata-se apenas de frações de segundo). No regime isométrico, torna-se possível, durante um período relativamente longo, manter a tensão de grupos musculares específicos, o que é

FIGURA 5.9
Exercícios com o regime de "choque" para os músculos dos braços.

necessário para obter a influência (efeito) do treinamento.

As regras métodológicas do treinamento isométrico tradicional da força máxima pressupõem a execução dos exercícios, com o acréscimo constante das tensões dos grupos musculares em treinamento, até o nível máximo, e a manutenção dessa tensão durante 5 a 6 segundos.

O número de repetições em cada série é de 3 a 4, com intervalo entre as tensões de 8 a 10 segundos. Após cada tensão, os músculos que foram acionados devem ficar relaxados. Em cada posição, devem ser realizadas 3 a 4 séries com intervalos de 2 a 3 minutos entre elas. O tempo total dos exercícios isométricos, em cada sessão de treino, é habitualmente de 20 a 30 minutos. Para a elevação da capacidade de potência muscular, deve-se recorrer ao acréscimo rápido do esforço, e não ao gradual, até o valor máximo, mantendo-o posteriormente durante 2 a 3 segundos.

A execução das tensões isométricas dos músculos combina com a respiração em um ritmo determinado: no início do exercício, o atleta inspira e detém a respiração por alguns segundos; durante a tensão e na parte final, segue-se a expiração lenta. Para evitar eventuais perturbações funcionais ligadas ao aumento da pressão torácica, não se deve, no momento da maior tensão, fazer inspiração profunda preliminar (Mikhailov, 1983).

Durante a prática dos exercícios isométricos, deve-se dar atenção especial à seleção da posição e aos valores dos ângulos das articulações. Esse requisito metodológico está relacionado com a limitação considerável na transmissão da força alcançada no regime isométrico do treinamento para os exercícios dinâmicos. O acréscimo expresso da força verifica-se somente em relação à parte da trajetória do movimento que corresponde aos parâmetros do exercício isométrico praticado. É conveniente executar as tensões isométricas nas posições que correspondam ao momento da revelação do esforço máximo no exercício competitivo. Nesse caso, verifica-se a transferência mais expressa da força. O índice da força máxima, nos exercícios isométricos, depende do valor do ângulo articular.

Os especialistas destacam a eficácia dos exercícios que combinam as tensões isométricas e o regime dinâmico concêntrico do trabalho muscular, como, por exemplo, levantar a barra de ferro até a altura dos joelhos e mantê-la nessa posição durante 5 a 6 segundos, continuando em seguida o movimento. Nessa fixação isométrica da posição, o atleta pode obter a acentuação da influência do treinamento sobre os músculos, na fase do movimento que lhe é necessária para ter sensações musculares mais exatas dos principais elementos da técnica.

Com o objetivo de melhorar a resistência isométrica de força, é prevista a manutenção da tensão muscular mais prolongada, dependendo da especificidade do exercício competitivo. A resistência isométrica é determinada principalmente pela capacidade dos músculos no trabalho que, aliás, assegura a manutenção prolongada da posição estática, e não pelo nível da força máxima ligada à atividade sincronizada pelos músculos. Por isso, a aplicação das tensões máximas não é eficaz para o treino da resistência isométrica de força do atleta. Nas modalidades desportivas em que a especificidade da atividade competitiva requer a manutenção prolongada da posição estática com o valor da tensão isométrica não muito elevado (p. ex., no tiro), devem-se utilizar esforços que constituam 20 a 40% do máximo. Em outras modalidades em que as tensões estáticas são mais curtas, mas exigem um grau mais elevado de manifestação de força (p. ex., ginástica, luta), a grandeza do esforço de treinamento representa de 50 a 80% do valor máximo.

O chamado método sem carga refere-se aos métodos complementares de preparação de força. Esses métodos complementares preveem a execução dos exercícios no regime isométrico. Já o método com carga baseia-se na contração acentuada dos músculos antagônicos do atleta, sem os pesos exteriores. Na utilização desse método, pode-se assegurar tanto o regime estático como os regimes concêntrico e excêntrico. Levando em consideração as pesquisas modernas, esse método pode ser utilizado pelos atletas para o aperfeiçoamento muscular e para a manutenção do nível de desenvolvimento da força de certos grupos musculares, o que é muito valioso no período de inatividade do desportista, além de contribuir para a aprendizagem dos conhecimentos de dosagem de tensões de diversos grupos musculares.

Entre os fatores complementares de preparação da força, destaca-se o método de eletroestimulação eletromuscular (MEE) (Kots; Vinogradova, 1986). Esse método baseia-se no efeito da influência de correntes elétricas de determinada frequência sobre os músculos do atleta. A excitação elétrica sistemática dos músculos provoca o aumento do número máximo das unidades motoras e contribui para a hipertrofia expressa das fibras musculares. O efeito do MEE manifesta-se por meio de uma elevação do nível das capacidades de força do atleta em até 20 a 30%. Aliás, foi observado que o nível adquirido das capacidades de força se mantém por cerca de 15 dias, diminuindo mais tarde; mas, apesar dessa queda gradual, permanece acima do nível inicial durante 2 a 4 meses.

O efeito do MEE permite alcançar o aumento da força em um período relativamente curto de tempo, sem que haja necessidade de recorrer aos exercícios com grandes pesos. Ao mesmo tempo, garante a influência seletiva sobre certos músculos. O aumento da força com a ajuda do MEE não exerce influências e efeitos negativos sobre a técnica dos movimentos dos atletas.

O regime mais eficaz do MEE é a sessão com 10 contrações, provocadas com a duração de 10 segundos, havendo intervalos de 50 segundos de descanso entre as contrações. Seria conveniente prever 20 a 25 sessões do MEE, que devem ser realizadas 3 a 4 vezes por semana.

Essas sessões devem ser combinadas com outros métodos de preparação, pois o aumento das capacidades de força, como já se evidenciou, é determinado pela interação de diversos sistemas do organismo, inclusive daqueles sobre os quais o MEE não pode exercer as influências de treino. Deve-se também levar em consideração que os ritmos de acréscimo das capacidades de força dos músculos, sob o efeito do MEE, aumentam consideravelmente a elevação das respectivas propriedades do aparelho ligamentar. Essa não-correspondência leva, com frequência, às lesões dos desportistas, especialmente nos casos em que o MEE é utilizado pelos atletas sem a preparação de força básica. Dessa forma, além de apresentar vantagens e benefícios, esse método pode ser utilizado como meio complementar seletivo sobre certos músculos considerados mais importantes.

A distribuição das cargas de treinamento de força durante a temporada de preparação dos atletas tem grande importância na obtenção do nível necessário do estado de treinamento de força. Em várias modalidades desportivas, tem-se utilizado o treinamento de força quase em todas as sessões. O efeito de treino mais expressivo é conseguido quando a solução das tarefas ligadas ao treino de certas capacidades de trabalho resolve-se nas sessões complementares de treinamento. Porém, se, durante o treino, pretende-se realizar os exercícios que visam ao aperfeiçoamento de algumas capacidades de força, realiza-se, em primeiro lugar, os exercícios que exigem a manifestação da força explosiva, depois a força máxima e, finalmente, a resistência da força. Somente após a conclusão dos exercícios de uma determinada orientação deve-se passar aos exercícios que contribuem para o desenvolvimento de outra capacidade. Caso contrário, são possíveis algumas contradições substanciais no desenvolvimento das reações de adaptação sobre as cargas propostas.

No microciclo (semana), o número das sessões de treinamento, que apresentam grande volume de exercícios e visam à melhora da resistência de força, poderá ser de 4 a 5. As influências de treino que contribuem para o crescimento das capacidades de velocidade e de força máxima não são utilizadas mais de 2 a 3 vezes por semana. No entanto, se é prevista a alternância dos exercícios que exercem influências sobre diferentes grupos musculares (o que é característico no halterofilismo), o número de treinamentos na orientação estabelecida poderá ser aumentado para até 5 a 6 no ciclo semanal. O treinamento das capacidades de velocidade e de força máxima não devem ser planejados no estado de fadiga do atleta.

A distribuição das cargas de orientação de força, no ciclo anual, tem grande importância para a obtenção do efeito acumulativo necessário. O volume total das cargas de força representa habitualmente, na preparação dos atletas de alto nível, a média de 150 a 250 horas por ano. Podem-se destacar duas variantes principais de distribuição de todo esse volume no ciclo anual:

- **Regular**: essa variante prevê a distribuição relativamente regular das cargas de força ao longo dos períodos preparatório e competitivo no volume da ordem de 9 a 12% por mês do valor anual;
- **Concentrado**: essa variante prevê a realização da carga de força concentrada em duas etapas no ciclo anual, representando 23 a 25% do volume das influências de força no ciclo anual.

Os experimentos em diversas modalidades desportivas mostraram as vantagens da variante concentrada de aplicação das cargas de força. Essa variante assegura as mudanças de adaptação, no nível de preparação da força do desportista de alto nível, mais consideráveis do que no caso de distribuição relativamente regular de cargas. Na Figura 5.10, apresentamos um exemplo da dinâmica da preparação de velocidade e de força do atleta, no caso da aplicação da carga de força concentrada, dois meses antes do início das principais competições. A duração da etapa de cargas concentradas foi, nesse caso, de quatro semanas. Após o treino de força, foram aplicados os saltos

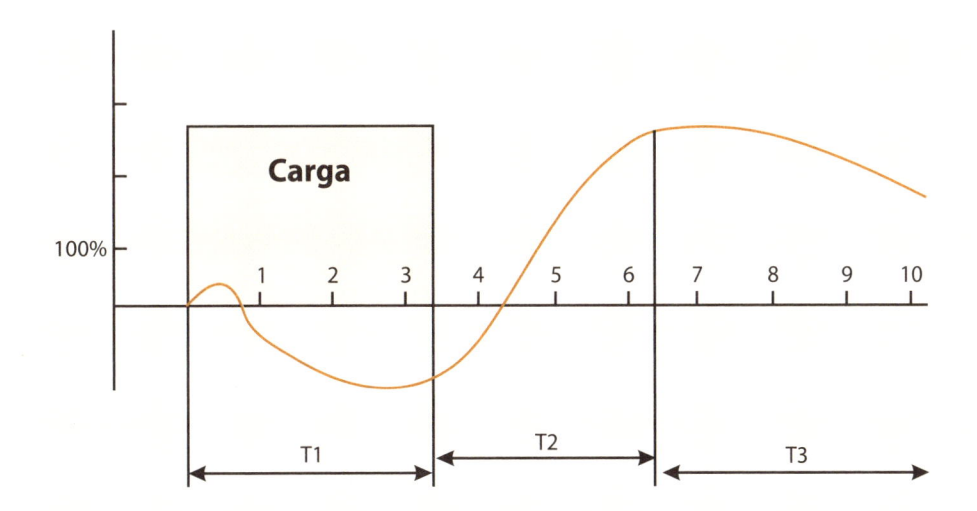

FIGURA 5.10
Aplicação das cargas de força concentradas (Verkhoshanski, 1985).

em profundidade. Esse complexo de carga provovou o aumento rápido dos índices de velocidade e de força no início da primeira semana, os quais, mais tarde, se estabilizaram durante todo o período de cargas concentradas. O volume dos exercícios de força deve ser selecionado individualmente. A concentração exagerada da carga de força pode levar ao fracasso das possibilidades de adaptação do atleta.

É necessário considerar que, no período de aplicação das cargas de força concentradas (particularmente de caráter não-específico), tem ocorrido, frequentemente, a perturbação da estrutura da coordenação dos movimentos, diminuindo a mobilidade das articulações e piorando as percepções musculares. No final das cargas de força concentradas, no período do acréscimo intensivo dos indicadores de velocidade e de força, tem-se obtido a recuperação da estrutura de coordenação dos movimentos. A técnica do atleta passa, gradualmente, a corresponder ao novo nível de suas capacidades de força. Para a realização do efeito da carga concentrada de força, é importante prever o período de recuperação suficiente (t2). Durante esse período, não se pode permitir que haja um aumento substancial do volume de treinos. O mais favorável para esse período é o trabalho de caráter especial de intensidade em aumento gradativo. O tempo de manifestação do efeito acumulativo (t3) é mais ou menos igual pela duração do tempo de aplicação da carga concentrada de força (t1). Essa norma verifica-se com a duração da etapa de preparação de força de 4 até 12 semanas (Verkhoshanski, 1985). Deve-se planejar a etapa de cargas de força concentradas de forma que o crescimento estável dos indícios do estado de preparação de força coincida com o período de participação do atleta nas principais competições.

A variante *concentrada* de distribuição de cargas de força é mais eficaz nas modalidades desportivas com número relativamente pequeno de componentes de preparação que determinam os resultados desportivos e com o caráter relativamente homogêneo da atividade competitiva (modalidades cíclicas, de velocidade e de força). Nos jogos desportivos e nas lutas, bem como na preparação dos jovens, esse tipo de método nem sempre se justifica. É preferível a distribuição regular das cargas de força.

Treinamento da capacidade de velocidade

A capacidade de velocidade manifesta-se na possibilidade de o atleta executar as ações motoras, no menor tempo possível, em determinado percurso.

Deve-se distinguir a compreensão da "capacidade de velocidade" da compreensão de "rapidez". A rapidez representa apenas um dos componentes determinantes da capacidade de velocidade do atleta. Geralmente, distinguem-se duas formas principais de manifestação da rapidez:

1. **rapidez da reação motora:** compreende reações motoras simples e complexas;
2. **rapidez dos movimentos:** pode manifestar-se tanto no movimento único quanto no movimento repetido várias vezes. No último caso, costuma-se falar de frequência (ou ritmo) dos movimentos.

Os estudos demonstram que, entre as formas de manifestação da rapidez, a interligação é insignificante. Isso significa, por exemplo, que o desportista pode apresentar uma reação motora durante um período muito curto e não mostrar resultados altos no *sprint* devido à baixa frequência dos movimentos na distância.

Na preparação física, é necessário compreender que a rapidez apenas cria as premissas para a manifestação do nível necessário da capacidade de velocidade. A rapidez, em todas as suas manifestações, representa uma grandeza determinada geneticamente pelo atleta. Por isso, as possibilidades de seu aperfeiçoamento são extremamente limitadas. Ao contrário, a capacidade de velocidade pode ser aperfeiçoada em um nível muito amplo, pois o nível de sua manifestação é determinado não somente pela rapidez, mas também por todo um complexo de outras capacidades (força, resistência, flexibilidade e coordenação). Assim, no exemplo do *sprint,* sabe-se que a velocidade de aceleração de largada não é determinada, senão em um grau menor, pela frequência de passadas (uma das formas da rapidez), mas pela amplitude delas, o que é condicionado pelo nível da força máxima e explosiva dos músculos.

O treinamento das capacidades de velocidade deve ser realizado de maneira diferenciada, levando em consideração a especificidade de cada modalidade desportiva e destacando os componentes mais significativos. A seguir, destacaremos mais detalhadamente os métodos que servem como base para o treinamento das capacidades de velocidade em diversas formas de sua manifestação.

Meios de treinamento da velocidade

O tempo da ação motora é medido pelo intervalo entre o surgimento do sinal e o início da ação de resposta. A reação motora compõe-se das seguintes fases:

1. excitação nos receptores em resposta ao estímulo (sinal);
2. transmissão da excitação ao sistema nervoso central;
3. processamento do sinal nos centros nervosos e formação do sinal efetuador de resposta (comando aos músculos);
4. saída do sinal eferente em direção aos músculos em atividade;
5. desenvolvimento da excitação do músculo e superação da inércia para a atividade mecânica do segmento corporal (Ilhin, 1983).

As quatro primeiras fases da reação formam o período latente (ou sensorial), e a quinta fase forma o período motor. Distinguem-se três formas de reações motoras: simples, complexa e reflexa. Se a reação se efetua com um movimento conhecido para o atleta, a um sinal conhecido anteriormente, mas repetido, essa reação motora é chamada simples. A título de exemplo dessa reação simples, pode-se mencionar a reação do velocista ao tiro de largada (Figura 5.11a). Entre os melhores velocistas, o tempo entre o tiro de largada e o início do movimento é de cerca de 0,1 segundo. Considera-se que o tempo de reação das mulheres é 10 a 15% maior do que entre os homens. Porém, a comparação entre os melhores velocistas, homens e mulheres, não permite observar diferenças tão significativas. Os atletas finalistas da prova de 100 metros nos Jogos Olímpicos de 1988, em Seul, tiveram os seguintes índices de tempo entre o tiro de largada e o início do movimento (tempo latente de reação, em segundos): B. Jonson, 0,132; K. Lews, 0,136; L. Kristi, 0,138; Smith, 0,176; D. Mitchel, 0,186; enquanto isso, as mulheres finalistas registraram os seguintes resultados: E. Griffits-Joiner, 0,131; E. Echford, 0,176; H. Dreksler, 0,143; G. Jackson. 0,168; K. Torrens, 0,148. Além disso, o índice médio do tempo latente da reação entre as mulheres foi melhor do que entre os homens (mulheres, 0,151 e os homens, 0,153 segundo). Esses dados comprovam que o tempo latente da reação motora das atletas é muito próximo ao dos índices correspondentes dos homens. Quanto às pessoas que não praticam o esporte, o índice do tempo latente da reação varia de 0,2 a 0,4 segundo. A duração do período latente da reação motora simples constitui 60 a 65% do tempo de reação, e o do componente motor, 35 a 40%.

A rapidez da reação motora complexa é caracterizada pelo tempo de reação sem o atleta conhecer o sinal da ação de resposta. As reações motoras complexas são mais características de jogos, combates (boxe, luta, esgrima), corridas de automóveis e de motos. Nessas modalidades, o atleta se vê frequentemente obrigado a reagir ao objeto em movimento (bola, adversário, arma) (Figura 5.11b) ou a escolher, entre algumas ações eventuais, uma única, a mais eficiente na situação da disputa desportiva (reação de seleção ou de opção) (Figura 5.11c).

A reação reflexa ocorre sem a participação da consciência (p. ex., o reflexo do joelho). No treinamento desportivo, esse tipo de reação geralmente não é analisado. No entanto, deve-se considerar que, com o aperfeiçoamento prolongado, as reações simples aos estímulos podem também ocorrer segundo um princípio parecido com o reflexor.

Durante o treinamento da reação motora simples, é mais aplicado o método de estímulos repetitivos, utilizando-se, na medida do possível, de um sinal determinado, mas que aparece repentinamente (aparecimento do alvo, as ações do parceiro, o sinal de partida, etc.). Na etapa inicial de aperfeiçoamento, esse método proporciona uma melhora muito rápida dos resultados. Nesse caso, devemos levar em consideração que a rapidez, em todas as suas manifestações, pode ser aperfeiçoada com grandes dificuldades. Assim, o tempo da reação simples pode ser melhorado, durante os treinamentos, não mais do que em 0,1 segundo.

Devemos observar, na prática, algumas condições na execução dos exercícios com o objetivo de reduzir o tempo de reação. A concentração e a orientação da atenção representam um fator substancial que determina a rapidez de reação ao sinal. O desportista reage mais rapidamente ao sinal esperado (p. ex., após o comando de "Atenção!") e mais lentamente ao inesperado. Além disso, se a atenção está dirigida ao próximo movimento (tipo motor de reação), o tempo de reação é menor do que no caso em que a atenção está dirigida para a percepção do sinal (tipo sensorial de reação). O tempo da reação depende também da duração em que se espera o sinal: o tempo ótimo de espera entre os comandos preliminares e a execução da partida deve ser de 1 a 1,5 segundo. O período demasiadamente longo na espera induz a diminuição da concentração de excitação no sistema nervoso central e diminui o tempo de reação.

O período latente depende do tipo do sinal, ou seja, a sensibilidade de diversos analisadores é diferente, e, por isso, o período latente aos sinais sonoros é um pouco mais curto do que no caso de sinais visuais (Tabela 5.2). Por sua vez, a duração do período latente à cor vermelha é mais curto do que às cores verde e azul, no caso da utilização de cores (Ilhin, 1983).

O tempo da reação depende da intensidade do sinal: quanto mais intenso for (até certos limites), tanto menor será o tempo de reação. Entretanto, os sinais extremamente fortes freiam a reação de resposta. O período motor do tempo de reação depende do grau de excitação dos

TABELA 5.2 – Tempo de reação motora simples com diferentes estímulos

Contingente	Caráter do Sinal	Tempo de Reação (s)
Desportistas	Som	0,05-0,16
	Luz	0,10-0,20
Não-desportistas	Som	0,15-0,25 e mais
	Luz	0,20-0,35 e mais

Treinamento desportivo 125

a) reação simples

b) reação complexa
(objeto em movimento)

c) reação reflexora

FIGURA 5.11
Tipos de reações motoras.

músculos, assim como de que forças da inércia dispõem vários membros. Por isso, na reação de diversos membros ao sinal, o tempo de reação será diferente. O tempo de reação melhora com determinada tensão do aparelho muscular executor. É por isso que se recomenda que os atletas velocistas não pisem com grande esforço no bloco de partida durante a largada.

A reação ao objeto em movimento é encontrada mais frequentemente nos jogos desportivos e nas modalidades de combate. Por exemplo, no futebol, na reação do goleiro à bola chutada, podem-se distinguir os seguintes componentes:

a) a fixação visual da bola (objeto em movimento);

b) a avaliação da direção e da velocidade da bola;
c) a escolha do plano de ações e
d) o início da execução das ações.

São dessas fases que se constitui, nesse caso específico, o período de reação ao objeto em movimento. A metodologia do treinamento pressupõe duas orientações principais:

1. **Aperfeiçoamento da velocidade de reação e da respectiva ação motora.**
Para esse objetivo, utilizam-se, como principais meios de treinamento, exercícios que exigem a redução do tempo de reação com os seguintes elementos:

- aparecimento inesperado de objetos (essas condições, no voleibol, podem ser criadas com a substituição da rede normal por uma outra feita de um material opaco, que não permite ver e acompanhar as ações do adversário e a fase inicial de voo da bola);
- aumento da velocidade de objetos (com esse objetivo, utilizam-se, nos treinamentos, os aparelhos de treino em forma de catapultas automáticas, que passam a bola em diferentes direções, com frequência e velocidade diferentes);
- diminuição da distância (o combate em distâncias curtas no boxe, a reação à bola à pequena distância).

2. **Aperfeiçoamento da capacidade de fixação do objeto e sua manutenção no campo visual.**
A reação ao objeto em movimento com seu aparecimento repentino leva de 0,25 a 1 segundo. A parcela fundamental desse tempo (até 80%) cabe à primeira fase, que é a fixação visual do objeto em movimento. As pesquisas realizadas no futebol mostraram que o sucesso da interceptação e do desvio (rechaço) da bola depende do tempo durante o qual o desportista pode acompanhar o voo da bola (quanto maior for o tempo do acompanhamento, maior será o êxito das ações). Levando em consideração essa circunstância no treinamento da velocidade de reação ao objeto em movimento, deve-se dar atenção à diminuição do tempo do componente inicial da reação, à distinção e à fixação do objeto no campo visual. Além disso, deve-se dar maior atenção a esse aspecto de aperfeiçoamento da velocidade de reação nas etapas iniciais de preparação nos treinos com os jovens, para os quais é característica a distração, especialmente sob o efeito da fadiga.

Porém, nas condições de competição, a fixação prolongada do objeto fica frequentemente dificultada. O objeto pode aparecer de repente, a uma distância muito curta e com grande velocidade (em algumas modalidades, até 50 ou mais metros por segundo). Nessas condições, a reação direta ao objeto é impossível, pois o tempo é extremamente limitado. Essa situação típica pode ser vista, por exemplo, na execução de grandes penalidades no futebol ou no handebol. O goleiro não é capaz de reagir à bola com um chute (lance) forte, pois a bola entrará na rede antes que o goleiro salte para pegá-la. Nesse caso, a reação do goleiro experiente baseia-se mais no acompanhamento das ações preparatórias do adversário do que no movimento da bola. Na maioria das ações bem-sucedidas, os goleiros antecipam a direção do chute. O aperfeiçoamento dessa capacidade realiza-se no âmbito do treinamento da velocidade de reação.

Os atletas experientes demonstram frequentemente uma surpreendente capacidade de prever as ações do adversário e reagem oportunamente a elas. Essa capacidade pode ser desenvolvida. Com esse propósito, durante os treinamentos, os atletas são estimulados a reagir, acompanhando a mímica, as ações preparatórias, a pose, a maneira geral de comportamento, etc. Nesses casos, tem grande importância o conhecimento do adversário e de suas técnicas prediletas.

O tempo da reação de seleção depende estritamente da quantidade de variantes alternativas das ações, sendo que apenas uma deve ser escolhida. Se o desportista está certo de que, em uma situação, o adversário utilizará somente uma ação de ataque, então presume que esta ação corresponde a uma ação simples. Em uma outra situação, quando é difícil prever que ações o adversário realizará, o tempo de reação aumenta. A análise da situação competitiva que abrange todo o conjunto de fatores que determinam a escolha da ação constitui importante componente. Por exemplo, se um automobilista vê na curva algum obstáculo inesperado, deve avaliar no mesmo instante a distância até o obstáculo, a velocidade do carro, o raio da curva, o estado de pavimentação da estrada, a presença de alguns outros obstáculos, entre outros aspectos. Somente depois da análise de todos esses fatores poderá reagir corretamente, uma vez que, nessas circunstâncias, é necessária não somente a velocidade de reação, mas também a velocidade de reação em relação à tomada da decisão eficaz.

Apesar de toda a diversidade de situações que podem ser encontradas na prática desportiva, a maior parte delas pode ser reduzida a uma quantidade de variantes típicas (padrão). O aperfeiçoamento da velocidade de reação, nessas situações típicas, constitui a base sobre a qual se constrói a metodologia do treinamento da reação de escolha.

Durante os treinamentos em que as reações simples atingem alto grau de perfeição, as tarefas passam a ser mais complicadas, sugerindo-se que o atleta reaja de formas diferentes. Por exemplo, pode-se colocar a tarefa de recorrer a determinadas ações defensivas em resposta a duas ou três ações de ataque. A quantidade de variantes gradualmente aumenta, aproximando-se das exigências reais da atividade competitiva. Quanto maior for o volume de situações típicas treinadas, mais curto será o tempo de reação nas situações que tenham elementos das técnicas. Por isso, o aperfeiçoamento da reação de escolha deve ser realizado paralelamente à preparação técnica e tática.

No processo de aperfeiçoamento da reação de escolha, a possibilidade de antecipar eventuais ações do adversário (reação de antecipação) mantém seu significado importante. Para elevar a eficácia do treinamento da reação complexa, utilizam-se os complexos especiais de treinamento que orientam diversas situações e permitem obter a informação operacional sobre a velocidade de reação do atleta.

Metodologia do treinamento da velocidade

A composição concreta dos meios e métodos de treino que visam ao aperfeiçoamento das capacidades de velocidade é determinada pelas particularidades da modalidade e pelas tarefas de cada etapa de preparação a longo prazo. Nas etapas iniciais de preparação, convém dar preferência aos meios de preparação de caráter geral. Nas sessões com crianças de 8 a 12 anos, a prioridade cabe ao método de jogo. O conteúdo das sessões de treino deve se basear principalmente no aproveitamento de jogos desportivos e outros jogos especialmente selecionados, de revezamentos diversificados. A atividade de jogo corresponde às peculiaridades da psique infantil e, por isso, mantém o interesse das crianças, estimulando-as, muitas vezes, a revelar capacidades de velocidade de diversas formas.

A idade de 12 anos caracteriza-se pelo impetuoso desenvolvimento das capacidades de coordenação, o que assegura ritmos mais altos de acréscimo de velocidade dos movimentos nessa faixa etária. Na idade de 13 a 14 anos, tais índices de velocidade, como o tempo de reação, a velocidade de um movimento sem peso e a frequência dos movimentos, aproximam-se dos seus valores absolutos, correspondentes à fase adulta.

Nas etapas posteriores da preparação a longo prazo, ocorre o aumento gradual das influências de treinamento para os exercícios de orientação especial. O método de jogo tem cedido paulatinamente seu lugar ao método de exercício rigorosamente regulamentado (antes de tudo, no regime do exercício intervalado) e ao método competitivo.

Como meios de treinamento das capacidades de velocidade são utilizados os exercícios que podem ser executados com a velocidade máxima. Na seleção desses exercícios, devemos nos orientar pelos seguintes critérios:

- a técnica de execução desses exercícios deve ser executada com a velocidade máxima;
- os exercícios devem ser tão bem dominados pelos atletas que, durante sua execução, não haja necessidade de um controle complementar da consciência (assimilação em termos de habilidade);
- a duração do exercício deve ser de tal forma que, no final de sua execução, a velocidade não diminua devido à fadiga.

A metodologia de aperfeiçoamento das capacidades de velocidade apresentam duas condições que, à primeira vista, podem parecer contraditórias: tipicidade e variedade das influências de treino. A necessidade de considerar essas condições, no processo de preparação, explica-se por determinadas normas e leis de aperfeiçoamento das capacidades de velocidade. Sabe-se bem que a adaptação no desporto resulta das influências sistemáticas dos exercícios de certa orientação sobre os sistemas funcionais do organismo do atleta. Essa exigência representa a condição necessária do aperfeiçoamento, não somente de velocidade, mas de todas as capacidades físicas. Por isso, a repetição múltipla dos exercícios típicos com as exigências máximas relativas à revelação das capacidades de velocidade constitui a primeira orientação no treinamento da capacidade de velocidade.

As capacidades de velocidade são determinadas pelas possibilidades de os mecanismos bioquímicos mobilizarem-se mais rapidamente sob o efeito do estímulo nervoso e da ressíntese das fontes anaeróbias de energia. O mecanismo fosfato de creatina atinge a potência máxima em 2 a 3 segundos de trabalho. Devido, no entanto, à pequena capacidade dessa fonte de energia, o asseguramento das necessidades energéticas dos músculos com o fosfato de creatina somente ocorre durante alguns segundos, desenvolvendo-se ativamente, a seguir, o outro processo anaeróbio conhecido como glicolítico.

O principal meio de desenvolvimento das possibilidades funcionais do organismo, base da manifestação das capacidades de velocidade, é a execução intervalada dos exercícios com a duração de até 8 a 10 segundos (Tabela 5.3). O limiar do volume dos exercícios com a velocidade máxima é determinado pela diminuição da concentração do fosfato de creatina nos músculos em atividade abaixo do nível crítico em que já não é possível manter a velocidade máxima dos movimentos. Deve-se levar em consideração que a execução múltipla dos exercícios de velocidade leva rapidamente à fadiga e à redução das capacidades

TABELA 5.3 – Principais parâmetros de cargas dirigidas para o treinamento das capacidades de velocidade

Número de repetições intensivas do exercício (segundos)	Número total de série nas fases intensivas	Intervalo de descanso entre as fases intensivas dos exercícios na série (s/min)	Intervalo de descanso entre as séries (minutos)	Número de séries na sessão	Número máximo das fases intensivas do exercício na sessão
Até 2-3	6-10	30-2	8-10	2-4	30-40
5-6	4-6	2-3	8-10	2-3	10-20
8-10	3-4	3-5	8-10	2-3	4-12

de trabalho. Para aumentar o volume dos exercícios de velocidade sem a alteração da orientação das influências de treinamento, ocorre a sua unificação em séries com o aumento de intervalos de descanso entre elas.

Os exercícios do atleta em nível de excitação nervosa ótima constituem importante exigência metodológica no treinamento das capacidades de velocidade. Deve-se evitar a execução de exercícios que visem ao treinamento das capacidades de velocidade quando o músculo apresentar fadiga, com exceção dos casos em que forem colocadas tarefas específicas de preparação.

Embora o método de exercício intervalado seja eficaz na experiência da prática desportiva, numerosas pesquisas mostram que existem sérios limites em sua aplicação. Durante algum tempo, esse método proporciona acréscimo das capacidades de velocidade, mas a perturbação de determinadas proporções em sua aplicação leva a que o acréscimo das capacidades de velocidade venha a ser substituído pela estabilização da velocidade, sendo que a posterior repetição múltipla dos exercícios consolida o estereótipo formado dos movimentos. Esse fenômeno passou a ser chamado "barreira de velocidade". A causa de seu aparecimento está ligada à formação de laços condicionados refletores entre a estrutura dos movimentos e as capacidades físicas que se manifestam.

Se a estabilização da velocidade acontece, há duas maneiras de superar a barreira de velocidade: amortecimento e destruição. O método de "amortecimento" está fundamentado no fato de que, ao terminar o treino, as velocidades de amortecimento de alguns movimentos de estereótipo dinâmico são diferentes. Em particular, as características de espaço do movimento são mais estáveis do que as de tempo. Por isso, se, durante algum tempo, o exercício básico deixar de ser praticado, a barreira da velocidade poderá desaparecer, ao passo que a estrutura dos movimentos permanecerá. Se, nesse mesmo período, o nível das capacidades de velocidade e de força for aumentado (com a ajuda de outros meios), após o intervalo poderá atingir a melhoria dos resultados.

O método de destruição consiste em criar, no processo de treinamento, condições que o desportista repita várias vezes para que possa superar a barreira de velocidade e recordar essas novas sensações musculares de alta velocidade.

Para evitar o surgimento da barreira de velocidade, é necessário que sejam respeitadas certas exigências metodológicas, cuja essência consiste na necessidade de variação das influências de treinamento (meios, métodos, condições). Utiliza-se para esse fim, todo um conjunto de métodos que serão abordados mais detalhadamente na sequência.

A melhoria da capacidade de velocidade do atleta está substancialmente ligada ao aperfeiçoamento do componente de força dos movimentos. Essa ligação manifesta-se de maneira mais evidente nos movimentos em que o desportista encontra-se obrigado a superar pesos exteriores consideráveis (nos lançamentos, o peso do dardo, o disco, etc.; na luta, trata-se do peso ou da resistência do adversário, etc.). A tarefa de elevação do nível de velocidade nesses movimentos resolve-se, em grande medida, no processo de preparação de força, que foi objeto de análise na seção "Treinamento das capacidades de força". Nesse caso, falaremos apenas em alguns aspectos referentes a esse problema, relacionados com o efeito estimulador de "pós-efeito" dos exercícios com pesos para a ativação dos esforços musculares na estrutura dos movimentos de caráter de velocidade.

A execução do volume ótimo dos exercícios com pesos provoca os fenômenos positivos que mantêm algum efeito, durante certo tempo, após a conclusão desses exercícios. O efeito de consequência positiva manifesta-se na influência geral tonificante sobre o aparelho motor e na melhora da coordenação e da rapidez de inclusão dos músculos no trabalho, o que contribui para a elevação dos resultados de velocidade e de força. Nas ações motoras relacionadas com a velocidade de reação ao sinal exterior, os movimentos com pesos contribuem para a diminuição do tempo de seu componente motor. Em uma série de pesquisas, é destacada também a redução do período latente da reação motora (Verkhoshanski, 1988).

O efeito pode manifestar-se sob a forma de "consequência imediata", logo após cessar a influência estimuladora, ou sob a forma de "consequência retardada", isto é, 4 a 8 horas ou mais após o fim da influência (Zakharov, 1985). O peso que pode ser considerado ótimo é aquele que não provoca deformações substanciais na estrutura dos movimentos. A maioria dos especialistas opina que, para a obtenção do efeito estimulador que faz aumentar a velocidade e a frequência dos movimentos sem carga, o peso da carga não deve superar 15 a 20% do máximo. O efeito de consequência imediata manifesta-se, por exemplo, no crescimento da velocidade de golpes do pugilista depois de arremessos da *medicine ball* de 5 a 10 kg ou golpes de imitação com halteres de 4 kg (Verkhoshanski, 1988), no crescimento da velocidade da aceleração de partida e da corrida logo após a execução da série de exercícios breves de saltos entre os velocistas (Ozolon, 1986), etc.

O efeito de consequência retardada também é aplicado no treino desportivo com a finalidade de melhorar o estado funcional do aparelho neuromuscular do atleta, na preparação para as competições e para a elevação da eficiência das sessões de treinamento de orientação da velocidade. Em várias modalidades desportivas foi constatado o efeito positivo dos exercícios especialmente selecionados de força (no volume de 25% do máximo). A consequência retardada de tais exercícios contribui, após um intervalo de 6 horas de descanso, para o melhoramento dos índices de velocidade do tempo do movimento isolado (2 a 6%), da frequência máxima de movimentos (2 a 3%) e da capacidade de trabalho competitiva (2 a 0%) (Zakharov, 1986).

O destaque do método de exercício variável está na criação do efeito de contraste de sensações musculares e na execução dos exercícios em condições alternadas facilitadas, normais (próximas das competitivas) e com a carga do movimento. A variação das influências prevê o surgimento da barreira de velocidade e, na passagem para as condições normais, permite reproduzir as características de velocidade e outras do movimento, que tiveram lugar nas condições alteradas. Durante a execução dos exercícios no regime variável, é necessário respeitar rigorosamente os graus (medidas) de variação quantitativos (quantidade de movimentos realizados em diferentes condições) e qualitativos (grau de diferença do exercício em comparação com o competitivo; p. ex., a diferença de pesos dos dardos, no caso dos lançadores). A alteração do grau de variação tem exercido uma influência significativa sobre o efeito de treinamento. O maior efeito para a preparação de velocidade é proporcionado pelo grau máximo de variação 1:1.

Existem diversos meios de variação das condições de execução dos exercícios. Por exemplo, durante a preparação dos atletas velocistas, um bom efeito é proporcionado pela combinação da corrida na pista com a corrida em declive e da corrida em local plano com a corrida em subida. O esquema da sessão de treino, nesse caso, pode ser o seguinte: 30 m na subida, duas vezes de 30 m no térreo plano e 30 m na descida; quanto aos saltadores, eles efetuam, após um salto com peso, 2 a 3 saltos sem peso, depois de 2 a 3 saltos com peso, 4 a 6 saltos sem peso. O método variável tem sido aplicado amplamente nos lançamentos e consiste na alternância dos lançamentos dos pesos com diferentes cargas na seguinte sequência: com peso maior, com peso normal, com peso reduzido e com peso normal (Nanova, 1987).

A execução periódica dos exercícios com velocidade superior à dominada representa um dos importantes caminhos metodológicos de treinamento das capacidades de velocidade. A facilidade das condições do exercício competitivo consiste na eliminação artificial de determinada parcela da resistência externa ao movimento, o que cria premissas para o aumento da velocidade dos movimentos. É com isso que se intensifica o processo de adaptação dos sistemas funcionais que asseguram os movimentos em alta velocidade. Esse método torna possível ao atleta experimentar as sensações correspondentes ao novo regime de velocidade e criar uma "imagem sensório-motora" dela.

Existem, no treinamento desportivo, algumas abordagens metodológicas sobre o problema de facilidade das condições da prática dos exercícios com velocidade superior à dominada. A diminuição de uma carga exterior, como a velocidade, normalmente manifesta-se em conjunto com a força. A diminuição do peso constitui um meio eficaz para criar condições no sentido de elevar a velocidade dos movimentos. Na prática desportiva, essa diminuição é obtida pela utilização de pesos, dardos e martelos de peso inferior ao competitivo, mas pode ocorrer também pela aplicação de implementos especiais que reduzem a influência do peso do desportista sobre a velocidade dos movimentos nas modalidades em que o próprio peso do atleta constitui a carga. Visando a esses objetivos, foi elaborada uma suspensão que se move livremente em uma trave-guia (Figura 5.12). Essa suspensão assegura a tração regulada pela força dirigida para cima. Graças a isso, o desportista é capaz de superar em 5 a 7% suas possibilidades habituais de velocidade, tornando possível manter esse regime de corrida em velocidade superior à dominada por mais tempo, diferentemente das condições naturais.

A utilização da força complementar de tração é favorável ao deslocamento do atleta. Como exemplo desses exercícios, podem-se melhorar a perseguição ao líder no ciclismo, a corrida com vento favorável, a corrida com reboque, etc. São amplamente difundidos aparelhos de treino que asseguram a correspondente força de tração. Pode-se observar, na Figura 5.13, o implemento utilizado nos treinamentos dos nadadores. O treinador tem a possibilidade de influenciar o atleta tanto na partida como ao longo da distância. O volume do esforço de tração representa geralmente 0,5 a 2 km, o que é inteiramente suficiente para que o atleta consi-

FIGURA 5.12
Aparelho de treinamento da velocidade para atletas corredores de provas de velocidade no atletismo.

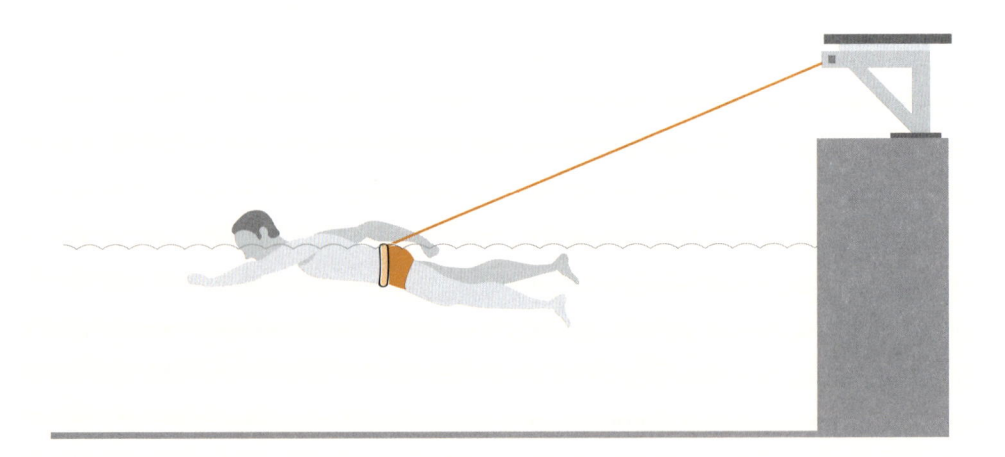

FIGURA 5.13
Aparelho de treinamento da força de tração para nadadores.

ga o regime mais elevado de velocidade. Porém, a utilização dos exercícios com a força complementar de tração deve conjugar-se com os exercícios nas condições normais, pois sob o efeito do mecanismo de reboque verifica-se frequentemente a não-coordenação dos movimentos e, por conseguinte, poderia ocorrer a deformação da técnica.

O aproveitamento do efeito de velocidade inicial nos exercícios contribui também para o aperfeiçoamento da capacidade de velocidade do desportista. Durante a preparação de ciclistas especialistas em provas de velocidade, utiliza-se como apoio ao treinamento um "líder" que, com uma motocicleta, imprime um ritmo de velocidade competitivo ou superior, o qual o atleta deve acompanhar com o objetivo de aperfeiçoar suas capacidades competitivas. Os saltadores em distância obtêm o efeito de treinamento necessário graças ao arranque na pista declinada, com a passagem à pista horizontal na fase final. Os lançadores do martelo podem usar o martelo com a corda mais curta, aumentando assim a velocidade de rotação.

Os métodos complementares para o treinamento das capacidade de velocidade eliminam alguns fatores que limitam a revelação máxima das capacidades de velocidade. A capacidade do atleta de relaxar os músculos exerce influência sobre o nível das capacidades de velocidade que se revelam sob a forma de frequência dos movimentos.

Sabe-se que a velocidade com que o músculo passa do estado excitado ao relaxado é geralmente menor que a passagem do relaxamento à excitação. Por isso, com o crescimento da frequência dos movimentos, chega o momento em que o músculo não consegue relaxar-se por completo. Isso reduz bruscamente a frequência e a velocidade dos movimentos. Levando em consideração essa circunstância, o processo de treino das capacidades de velocidade deve incluir os exercícios para o aperfeiçoamento da capacidade de relaxamento dos músculos. Utilizam-se, com esse objetivo, exercícios especiais que preveem a passagem dos músculos do estado excitado ao estado relaxado, exercícios para o relaxamento de alguns músculos com a manutenção da tensão dos outros, movimentos com os músculos relaxados, etc.

Alguns treinadores utilizam métodos próprios que contribuem para o treinamento dessa capacidade entre os desportistas. Assim, os técnicos de atletismo propõem que seus alunos corram algumas vezes com a velocidade máxima tendo na boca um tubinho de papel. Esse exercício simples permite evitar o cansaço exagerado dos músculos. Para evitar o estresse exagerado dos músculos da cintura escapular pode-se praticar o exercício de corrida com fósforos entre os dedos polegar e indicador ou com o bastão de revezamento.

Outro método de aperfeiçoamento da frequência dos movimentos, concebido com base no fenômeno chamado, em fisiologia, *domínio do ritmo*, é aplicado no treinamento dos velocistas. Para fazer crescer a frequência das passadas, utiliza-se primeiramente um líder sonoro que comanda o ritmo dos movimentos correspondentes ao ritmo competitivo. Em seguida, à medida que domina esse ritmo, o atleta corre com a frequência estabelecida e sem a ajuda do líder sonoro. Com esse mesmo objetivo, utilizam-se as pistas luminosas, sob a forma de lâmpadas que acendem uma após outra ao longo da pista de corrida ou da piscina.

São possíveis também outros meios e métodos para o treinamento da velocidade. Ao avaliar, porém, a diversidade de tais métodos, é conveniente salientar, mais uma vez, que nenhum deles, isoladamente, poderá ser considerado eficaz. A obtenção das capacidades de velocidade máxima do atleta poderá ser assegurada como consequência da aplicação de diversos meios e métodos de preparação, com a observação e o respeito aos princípios mencionados de sua combinação no sistema de preparação a longo prazo, levando em consideração a especificidade de cada modalidade desportiva.

Treinamento da capacidade de flexibilidade

A flexibilidade é uma capacidade física do organismo humano que condiciona a obtenção de grande amplitude durante a execução dos movimentos. Examinando as manifestações da flexibilidade em uma determinada articulação, emprega-se frequentemente o termo "mobilidade", subentendendo-se, com isso, o deslocamento de uma parte da articulação em relação à outra (Junior, 2009).

Distinguem-se as formas *ativa* e *passiva* de manifestação da flexibilidade. A *flexibilidade ativa* se caracteriza pela obtenção de grandes amplitudes de movimento por conta da atividade dos próprios grupos musculares do desportista que asseguram um determinado movimento. A *flexibilidade passiva* é determinada pela maior amplitude do movimento, conseguida por meio de influências *exteriores*: utilização de pesos, utilização da força de outros grupos musculares, o próprio peso do desportista, esforços do parceiro, etc. A grandeza da *flexibilidade passiva* está estreitamente interligada com a *flexibilidade ativa*, ultrapassando sempre os índices correspondentes dessa última. Quanto maior for a grandeza da *mobilidade passiva* na articulação, maiores serão as reservas para o aumento da amplitude do *movimento ativo*. A flexibilidade passiva aproxima-se, pelos seus valores de mobilidade nas articulações, da mobilidade anatômica verídica ou esquelética, constituindo a estrutura das respectivas articulações o limite dessa mobilidade. A grandeza da flexibilidade passiva depende, em grande medida, da extensibilidade dos músculos e ligamentos, assim como da grandeza individual do limiar de dor do desportista. Na execução de movimentos comuns, o indivíduo utiliza apenas pequena parte da mobilidade máxima possível. Durante as competições em certas modalidades desportivas, as exigências com relação à mobilidade nas articulações podem atingir 85 a 95% da anatômica.

A capacidade de executar os movimentos com grande amplitude é condicionada por uma série de fatores que devem ser levados em consideração no processo de aperfeiçoamento da flexibilidade.

A forma da superfície da articulação dos ossos limita a amplitude de movimentos. Um papel essencial na limitação da amplitude dos movimentos é desempenhado pelas propriedades elásticas do aparelho muscular e a resistência mútua dos músculos em torno da articulação. Assim, a contração dos músculos, no ciclo de movimento, é acompanhada da extensão dos músculos antagônicos correspondentes, que causam o efeito de frenagem de caráter protetor. A resistência que surge está ligada ao aumento do tônus dos músculos estendidos, o que leva à redução da amplitude do movimento. A superação desse fator de limitação representa o principal problema de aperfeiçoamento da flexibilidade.

As possibilidades de aperfeiçoamento da flexibilidade são determinadas, em muitos aspectos, pelo sexo e pela idade. As diferenças de sexo condicionam a supremacia na mobilidade articular das mulheres de todas as idades de 20 a 30% em média em comparação com os homens (Popov, 1986). Porém, esses dados não significam, de modo algum, que os homens bem treinados e dotados no sentido motor não sejam capazes de revelar altos índices de flexibilidade. A título de exemplo, podem-se mencionar os ginastas de alto nível, que apresentam mobilidade nas articulações superior à média das mulheres.

No caso da planificação de muitos anos de preparação, é importante destacar que o efeito de aperfeiçoamento da flexibilidade está estritamente ligado à idade do desportista. Se as influências dirigidas de treinamento coincidem com o período de amadurecimento natural do homem (período sensível), verifica-se o acréscimo acelerado dessa capacidade. Do ponto de vista metodológico, é evidente o fato de que, na infância, é muito mais fácil aperfeiçoar a flexibilidade do que na idade avançada. Os ritmos mais altos de acréscimo verificam-se na idade de 9 a 14 anos. Considera-se a idade de 15 a 17 anos a mais tardia, quando ainda se podem conseguir consideráveis êxitos no treinamento da flexibilidade. Na idade avançada, a amplitude de movimentos diminui devido a processos etários irreversíveis, embora a execução de exercícios especiais possa contribuir para a prevenção e a diminuição essencial dos ritmos de redução da flexibilidade.

No aperfeiçoamento da flexibilidade, deve ser levado em consideração o fator de oscilação horária do dia. Assim, pela manhã, a flexibilidade é consideravelmente reduzida. Em consequência, é preciso praticar o aquecimento minucioso antes do treinamento que cumpre as tarefas de aperfeiçoamento da flexibilidade pela manhã e pela tarde. Os índices superiores de flexibilidade são registrados entre 12 e 17 horas, sendo que, quanto mais jovem for o organismo, maiores serão as oscilações horárias. Entre os desportistas, as oscilações horárias são expressas em um grau menor do que no caso de pessoas que não praticam nenhum tipo de desporto.

As oscilações nos índices de flexibilidade são determinadas também por uma série de outros fatores:

- a temperatura do corpo e do meio ambiente,
- o nível de fadiga,
- o grau de excitação emocional,
- o aquecimento e seu conteúdo e
- a capacidade de relaxamento dos músculos.

Assim, sob a influência do cansaço local, os índices de flexibilidade ativa diminuem, em média, 11,6%, ao passo que a passiva aumenta 9,5%. A diminuição da flexibilidade ativa ocorre como resultado da diminuição da força dos músculos, sendo que a flexibilidade passiva explica-se pela melhora da elasticidade dos músculos que limitam a amplitude do movimento. É de grande importância na obtenção da amplitude máxima a capacidade dos desportistas de relaxamento dos músculos em extensão, o que leva ao crescimento da mobilidade em até 12 a 14% (Popov, 1986). É importante destacar também que, no estado de excitação emocional, por exemplo, os índices de flexibilidade podem aumentar na etapa imediatamente precedente às competições. A massagem preliminar dos grupos musculares correspondentes e a sauna, juntamente com os fatores mencionados, contribuem para a elevação da mobilidade nas articulações.

Metodologia do treinamento da flexibilidade

A seleção dos meios e dos métodos de treinamento da flexibilidade é determinada, antes de tudo, pelo nível individual de desenvolvimento dessa capacidade entre os desportistas e sua correspondência com as exigências de determinada modalidade desportiva. Nas modalidades em que a mobilidade das articulações não constitui o fator principal, mas apenas determina a condição geral do atleta (p. ex., a maratona, as corridas de esqui, o ciclismo, etc.), não se exigem, geralmente, tarefas acentuadas de aperfeiçoamento da flexibilidade. Nesse caso, os exercícios de flexibilidade são utilizados como meio auxiliar: fazem parte do conteúdo do aquecimento, correlacionando-se com os exercícios de outra orientação.

Em algumas modalidades, em que o nível de desenvolvimento da flexibilidade determina em grande medida o resultado da competição (p. ex., ginástica desportiva, acrobacia, caratê, patinação artística e algumas outras), apresentam-se exigências mais elevadas e diversificadas em relação ao nível de desenvolvimento dessa capacidade. Em uma série de modalidades, exige-se amplitude máxima de movimentos apenas em alguns segmentos do aparelho motor de suporte (p. ex., nas articulações escapulares entre os lançadores de dardo, nas articulações escapulares, do quadril e plantar entre os nadadores, e na articulação ilíaca entre os corredores de barreiras).

Por conseguinte, para definir o círculo de tarefas específicas ligadas ao aperfeiçoamento posterior da flexibilidade, é necessário estabelecer a correspondência do desenvolvimento da flexibilidade e da mobilidade em certas articulações com as amplitudes, direções e o caráter de movimentos específicos de um determinado tipo de atividade desportiva. Convém aperfeiçoar a flexibilidade somente até o nível necessário ao domínio da técnica desportiva racional. Pode-se considerar suficiente o nível de desenvolvimento dessa capacidade quando a amplitude do movimento ativo acessível ao desportista, em diferentes articulações, ultrapassa, em determinados valores, os índices de flexibilidade que caracterizam a execução eficaz dos exercícios competitivos. Essa diferença costuma ser chamada de *reserva de flexibilidade*. Ao colocar, durante os treinos, a tarefa de obtenção de determinada reserva de flexibilidade, não se deve procurar uma mobilidade extrema nas articulações, mesmo que isso não perturbe seu funcionamento normal. A demasiada flexibilidade pode refletir-se negativamente na eficiência do exercício competitivo. Assim, a mobilidade extremamente desenvolvida na articulação escapular, entre os halterofilistas, exige uma tensão muscular complementar à limitação dos graus excessivos de liberdade da articulação durante a fixação do haltere.

Os exercícios físicos que asseguram a extensão do aparelho muscular e ligamentar do atleta e a obtenção da amplitude máxima de movimentos constituem o principal meio de treinamento da flexibilidade. Os exercícios de extensão podem ter as formas ativa e passiva e ser executados nos regimes dinâmico e estático de trabalho muscular.

Seria interessante executar os exercícios de extensão dos músculos sob a forma passiva com a fixação das posições correspondentes à maior amplitude do movimento (utilizam-se exercícios demorados com ajuda do parceiro, por conta dos esforços de outros grupos musculares ou o peso do próprio atleta, com a ajuda de vários implementos especiais, implementos de roldana, amortecedor de borracha, etc.). Os exercícios passivos geralmente são executados em 3 a 4 séries de 10 a 40 repetições. As posições passivas estáticas são mantidas em 3 a 4 séries de 6 a 10 repetições, sendo que a suspensão relaxada é executada em 3 a 4 séries com a duração de 15 a 20 segundos.

Os exercícios dinâmicos ativos (p. ex., balanço, flexões, rotações, etc.) devem ser executados com amplitude cada vez maior, evitando-se neles movimentos bruscos e arranques. Os exercícios com movimentos livres de balanço são pouco eficientes para o aperfeiçoamento da flexibilidade. Isso explica-se pelo fato de que, nesses exercícios, a extensão depende da inércia dos membros que executam os movimentos de balanço e está ligada à necessidade do cumprimento desses exercícios em um ritmo rápido. Os movimentos rápidos estimulam a manifestação de um reflexo que limita a extensão e leva ao estresse dos grupos musculares em extensão. Por isso, é mais eficiente a execução dos exercícios em velocidades reduzidas. Somente os exercícios conclusivos podem ser executados bruscamente. Nesse caso, os músculos, que já se adaptaram a extensões, encontram-se em um estado relaxado e não criam uma contração para a obtenção da amplitude máxima do movimento.

O aumento da flexibilidade ocorre como resultado do crescimento da amplitude dos movimentos e da duração do estado estendido do aparelho muscular e ligamentar do atleta. Nas primeiras sessões dos exercícios dinâmicos, recomenda-se praticar, para cada membro, em média, 10 a 15 repetições em 2 a 3 séries. Mais adiante, podemos aumentar o número de repetições para até 40 a 50 ou aumentar o número de séries para até 5 a 6. Nos exercícios estáticos, o crescimento vai de 5 a 6 segundos, nas etapas iniciais, até 30 a 40 segundos de manutenção dos músculos no estado de extensão (Popov, 1986). Recomenda-se que, entre as repetições e em cada uma das séries, os desportistas relaxem os músculos ou pratiquem exercícios de direção contrária. Os intervalos entre as séries duram de 2 a 2,5 minutos. Convém relaxar e descansar passivamente no primeiro minuto, executando depois 3 a 5 movimentos para o lado oposto (estimular os músculos antagonistas) e, logo a seguir, executar 3 a 5 movimentos de balanços livres por conta do trabalho do grupo muscular em treinamento. Nos 20 a 40 segundos restantes, os músculos devem ser relaxados.

Os meios de aperfeiçoamento da flexibilidade aplicados na prática atingem diferentes resultados. Foi comprovado experimentalmente que, para a obtenção de um alto nível de desenvolvimento da flexibilidade, é necessária a utilização complexa dos exercícios de caráter dinâmico (sob as formas ativa e passiva) e estático. A utilização seletiva de algum meio contribui para o desenvolvimento unilateral da flexibilidade. A combinação mais eficiente é a seguinte: 40% de exercícios de caráter ativo, 40% de caráter passivo e 20% de caráter estático.

Nos últimos anos, tornou-se muito popular no mundo o método conhecido sob o nome *stretching*. Nesse método, aplicam-se os exercícios dinâmicos ativos e passivos em um ritmo lento em combinação com as posições (pesos) estáticas. Os exercícios são executados em sequência determinada. Assim, em uma das variantes do *stretching*, utiliza-se primeiro a forma passiva do exercício (*stretching* passivo) (Figura 5.14 a). Nesse caso, o grupo estendido de músculos deve ficar relaxado ao máximo. Depois disso, durante 5 a 6 segundos, esses músculos sofrem resistência, quando as forças externas (parceiro, implementos especiais) dificultam o movimento da articulação (Figura 5.14 b). Assim, o músculo sofre a tensão estática (isométrica) devido à qual reduz-se um pouco. As posições iniciais para as tensões devem corresponder às fases da maior amplitude de movimentos e responder às exigências do movimento racional. Depois, o músculo deve ser relaxado por um período de 2 a 4 segundos, e, por conta da extensão passiva repetida, pode-se conseguir um aumento ainda maior da mobilidade na articulação. O efeito acumulativo do emprego das tensões isométricas dos músculos previamente estendidos manifesta-se como um acréscimo essencial dos índices da flexibilidade dinâmico-ativa durante o primeiro mês de treinamento.

Legenda:
a) Extensão passiva com a ajuda do parceiro.
b) Tensão isométrica do músculo previamente estendido.

FIGURA 5.14
O *stretching* com a tensão isométrica dos músculos previamente estendidos.

A continuação da aplicação desse método contribui para a manutenção do nível de flexibilidade atingido.

Os níveis de atividade de diferentes músculos do ser humano encontram-se interligados e intercondicionados. Devido a essa característica, o crescimento da atividade de qualquer músculo ou do grupo muscular do sistema muscular integral é acompanhado da redução da atividade de músculos em outra zona. Levando em consideração essa disposição, aplica-se uma metodologia própria que permite superar a excessiva tensão de músculos antagonistas que limitam a mobilidade na articulação. O meio de elevação da mobilidade nas articulações ilíacas pode servir como exemplo de sua realização. Visando a esse objetivo, durante a execução da flexão ativa em abdução na articulação ilíaca, pressupõe-se ativar o bíceps do braço por meio da eletroestimulação ou da tensão isométrica dos músculos do braço. O método proposto de redistribuição da atividade dos músculos reduz consideravelmente o tempo do desenvolvimento da mobilidade articular, pois, após a primeira influência, a mobilidade da articulação ilíaca poderá aumentar 12 a 14%. Após o final da estimulação, o fundo residual de aumento da mobilidade é bastante alto.

Ao utilizar exercícios de extensão, é necessário estar ciente de que diferentes zonas dos músculos podem estender-se durante a execução do exercício de modo desigual em todo o comprimento. Isso é confirmado pelos dados das pesquisas eletromiográficas e pelas sensações subjetivas de dor do desportista, por exemplo, na execução de exercícios como flexão do tronco à frente, flexão das pernas em posição deitada, flexão passiva e desvio de quadris (coxas). Durante a realização do movimento com a perna estendida, a dor surge na parte inferior, ou seja, na parte distal dos músculos. Se o desportista flexiona levemente a perna, a dor passa à parte média do músculo, sendo que, com a perna flexionada, as sensações de dor aproximam-se da parte próxima dos músculos em extensão. Para a extensão completa dos músculos, é necessário utilizar exercícios que visem à extensão de todas as partes dos músculos. A utilização de exercícios uniformes de extensão dos músculos, em dosagem diferente, tem resultado insuficiente para a obtenção de altos índices de flexibilidade. A realização mais completa das reservas de aperfeiçoamento da flexibilidade somente pode ser conseguida caso seja utilizado o conjunto de exercícios que estendam ao máximo as partes distal, medial e proximal dos músculos. Essa metodologia permite reduzir a sensação de dor e evitar lesões, pois o alongamento máximo não se estende a apenas uma parte, mas a três partes, e, em consequência disso, o comprimento total do músculo aumenta.

A estimulação biomecânica da atividade muscular é um método eficiente de elevação da mobilidade nas articulações (Nazarov, 1981). Caracteriza-se como uma influência complementar sobre os músculos em trabalho com impulsos mecânicos de pequena amplitude, que seguem ao longo dos filamentos musculares. A frequência dos impulsos coordena-se com os parâmetros de oscilações (vibrações) naturais dos músculos, próprias de seu regime máximo ou submáximo. Com a ajuda da estimulação biomecânica, os filamentos musculares entram em um regime artificial de oscilação (vibração) de trabalho, o que provoca mudanças favoráveis no aparelho muscular do desportista juntamente com o crescimento dos índices de flexibilidade. Observa-se também melhora do fluxo sanguíneo nos músculos em estimulação, e a inervação dos músculos é melhorada. Quanto aos parâmetros de influência que asseguram a elevação da mobilidade das articulações dos membros superiores, eles podem ser a estimulação com a amplitude de 1 mm com a frequência de 25 Hertz e a duração de influência de 1 minuto. Obtém-se o principal acréscimo durante 3 a 4 sessões de estimulação biomecânica. O valor concreto do acréscimo está ligado à reserva de mobilidade anatômica nas articulações.

Na estrutura do macrociclo de preparação, a solução da tarefa de treino da flexibilidade geralmente pressupõe duas etapas consecutivas:

- o aumento da flexibilidade e
- a manutenção do nível obtido de desenvolvimento dessa capacidade.

Na primeira fase, ocorre a alteração da correlação dos meios e métodos de treinamento da flexibilidade. Durante os primeiros microciclos de treinamento, prevalecem os meios que contribuem para o desenvolvimento da flexibilidade passiva, o que cria uma base para o aperfeiçoamento posterior da flexibilidade em um regime ativo de movimentos. Mais adiante, essa correlação altera-se, aumentando o volume dos exercícios que contribuem para o desenvolvimento da flexibilidade ativa. A duração da fase do volume elevado de cargas que contribuem para o desenvolvimento da flexibilidade não ultrapassa, geralmente, 6 a 10 semanas. Segundo especialistas (Matveev, 1977), esse tempo é eficiente para realizar o potencial de acréscimo nas articulações, o qual depende do melhoramento da elasticidade do aparelho muscular e ligamentar. As influências posteriores concentradas sobre o desenvolvimento da elasticidade levam apenas a um acréscimo insignificante da capacidade, pois estão ligadas à adaptação prolongada do aparelho ósseo e ligamentar.

Os exercícios que visam ao aperfeiçoamento da flexibilidade proporcionam maior efeito quando executados concentradamente (diariamente e, às vezes, duas ou mais vezes por dia). O mesmo volume de cargas disperso no tempo provoca efeito consideravelmente menor. O tempo dispendido por dia para o aperfeiçoamento da flexibilidade varia geralmente de 45 a 90 minutos, dependendo das tarefas de preparação e das particularidades individuais do desportista. Esse trabalho pode ser distribuído de maneira diferente durante o dia: recomenda-se, habitualmente, incluir 20 a 30% do volume total na ginástica matinal e no aquecimento antes do treinamento, sendo que os outros exercícios ficam incluídos nos próprios treinos. Os exercícios que visam ao treinamento da flexibilidade tanto podem compor o conteúdo de sessões específicas de treino como podem ser incluídos nas sessões complexas, durante as quais, juntamente com o aperfeiçoamento da flexibilidade, são desempenhadas outras tarefas de preparação. Convém levar em consideração que o treino da flexibilidade ativa seja planejado para a fase inicial da sessão, enquanto o da flexibilidade passiva fica para o final da sessão. Isso é explicado pelo fato de que, durante o cansaço, a flexibilidade ativa é menor devido à redução da força dos músculos que efetuam o movimento, sendo que a flexibilidade passiva, ao contrário, cresce devido à elevação da elasticidade dos músculos, resultante do aquecimento. De acordo com essa observação, os exercícios que visam ao aumento da flexibilidade ativa não devem ser executados após considerável redução dos índices de força.

A tarefa de manutenção do nível de desenvolvimento da flexibilidade alcançado é resolvida na segunda metade do período preparatório e no período competitivo. Se não for possível manter o nível atingido durante o período competitivo prolongado, poderão ser utilizados os ciclos especializados que contêm o volume concentrado de efeitos de treinamento e que estimulam a elevação da mobilidade nas articulações limitadoras da atividade motora do desportista. Na fase de manutenção do nível atingido, as sessões podem ser efetuadas de 3 a 4 vezes por semana, podendo o volume de trabalho ser diminuído um pouco. Nas modalidades em que a flexibilidade não é um componente determinante da preparação do atleta, pode-se considerar suficiente a inclusão, no aquecimento diário, de um conjunto de exercícios de flexibilidade de 20 a 30 minutos. No entanto, não se deve excluir por completo, em nenhuma das etapas da preparação anual, o trabalho de desenvolvimento da flexibilidade. Quando ocorre a parada completa das influências de treinamento de flexibilidade, esta regride rapidamente ao nível inicial ou próximo a ele.

Treinamento das capacidades de coordenação

A coordenação como capacidade física representa a capacidade de dirigir os movimentos de acordo com as soluções de tarefas motoras. As capacidades de coordenação são diversificadas e representam as tarefas motoras que o homem deve desenvolver. O nível de revelação dessas capacidades é determinado por diversos sistemas sensoriais. Devido às particularidades do desenvolvimento biológico desses sistemas, os ritmos mais altos de acréscimo das capacidades de coordenação verificam-se na idade de 4 a 5 anos, sendo que, no período entre 7 e 12 anos, encerra-se a formação dos sistemas funcionais do organismo que determinam a coordenação dos movimentos. Por conseguinte, a idade infantil apresenta-se como a mais favorável para o treinamento das capacidades de coordenação.

As capacidades de condução dos movimentos baseiam-se predominantemente na precisão das percepções motoras (cinestésicas), que se apresentam em combinação com as percepções visuais e auditivas. Com pouca experiência motora, as percepções e sensações do homem não permitem diferenciar nitidamente os parâmetros do espaço, do tempo e da força do movimento. Por isso, as capacidades de coordenação formam-se, antes de tudo, no processo de treinamento de diversificadas ações técnicas e táticas. Com a execução racional dos movimentos, somente ficam em estado de excitação (tensão) os grupos musculares que participam diretamente de tais movimentos, permanecendo os outros grupos musculares em estado relaxado. A concordância e correspondência da tensão e do relaxamento dos músculos caracterizam-se, como já se destacou anteriormente, pela coordenação neuromuscular.

Na realização, pela primeira vez ou em condições incomuns, de uma ação motora, a tensão involuntária dos músculos eleva-se, o relaxamento completo destes inexiste e sua coordenação perturba-se. A excessiva tensão muscular aparece geralmente na etapa inicial de treino, assim como sob a influência da fadiga, da sensação de dor e do estresse psicológico, como o provocado pela participação nas competições. A perturbação da coordenação neuromuscular reflete-se negativamente na capacidade e nos resultados da realização dos exercícios. Na atividade que exige a revelação de resistência, a tensão muscular elevada possibilita o aumento de gastos energéticos e, consequentemente, a fadiga. Nos exercícios de velocidade, a coordenação motora limita a velocidade máxima. Já nos exercícios de força, ela reduz a grandeza da força aplicada.

Na primeira execução de um movimento, os músculos antagonistas intervêm ativamente, freiando-o, o que permite introduzir as correções necessárias no processo de sua execução. Segundo a teoria clássica de N. Bernstein, o aperfeiçoamento do mecanismo de direção do movimento pressupõe a "superação gradual dos graus excedentes de liberdade do órgão em movimento". À medida que se eleva a capacidade de direção do movimento, ocorre, passo a passo, a eliminação da tensão excessiva dos músculos, o aumento da velocidade e da precisão dos movimentos e a redução dos gastos energéticos.

A direção do movimento é um processo complexo que compreende muitos níveis, e cada um deles tem suas funções. A coordenação das ações motoras pode manifestar-se em níveis sistemáticos diferentes pelo grau de participação da consciência do homem: intramuscular, intermuscular e muscular sensorial. A mais complexa é a coordenação muscular sensorial, pois está ligada à coordenação dos movimentos do atleta no tempo e no espaço, de acordo com a situação criada (contra-ação do adversário, alteração das condições do apoio, etc.). Esse tipo de coordenação exige uma rápida análise fina dos sinais exteriores (visuais, auditivos, cinestésicos) e a constituição, na base de toda essa informação, de um programa da ação motora e de sua realização.

As capacidades de coordenação caracterizam-se pela multiformidade das manifestações, entre as quais podem ser assinaladas a capacidade de reestruturar rapidamente os movimentos conforme as condições alteradas de solução de tarefas motoras, a precisão de reprodução dos parâmetros de espaço, força, tempo e ritmo do movimento, a capacidade de manter o equilíbrio, etc.

Meios e particularidades do método de treinamento

Para o treinamento da capacidade de coordenação, podem ser utilizados exercícios físicos diversificados, desde que a execução destes esteja ligada à superação de dificuldades significativas de coordenação. O desportista sempre tem que superar essas dificuldades no processo de domínio das técnicas de qualquer ação motora nova, ou na execução do movimento em condições incomuns para o atleta. À medida que essa ação torna-se costumeira, ela apresenta menos dificuldade no que diz respeito à coordenação e, por isso, estimula cada vez menos o desenvolvimento das capacidades de coordenação (Liakh, 1989).

As capacidades de coordenação são muito específicas, o que deve obrigatoriamente ser levado em consideração na seleção dos meios de preparação física especial. Com objetivo de solucionar as tarefas relacionadas à preparação física geral, utilizam-se exercícios de ginástica e de jogos. Na atividade desportiva, as capacidades de coordenação desenvolvem-se geralmente de um modo interligado e simultâneo com as outras capacidades físicas. Juntamente com o meio de treinamento selecionado de forma correta, permitem influenciar acentuadamente uma dessas capacidades.

A capacidade de reestruturação das ações motoras manifesta-se na alteração oportuna de parâmetros diferentes do movimento. Isso está ligado mais frequentemente à atividade nas condições de limite do tempo e, por isso, depende em grau significativo da rapidez da reação motora. Porém, a estrutura de coordenação dos movimentos pode se alterar também sob o efeito da fadiga, o que, em uma série de casos, contribui para a realização mais econômica do trabalho (Platonov, 1986).

Treinamento da precisão na reprodução dos parâmetros de força, espaço, tempo e ritmo nos movimentos

Os exercícios de reprodução de movimentos do homem, nos quais os parâmetros de posição do corpo e de seus membros são dados pelo treinador, constituem meios que contribuem para o desenvolvimento da precisão de reprodução dos parâmetros de espaço dos movimentos. O treinamento da precisão das sensações espaciais é efetuado em várias etapas. Na primeira, estimula-se o atleta com exercícios simples, ao avaliar a posição no espaço de certos membros do corpo (p. ex., o desvio do braço em 45 graus ou a inclinação do corpo sob o ângulo de 90 graus). O controle dos movimentos pode ser feito com mapas graduados (Figura 5.15). Na segunda etapa, prevê-se a reprodução de diferentes movimentos segundo india)

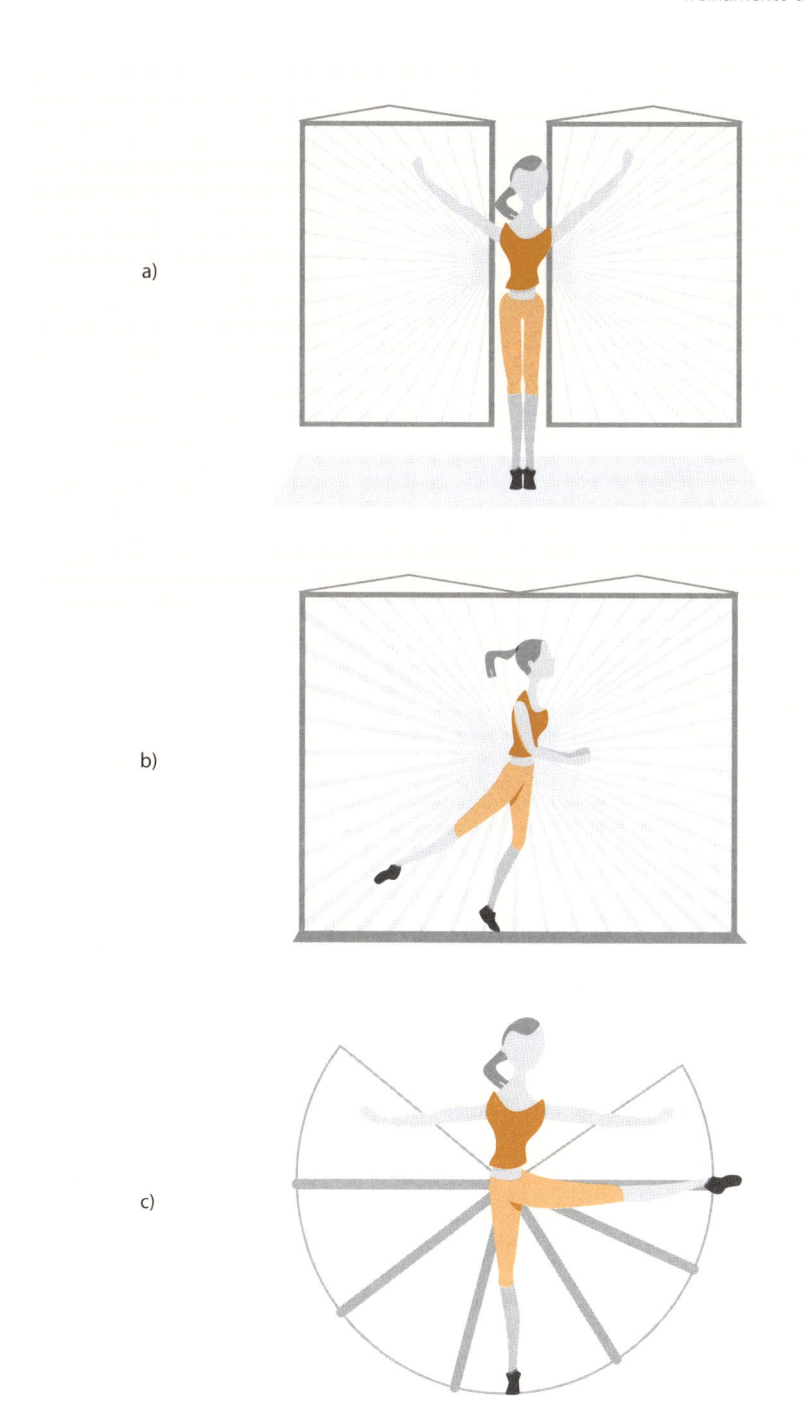

b)

c)

FIGURA 5.15
Controle da precisão da reprodução dos parâmetros de espaço dos movimentos com a ajuda de escalas (Liakh, 1989).

cações do treinador. Para complicar a tarefa, a reprodução dos movimentos é feita em combinação com os deslocamentos. Por exemplo, durante a marcha, os atletas param a um sinal do treinador e tomam a posição necessária. Na terceira etapa, o aperfeiçoamento da precisão dos deslocamentos no espaço é conseguida por meio da escolha autônoma de posição ou do informe verbal do atleta sobre os parâmetros da ação efetuada. O treinador avalia o grau de correspondência dos parâmetros reais da posição com a informação do atleta.

As dificuldades das tarefas de treinamento aumentam com a complicação da estrutura dos exercícios (manuntenção dos parâmetros de alguns membros e não de um somente), com a reprodução da pose com o "desligamento" do analisador visual (execução do exercício de olhos fechados), com a utilização de pesos, etc. Em último caso, é preciso observar que os esforços musculares que representam até 5% do esforço máximo melhoram a precisão; os que representam até 30 a 40% do esforço máximo quase não a perturbam; e, com o esforço acima de 40%, verifica-se a diminuição da precisão espacial dos movimentos.

Os principais exercícios que desenvolvem a precisão de diferenciação dos parâmetros de força do movimento são aqueles em que a grandeza da tensão muscular é rigorosamente dosada. Na base da metodologia de reprodução da precisão de diferentes parâmetros de força do movimento está o método de "tarefas de contraste". A essência desse método consiste na alternância de determinados exercícios que diferem pelos parâmetros de força; por exemplo, a alternância de lances de bola e as diferentes distâncias no basquete, os saltos em distância e em altura com a reprodução precisa (Figura 5.16).

A precisão e reprodução dos parâmetros do exercício tem um significado particular nas modalidades cíclicas de desporto, inclusive o *sprint*. A capacidade de reproduzir nitidamente os intervalos temporários relaciona-se com a "percepção temporal". O treinamento da capacidade de reproduzir os intervalos de tempo prevê a realização dos exercícios em três etapas.

Na primeira delas, os desportistas cumprem os exercícios (p. ex., as corridas de 200 metros). Após cada esforço, o treinador informa o atleta sobre o resultado. Na segunda etapa, sugere-se a autoavaliação do resultado pelo atleta, a qual logo é comparada com o resultado fixado pelo treinador. A comparação constante de suas sensações com o resultado fixado na distância contribui para o aperfeiçoamento da percepção precisa do tempo. Quando a autoavaliação começa a coincidir com os resultados acusados de fato, passa-se à etapa final. Nessa terceira etapa, introduzem-se tarefas que exigem a reprodução do tempo de passagem da distância. Essas tarefas variam, contribuindo para o treinamento do desportista no sentido da percepção mais precisa e exata dos intervalos de tempo.

Na prática desportiva, entende-se por percepção de ritmo a capacidade de reproduzir exatamente o ritmo dado da ação motora ou alterá-lo adequadamente devido à mudança das condições (Liakh, 1989). O ritmo reflete o grau de precisão dos esforços aplicados e a alternância das fases de tensão e de relaxamento. A percepção de ritmo é muito específica. O desportista pode possuir percepção relativamente alta do ritmo, por exemplo, na corrida, mas não ter a capacidade suficientemente formada para reproduzir o ritmo de exercícios de dança ou de ginástica. É por isso que se deve educar a percepção de ritmo aplicado às ações motoras específicas da modalidade desportiva praticada pelo atleta.

FIGURA 5.16
Exercício para precisão e reprodução dos parâmetros de força do movimento.

A tarefa da formação do ritmo correto surge já na etapa de aprendizagem inicial da técnica da ação motora. O treinamento deve fazer com que o atleta tenha uma ideia-padrão da estrutura rítmica da ação motora nova. É útil reproduzir o ritmo dado com a ajuda de acompanhamento musical e de contagem em voz alta ou para si próprio. Eleva-se significativamente a eficiência do treinamento da percepção de ritmo graças à utilização de aparelhagem sonora ou luminosa especial, uma espécie de líderes sonoros e luminosos, que reproduzem o ritmo dos movimentos com os respectivos sinais. O treino especial com o emprego dos meios de informação objetiva permite elevar substancialmente a capacidade de reprodução do ritmo dos movimentos.

Treinamento da capacidade de equilíbrio

O equilíbrio como forma de revelação das capacidades de coordenação é caracterizado pela capacidade de manter a posição estável estabelecida pelo corpo. Distinguem-se o *equilíbrio estático* e o *equilíbrio dinâmico*. O equilíbrio estático ocorre durante a manutenção de determinadas posições do homem (p. ex., parada de mão na ginástica). Consegue-se o aperfeiçoamento do equilíbrio estático com posturas em que o centro de gravidade do corpo muda sua posição em relação ao ponto de apoio e com a manutenção dessas posições estabelecidas durante período prolongado. As metodologias mais eficientes são: a utilização de um apoio instável, a limitação da superfície de apoio, a conservação do equilíbrio nas condições de interação com o parceiro ou com um peso complementar, assim como com o desligamento temporário do analisador visual. Esse, em muitos casos, desempenha um papel significativo na orientação e no sentido do equilíbrio otimizado na posição, graças à qual o equilíbrio se restabelece gradualmente, e não no sentido da fixação rígida dessa posição (Zakharov, 1990). Contribui para a manutenção do equilíbrio a fixação do olhar em um objeto que fica no nível dos olhos paralelamente à superfície de apoio. Os movimentos que corrigem a posição do equilíbrio estático ocorrem nas articulações próximas à superfície de apoio (p. ex., na articulação da perna e da planta do pé na posição com apoio em um pé). Para a adaptação às dificuldades psíquicas, os exercícios são realizados em condições de dificuldade elevada.

Utilizam-se, como meio de treinamento do equilíbrio dinâmico, exercícios diversificados, que criam influências complementares sobre o vestíbulo do desportista; por exemplo, a corrida no banco ginástico após uma série de cambalhotas. Para isso, são utilizados largamente vários aparelhos de treino (balanços, centrífugas, *looping*, etc.).

Controle do nível de preparação física

O controle das mudanças de adaptação no organismo do desportista constitui uma das mais importantes condições no direcionamento da preparação do atleta. Somente a informação objetiva e exata sobre as mudanças do estado do atleta permite introduzir as correções necessárias nos parâmetros de cargas de treinamento. Costumam-se distinguir três tipos de controle: *controle por etapas*, *controle corrente* e *controle operacional*, cada um deles relacionando-se com o tipo correspondente dos efeitos (influências) de treinamento.

- **Controle por etapas**: permite avaliar o estado do atleta resultante do efeito acumulativo de treinamento e manifesta-se apenas em escala da etapa prolongada de preparação.
- **Controle corrente (contínuo)**: visa a avaliar os estados que resultem da soma de cargas de séries de sessões reunidas nos períodos relativamente curtos de preparação (tipo de macrociclos).
- **Controle operacional**: prevê a avaliação do efeito imediato de treinamento durante uma sessão ou no período de recuperação após essa.

O *nível de preparação do atleta* é uma noção complexa, cujo indicador mais informativo é o resultado no exercício competitivo; porém nem sempre se pode aproveitar esse indicador durante os treinos. Além disso, esse indicador depende de um grande número de fatores, o que não permite julgar objetivamente o nível de desenvolvimento de certas capacidades físicas e os aspectos do estado de preparação do desportista. Por isso, utilizam-se vários exercícios de teste com a finalidade de controlar tais fatores. Esses exercícios permitem ter uma ideia mais exata de componentes concretos do estado de preparação. Os testes utilizados para o controle da preparação física do atleta devem satisfazer as exigências metodológicas com segurança e informação (Godik, 1988).

A segurança do teste permite julgar o grau de coincidência (estabilidade, conformidade, equivalência) dos resultados dos mesmos desportistas com testes repetidos. A informação (validade) do teste comprova a exatidão com que se pode avaliar a capacidade física determinada ou o aspecto de preparação do atleta. Na maioria dos casos, o controle do nível de preparação física dos desportistas é feito com a ajuda de testes cuja segurança e informação já foram comprovadas pelos especialistas na metodologia desportiva. A objetividade do controle exige um enfoque diferenciado da medição de diversas formas de manifestação das capacidades físicas, levando em consideração a especificidade de cada uma das modalidades desportivas e distinguindo, nessa relação, dois grupos de testes: específicos e não-específicos.

Específicos são os exercícios de teste cuja estrutura de realização é próxima à competitiva. Por exemplo, podem ser considerados testes específicos corridas na esteira rolante para os corredores e no veloergômetro para os ciclistas. Os testes específicos, em comparação com os não-específicos, proporcionam mais informação. Assim, o consumo máximo de oxigênio medido como um dos indicadores de resistência do desportista, no teste dos ciclistas no veloergômetro, é 3,3 a 4,9% maior do que durante a corrida. Entre os esquiadores, durante o deslocamento imitando a corrida de esqui, o consumo máximo de oxigênio é em média 11,5% maior do que durante o trabalho no veloergômetro.

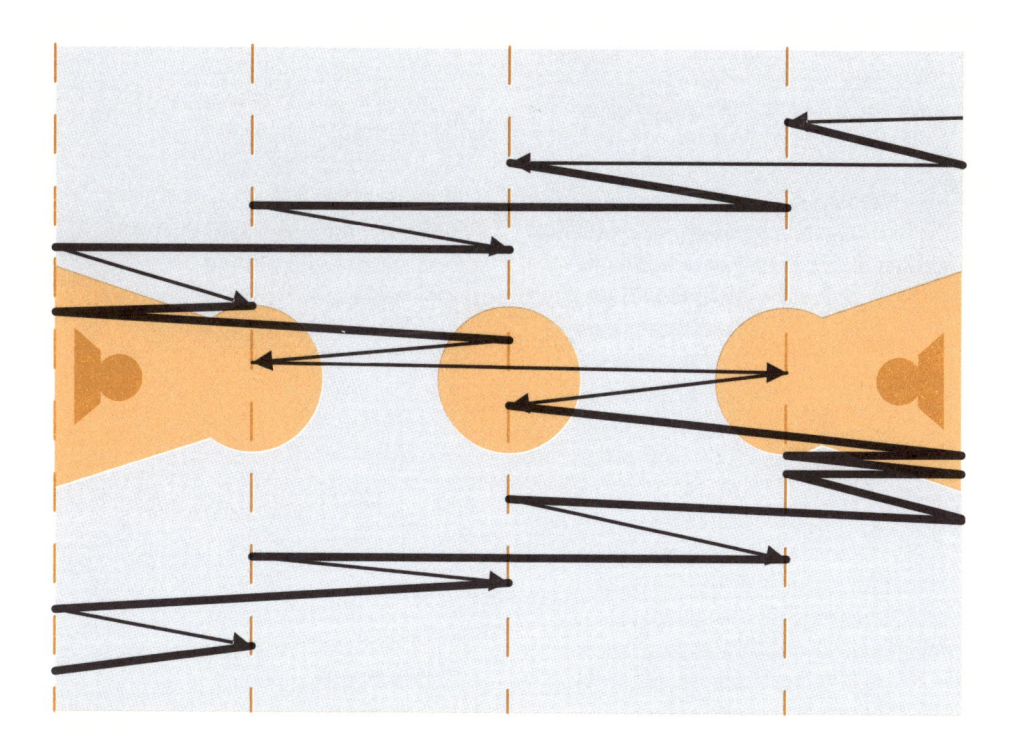

FIGURA 5.17
Teste específico para o controle da resistência especial dos basquetebolistas (*shuttle run*).

Seria conveniente avaliar o nível do desenvolvimento das capacidades físicas específicas do atleta, durante a realização dos movimentos de imitação próximos pela forma e pelas particularidades do funcionamento de diversos sistemas do organismo do exercício competitivo. Por exemplo, para o controle da resistência especial do basquetebolista, é conveniente utilizar o teste chamado de "corrida lançada" (*shuttle run*), e não a corrida regular na distância padronizada (Figura 5.17). Atualmente, em cada modalidade desportiva, existem conjuntos de testes que permitem avaliar diversos aspectos do estado de preparação específica dos atletas. Na utilização desses testes, deve-se levar em consideração que eles, via de regra, não são informativos em relação a outras modalidades desportivas.

Na base dos testes não-específicos, estão os exercícios de preparação geral. Entre os testes não-específicos, são bastante difundidos os chamados testes padronizados do tipo PWC170, teste de 12 minutos do *cooper*, *step-test*, entre outros. Os testes não-específicos aplicam-se no controle do nível de desenvolvimento das capacidades físicas em várias modalidades, mas o nível informativo deles não é muito alto em comparação com os específicos, especialmente quando se trata de desportistas de alto nível.

ESTRUTURAÇÃO E PERIODIZAÇÃO DO TREINAMENTO DESPORTIVO

BASES TEÓRICAS DA PERIODIZAÇÃO DO TREINAMENTO DESPORTIVO

A questão da estruturação e periodização do treinamento dos desportistas de alto rendimento é um assunto muito atual devido à crescente profissionalização e comercialização do desporto de uma forma geral. O crescimento constante do calendário de competições e o aumento dos prêmios pagos por elas produzem uma grande intensificação nos aspectos relacionados à preparação desportiva e, consequentemente, uma evolução nos enfoques teórico-metodológicos e de soluções tecnológicas com o objetivo de buscar cada vez mais o máximo do aperfeiçoamento desportivo. Isso, de certa forma, mostra uma mudança na forma de pensar e realizar as ideias tradicionais, que discutem a dinâmica das cargas do treinamento por sua magnitude, seu caráter e sua orientação, além de diferentes formações estruturais em toda a hierarquia do treinamento moderno: ciclos, períodos, etapas, macrociclos, mesociclos, etc. (Zhelyazkov, 2001).

A discussão promovida na literatura internacional tem levado em consideração uma série de fatores objetivos e subjetivos:

- A grande diferença das atividades motoras nos desportos e as respectivas exigências relacionadas com a especialização morfofuncional do organismo;
- A estrutura da atividade competitiva: eliminatória, de turnos, de pontos corridos, etc.;
- A organização técnico-material e financeira de preparação desportiva como premissa para participar em diversos tipos de competições;
- As concepções teórico-metodológicas e a experiência prática dos grandes especialistas do desporto;
- As formatações em entendimento dos princípios, métodos e formas de construção do processo de treinamento.

Esses e outros enfoques têm sido estudados e, com muita dificuldade, têm evoluído em sua história e vêm se distinguindo em uma sucessão de diversas etapas.

A periodização do processo de treinamento desportivo consiste, antes de tudo, em criar um sistema de planos para distintos períodos que perseguem um conjunto de objetivos mutuamente vinculados. O plano de treinamento constitui um sério trabalho científico, que prevê perspectivas possíveis a curto, médio e longo prazo.

A periodização do treinamento não é uma parte isolada do todo, ou seja, o planejamento do treino, mas, sim, uma fase do processo de elaboração do planejamento e procura responder à necessidade de unir todas as variáveis, o que envolve um programa de preparação dos atletas.

Na programação do treinamento, na prática, as decisões são tomadas com base em uma premissa lógica. Isso quer dizer que, quando se tem uma tarefa qualquer, concreta e determinada quantitativamente, deve-se perguntar o que é necessário realizar na prática e de que forma solucionar a tarefa.

A seguir, vamos examinar quais são as razões objetivas que permitem tomar decisões no processo da periodização e da programação do treinamento desportivo. Os fundamentos foram extraídos de experiências válidas na prática desportiva (Matveev, 1977).

ESTRUTURA DE PREPARAÇÃO DO ATLETA

A estrutura de preparação do atleta é compreendida pelas formas de sistematização do conteúdo do treinamento, em que o conjunto de ligações entre os elementos do sistema de treinamento devem assegurar sua integridade e orientação especial visando ao resultado desportivo.

A estrutura de preparação interessanos, antes de tudo, do ponto de vista de sua direção como sistema. À direção dos sistemas dinâmicos complexos (dentre os quais estão os sistemas de treinamento) ligam-se alguns níveis estruturais de organização. Ao destacar esses níveis, no sistema de preparação do atleta, deve-se levar em consideração que cada um deles deve manter a especificidade qualitativa do sistema integral. Caso contrário, não se pode falar de sistema dirigido.

Ao destacar o nível mais simples da organização do processo de preparação do atleta, seria conveniente fazer uma analogia com a estrutura dos biossistemas, na qual, com base em uma atitude cibernética geral, pode-se destacar os seguintes níveis de organização biológica: estruturas moleculares subcelulares, célula, tecido, órgão, sistema de órgãos e organismo.

A célula é um sistema biológico elementar com todo o conjunto de propriedades do ser vivo; embora composta, por sua vez, de estruturas moleculares, a célula já não pode ser dividida em partes capazes de existir independentemente. A célula é uma unidade do organismo e o nível estrutural mais simples de sua organização (Hohmann, 1993).

Tal abordagem permite destacar os níveis estruturais do sistema de treinamento do atleta, no qual a sessão de treinamento representa o nível mais simples de organização. Trata-se do sistema pedagógico mais simples, que possui a especificidade qualitativa de todo o processo de preparação do atleta. A sessão de treino é dotada de propriedades que permitem o seu funcionamento orientado especial como um sistema integral, que assegura a solução de tarefas de seu nível de direção do processo de preparação do atleta. A sessão de treinamento já não pode ser dividida em partes que possam funcionar separadamente. Juntamente com a sessão de treino, a competição também deve ser considerada como um elemento específico de preparação do atleta.

Na estrutura de preparação do atleta, convém destacar sete níveis de organização, conforme a Figura 6.1.

Em cada um desses níveis, a preparação do atleta visa à obtenção de objetivos específicos. Quanto mais alto o nível, tanto mais significativo será o objetivo e menos generalizadas as tarefas. Mas o principal ob-

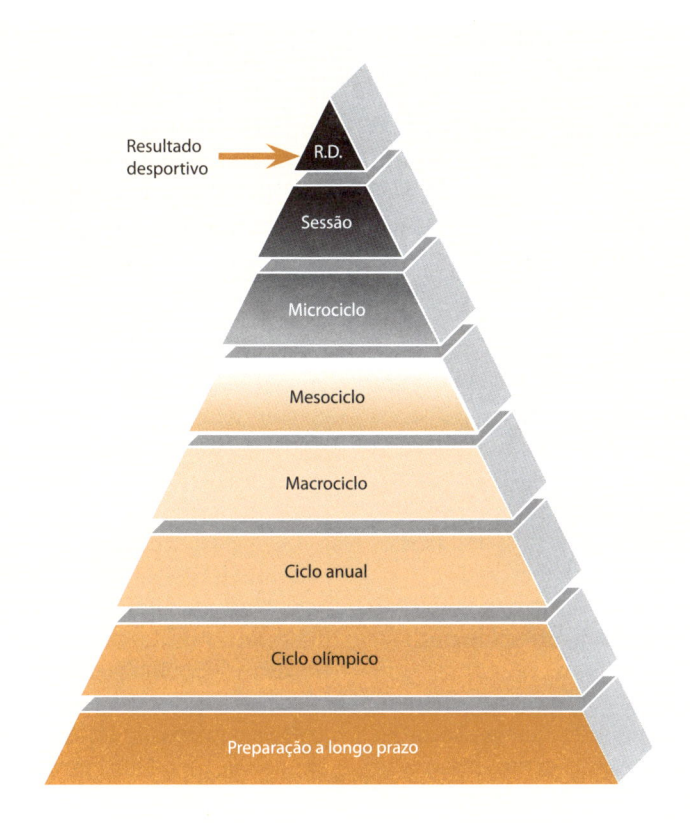

FIGURA 6.1
Níveis de organização do sistema de preparação (treinamento) de atletas.

jetivo resolve-se em nível superior. Os objetivos e as tarefas dos níveis mais baixos têm papel auxiliar em relação ao objetivo geral.

No processo de preparação do atleta, um dos problemas mais complicados que o técnico deve resolver está relacionado com a segurança do aperfeiçoamento consequente e orientado de diversos aspectos dessa preparação. Sem estar apoiado em uma ideia clara e sem levar em conta todos os seus níveis, não é possível dirigir efetivamente esse processo: o treinamento não é capaz de sempre tomar conta de toda a diversidade de componentes, de fatores e de condições que determinam o aperfeiçoamento eficiente do nível desportivo. Dessa forma, procuraremos examinar as principais particularidades metodológicas da estrutura de preparação do atleta em diferentes níveis estruturais de sua organização.

ESTRUTURA GERAL DA PREPARAÇÃO DESPORTIVA A LONGO PRAZO

Um ciclo de preparação de muitos anos é acompanhado habitualmente por projetos científicos, que consta na elaboração de um plano de perspectiva que dura de 8 a 12 anos, tendo a duração de 2 a 3 ciclos olímpicos. Tal plano pressupõe percorrer integral e minuciosamente os degraus (modelos) formativos desde a seleção na idade infantil até a obtenção do alto rendimento desportivo.

Entende-se que, nesse tipo de ciclo prolongado, já existe um potencial de alto rendimento nos atletas inseridos nele. Os recursos desses atletas, principalmente genéticos, ainda não foram devidamente colocados à prova da metodologia do treinamento ou ainda estão em estágio de crescimento. Esse procedimento se elabora para as equipes jovens (juvenis e juniores) com talento desportivo. Na estrutura desse planejamento, estão vários macrociclos que seguem no decorrer do estágio de preparação, normalmente com duração de 2 a 4 anos.

O nível dos resultados desportivos, na atualidade, é tão alto que somente os atletas que se dedicam à atividade desportiva durante muitos anos são capazes de superar esse nível e mesmo aproximar-se dele. Por isso, à medida que crescem os resultados desportivos e acumulam-se os conhecimentos multiformes referentes à preparação do atleta, torna-se evidente a necessidade de se definir os caminhos metodológicos de preparação a longo prazo do atleta (Gomes, 1998).

O treinamento a longo prazo (muitos anos) representa o nível estrutural superior em que são traçadas as tarefas mais gerais que determinam a estratégia para a conquista da medalha de ouro no desporto. Na sua estruturação coerente, devemos levar em consideração muitos fatores e leis naturais de obtenção de resultados máximos. Discutiremos alguns deles, os quais determinam, em grau maior, a estrutura e o conteúdo da preparação a longo prazo.

Estrutura e conteúdo da preparação do atleta a longo prazo

Ao estruturar o programa de preparação a longo prazo, o primeiro passo deve ser o estabelecimento de limites etários otimizados em que são acusados os resultados desportivos superiores. O estudo da participação dos atletas durante muitos anos, nas maiores competições, como os campeonatos mundiais e os jogos olímpicos, testemunha a estabilidade relativa da idade dos atletas que integram o grupo de elite (Matveev, 1977; Platonov, 1987). De acordo com vários estudos relacionados com a especialização precoce no desporto, ainda é insuficiente a fundamentação científica sobre o assunto e só se justifica em certas modalidades, como: ginástica, saltos ornamentais, patinação artística, natação, esgrima e algumas outras.

A precocidade de resultados verificada nessas modalidades está relacionada com diversos fatores, como, por exemplo, a alteração dos regulamentos das competições, a especialização que começa mais cedo, a inclusão dos atletas na esfera do desporto profissional, etc. Em outras modalidades, as faixas etárias têm permanecido no mesmo nível durante as últimas duas ou três décadas.

Tal fato permite-nos concluir que somente os atletas cuja preparação de muitos anos é construída de modo que a dinâmica de cargas de treinamento assegure a obtenção de resultados superiores, na idade otimizada, são capazes de conseguir esses resultados máximos. Na Tabela 6.1, são apresentadas as faixas etárias e os seus resultados máximos característicos de algumas modalidades.

Para a estruturação do processo de preparação a longo prazo, é importante saber os ritmos ótimos de crescimento dos resultados desportivos, assim como o período total de obtenção de altos resultados desportivos. A Figura 6.2 indica os períodos característicos de algumas modalidades no que diz respeito à formação do alto rendimento desportivo. Os ritmos de crescimento não são regulares. Nas etapas iniciais de aperfeiçoamento desportivo, o

TABELA 6.1 – Faixas etárias e suas relações com os resultados desportivos (Filin, 1987)

Modalidade desportiva	Zona dos primeiros grandes resultados (idade)	Zona de alto rendimento (idade)	Zona de manutenção dos resultados (idade)
Homens			
Corrida 100 metros	19-21	22-24	25-26
Corrida 800 metros	21-22	23-25	26-27
Corrida 10.000 metros	22-23	24-26	27-29
Saltos (altura)	19-20	21-24	25-26
Lançamento de dardo	21-23	24-26	27-28
Natação	14-16	17-21	22-24
Ginástica esportiva	18-20	21-24	25-26
Luta	19-21	22-26	27-30
Halterofilismo	19-21	21-24	25-27
Boxe	18-20	21-25	26-28
Remo acadêmico	17-20	21-25	26-28
Basquetebol	19-21	22-26	26-28
Futebol	20-21	22-26	27-28
Patinação artística (gelo)	13-16	17-25	26-28
Esqui	20-22	23-28	29-30
Hóquei sobre o gelo	20-23	24-28	29-30
Mulheres			
Corrida 100 metros	17-19	20-22	23-25
Corrida 800 metros	19-21	22-24	25-26
Saltos (altura)	17-18	19-22	23-24
Lançamento de dardo	20-22	23-24	25-26
Natação	12-15	16-18	19-20
Ginástica esportiva	13-15	16-18	19-20
Basquetebol	16-18	19-24	25-26
Patinação artística (gelo)	13-15	16-24	25-26
Esqui	18-20	21-25	26-27

ritmo decresce mais rápido, sendo que, nas finais, é mais lento. Existem diferenças substanciais no que se refere ao sexo e ao tipo de especialização desportiva. As mulheres utilizam de 2 a 3 anos menos para a obtenção de altos resultados desportivos em comparação aos homens.

Os períodos etários não significam, de modo algum, que certos atletas talentosos não sejam capazes de mostrar resultados de destaque, superando, de certa maneira, os índices etários médios. Mesmo assim, a prática do desporto mostra, infelizmente, que o resultado desportivo precoce relativamente alto é, em sua maioria, consequência de uma preparação forçada. Assim, a análise comparativa da dinâmica de muitos anos de resultados desportivos mostrou que, na idade juvenil, os ritmos de crescimento dos resultados dos corredores russos, em distâncias médias, são essencialmente mais altos do que os dos melhores atletas do mundo. Entretanto, na passagem da categoria de juniores para a de adultos, os resultados dos atletas russos se estabilizam, enquanto a cúpula internacional continua a crescer, o que lhes possibilita ocupar posições de liderança no *ranking* desportivo internacional. A dinâmica revelada do crescimento dos resultados desportivos testemunha que, pelo visto, mesmo os primeiros corredores russos não evitaram a preparação precoce na idade infantil e juvenil.

As diferenças na idade e nos ritmos de obtenção dos resultados desportivos,

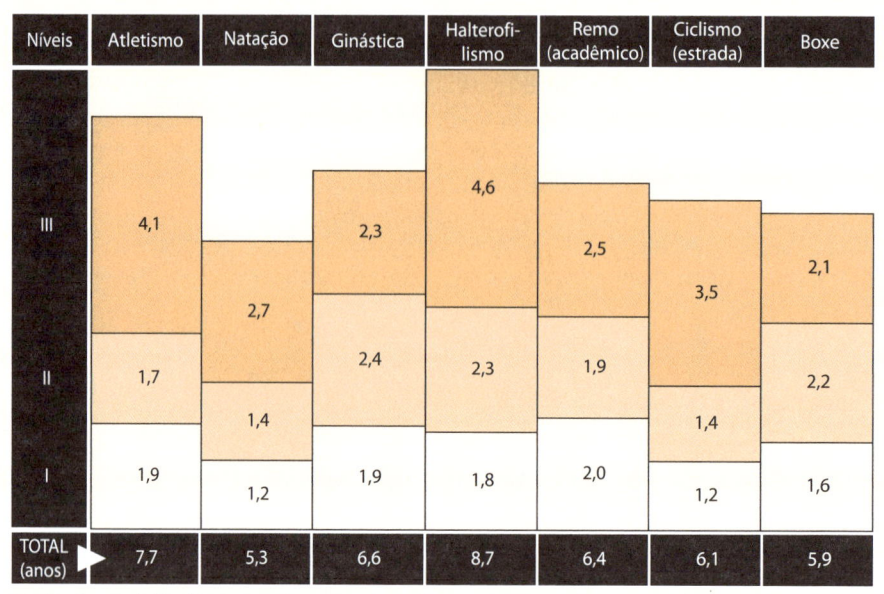

Níveis	Atletismo	Natação	Ginástica	Halterofi-lismo	Remo (acadêmico)	Ciclismo (estrada)	Boxe
III	4,1	2,7	2,3	4,6	2,5	3,5	2,1
II	1,7	1,4	2,4	2,3	1,9	1,4	2,2
I	1,9	1,2	1,9	1,8	2,0	1,2	1,6
TOTAL (anos)	7,7	5,3	6,6	8,7	6,4	6,1	5,9

Nível I – Estadual; Nível II – Regional e nacional; Nível III – Internacional (olímpico, mundial).

FIGURA 6.2
Períodos (anos) necessários para se atingir resultados superiores em várias modalidades desportivas (adaptado de Volkov; Filin, 1983).

bem como as particularidades etárias do desenvolvimento das capacidades motoras, exigem a definição clara do momento de início da prática regular da modalidade escolhida. Tais períodos podem ser calculados com base em uma simples operação aritmética: o índice da idade média de resultados superiores em determinada modalidade desportiva é diminuído, em valor médio, do índice de duração de formação do alto rendimento desportivo. O resultado obtido dá uma ideia da idade em que seria desejável começar a prática regular nessa modalidade. Tem-se verificado, nos últimos anos, a tendência a diminuir a idade de início da prática desportiva. Essa tendência, porém, não se aplica, de maneira igual, a todas as modalidades. Mais ainda, nem sempre está ligada às exigências do sistema de preparação de muitos anos.

Uma vez que se trata da definição da idade ótima para iniciar as sessões de treinamento, é de interesse a análise da preparação de muitos anos dos nadadores mais destacados do mundo (Platonov; Fessenko, 1990). Segundo os dados disponíveis, a maior parte dos nadadores de alto rendimento começou a treinar na idade ótima, conforme consideram os especialistas, entre os 8 e os 12 anos, no caso dos homens (70,3% dos entrevistados), e entre os 6 e os 10 anos, no caso das mulheres (92,6%). E, mesmo assim, o leque de idades em que os melhores nadadores do mundo começaram a praticar regularmente a natação é bastante amplo, de 3 a 16 anos. A idade de início da prática da natação e outras modalidades é determinada por um grande número de fatores, que frequentemente não se relacionam com as leis naturais da formação desportiva.

É necessário mencionar, antes de mais nada, a influência das tradições existentes no desporto infantil em diferentes países, as condições climáticas favoráveis, a disponibilidade de equipamentos e as instalações desportivas. É por essas razões que se explica o fato de os nadadores americanos e australianos começarem muito cedo a praticar natação. Há, nesses países, uma grande popularidade dessa modalidade e também um grande número de piscinas, o que contribui para que muitas crianças se acostumem à prática da natação na idade de 3 a 6 anos. Foi justamente nessa idade que iniciaram na natação os desportistas australianos Holland e Gaulde, o brasileiro Ricardo Prado e alguns nadadores alemães.

Da mesma forma, muitos desportistas, o que é característico dos nadadores velocistas, começaram muito tarde sua preparação. Por exemplo, somente na idade de 15 anos começaram a especializar-se em *sprint* os melhores nadadores na distância de 50 metros: Peng Ziv Ang (Filipinas), K. Kirchner (EUA), D. Natzat (Suíça) e Fernando Scherer (Brasil), enquanto o campeão olímpico M. Biondi passou a dedicar-se por completo à natação já com 16 anos de idade (Platonov; Fessenko, 1990). Mas é importante salientar que a maioria dos atletas que começaram a especializar-se muito tarde e alcançaram resultados de destaque anteriormente já tinham preparação em outras modalidades.

PERÍODOS SENSÍVEIS E DESENVOLVIMENTO DAS CAPACIDADES MOTORAS

No desenvolvimento do organismo humano, verificam-se mudanças morfofuncionais naturais. As pesquisas mostraram determinado heterossincronismo na formação de diferentes órgãos e sistemas do organismo, característica de diversos períodos etários. As particularidades etárias do amadurecimento de diferentes sistemas funcionais refletem-se na eficiência do ensino da técnica das ações motoras e no aperfeiçoamento das capacidades físicas.

A prática pedagógica mostrou, há muito tempo, que o efeito do ensino, além de outros fatores, depende da idade dos alunos. Na infância, é mais fácil ensinar a andar de bicicleta, nadar, executar exercícios de acrobacia do que na idade adulta, pois é na idade infantil que se desenvolvem ativamente as estruturas psicofisiológicas do organismo, que asseguram a revelação das capacidades de coordenação e, ao mesmo tempo, ainda são pouco expressas as relações de defesa relacionadas com o sentido do medo. A dependência entre a idade e a eficiência do ensino altera-se na medida da alternância dos períodos, que se distinguem pelo nível diferente de aprendizagem, aceitação de influências de treino e de processamento da informação. O mesmo se vê também quanto ao aperfeiçoamento das capacidades motoras (físicas). Na Tabela 6.2 são apresentados os dados referentes às alterações de alguns índices de desenvolvimento das capacidades físicas entre as crianças e os jovens.

Definir os limites etários dos períodos sensíveis, orientando-se apenas pela idade cronológica, é bastante difícil, e, por isso, recomenda-se levar em conta também a idade biológica, que é determinada pelo nível do desenvolvimento fisiológico, pelas capacidades motoras das crianças, pelas fases de amadurecimento sexual e pelo grau de calcificação do esqueleto (substituição do tecido cartilaginoso pelo tecido ósseo). A idade cronológica pode distinguir-se consideravelmente da biológica.

Diversas capacidades motoras atingem o desenvolvimento máximo em diferentes idades, dependendo dos ritmos de amadurecimento dos sistemas funcionais que asseguram sua manifestação. É com tal fator que se relacionam, em grande medida, a idade ótima para o início dos treinos, nessa ou naquela modalidade, e a orientação predominante dos efeitos de treinos, bem como os limites aproximados (orientadores) dos resultados superiores.

O aperfeiçoamento das capacidades de coordenação e de flexibilidade está relacionado com a idade de 6 a 10 anos e atinge os níveis máximos entre os 14 e os 15 anos, entre as mulheres, e um ou dois anos mais tarde, entre os rapazes (Gujalovski, 1980).

O maior acréscimo de velocidade influenciado pelos treinos ocorre na idade de 9 a 12 anos e, na idade de 13 a 15 anos, segundo algumas manifestações, atinge os níveis máximos. Nesse período, a vantagem das crianças treinadas em relação às que não tiveram treinos é especialmente grande. Se, nessa idade, não for dada atenção ao aperfeiçoamento da velocidade, será difícil superar o atraso nos anos posteriores.

As capacidades de força dos jovens atletas estão intimamente ligadas ao crescimento dos tecidos ósseo e muscular e ao desenvolvimento do aparelho articular. O maior acréscimo da força de certos músculos ocorre no período entre 14 e 17 anos. Em geral, a força muscular e a resistência ao trabalho dinâmico podem aumentar até 25 a 30 anos, ou mais.

As alterações das capacidades motoras, no período de amadurecimento sexual, constituem uma particularidade do desenvolvimento etário. As capacidades de força e de velocidade crescem intensamente, sendo que as capacidades de coordenação (em particular, a precisão da diferenciação e da reprodução dos esforços) podem até diminuir. Isso se deve à reestruturação hormonal observada no organismo dos jovens (adolescentes), a qual leva ao crescimento da excitação e ao crescimento da mobilidade dos processos nervosos.

Convém também levar em consideração as mudanças anatomomorfológicas que se efetuam no organismo nesse período. O crescimento do comprimento do corpo e

TABELA 6.2 – Períodos sensíveis do desenvolvimento das capacidades físicas (adaptado de Zakharov; Gomes, 1992)

Capacidades físicas	Sexo	Idade									
		7-8	8-9	9-10	10-11	11-12	12-13	13-14	14-15	15-16	16-17
Velocidade	Masculino	3	2	3	3						
	Feminino	3	3	3	3		2		2	2	
Velocidade–Força	Masculino		2	2	2			3	3		
	Feminino	2	2	1	3	2					
Força	Masculino			1	1	3		3	2	2	3
	Feminino			1	1	3	1				2
Coordenação	Masculino	1	1	3	2	1			2		
	Feminino	3	3	2		2	2				
Flexibilidade	Masculino	1	1	3			1	1		2	
	Feminino	2	1	1		1	1	1	2		2
Resistência	Masculino					1	2		2	3	1
	Feminino				2	2					

1, Período de baixa sensibilidade de desenvolvimento; 2, período de média sensibilidade de desenvolvimento; 3, período de alta sensibilidade de desenvolvimento.

dos membros leva à alteração da estrutura biomecânica dos movimentos, exigindo novas coordenações, o que é acompanhado da deterioração da proporcionalidade e da concordância dos movimentos. Assim, por exemplo, a diminuição da capacidade de salto, entre as mulheres de 15 a 17 anos, explica-se pelo fato da diminuição da velocidade dos movimentos, por um lado, e, por outro, do aumento do peso, o que se deve essencialmente ao aumento da massa passiva (gordura). Isso leva à diminuição da força relativa das mulheres.

CARGA DE TREINAMENTO E SEU CRESCIMENTO CONSTANTE

A elevação constante e gradual das influências de treinamento é uma das primeiras condições determinantes do rendimento desportivo no processo de preparação a longo prazo. Essa tese metodológica determina, antes de tudo, a influência geral na escala de preparação durante muitos anos. Para as influências nos períodos de tempo mais curtos, desde o microciclo até o ciclo anual de preparação, aliás, conforme comentário anterior, é mais característica a dinâmica ondulatória, o que é condicionado pelas leis naturais de adaptação.

Na estruturação da preparação a longo prazo, o técnico deve prever a elevação contínua das influências de treino de um ano para outro. A estabilização das influências de treino de determinado caráter, na etapa conclusiva da preparação a longo prazo, quando é proposta uma tarefa da manutenção dos resultados desportivos obtidos, pode constituir uma eventual exceção. O treino deve exercer influência positiva das possibilidades morfofuncionais dos desportistas e levar em conta as leis de formação do nível desportivo na referida modalidade desportiva.

Os primeiros anos de preparação caracterizam-se predominantemente pelo aumento do volume do trabalho de treino. Mais adiante, tem lugar uma elevação gradativa da parcela do trabalho intensivo no volume total.

O aumento da influência de treino constitui uma condição importante, pois determina as particularidades de reação dos sistemas do organismo à carga em crescimento. O crescimento demasiadamente lento da carga pode não estimular as correspondentes mudanças de adaptação no organismo. O aumento anual do volume de trabalho pode oscilar em um diapasão bastante largo, dependendo da etapa da preparação a longo prazo. Nas etapas iniciais, quando a grandeza total de influências de treinamento está longe dos limites máximos, o aumento do volume de treinamento pode representar até 30 a 40% (levando em consideração o desenvolvimento etário do atleta). Na etapa do nível superior desportivo, a aproximação dos parâmetros máximos de influências e o aumento do volume do trabalho é de 15 a 20%, e a intensidade, de 6 a 15%.

Na teoria e na prática da preparação dos atletas de alto rendimento, tem-se discutido ativamente a questão relacionada com a possibilidade de aumento "por saltos" da carga de treinamento em certos anos da preparação a longo prazo. Alguns especialistas (Vaitsekhovski, 1985) consideram eficiente a variante na qual, durante os primeiros anos da preparação, o volume da carga aumenta gradualmente, mas, com a aproximação da etapa de resultados superiores, aumenta bruscamente (às vezes, de 80 a 100%) em todas as direções.

Assim, o nadador brasileiro Ricardo Prado, com a idade de 16 anos, aumentou, durante um ano, o volume de treinos de 2.110 para 3.272 km, melhorando o resultado, na distância de 400 m (combinado), de 4 min e 31,8 s para 4 min e 22,6 s. Os desportistas que utilizam a variante por saltos da dinâmica de cargas se caracterizam por um período muito curto de atuação em nível superior, sendo frequentemente de apenas 1 a 2 anos. Pelo visto, o "custo estrutural de adaptação", com o acréscimo "por saltos" de cargas, é tão alto que o organismo fica sem reservas de adaptação para o crescimento posterior e, como consequência, os resultados estabilizam-se, ou até começam a baixar.

Mesmo assim, não vale negar por completo a possibilidade de combinação de um aumento gradativo de influências com a dinâmica "por saltos" em certas etapas da preparação a longo prazo. É necessária uma elaborada fundamentação científica e metodológica com recomendações quanto aos parâmetros de aumento de cargas (volume) que não provoque consequências negativas.

Na Figura 6.3 observa-se a dinâmica do volume (percentual) de trabalho que realiza o desportista moderno nas diversas etapas de preparação a longo prazo nas provas de natação, ciclismo e atletismo (Platonov, 1997).

MEIOS E MÉTODOS DE PREPARAÇÃO DESPORTIVA E SUA RELAÇÃO COM A HEREDITARIEDADE

Cada meio de treinamento ou método de preparação caracteriza-se por seu potencial de treinamento, ou seja, pela capacidade de causar mudanças adaptacionais no organismo; tais mudanças determinam o progresso nos resultados desportivos do atleta. À medida que se utiliza um meio de treino ou método de preparação, a reação de resposta do organismo a tal influência diminui, e sua aplicação por muito tempo não assegura a melhora dos resultados.

Não existem meios e métodos de treinamento com um efeito fisiológico absoluto. O efeito de treinamento de determinada influência deveria ser avaliado conforme o nível de preparação do atleta, a sua idade biológica, as particularidades da modalidade desportiva, etc. Assim, as possibilidades de um acréscimo perma-

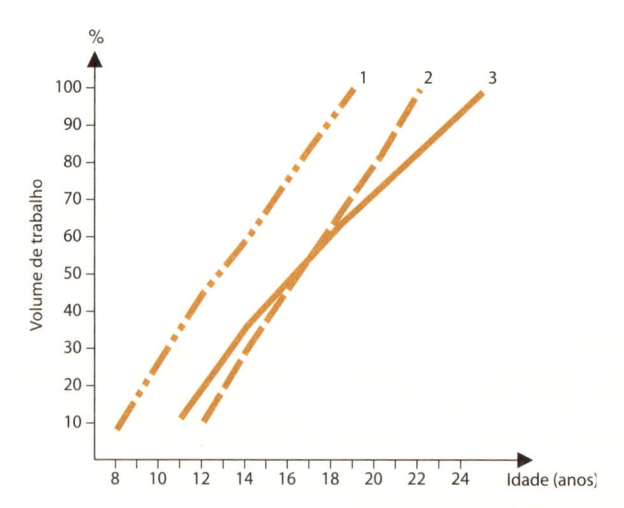

1, Natação (provas de 400 e 1.500 m); 2, Ciclismo (provas de estrada); 3, atletismo (corrida de longa distância).

FIGURA 6.3
Dinâmica do volume (percentual) de trabalho nas diversas faixas etárias de atletas do sexo masculino (Platonov, 1997).

nente dos resultados desportivos, durante a preparação a longo prazo do desportista, deveriam ser relacionadas com a elaboração de um sistema real de influências de treino de muitos anos e não com as esperanças em algum meio absoluto de treino ou em um método supereficiente.

Nesse sentido, é de grande importância a continuidade de meios e de métodos de treino no processo de preparação de muitos anos do atleta.

À medida que o efeito de um meio de treino se reduz, é necessário incluir outros meios relativamente mais eficientes. A continuidade dos meios de treino, nas primeiras etapas de preparação, é altamente eficiente. É inaceitável interromper esse processo por duas razões principais:

- O organismo do desportista iniciante não está funcionalmente preparado para tais influências que podem provocar a intensificação de certos sistemas funcionais (Timakova, 1985; Filin, 1987).
- A aplicação oportuna de meios com potencial absoluto de treino não muito alto é capaz de assegurar os ritmos ótimos de crescimento dos resultados desportivos nas primeiras etapas de preparação de muitos anos, assegurando as mudanças gradativas e multilaterais de adaptação que criam premissas favoráveis ao futuro aperfeiçoamento desportivo.

Em cada modalidade, formou-se um arsenal de meios de treino e de métodos de preparação. Ao planejar a preparação durante muitos anos, o treinador deve distribuir os meios e os métodos segundo a lógica determinada pela influência de treino. A tendência geral desse processo caracteriza-se pela alteração gradual da correlação dos meios de preparação física geral (PFG) e de preparação física especializada (PFE) no processo da preparação a longo prazo (Tabela 6.3).

A violação dessa norma impede a obtenção dos resultados máximos e potencialmente possíveis do atleta.

A vontade de alguns técnicos de conseguir, o mais rápido possível e por vias mais simples, uma boa atuação de seus atletas nas competições leva a crer que, na prática da preparação dos desportistas jovens, devemos sugerir meios e métodos mais potentes de treinamento moderno, aplicados na preparação dos atletas de alto nível. Isso provoca o crescimento acelerado dos resultados de determinados êxitos nas competições infantis e de juniores, mas, ao mesmo tempo, provoca a perda da perspectiva de obtenção de altos resultados na idade ótima. Tais tipos de treinos estão frequentemente ligados a sérias perturbações da saúde dos jovens desportistas, à preparação técnica e funcional unilateral e a fracassos psíquicos. Em consequência, a sua longevidade desportiva não é grande (Filin, 1987).

ETAPAS DE PREPARAÇÃO A LONGO PRAZO

Cada uma está relacionada com a solução de determinadas tarefas de pre-

TABELA 6.3 – **Volume de cargas anuais e a correlação da preparação física geral e especial em diferentes etapas da preparação a longo prazo**

Etapas	I	II	III	IV	V
Volume total de trabalho anual (em horas)	100-300	300-500	500-1.000	1.000-1.500	1.000-1.500
Preparação específica (%)	10-25	25-50	50-75	75-85	85-90
Preparação geral (%)	90-75	75-50	50-25	25-15	15-10

paração do desportista. A preparação a longo prazo, racionalmente estruturada, pressupõe uma sequência rigorosa na solução dessas tarefas, condicionada pelas particularidades biológicas de desenvolvimento do organismo humano, pelas leis naturais de formação do alto nível desportivo numa modalidade desportiva, pela eficiência dos meios de treinamento e dos métodos de preparação, etc.

As etapas de preparação a longo prazo não têm limites nítidos e duração fixa. Seu início e fim podem variar, dependendo dos fatores que exercem influência sobre os ritmos individuais de formação de alto rendimento desportivo. A passagem do atleta de uma etapa para outra caracteriza-se, antes de tudo, pelo grau de solução das tarefas da etapa precedente. Vejamos algumas disposições metodológicas que determinam a estrutura e o conteúdo da preparação em cada uma das etapas (Figura 6.4). A preparação a longo prazo subdivide-se em cinco etapas.

Etapa de preparação preliminar

Na etapa de preparação preliminar, as principais tarefas são: assegurar a preparação física multilateral e a formação harmoniosa do organismo em desenvolvimento – ensinar diferentes gestos motores necessários à vida do indivíduo (corrida, saltos, lançamentos, natação, etc.), inclusive gestos básicos para futuras sessões desportivas. A formação do interesse pela prática de exercícios físicos e o regime desportivo (os treinos regulares, a combinação dos estudos escolares e dos treinos, a higiene, etc.) são tarefas importantes nessa etapa.

No processo de preparação preliminar, não devemos nos apressar com a especialização desportiva. Seria mais correto proporcionar ao desportista iniciante a possibilidade de experimentar diferentes exercícios desportivos e, somente depois disso, definir o tipo da futura especialização. Os grupos de preparação física geral em que não se coloca para as crianças a tarefa de obtenção de resultados desportivos em determinada modalidade são uma forma ideal de organização dos treinos na etapa preliminar.

A análise retrospectiva da preparação da maioria dos desportistas destacados comprova que as sessões dos primeiros dois ou três anos tiveram caráter expressamente recreativo com base na ampla utilização de elementos de diversas modalidades, sendo preferencial o método de jogos.

Os especialistas no desporto infantil e juvenil têm frisado insistentemente que o método de jogos é mais justificado no trabalho com os jovens desportistas e que a eficiência desse trabalho está estreita-

FIGURA 6.4
Etapas de preparação a longo prazo.

mente ligada às buscas constantes de vias para a criação, nos treinos, de um fundo emocional positivo (Filin, 1987; Zakharov, 1986; Ovanessian; Ovanessian, 1986).

Nesse sentido, é característica a experiência de preparação preliminar do ex-campeão do mundo de natação M. Gross (Alemanha). Durante os primeiros anos, tinha aulas na piscina 2 a 3 vezes por semana, durante 45 a 50 minutos, percorrendo, nessas aulas, de 1 a 2 quilômetros. Fora da piscina, praticou principalmente o futebol e o tênis, assim como o *cross-country*. O programa era composto em conformidade com o seu interesse e sua disposição de ânimo, sendo que o ensino das técnicas de natação realizava-se por meio de jogos especialmente selecionados (Platonov; Fessenko, 1990).

O aperfeiçoamento das capacidades motoras, na etapa de preparação preliminar, deve construir-se em rigorosa concordância com o estado psicofisiológico da criança e ter caráter diversificado. Deve ser prestada especial atenção ao desenvolvimento da rapidez e das qualidades de coordenação que servem de base para o domínio das ações complexas, no sentido motor, nas etapas posteriores da preparação desportiva de muitos anos. As crianças devem saber dosar seus esforços, submeter o movimento a um determinado ritmo, evitar movimentos desnecessários, etc.

Na etapa de preparação preliminar, ainda não se formou a estrutura do ciclo anual, característica das etapas posteriores. O período preparatório prolongado, composto de microciclos relativamente padronizados, cujo conteúdo pode variar em função das estações do ano e das condições climáticas, deve ser a base da preparação. Na preparação de muitos atletas destacados, são característicos, nos primeiros anos de treinos, os períodos prolongados de descanso e as mudanças dos tipos de atividade motora, que representam frequentemente 2 a 3 meses ou mais. O microciclo semanal deve ser composto geralmente de 2 a 4 treinos, com a duração de 30 a 60 minutos cada um. O volume total anual é de 100 a 300 horas ou 10 a 15% do volume da etapa de resultados superiores. A duração da etapa de preparação preliminar é habitualmente de 2 a 3 anos e depende da idade de início da prática desportiva. Se a criança começa a praticar o esporte relativamente cedo, a preparação preliminar dura quatro anos ou mais, mas, se o início for tarde, a etapa pode reduzir-se de um a um ano e meio.

Etapa de especialização desportiva inicial

O início dessa etapa deve estar relacionado condicionalmente com a modalidade desportiva em que se supõe a especialização do atleta, no processo de preparação a longo prazo. A especialização inicial do atleta realiza-se geralmente nas escolas desportivas nas categorias infanto-juvenil (Gomes; Machado, 2001).

Garantir a preparação geral multilateral dos jovens desportistas deve ser considerada a tarefa mais importante da etapa de especialização inicial. Toda a vasta experiência prática e as pesquisas científicas comprovam que essa abordagem do problema é que assegura a preparação básica sobre a qual, mais adiante, se constrói o aperfeiçoamento eficaz das capacidades especiais do atleta.

O organismo do homem apresenta-se como uma unidade, e o atraso ou o desenvolvimento desproporcional de alguns órgãos ou sistemas funcionais se reflete inevitavelmente na atividade de todo o organismo e, em particular, nas condições extremas da competição. Por isso, a orientação para o fortalecimento da saúde e a contribuição para o desenvolvimento de pleno valor multilateral têm de constituir a disposição metodológica que determina a estrutura e o conteúdo da preparação dos jovens nessa etapa.

Na maioria das modalidades desportivas, a etapa de especialização inicial coincide com o período da puberdade, condicionado pelo desenvolvimento impetuoso do organismo (aumento da estatura e da massa corporal, mudanças hormonais, etc.). Nessa época, o organismo em desenvolvimento do jovem atleta recebe uma grande carga biológica além da de treino. Por conseguinte, os parâmetros das influências de treino têm de ser rigorosamente dosados, levando-se em consideração os ritmos individuais de desenvolvimento do organismo dos adolescentes.

O aperfeiçoamento das capacidades motoras dos jovens desportistas deve seguir o seu desenvolvimento natural. Além de dar atenção à velocidade e às capacidades de coordenação, não se deve esquecer também o aperfeiçoamento da resistência, capacidade motora necessária aos desportistas de diversas modalidades. As crianças e os adolescentes têm frequentemente experiências muito tardias com as cargas que visam ao aperfeiçoamento da resistência, o que provoca um prejuízo essencial ao desenvolvimento físico multilateral da criança e não permite fazer com que o organismo seja preparado gradualmente para grandes cargas de treino nas etapas posteriores de preparação a longo prazo.

Na etapa de especialização inicial, convém prestar atenção ao desenvolvimento da força muscular dos jovens. Os exercícios que contribuem para o desenvolvimento da força têm de ser acompanhados de tensões mínimas, excluindo os esforços e as consideráveis tensões prolongadas. As crianças geralmente apresentam deficiências nos músculos abdominais, nos do quadril, nos músculos posteriores da coxa, nos abdutores das pernas e nos músculos da zona escapular.

Aqui os exercícios de preparação geral são os meios dominantes. Sua porcentagem, no volume geral, diminui, no final da etapa, de 80 a 50% (Tabela 6.3). A diminuição dos meios de preparação geral facilitam o crescimento dos meios mais específicos, caracterizando-se como um dos indícios de conclusão da etapa de especialização inicial.

Uma das tarefas centrais da etapa de especialização inicial consiste no domínio das técnicas da modalidade escolhida. É necessário que os desportistas iniciantes passem a aprender as bases da técnica de ações motoras e que seja mais ampla a variedade de hábitos e de experiências motoras. Isso assegurará, no período posterior, o aperfeiçoamento mais bem-sucedido da técnica desportiva.

A estrutura do ciclo anual de preparação adquire, ao fim da etapa de especialização inicial, os indícios de periodização tradicional, ou seja, juntamente com os períodos preparatórios prolongados e transitórios começam a formar-se os microciclos de tipo competitivo, que podem ser encarados como base do período competitivo.

A estrutura e o conteúdo do ciclo anual, geralmente, submetem-se ao regime das aulas escolares dos jovens. O maior volume de treinos ocorre no período das férias escolares (Figura 6.5). Isso leva ao aparecimento de microciclos e de mesociclos durante as férias. No período de férias de verão, estruturam-se dois a três mesociclos de quase um mês de duração cada um. A preparação, durante as férias, muito frequentemente deve levar em conta o fato de as crianças estarem nos acampamentos desportivos, onde o número de sessões de treinamento no microciclo pode aumentar significativamente. A regra geral é a realização de duas sessões de treinamento por dia, o que leva ao aumento brusco do volume de treinamento nesse período. O volume de traba-

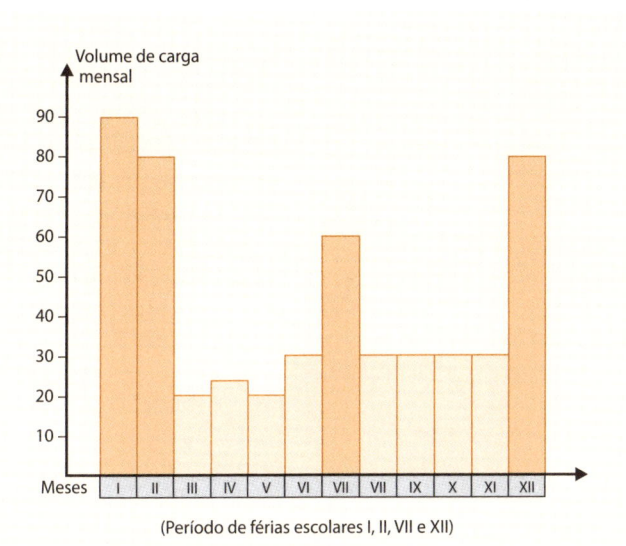

FIGURA 6.5
Volume geral da carga de treinamento levando em consideração as férias escolares na etapa de especialização inicial.

lho de treinamento durante o mesociclo de um mês nas férias escolares pode representar 80 a 90 horas. Em comparação com o volume habitual de 30 a 40 horas (3 a 4 sessões por semana) durante o ano letivo, tal volume representa um aumento de mais de 100% do volume de cargas de treinamento.

Esse aumento significativo de volume, porém, justifica-se metodologicamente e não contradiz o princípio da continuidade. Durante as férias, não há "carga" escolar que crie um fundo considerável de fadiga psíquica e física; portanto, há espaço para o aumento da carga de treinamento. O aumento do volume de carga ocorre predominantemente por conta da utilização dos exercícios de intensidade moderada ou baseados no método de jogo. As sessões de treinamento realizam-se com momentos de recuperação completa e combinam com o descanso ativo (natação, jogos, passeios, etc.). Tais fatores criam um fundo emocional favorável, o que facilita substancialmente a adaptação do organismo do jovem a tal aumento de cargas.

A atividade competitiva, na etapa de especialização inicial, tem caráter auxiliar e é representada principalmente pelas competições preparatórias e de controle, a maioria das quais realizadas na escola desportiva ou no clube. As competições têm um programa simplificado: nos individuais, as distâncias são mais curtas e, nos jogos, os tempos são reduzidos, entre outros aspectos. O volume total do trabalho de treinamento, no ciclo anual, é de 300 a 600 horas.

Etapa de especialização profunda

A etapa de especialização profunda é a continuação natural da etapa anterior de preparação inicial e visa à criação da base especializada de preparação do atleta. A preparação, nessa etapa, exige um aumento substancial do tempo de trabalho e objetiva a obtenção de resultados desportivos. É por isso que somente os desportistas que dispõem de potencial funcional suficiente para conseguir altos resultados desportivos, numa referida modalidade, podem começar a etapa de especialização profunda. A formação de uma motivação estável para a obtenção de altos resultados desportivos constitui tarefa importante dessa etapa.

Uma das principais peculiaridades metodológicas da etapa de especialização profunda é a elevação invariável do volume dos meios especializados de preparação em correlação tanto absoluta como relativa com os meios da preparação física geral.

No aperfeiçoamento das capacidades motoras, merece considerável atenção a preparação da força e da velocidade do atleta, pois permitem exercer influências específicas sobre os grupos de músculos que, por sua vez, asseguram a manifestação das possibilidades de força na modalidade praticada. Nas sessões de treinamento, aparecem os exercícios com peso quase máximo, e até máximo, embora o volume desses exercícios deva ser relativamente pequeno. Durante a preparação de velocidade e de força, convém utilizar diversos exercícios de saltos com peso e exercícios especiais de corrida. Para evitar a estabilização do nível da capacidade de velocidade (o aparecimento da "barreira de velocidade"), as influências de treinamento têm de ter caráter de "contraste".

A partir da idade de 15 a 16 anos, crescem intensivamente o interesse e a capacidade de vontade, o que se deve ao aumento do vigor do sistema nervoso, criando premissas para maior enfoque, durante a etapa de especialização profunda, no aperfeiçoamento da resistência especial. No início da etapa de especialização profunda, os desportistas já devem dominar as bases da técnica da modalidade escolhida, e é por isso que aos jovens atletas se propõe a tarefa da consolidação firme das técnicas. As ações motoras formadas na etapa precedente são levadas até o estágio de hábitos firmes e sólidos. Resolvem-se as tarefas de aperfeiçoamento das técnicas desportivas e certos detalhes das ações motoras devido ao crescimento da condição física do atleta.

Na etapa da especialização profunda na modalidade escolhida, o método competitivo passa a desempenhar papel substancial no aperfeiçoamento das técnicas desportivas. Desse modo, o jovem atleta aperfeiçoa suas capacidades táticas. Nos jogos, procede-se à distribuição dos desportistas segundo as funções desempenhadas (ataque, defesa, etc.) e à individualização dos treinos em conformidade com tais funções.

A transição para a etapa de especialização profunda, entre muitos desportistas, está ligada ao início da preparação nas escolas infanto-juvenis. Graças a isso, a preparação começa a se processar nos termos de um regime especializado que permite ter, ao fim da etapa, 2 a 3 sessões de treino por dia (10 a 14 treinos no microciclo semanal) e assiste-se a um aumento substancial do volume de treinos, que, na dinâmica segundo os anos da etapa de preparação, representa de 600 a 1.000 horas por ano, sendo que, em algumas modalidades, o número pode ser maior.

A estrutura do ciclo anual de preparação compreende os períodos preparatório, o competitivo e o transitório. O período preparatório inclui as etapas de preparação geral e especial. O período competitivo tem duração mais curta do que nas etapas posteriores. O microciclo competitivo, como regra geral, alterna com os microciclos de treinamento e de recuperação. O número de competições representa 40 a 70% na etapa de resultados superiores. Os desportistas competem em diversas distâncias, em poliatlos, desempenhando papéis diferentes nos jogos. Na Tabela 6.4, pode ser observado o volume de treinamento na modalidade de levantamento de peso nas mais diversas faixas etárias.

Etapa de resultados superiores

O objetivo dessa etapa é a obtenção de resultados superiores (máximos individuais) na modalidade escolhida. A duração coincide com os limites da idade ótima correspondente ao período de resultados superiores.

O objetivo da realização do potencial funcional acumulado em resultados desportivos determina a estrutura e o conteúdo da preparação do ciclo anual. Na etapa de resultados superiores, o volume de treinamentos atinge parâmetros máximos de 1.000 a 1.500 horas anuais e, em certos casos, de até 1.800 horas. Cresce substancialmente a parcela da preparação especial no volume geral de treinamento e aproxima-se dos índices máximos (80 a 85%).

Cresce também o número de microciclos "de choque", inclusive com cargas concentradas apenas em um objetivo fisiológico. O número total de sessões pode ser de 15 a 20 no microciclo semanal, das quais 5 a 8 sessões com cargas altas (Gomes, 1997b).

Nas modalidades não relacionadas com as condições climáticas do local, a preparação, no ciclo anual, constrói-se com base em dois ou três macrociclos. Reduz-se a duração do período preparatório e aumenta-se o período competitivo em até 6 a 10 meses por ano. Aumenta, respectivamente, a quantidade de dias de competição, representando, em muitas modalidades, de 60 a 120 dias por ano. Utilizam-se amplamente as competições em série, umas após as outras, com curto intervalo de recuperação. O destaque da etapa de resultados superiores é a existência do mesociclo competitivo de 4 a 8 semanas de duração, no período que precede imediatamente as principais competições do ano.

A utilização máxima do potencial de treinamento dos meios e dos métodos capazes de mobilizar as reservas latentes do crescimento dos resultados desportivos dos atletas constitui, em princípio, uma importante tarefa metodológica.

Os especialistas em diversas modalidades destacam a estabilização dos índices qualitativos e vêem reservas para o crescimento posterior dos resultados, na etapa de resultados superiores, no aperfeiçoamento das características qualitativas de preparação (elevação da porcentagem

TABELA 6.4 – Volume do treinamento anual em jovens na faixa etária de 13 a 18 anos, do sexo masculino, na modalidade de levantamento de peso (Podskotsikii; Ermakov, 1981)

Carga de treinamento e sua relação com a idade dos desportistas					
Idade do desportista	Dias de treinamento	Número de sessões de treinamento	Volume da carga geral de treinamento (ton.)	Intensidade do treinamento (%)	Quantidade de competições
13-14	200	200	10.000	70-75	3-4
14-15	244	260	11.000	70-75	4
15-16	272	324	12.000	70-75	5
16-17	272	266	13.000	70-75	5
17-18	277	391	14.000-15.000	70-77	6-8

de cargas intensivas, correlação ótima na utilização de diferentes meios e métodos, aplicação de novas influências altamente eficientes, etc.). Na etapa de resultados superiores, utiliza-se amplamente a preparação na altitude, ou seja, diferentes meios de preparação e de meios que assegurem a adaptação favorável do organismo às cargas máximas. Um efeito significativo é proporcionado pela utilização de aparelhos de treino e, em particular, de aparelhos de treino isocinéticos, que permitem elevar consideravelmente a eficiência da preparação de força, conjugando-a com o aperfeiçoamento técnico do atleta.

As exigências máximas em relação a diferentes componentes de preparação do atleta, na etapa de resultados superiores, requerem condições correspondentes de organização e técnico-materiais. Por isso, a preparação do atleta, como regra, realiza-se nos clubes profissionais, nas escolas de alto rendimento desportivo, nos centros de preparação olímpica e nas seleções nacionais (Zakharov, 1990).

Etapa de manutenção dos resultados

A principal tarefa de preparação é a manutenção do alto nível de resultados desportivos. Está longe de ser grande o número de atletas que, no processo de preparação a longo prazo, atinge essa etapa. A maioria termina sua carreira desportiva nas etapas precedentes devido a diferentes circunstâncias. Trata-se, no entanto, da diminuição do nível de resultados desportivos ocasionada pelos erros metodológicos cometidos, pela necessidade de abandonar a prática desportiva por motivos profissionais, familiares, etc. O principal contingente de atletas que teve preparação orientada na etapa de manutenção de resultados são os desportistas de alta qualificação e que atuaram muito tempo, e até continuaram a atuar, em suas seleções nacionais e em equipes de clubes desportivos (jogos desportivos). Esses atletas podem ser profissionais ou amadores.

Apesar de a etapa de manutenção de resultados ir além dos limites da zona otimizada de resultados superiores, os desportistas frequentemente têm demonstrado resultados satisfatórios durante a etapa em questão, ganhando as maiores competições. É interessante assinalar que o estabelecimento de recordes mundiais é um caso muito raro para tais atletas. Eles vencem mais seguidamente devido ao alto nível técnico e à estabilidade psicológica, e não por terem vantagem em nível de preparação funcional (embora ela esteja num nível alto). Como se vê, trata-se da combinação de qualidades obtidas por atletas de grande experiência, sendo decisiva em condições de pressão psicológica intensa.

O sistema de preparação dos desportistas, na etapa de manutenção de resultados, apresenta detalhes puramente individuais. A grande experiência desportiva ajuda-os a estudar, em todos os aspectos, suas possibilidades e a condição dos adversários, além de encontrar os caminhos mais eficientes de controle de sua forma desportiva.

Nessa etapa, é característica a estabilização do volume total de cargas e até sua redução insignificante em 5 a 10%. Não tiveram êxito as tentativas de alguns desportistas que, durante alguns anos, competiram em nível superior para obter um novo "salto" nos resultados pela elevação substancial do volume geral de treinamento. Evidentemente, o organismo, nessa etapa, já não tem reservas de adaptação para dominar o novo volume de influências do treinamento. Para a manutenção do nível de resultados, contribuem a alteração na correlação do volume de componentes de carga e, em particular, a elevação da intensidade de influências. Mas, nesse sentido, convém levar em conta que os atletas que atuam no nível superior, durante 6 a 8 anos, estão adaptados geralmente aos meios e aos métodos de preparação mais diversificados, e, por isso, as influências anteriormente empregadas já não asseguram o efeito devido, tornando-se necessária sua renovação ou uma nova combinação mais eficiente.

Na etapa de conservação de resultados, tem havido casos bastante frequentes de efeitos positivos de intervalos prolongados entre os treinos ativos e na prática competitiva. Tais intervalos, motivados, por exemplo, pelo nascimento de um filho, por traumatismo ou por outras razões, cuja duração, às vezes, é de um ano ou um ano e meio, contribuíam, mais tarde, depois do reinício dos treinos, não somente para o retorno ao nível anteriormente alcançado, mas também para a superação do mesmo.

O tempo de atuação do atleta, na etapa de manutenção de resultados, depende muito da modalidade. Quanto mais complexa a estrutura da atividade competitiva, quanto maior o número de fatores relativamente iguais que determinam sua eficiência, quanto menor a influência da idade sobre tais fatores, tanto mais prolongada poderá ser a etapa de manutenção de resultados. Por exemplo, nos jogos desportivos, na vela, no hipismo, na esgrima, no tiro e em algumas outras modalidades, a etapa em questão pode durar muitos anos. A história dos jogos olímpicos pode nos dar muitos exemplos brilhantes de longevidade desportiva. O famoso iatista norueguês Magnuss Konov esteve nos Jogos de 1908, 1912, 1920, 1936 e 1948 e ganhou duas medalhas de ouro e uma de prata, classificando-se duas vezes na quarta posição. O atleta americano A. Orter (disco) obteve um resultado único no gênero, tendo ganho quatro medalhas de ouro. O sueco G. Fredriksson (canoa), o húngaro R. Karpati (sabre), os atletas soviéticos V. Saneev e V. Golubnitchi participaram quatro vezes dos jogos olímpicos. Os canoístas soviéticos L. Panaeva e V. Morozov, o soviético V. Ivanov (remo), o soviético M. Medved (luta livre) e o pugilista húngaro Laslo Papp venceram três vezes os jogos olímpicos. Poderíamos tornar essa lista mais representativa se nela fossem incluídos atletas de várias modalidades desportivas.

ESTRUTURA E ORGANIZAÇÃO DO TREINAMENTO NO CICLO OLÍMPICO

O ciclo olímpico de treinamento separa uma olimpíada da outra. Com quatro anos de duração, são muitas as formas de estruturar o treinamento nos mais diversos desportos que compõem o calendário olímpico de competições. Alguns atletas da história da olimpíada chegaram a participar de 4 a 5 olimpíadas, totalizando 16 a 20 anos de alto rendimento desportivo. Por mais talentoso que seja o atleta, esse nível de *performance* só é possível com a execução de exercícios rigorosamente selecionados e no tempo correto durante os vários ciclos olímpicos de treinamento.

As particularidades apresentadas na estruturação do ciclo olímpico são caracterizadas pelos tipos de desportos, que determinam o tempo de duração de cada período e de cada etapa de treinamento. Existem duas variantes de estruturação do ciclo olímpico. A primeira trata-se da preparação do desportista para a primeira olimpíada, e a segunda é a estrutura de carga a ser utilizada com atletas que já participaram de jogos olímpicos.

Os grupos de exercícios devem ser distribuídos na temporada de treinamento, respeitando as etapas de trabalho com seus devidos enfoques fisiológicos.

A teoria do treinamento desportivo defende a tese de que o período preparatório, composto pelas etapas geral e especial, deve ter o tempo suficiente para ministrar cargas que possam influenciar em um novo estado de adaptação biológica, isto é, de 3 a 5 meses. No atual calendário esportivo, que obriga os atletas a participarem de um elevado número de competições da temporada, o tempo de duração fica bastante diminuído, não permitindo uma boa preparação inicial para a temporada. O período competitivo, que apresenta também duas etapas (pré-competitiva e competitiva propriamente dita), tornou-se, nos últimos anos, bem mais longo, até mesmo nos desportos individuais. Além dos dois períodos citados, destaca-se o período de transição ou de descanso ativo, que pode ocorrer tanto no meio da temporada como no final do ciclo anual. Ele pode ser composto por um ou mais macrociclos, dependendo dos objetivos competitivos almejados na temporada.

Nos desportos individuais, o período preparatório é de grande importância e tem um tempo de duração maior, pois é nele que se forma a base concreta para o bom desenvolvimento no período competitivo. Já no período competitivo, normalmente estruturado por uma curta duração, ocorre o aperfeiçoamento das capacidades específicas, facilitando o grande momento conhecido como forma desportiva de alto rendimento.

Nos desportos coletivos, o período preparatório tem menor importância, sendo bem mais curto do que no esporte individual. O ganho da forma desportiva, nos desportos coletivos, depende muito do período competitivo, o qual facilita o aperfeiçoamento das capacidades técnicas, táticas, psicológicas e físicas no nível ótimo de *performance*.

A determinação do tempo de duração do período preparatório e competitivo nos desportos é uma discussão entre vários pesquisadores do mundo. A ciência ainda não conseguiu explicar qual é o tempo necessário a ser destinado a cada período. A tendência atual mostra que a correlação de conteúdo do treinamento em cada etapa de preparação pode facilitar as influências de adaptação de forma mais eficiente em cada tipo de esporte. A Tabela 6.5 mostra a importância dos períodos de treinamento nos desportos individuais e coletivos.

A composição do ciclo olímpico difere entre os países, e isso tem relação com a importância dada ao calendário internacional de competições. As experiências científicas mostram tendências de organização do processo de treinamento que obtiveram resultados de alto rendimento a cada ano do ciclo. De uma forma geral, o período de preparação, no primeiro ano do ciclo olímpico, deve durar cinco meses na temporada; já no segundo ano, o período de preparação diminui para quatro meses, aumentando para sete o período de competição, e, no terceiro ano, são estruturados dois macrociclos na temporada. No primeiro macrociclo, os períodos de preparação e competitivo têm três meses, no segundo macrociclo, apenas dois, e o competitivo, três meses. O objetivo principal, no terceiro ano do ciclo olímpico, é desenvolver o máximo das capacidades competitivas e a resistência de participações em competições dos desportistas.

O quarto ano do ciclo competitivo, também estruturado com dois macrociclos, visa à preparação do atleta diretamente

TABELA 6.5 – Períodos de treinamento e sua importância nos desportos

Desporto	Período preparatório	Período competitivo	Período transitório
INDIVIDUAL	Muito importante	Importante	Importante
COLETIVO	Importante	Muito importante	Importante

para as competições. O período preparatório do primeiro macrociclo é de apenas dois meses, destinando três meses ao competitivo. O segundo macrociclo inicia com um mês de preparação, no qual o conteúdo do treinamento se mantém de forma especial, destinando então os próximos cinco meses para o período de competição em que deve acontecer o maior rendimento possível do atleta, combinado com a participação nos jogos olímpicos (Figura 6.6).

A construção do ciclo olímpico deve levar em consideração o tipo de desporto e suas particularidades; o exemplo demonstrado na Figura 6.6 trata da dinâmica geral de organização das cargas de treinamento. Quando se tratar do ciclo olímpico em desportos coletivos, devemos encurtar o período de preparação, dando maior ênfase ao período competitivo. Um exemplo claro de tempo de duração dos períodos e a correlação do volume de treinamento a ser ministrado nos desportos individuais de combate podem ser analisados na Tabela 6.6.

Os grupos de desportos propostos nesta obra facilitam a organização do ciclo olímpico de treinamento. Nesse caso, elaboram-se modelos que atendam, na sua estrutura e no seu conteúdo, a todos os desportos que fazem parte do programa olímpico.

Estruturar o sistema de preparação no ciclo olímpico para atletas de alto rendimento não é uma tarefa fácil para o treinador, pois a diversidade de modalidades desportivas e funções exercidas pelo desportista dificulta a elaboração do plano. Nesse contexto, a experiência apresentada na literatura internacional por alguns estudiosos pode servir como um ponto de partida, facilitando, assim, o trabalho do treinador na atualidade. A Tabela 6.7 apresenta o volume de trabalho distri-

TABELA 6.6 – Particularidades do plano de treinamento no ciclo olímpico nos desportos de combate

ANO	Períodos do ciclo anual	Duração em meses	Correlação do volume (%)		Quantidade de treinamentos por semana	Quantidade de competições
			Preparação geral	Preparação especial		
1	– Preparação	5,0	80	20	5-6	3
	– Competição	5,5	40	60	5-7	7
	– Transição	1,5	90	10	3-4	—
2	– Preparação	5,0	70	30	6-8	3
	– Competição	5,5	35	65	7-9	8
	– Transição	1,5	90	10	4-5	—
3	– Preparação	2,5	60	40	7-9	23
	– Competição	2,5	30	70	8-9	4
	– Transição	0,5	95	5	4-5	—
	– Preparação	0,7	55	45	7-9	1
	– Competição	3,5	25	75	8-10	5
	– Transição	1,5	90	10	4-5	—
4	– Preparação	2,5	60	40	7-10	2
	– Competição	3,0	25	75	7-10	5
	– Transição	0,5	95	5	5-6	—
	– Preparação	1,5	50	50	8-10	1
	– Competição	3,5	20	80	8-11	2
	– Transição	1,0	95	5	9-5	—

No 1º e 2º anos, a periodização é simples, com apenas um pico competitivo, já no 3º e 4º anos, apresenta dois picos competitivos, caracterizando a periodização dupla.

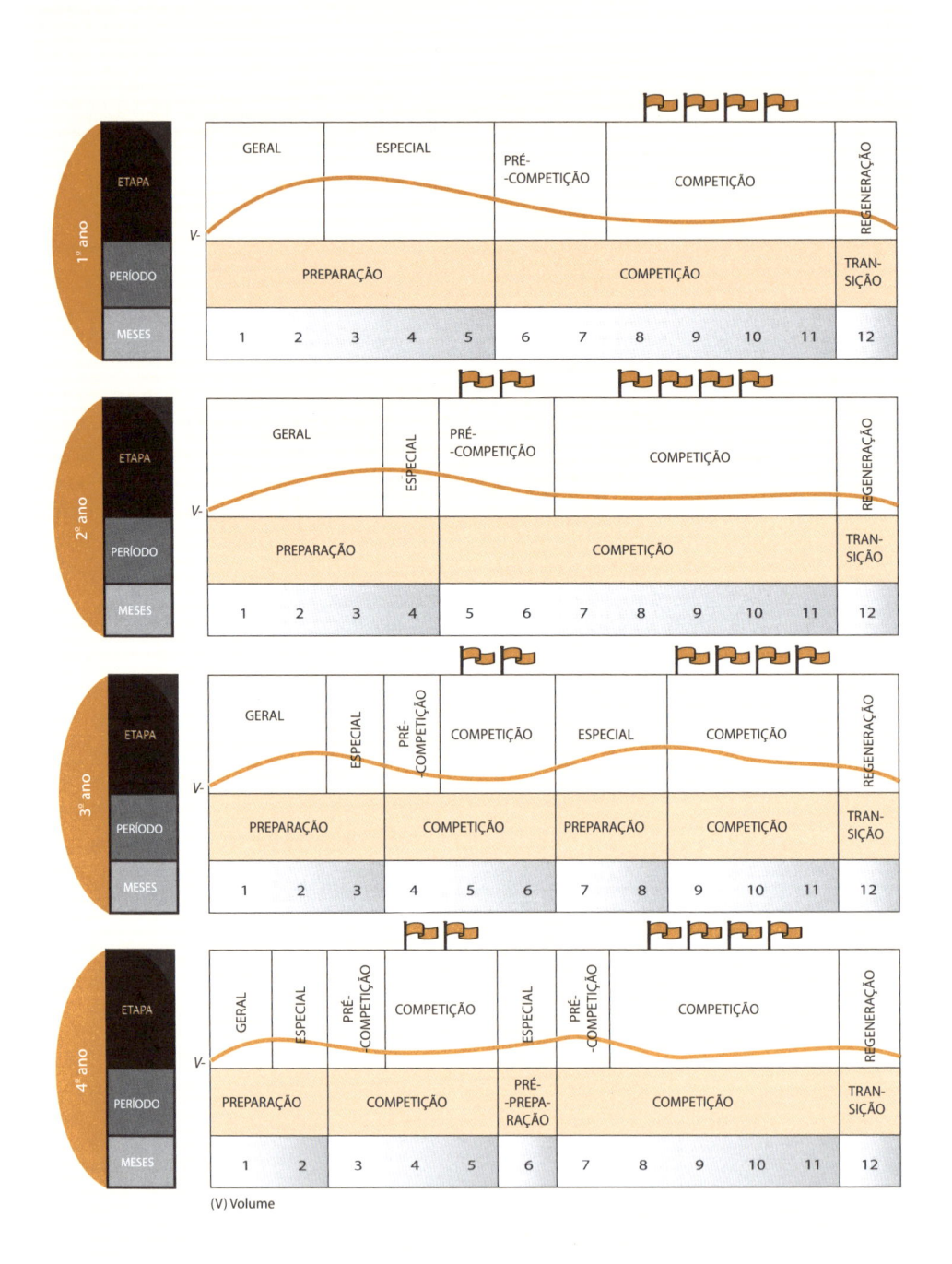

FIGURA 6.6
Ciclo olímpico de treinamento e sua composição.

TABELA 6.7 – Volume do treinamento nos ciclos olímpicos realizados por ciclistas especializados na prova de 4 km (Polischuk, 1993)

Parâmetros da carga	Ciclo olímpico (anos)			
	Primeiro	Segundo	Terceiro	Quarto
Quantidade de dias de treinamento	320	325	330	335
Quantidade de sessões de treinamento	590	620	640	650
Volume de treinamento (horas)	1.100	1.200	1.250	1.300
Volume geral de preparação física (horas)	120	120	120	120
Volume de preparação física especial (km)	29.000	33.000	35.000	35.000
Volume realizado na competição (km)	700	1.200	1.300	1.300
Quantidade de dias de competição	35	45	48	48
Quantidade de provas na competição	55	70	75	75

buído no ciclo olímpico e realizado por um ciclista de alto rendimento.

ESTRUTURA DA SESSÃO (SEMANA) DE TREINAMENTO

A sessão de treinamento é o elemento integral inicial da estrutura de preparação do atleta, representando um sistema de exercícios relativamente isolado no tempo que visa à solução de tarefas de dado microciclo da preparação do desportista.

A teoria e a metodologia referentes à estrutura coerente e ao conteúdo da sessão de treinamento baseiam-se nos princípios pedagógicos de estruturação de uma sessão, mas têm também algumas particularidades específicas próprias do treinamento desportivo.

Na classificação das sessões de treinamento, deve ser levada em consideração uma série de fatores, dentre os quais convém destacar os objetivos e as tarefas, os meios de organização dos atletas, a composição dos meios de treinamento e a grandeza da carga da sessão.

Levando em consideração seus objetivos, os treinos podem ser divididos em *treinamentos propriamente ditos* e *sessões de controle*. Os treinos visam a aumentar o nível do estado de treinamento do atleta e podem resolver diversos problemas: a formação das capacidades básicas e a educação da personalidade do atleta, o ensino da técnica das ações motoras, o domínio de sistemas táticos, etc. As sessões de controle pressupõem a avaliação preferencial da eficácia do processo de treinamento. Tais sessões podem visar tanto o controle do nível de certos aspectos do estado de treinamento como pressupor também a avaliação complexa do estado de treinamento do atleta. De acordo com a orientação escolhida para a sessão de treinamento, selecionam-se os exercícios que devem ser incluídos nela.

Sessão de treinamento

A sessão de treino pode ser tratada como unidade de tempo didático independente, com objetivos e tarefas operacionais bem definidas – como unidade cíclica diurna (2 a 3 treinos por dia) –, com diferentes objetivos operacionais. Se a intenção é realizar um trabalho eficaz, a sessão de treinamento deve estar constituída como um todo funcional junto a cada uma de suas partes. Seus métodos e conteúdos não devem ser programados aleatoriamente, e, sim, devem estar interligados com o objetivo de resolver a deficiência apresentada pelo atleta ou pela equipe.

Em cada treinamento, é comum destacarem-se três partes devidamente interligadas: *preparatória*, *principal* e *final*. A divisão da sessão em três partes está condicionada pelas particularidades do estado funcional do atleta.

Parte preparatória

Na fase preparatória da sessão, devem ser criadas premissas para a atividade eficiente dos desportistas na parte principal. Com tal objetivo, podemos destacar a fase de organização e o aquecimento. Na fase de organização, reúne-se todo o grupo e explicam-se as tarefas a serem realizadas na sessão, preparando-se os equipamentos a serem utilizados. Deve-se chamar a atenção dos desportistas e motivá-los para desenvolver a atividade.

O aquecimento deve assegurar a passagem do organismo do atleta do estado de repouso relativo ao estado de "trabalho", o que permite resolver efetivamente as tarefas de preparação durante a parte principal do treinamento. A fundamentação fisiológica do aquecimento está ligada à superação da inércia dos sistemas do organismo humano, que não começam a funcionar imediatamente com o crescimento do nível da atividade motora. É necessário algum tempo para que tais sistemas passem do estado de repouso ao estado adequado de mobilização e de coordenação recíprocas. Assim, por exemplo, o volume de sangue por minuto, a ventilação pulmonar e o consumo de oxigênio atingem um nível ótimo 3 a 5 minutos após o início do trabalho. No início de qualquer trabalho intensivo ocorre hipoxia (insuficiência de oxigênio), pois os órgãos de respiração e o sistema cardiovascular não podem assegurar, de imediato, o envio de oxigênio aos órgãos de trabalho nas quantidades necessárias.

Por conseguinte, se um atleta participar da competição sem aquecimento, poderá chegar no final do exercício competitivo sem revelar suas potencialidades. Nesse caso, o resultado desportivo será inferior ao potencial. A realização dos exercícios de treinamento, antes da conclusão do processo de preparação do organismo, é também pouco eficaz.

No aquecimento, é necessário destacar a parte geral e a especial. O efeito interior da parte geral do aquecimento relaciona-se com a elevação da temperatura corporal, o que está diretamente ligado à ativação do metabolismo, à atividade dos sistemas cardiovascular e respiratório, do aparelho motor, etc. O aumento de temperatura no processo de aquecimento é conseguido mediante a execução de exercícios cíclicos em ritmo calmo. Na maioria das modalidades desportivas, utiliza-se a corrida para isso, sendo exceção a natação, o ciclismo, o esqui e algumas outras modalidades, pois, nesses casos, recorre-se a exercícios cíclicos especiais. O grau necessário de aquecimento é determinado pelo surgimento da transpiração. A duração do aquecimento depende das particularidades individuais do atleta, da temperatura do ar e da umidade. Nos dias quentes, a duração da parte geral habitualmente diminui, sendo que, nos dias frios, ela é mais prolongada.

Após os exercícios cíclicos, a maioria dos desportistas executam exercícios especialmente para os grupos musculares e ligamentos que não se aqueceram suficientemente. Recomenda-se que se inicie pelos exercícios de braços, pela zona escapular e, depois, pelos exercícios para o tronco e para o quadril, finalizando com exercícios para as pernas (coxa, perna e pé). Esse trabalho muscular de cima para baixo pode ser repetido algumas vezes. Primeiro, devem ser realizados os exercícios para os grupos musculares menores e, depois, para os grupos grandes. Cada exercício é geralmente repetido de 10 a 15 vezes. Todo o conjunto de exercício contém de 10 a 15 exercícios.

Em seguida, vêm os exercícios que melhoram a mobilidade das articulações, que têm amplitude cada vez maior e que contribuem para a extensão dos músculos que vão intervir ativamente nos próprios movimentos. A sua amplitude não deve ultrapassar muito a do movimento competitivo, pois a função do aquecimento é a preparação dos músculos e dos ligamentos para futuros movimentos e a profilaxia de traumatismos, e não o aumento da flexibilidade do atleta. O número de exercícios e sua orientação dependem da atividade futura e das particularidades individuais dos atletas (idade, nível de traumatismos sofridos, etc.).

A parte especial do aquecimento deve ter correspondência com a atividade específica do aparelho motor e das funções vegetativas do organismo (além do estado psíquico do atleta), solicitadas na parte principal da sessão.

Todo o aquecimento dura habitualmente de 20 a 40 minutos. O intervalo ótimo entre o aquecimento e a parte principal da sessão não deve ser superior a 15 minutos, durante os quais ainda mantém-se o efeito do aquecimento. No caso de intervalos mais prolongados, o efeito do aquecimento desaparece passo a passo.

O aquecimento que antecede a competição merece atenção especial, pois continua sendo o principal método de mobilização da capacidade do atleta antes do seu início. Sua estrutura, a orientação e a duração ótimas do descanso após o aquecimento contribuem para que o organismo do atleta atinja o estado de maior prontidão no momento inicial da competição.

É conveniente iniciar o aquecimento para as competições com 40 minutos ou até uma hora e 20 minutos de antecedência, deixando ainda tempo para o descanso antes da chamada para o início. Muitos atletas reservam algum tempo após o aquecimento para a massagem e para a preparação psicológica.

A primeira parte do aquecimento pré-inicial distingue-se do aquecimento nas sessões de treino. O aquecimento antes do início é conseguido com a execução mais prolongada e calma dos exercícios habituais. A segunda parte do aquecimento (especial) é a preparação para o trabalho a realizar. O conteúdo dessa parte deve ser específico em relação à próxima atuação. Nesse trabalho, devem participar os mesmos sistemas do organismo e nos mesmos regimes que na realização do exercício competitivo. Devem ser incluídos os elementos da técnica e a imitação dos exercícios de competição que asseguram a prontidão do desportista. Com tal objetivo, por exemplo, os futebolistas preparam-se para o jogo realizando exercícios com a bola no campo; os pugilistas imitam o exercício competitivo, que é o "combate com a sombra"; e os ginastas executam as combinações e os elementos mais complexos. Quanto mais complexa for a técnica e mais curto o tempo de competição, tanto mais minuciosa deverá ser a preparação para o esforço a efetuar.

Os desportistas devem treinar muito frequentemente, algumas vezes por dia, com intervalos de 20 a 60 minutos a algumas horas. Nesse caso, cada treino deverá ser antecedido de um aquecimento adequado durante 10 a 15 minutos. Trata-se geralmente da execução de exercícios preparatórios especiais num ritmo lento (durante 5 a 8 minutos), com uma leve aceleração no final, e da preparação psicológica para a próxima disputa. Com intervalos curtos de até 10 minutos, conserva-se o aquecimento no corpo.

Em várias modalidades desportivas, o caráter do aquecimento pode distinguir-se substancialmente. Assim, nas modalidades de velocidade e de força, é preferível o aquecimento de caráter variável (alternado), com corridas curtas de intensidade próxima da máxima, mas não do limite. Pode-se obter aumento substancial do efeito do aquecimento antes dos exercícios de velocidade e de força, combinados com diferentes fatores "complementares de preparação" (estimulação elétrica de certos grupos musculares, massagem, etc.). O tempo ótimo de prontidão para o início é o período entre o 6º e o 10º minuto após o aquecimento.

Nas modalidades que exigem predominantemente a manifestação de resistência, convém utilizar, durante o aquecimento, o trabalho de intensidade moderada, aumentando-o paulatinamente até o nível do competitivo. No final do aquecimento, nos desportos em que há corrida, os atletas percorrem 1 a 2 trechos com velocidade alta, o que lhes permite uma melhor preparação para a atividade a executar, melhorando também a "percepção de velocidade" específica.

O conteúdo e a duração do aquecimento, em todas as modalidades, dependem do estado individual de prontidão dos atletas e do tempo disponível para tal. Quando o atleta atinge o estado de elevada excitabilidade, antes do início, é mais conveniente o trabalho mais prolongado e de intensidade moderada; no caso do estado de apatia, a intensidade do aquecimento deverá ser mais elevada. Ao planejar o conteúdo do aquecimento, é necessário considerar a recuperação por completo do atleta após o término do aquecimento, preparando-o para o momento inicial da competição.

Nas competições que duram algumas horas (corridas em distâncias longas, ciclismo de estrada, triatlo, corridas de esqui, etc.), o efeito positivo do aquecimento não é tão significativo, pois são outros os fatores que determinam o resultado. Deve-se observar que, nas temperaturas altas, pode-se verificar até uma influência negativa do aquecimento sobre a termorregulação do organismo do atleta, que sofre um forte gasto de energia.

O regime de aquecimento antes do início da competição oficial deve basear-se na experiência pessoal do atleta. O sentimento subjetivo que o desportista tem durante e após o aquecimento constitui o principal critério de prontidão antes da competição. A temperatura, o tônus muscular e outros índices psicofisiológicos podem servir de critérios suplementares da prontidão superior do atleta.

Parte principal

Nessa parte, devem ser resolvidas as principais tarefas almejadas. Os exercícios realizados podem ser dirigidos para o aperfeiçoamento de qualquer componente da preparação do atleta. Dependendo da quantidade das tarefas e das particularidades metodológicas a resolver, a parte básica pode ter duas principais variantes de estrutura. Quando se resolve apenas uma tarefa, a sessão de treinamento é chamada de seletiva; entretanto, será complexa se houver necessidade de resolver-se, na parte básica, algumas tarefas.

Na prática do treinamento desportivo, aplicam-se amplamente sessões que contribuem para o desenvolvimento de uma capacidade (tipos determinados de resistência, de força, de rapidez, etc.). Pode haver sessões orientadas no sentido do aperfeiçoamento técnico ou tático do desportista. Na solução de uma tarefa, existem diferentes abordagens metodológicas do conteúdo da sessão. Assim, em alguns casos, a tarefa pode ser resolvida mediante a utilização de apenas um meio de treinamento, que será estável ao longo de toda a parte principal da sessão. Em outros casos, tal tarefa pode ser resolvida pela utilização de um amplo círculo de meios de treinamento de uma orientação, aplicados no regime de um método. Por exemplo, o aperfeiçoamento da resistência aeróbia pode resolver-se, no primeiro caso, apenas mediante a utilização da corrida num regime correspondente e, no outro caso, com base na aplicação de repetição de alguns exercícios cíclicos (marcha, corrida, natação, trabalho em veloergômetro, etc.).

A seleção de uma ou outra variante depende do objetivo da sessão e do lugar que ela ocupa no sistema de preparação de muitos anos do desportista. As sessões com diferentes meios, que visam ao desenvolvimento de uma mesma capacidade, elevam a eficiência da preparação multilateral do atleta, pois influenciam diferentes funções do organismo que determinam a revelação da referida capacidade.

Nas sessões de meios diversificados de uma mesma orientação, os jovens revelam uma capacidade de trabalho consideravelmente maior, sem o risco de esgotamento psíquico, do que no caso da utilização de um só meio. Na preparação dos atletas de alto rendimento, essa variante da sessão de treinamento raramente é empregada, principalmente com o objetivo de retirar a tensão psíquica resultante do trabalho monótono precedente.

À medida que crescem a preparação e o nível desportivo, as sessões de uma direção, estruturadas com base em um só meio de treinamento, adquirem significado cada vez maior. Isso está ligado principalmente a três condições metodológicas de preparação dos atletas de alto rendimento:

1. As possibilidades de adaptação do organismo do desportista aumentam à medida que diminui o número de fatores a que o atleta tem que se adaptar. Por conseguinte, a diminuição da diversidade motora das sessões de treinamento leva à especialização mais concreta dos sistemas funcionais. Se os exercícios são escolhidos e estão de acordo com a especificidade da modalidade desportiva, verifica-se o rápido crescimento dos resultados desportivos.
2. A condição metodológica está ligada à interação dos efeitos de treinamento de cargas de diferente direção. Tal interação pode ter caráter positivo, neutro ou negativo. A interação negativa dos efeitos de algumas cargas obriga a seguir a variante de sessões de treinamento com uma direção.
3. A condição metodológica está ligada à necessidade de elevação gradual de influências de treino concentradas na referida sessão. Caso contrário, torna-se impossível o crescimento posterior dos resultados desportivos.

Nesse ponto particular, as condições naturais de vida do indivíduo (alimentação, sono, cumprimento das funções sociais) não permitem aumentar a duração das sessões de treinamento. A saída está ligada à elevação da parcela das sessões em uma direção que permita concentrar o volume necessário de influências de treinamento. Dessa forma, passou ao regime de 2 a 3 sessões diárias de treinamento.

No treinamento dos atletas de alto nível, as sessões com objetivo seletivo constituem um dos principais fatores que estimulam a melhora dos resultados desportivos. Nos treinos dos jovens, a utilização de uma grande quantidade de sessões de direção seletiva com um meio nem sempre é justificada, pois está ligada à exploração ativa das possibilidades de adaptação do organismo e poderá levar à supertensão dos sintomas funcionais.

Sessões complexas de treinamento

Existem dois enfoques metodológicos da estruturação das sessões quando se pretende resolver algumas tarefas. O primeiro pressupõe a solução simultânea durante a sessão de treinamento. Como exemplo, pode-se mencionar a sessão em cuja parte principal executa-se o exercício de corrida de 10 x 400 metros, com a velocidade de 85 a 90% da máxima nessa distância e pausas de descanso de 45 segundos. Ele contribui, por um lado, para a elevação do nível de resistência aeróbia e, por outro, apresenta altas exigências ao sistema glicolítico, estimulando a elevação da resistência durante o trabalho de orientação anaeróbia (Platonov, 1986). Durante as sessões, não é raro resolverem-se simultaneamente tarefas de aperfeiçoamento técnico e tático, o que é particularmente característico dos jogos desportivos e dos combates.

O segundo enfoque está no programa da parte principal da sessão que se divide em fases relativamente independentes, cada uma das quais visando à solução de determinada tarefa. Durante essa sessão de treinamento, as tarefas resolvem-se de modo consequente. Por exemplo, no início da parte principal da sessão, o trabalho visa ao aumento das capacidades de velocidade, depois, de força e, na conclusão, à elevação da resistência, ou, ainda: primeiramente, resolve-se a tarefa de ensino de elementos técnicos; depois, vem a preparação física; e, no fim, o aperfeiçoamento do nível técnico dos desportistas.

O principal problema metodológico de estruturação das sessões complexas consiste na determinação de uma sequência de aplicação de treino que exclua uma interação negativa de seus efeitos. Só se pode conseguir a interação positiva dos próximos efeitos de treino em uma sessão, com a combinação determinada de cargas de diferentes direções e volumes (Tabela 6.8).

É conveniente executar, no início da parte principal, os exercícios que visam ao treino da força máxima e explosiva e de diversas manifestações de velocidade e de técnica. Pode-se planejar, para o fim da sessão, a consolidação do hábito das ações técnico-táticas antes assimiladas (dominadas), após a execução de um grande volume de exercícios de outra orientação. É também lógico planejar, para o fim da parte principal da sessão, o treino de resistência de força e os exercícios de orientação aeróbia em um volume alto. É melhor planejar, para a parte inicial da sessão, o treino da flexibilidade ativa para obter-se maior eficiência, sendo a flexibilidade passiva deixada para a sua parte final. Os exercícios que visam ao aumento da flexibilidade ativa não devem ser executados depois da redução substancial dos índices de força. Quando não for possível conseguir uma interação positiva dos efeitos de treinamento de cargas de diferentes orientações, as sessões de treinamento devem ser estruturadas seguindo o princípio de influência de uma das cargas.

As sessões de orientação complexa, com a solução consequente das tarefas, têm sido utilizadas amplamente na preparação de atletas iniciantes e exercem influência otimizada sobre as esferas funcional e psíquica do organismo de acordo com as tarefas de preparação a longo prazo. As sessões complexas com programas diversificados, emocionalmente ricos e com uma soma de cargas muito altas constituem um bom meio de descanso ativo e podem ser utilizadas como meios complementares para acelerar os processos de recuperação após os treinos com as cargas máximas de orientação seletiva. Nas modalidades desportivas em que a preparação do atleta apresenta a estrutura de muitos componentes (jogos desportivos, combates, ginástica, etc.), os treinos complexos continuam a ser a principal forma de treinamento.

TABELA 6.8 – Combinações de cargas de diferentes orientações na sessão de treinamento

Modelo de sessão	Exemplo de composição dos trabalhos
1	Treinamento da técnica desportiva Treinamento da resistência aeróbia
2	Treinamento da força explosiva Treinamento da velocidade Treinamento da resistência anaeróbia-lática
3	Treinamento da flexibilidade Treinamento da força máxima Treinamento da resistência aeróbia
4	Treinamento da velocidade Treinamento técnico-tático Treinamento da flexibilidade
5	Treinamento da resistência anaeróbia-lática Treinamento da resistência aeróbia
6	Treinamento da força máxima Treinamento da resistência aeróbia
7	Treinamento técnico Treinamento da resistência da velocidade
8	Treinamento técnico Treinamento da flexibilidade Treinamento da resistência
9	Treinamento da resistência de força Treinamento da flexibilidade
10	Treinamento da resistência aeróbia Treinamento da flexibilidade

Na prática, encontra-se uma grande dificuldade de se orientar no sentido de controlar o efeito da carga de treinamento. Existem várias formas de organização das sessões que objetivam o trabalho complexo de treinamento. A Figura 6.7 apresenta algumas variantes de organização da sessão de treinamento.

Parte final

Deve-se criar condições favoráveis para a recuperação do organismo. Muito frequentemente, a atividade do desportista, na parte principal da sessão, está ligada a uma grande tensão física e emocional. Em consequência, surge a necessidade de serem criadas condições para a diminuição gradual da atividade dos sistemas funcionais do organismo. Se o desportista, por exemplo, após a corrida em ritmo máximo em uma distância curta, parar imediatamente e iniciar o descanso passivo, a pressão sanguínea máxima cai bruscamente. O corredor, especialmente aquele pouco treinado, poderá até perder os sentidos (choque de pressão). Tal exemplo confirma que, logo após um trabalho intenso, não se pode passar ao descanso passivo. A transição brusca do treino para o descanso reflete-se desfavoravelmente nos processos de recuperação e no estado psíquico do desportista. Se a carga for reduzida paulatinamente, não surgirão reações negativas. Na parte final da sessão, o melhor meio é a execução de exercícios cíclicos num ritmo calmo e moderado durante 8 a 10 minutos, com frequência cardíaca não superior a 130 bpm. Sendo esse trabalho pouco cansativo, não deixa que os capilares se fechem, o que permite o fornecimento intensivo de oxigênio aos músculos que trabalharam, auxiliando na recuperação.

Na parte final da sessão, recomenda-se também os exercícios de relaxamento e os respiratórios. Às vezes, é natural que, na parte final dos treinos dos jovens atletas, sejam praticados exercícios de jogo, especialmente nos casos em que a parte principal da sessão contenha exercícios extremamente monótonos. Um jogo de 5 a 10 minutos de duração poderá contribuir para a criação de um estado psicológico favorável no desportista. Porém, mesmo nesses casos, os treinos devem terminar com exercícios executados em ritmo moderado.

A preocupação com as medidas de recuperação deverão sempre estar na

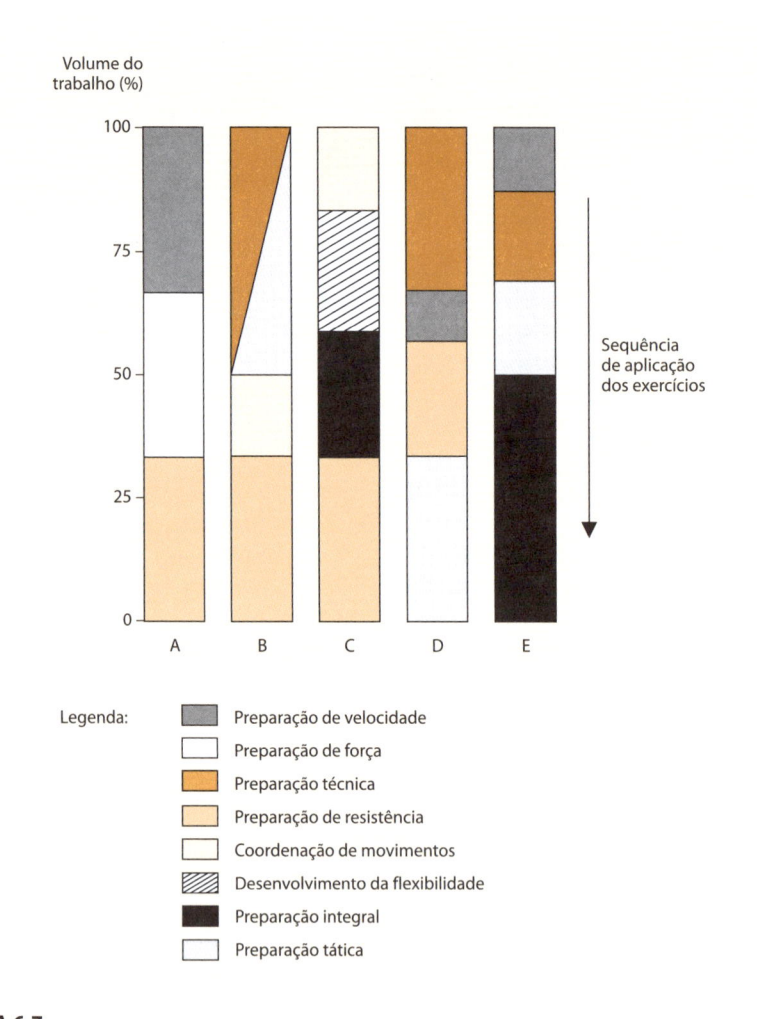

FIGURA 6.7
Variantes de sessões de treinamento com características complexas na organização dos exercícios (Platonov, 1986).

pauta do treinador, pois é necessária uma aplicação sistemática de meios que possam auxiliar nesse processo. Esses meios variam segundo o grau de desgaste, que pode ser minimizado por meio de medidas físicas, relaxamento e uma correta nutrição (Keul, 1978) (Tabela 6.9).

ESTRUTURA E ORGANIZAÇÃO DO TREINAMENTO NO MICROCICLO

Os microciclos se configuram como um conjunto de várias sessões semanais. Na prática, utilizam-se os microciclos curtos e os longos, cuja razão de ser é a alternância entre esforço-recuperação, de forma que o atleta evite estar permanentemente em estado de cansaço crônico (físico ou psíquico, principalmente quando realiza um volume grande de trabalho).

O microciclo representa o elemento da estrutura de preparação do atleta que inclui uma série de sessões de treino ou de competições, visando à solução das tarefas do mesociclo referido (etapa) de preparação.

Sendo elemento da estrutura geral de preparação, o microciclo resolve as tarefas de preparação dentro do correspondente período de tempo. A sua duração varia de 3 a 14 dias. Na prática do desporto, têm-se utilizado mais frequentemente os microciclos de 7 dias, porque, no regime semanal, é consideravelmente mais fácil coordenar a vida normal do indivíduo com diferentes fatores que determinam o processo de sua preparação como desportista (p. ex., com o regime de estudos ou de trabalho do atleta, com o expediente das instalações desportivas, com a participação nas competições, etc.). Os microciclos de maior duração são utilizados, às vezes, no processo de preparação dos atletas de alto rendimento e podem estar ligados à participação num torneio prolongado ou pressupõem a utilização das condições específicas de preparação.

A estrutura e o conteúdo do microciclo apresentam características diferentes, que estão condicionadas por uma série de fatores. A análise de microciclos que se verificam na prática permitiu destacar alguns indícios gerais que lhes são próprios em diferentes modalidades desportivas e, com base nisso, classificá-los. Convém destacar, como principal indício de classificação, a tarefa que se resolve em determinado microciclo, assim como a composição dos meios e dos métodos de treinamento, a grandeza e a orientação predominante das cargas que constituem seu conteúdo. Levando em consideração

TABELA 6.9 – Medidas de recuperação após um treinamento ou uma competição

Cargas executadas	Depois da realização da carga de treinamento e competição	Ações práticas	Nutrição
Cargas de resistências com alto volume	Exercícios de relaxamento, técnicas de alongamento	Automassagem, banhos quentes	Dieta de hidratos de carbono, vitaminas, muito líquido
Cargas de força com alto volume	Corridas com velocidade decrescente, relaxamento, técnicas de alongamento	Massagem, banhos quentes	Dieta rica em proteínas e vitaminas
Cargas competitivas (de jogos)	Corridas com velocidade decrescente, relaxamento, técnicas de alongamento	Massagem, banhos quentes	Líquidos e vitaminas

os indícios mencionados, destacamos, a seguir os principais tipos de microciclos.

Microciclos de preparação

Possuem a tarefa principal ligada à criação do efeito sumário de treinamento. Sua reprodução numa série de microciclos de treinamento garante as mudanças de adaptação a longo prazo no organismo do atleta, as quais estão na base do aperfeiçoamento de diversos aspectos de sua preparação.

Segundo a composição predominante dos meios de treinamento utilizados, podem-se destacar os microciclos de treinamento preparatórios gerais e especiais. Dependendo do conteúdo predominante das cargas, os microciclos de treinamento e de competição podem classificar-se conforme demonstrado na Figura 6.8.

Microciclo ordinário

Caracteriza-se por uma soma de cargas mais moderadas, cerca de 60 a 80% em relação às máximas. O microciclo ordinário de treinamento representa a base da forma estrutural do processo de treino dos atletas de diferentes níveis de rendimento. O conteúdo específico desses microciclos constitui de 2 a 6 sessões de treino com cargas constantes (Figura 6.9).

Microciclo de choque

Caracteriza-se pela soma de cargas máximas ou próxima das máximas, o que representa 80 a 100% relativamente à carga que exige, em dada etapa do treinamento, a mobilização máxima das reservas do organismo. A carga do microciclo de choque constitui o fator de maior influência que estimula, no organismo do atleta, o processo ativo de adaptação. Esse microciclo é muito utilizado na preparação dos atletas de alto rendimento. O conteúdo específico dos microciclos de choque representa de 2 a 5 cargas de choque na semana.

O grande número de cargas próximas das máximas, unidas em um microciclo, é a causa de parte dos treinamentos ocorrer no fundo da sub-recuperação ou da fadiga em progressão de uma sessão de treinamento para outra. Por isso, a aplicação dos microciclos de choque deve ser acompanhada de um controle rigoroso do estado do atleta para evitar a demasiada sobrecarga dos sistemas funcionais do organismo, sendo necessário, assim, alter-

FIGURA 6.8
Classificação dos microciclos de treinamento e de competição.

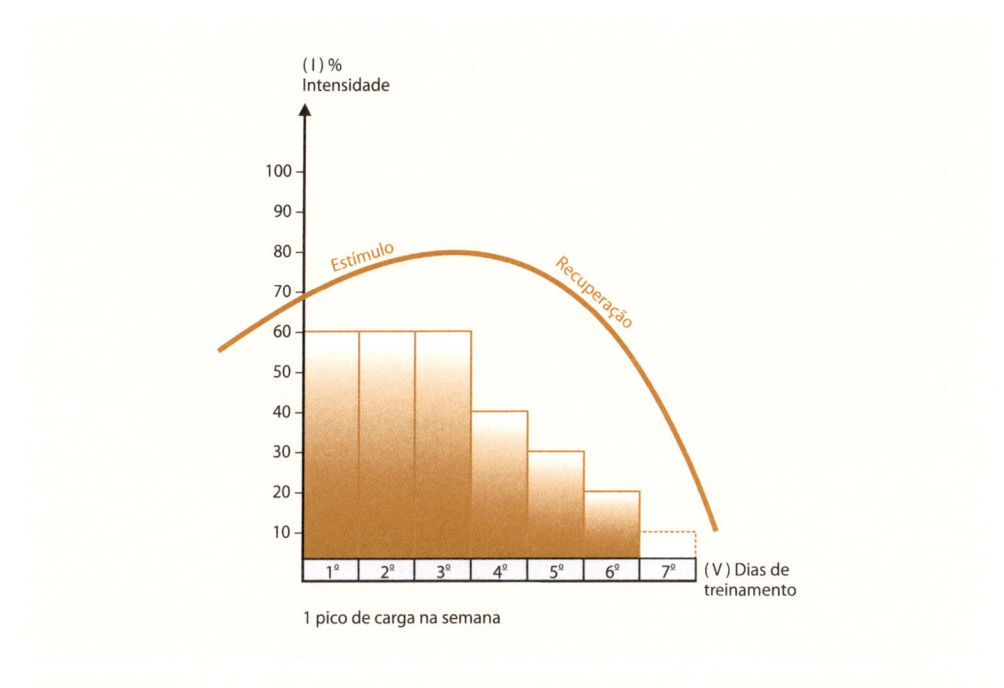

FIGURA 6.9
Estrutura do microciclo ordinário.

nar as cargas de choque com outros tipos de cargas (Figura 6.10).

Microciclo estabilizador

É aplicado com o objetivo de assegurar a estabilidade do estado do organismo do atleta. Esse microciclo vem geralmente substituir os microciclos de choque e o ordinário, sendo utilizado para a estabilização das mudanças de adaptação obtidas nesses microciclos. O microciclo estabilizador pode ser planejado no período de aclimatação aguda da fase inicial de treinamento na altitude, assim como para a solução de outras tarefas semelhantes. As sessões de treinamento com carga, que varia de 40 a 60% em relação à máxima, constituem o conteúdo predominante do microciclo.

Os microciclos de tipo estabilizador asseguram condições mais favoráveis para os processos de recuperação do organismo do atleta. Na estrutura dos grandes ciclos de preparação, eles aparecem geralmente após as competições tensas ou são introduzidos no fim da série de microciclos de treinamento, sendo chamados de microciclos de manutenção ou recuperativos (Figura 6.11).

Microciclo de manutenção

Tem a tarefa de assegurar a recuperação do atleta e, contando com o heterocronismo desse processo, manter o nível de certos aspectos de sua preparação e de sua condição integral. A utilização do microciclo de manutenção auxilia na redução considerável dos ritmos de perda de

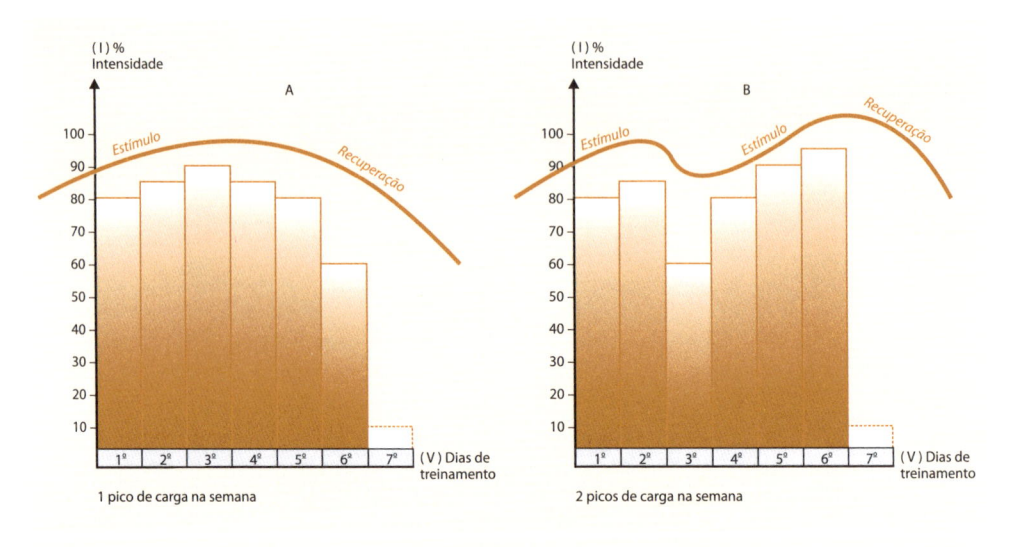

FIGURA 6.10
Estrutura do microciclo de choque (A e B).

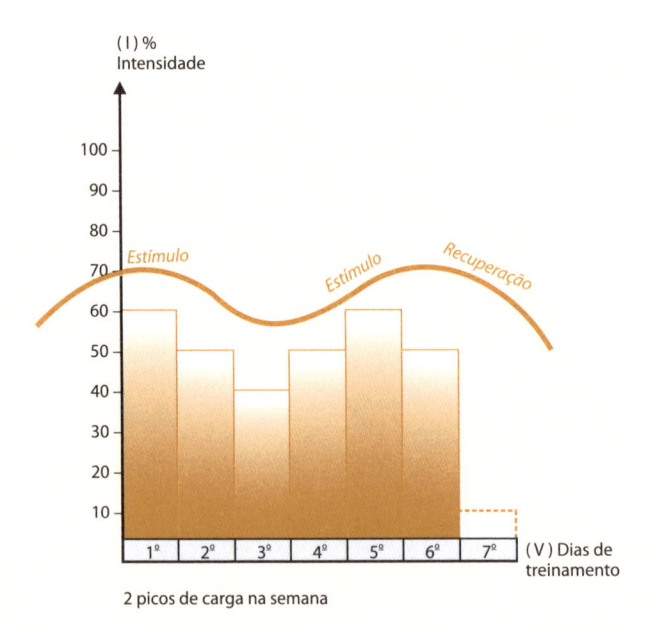

FIGURA 6.11
Estrutura do microciclo estabilizador.

preparação do atleta, assegurando com isso a recuperação efetiva dos sistemas que ficam num estado reprimido. Tal microciclo é utilizado nos períodos de preparação, quando é necessário reduzir substancialmente a grandeza das somas das cargas e não deixar que se reduza bruscamente o nível do estado de treinamento do atleta. A carga de treino no microciclo de manutenção representa 30 a 40% em relação à máxima (Figura 6.12).

Microciclo recuperativo

Caracteriza-se pelos parâmetros mínimos de soma das cargas (10 a 20% em relação às máximas). A estrutura e o conteúdo do microciclo recuperativo são subordinados à tarefa de assegurar a recuperação mais completa e eficiente do atleta. Isso pode explicar a presença no microciclo de um grande número de sessões de treino com cargas baixas (Figura 6.13).

Microciclo de controle

É planejado geralmente no fim das etapas de treino e visa a verificar o nível de preparação do atleta e a avaliar a eficiência do trabalho na etapa precedente. O microciclo preparatório de controle apresenta as características dos microciclos de treinamento e de competição. Combina-se o trabalho de treinamento com a participação em competições de controle e com a execução de exercícios de teste. Os procedimentos de teste são acompanhados frequentemente de exames médicos, cujos dados permitem tirar uma conclusão mais objetiva do estado do atleta e da eficiência do trabalho precedente. De acordo com os resultados obtidos, faz-se

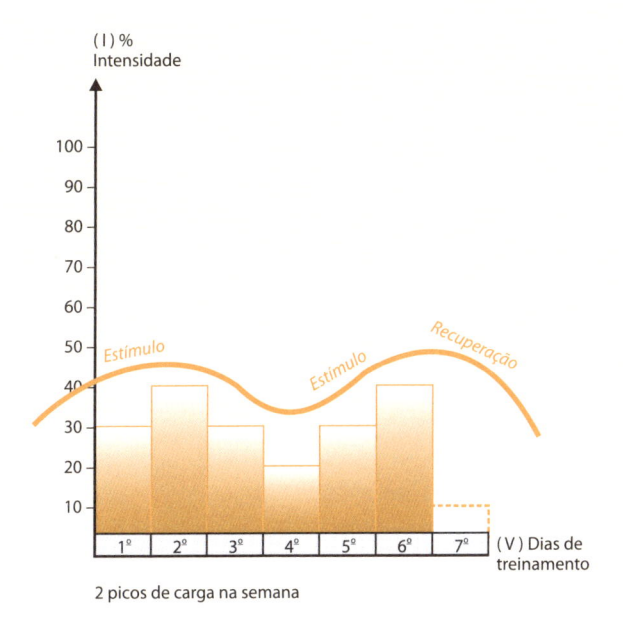

FIGURA 6.12
Estrutura do microciclo de manutenção.

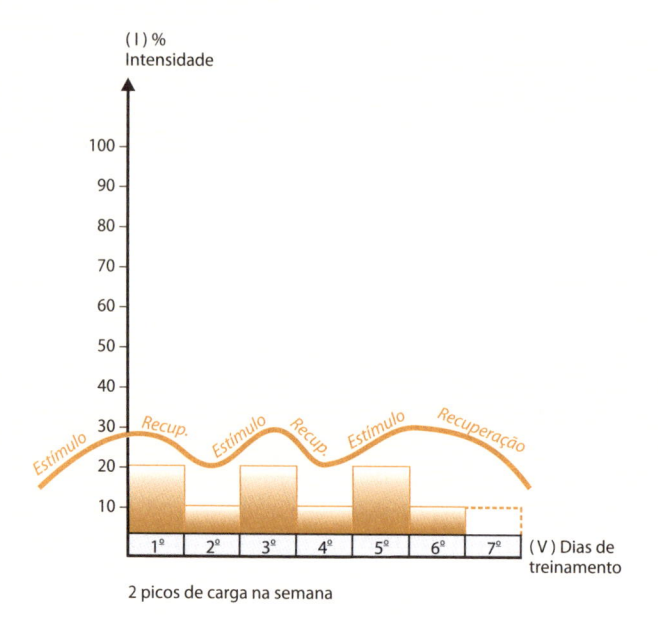

FIGURA 6.13
Estrutura do microciclo recuperativo.

a correção para as etapas posteriores de preparação do atleta. As cargas variam num diapasão vasto e podem alcançar as grandezas máximas (Figura 6.14).

Microciclo pré-competitivo

É estruturado conforme as competições principais. O objetivo desse microciclo consiste em assegurar o estado de ótima prontidão para o dia das competições, graças à mobilização de todas as capacidades potenciais do atleta, acumuladas no processo de preparação precedente, e a adaptação às condições específicas dessas competições. O microciclo pré-competitivo inclui alguns dias (geralmente 5 a 10) antes das competições principais. Seu conteúdo é determinado pelo estado individual do atleta, pelo trabalho de treino precedente e pelas condições das próximas competições. Nele, as principais tarefas são geralmente as de recuperação válida, a disposição psicológica, a mobilização das reservas latentes de preparação, a entrada do atleta no regime das próximas competições, etc. No microciclo pré-competitivo, não se admite a utilização de cargas máximas. Os exercícios de alta intensidade alternam-se obrigatoriamente com fatores de recuperação completa. A Figura 6.14 mostra alguns exemplos que deverão ser adaptados conforme a modalidade e o sistema de competição.

Microciclo competitivo

Consiste em assegurar a realização do estado de preparação conseguido pelo atleta no decorrer das competições. A estrutura e a duração do microciclo são determina-

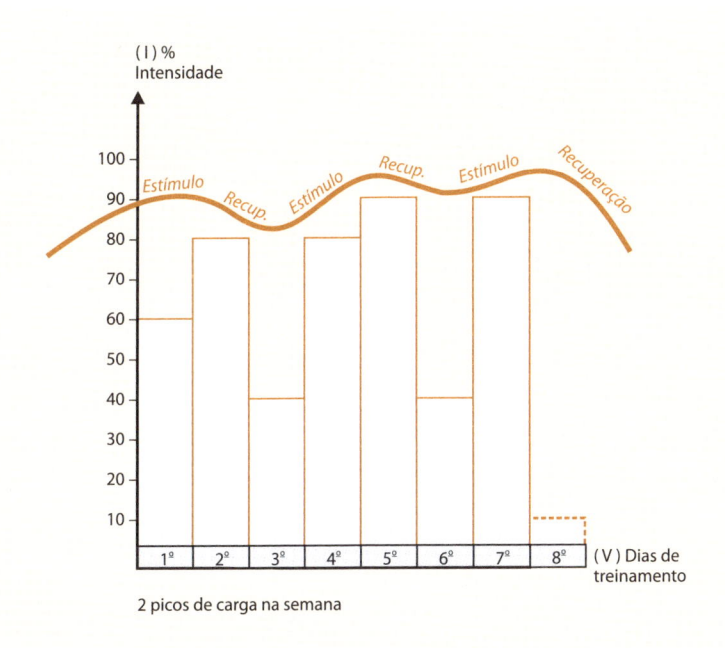

FIGURA 6.14
Estrutura do microciclo de controle. Microciclo pré-competitivo.

das em conformidade com o regulamento das competições e com a especificidade da modalidade desportiva. Quando as competições são realizadas durante alguns dias ou semanas e divididas por pausas prolongadas de tempo, o microciclo pode incluir duas partes: a propriamente competitiva e a referente ao período entre os jogos. Essa última pressupõe a realização de sessões de treino com cargas moderadas e diferentes formas de descanso.

O chamado microciclo simulador (modelo) é utilizado visando à preparação mais completa e válida do atleta para as principais competições do ciclo anual. Durante esse período, pode-se modelar o conteúdo dos que antecedem as competições, assim como o regime e o programa das próprias competições principais. No caso da preparação para competições de extrema importância, como, por exemplo, os jogos olímpicos ou os campeonatos mundiais, procura-se reproduzir, nos microciclos-modelo, as condições do fluxo horário, os fatores climáticos, as particularidades técnico-táticas dos principais adversários, as peculiaridades dos lugares de realização das competições e outros fatores significativos que compõem as principais condições. É por isso que o microciclo simulador (modelo) tem sido realizado frequentemente no local das futuras competições principais (Figura 6.15).

CARGA DE TREINAMENTO NO MICROCICLO E SUAS DIVERSAS COMBINAÇÕES

A estruturação dos microciclos é determinada por toda uma série de fatores. Dentre eles, destaca-se o caráter do efeito

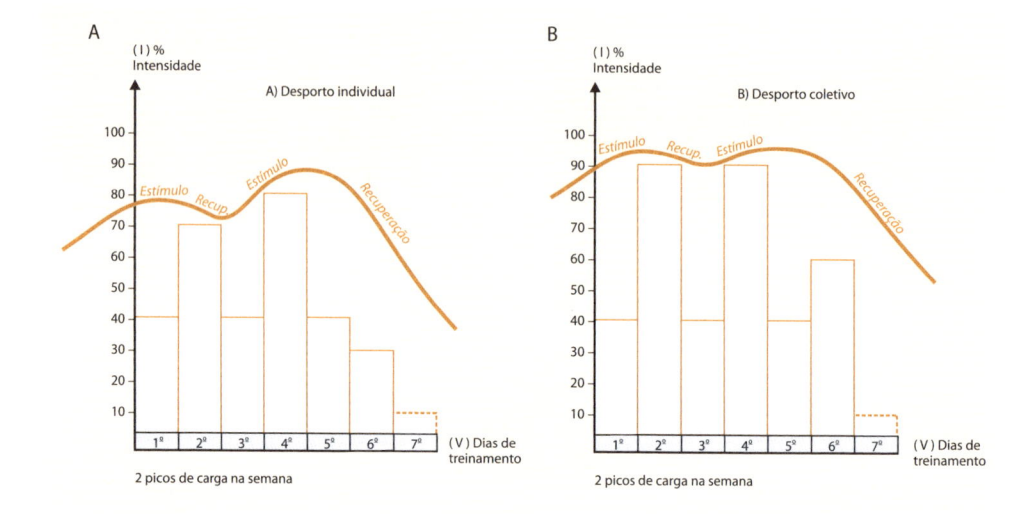

FIGURA 6.15
Estrutura do microciclo competitivo (A e B).

de treinamento das cargas aplicadas no microciclo. Um dos problemas mais complexos da teoria e da metodologia da preparação é a descoberta de uma correlação ótima de cargas no microciclo, com o objetivo de obter o devido efeito sumário que permita resolver, com sucesso, tarefas de aperfeiçoamento de diversos aspectos da preparação do atleta. No aspecto histórico de formação da teoria do treinamento desportivo, podem-se destacar duas abordagens do princípio da correlação de cargas no microciclo (Platonov, 1986).

A primeira, preferencialmente nas décadas de 1950 a 1960, constituía a base teórica da estruturação dos microciclos de treinamento. Considerava-se que a interação dos efeitos de treinamento somente contribuía para uma dinâmica ascendente do crescimento do nível de treinamento do atleta no caso de a carga repetida no microciclo referir-se à fase de supercompensação depois da influência precedente ou à fase de recuperação consolidada. A execução da sessão de treinamento com uma grande carga no fundo de sub-recuperação era considerada um sério erro metodológico que causava o sobretreinamento. Convém assinalar que tal abordagem ainda hoje apresenta determinado significado metodológico, sendo aplicada, em particular, na preparação dos atletas iniciantes.

Nas décadas seguintes, foram recebidos numerosos dados testemunhando que os processos de recuperação após o trabalho físico são heterocrônicos, ou seja, a recuperação e a supercompensação de diferentes funções do organismo não ocorrem simultaneamente, sendo que a presença da fase de supercompensação não constitui condição obrigatória para a obtenção de mudanças da adaptação positiva. Numa série de casos, a recuperação da capacidade de trabalho ocorre somente até o nível inicial, fazendo com que a fase de supercompensação fique ausente. As pesquisas realizadas (Platonov, 1986) mostram que, mesmo com um regime de treinamento muito rígido, a capacidade de trabalho diminui notavelmente somente com a primeira dose significativa de carga. Mais adiante, à medida que o exercício é repetido, verifica-se a diminuição e a estabilização prolongada da capacidade de trabalho do indivíduo. Dessa forma, o organismo, mesmo nas condições de sub-recuperação expressa, é capaz de manter um bom nível de trabalho, embora seja menos alto. Em relação à preparação do atleta, tais dados podem servir de fundamento fisiológico de que a realização, dentro de certos limites, de um regime rígido de combinação de cargas nos microciclos pode levar ao aumento do nível de treinamento do atleta.

A alta exigência das possibilidades do atleta, consequência do intenso trabalho sob determinada orientação, não significa, de modo algum, que ele não seja capaz de manifestar alta capacidade de trabalho na esfera de uma outra orientação, realizada predominantemente por outros órgãos e mecanismos funcionais. Por exemplo, uma forte fadiga do sistema funcional, que determina o nível das capacidades de velocidade ou de força máxima do atleta, não impede que ele, passadas algumas horas, revele uma alta capacidade de trabalho na atividade aeróbia (Platonov, 1987).

Tais dados e a necessidade de elevação posterior dos resultados desportivos determinaram a segunda abordagem relacionada com a questão da alternância de cargas de grandeza e orientação diferentes no microciclo. Apoiando-se nesses pontos de vista, ocorreu, nos anos 70, o aumento substancial (quase duas vezes) do volume geral de cargas em diversas modalidades, inclusive o volume de exercícios de alta intensidade. Na maioria dos casos, a preparação passou a constituir-se na base de duas ou três sessões de treinamento por dia, com o volume de trabalho de treinamento no microciclo semanal de até 32 a 38 horas. Nos últimos anos, as características qualitativas dos microciclos adquiriram tendência à estabilização de seus parâmetros. O aperfeiçoamento futuro da estrutura e do conteúdo do microciclo será, pelo visto, relacionado com as buscas de combinação otimizada de sessões de treino de grandeza e de orientação diferentes. Isso somente será possível com base em ideias claras sobre os mecanismos que determinam a combinação de diferentes cargas.

Considerando a frágil base teórica das abordagens metodológicas referentes à questão da estrutura e do conteúdo do microciclo, vejamos a seguir algumas disposições imediatas que se formaram na prática atual do treinamento desportivo e foram confirmadas por resultados positivos. No microciclo de treinamento, sessões com uma orientação predominante podem ser combinadas com sessões de diferentes orientações.

Na preparação dos atletas de alto rendimento, é bastante eficiente a aplicação do microciclo com a carga chamada concentrada, isto é, que tem praticamente uma orientação de influências de treino. Têm sido utilizados mais amplamente microciclos de cargas concentradas aeróbias e de força, assim como microciclos que visam exclusivamente à solução das tarefas de preparação técnica. O significado metodológico dessa abordagem de microciclo consiste na criação de uma influência forte de orientação restrita, o que estimula profundas alterações funcionais que servem de premissa para a passagem posterior do organismo do atleta ao nível mais alto de treinamento. Tal variante do conteúdo do microciclo pode, porém, ser utilizada durante um período de tempo limitado, pois não assegura a necessária influência em outros aspectos de preparação do atleta. No microciclo de uma orientação predominante, a combinação das sessões com a carga máxima requer uma atenção especial. Quando ocorre a segunda sessão, com a carga próxima da máxima, a mesma realizada no fundo de sub-recuperação, ocorre também o agravamento significativo da fadiga da orientação correspondente. Nesse sentido, a capacidade de trabalho do atleta, na segunda sessão, resulta consideravelmente diminuída, e ele geralmente não pode cumprir mais do que 75 a 80% do trabalho proposto (Platonov, 1986). Levando em consideração essa circunstância, convém planejar, com muito cuidado, duas sessões seguidas com cargas de choque no microciclo somente para atletas qualificados e bem treinados.

A introdução no microciclo das sessões com cargas estabilizadoras e recuperativas, na fase de alta fadiga, após as sessões de orientação seletiva, exerce, normalmente, influência favorável na adaptação do organismo do atleta.

Não é conveniente utilizar duas sessões de orientação de velocidade com o volume máximo de exercícios, pois, ao repetir a sessão, perturbam-se as principais disposições metodológicas que condicionam o aperfeiçoamento das capacidades de velocidade. Durante o aperfeiçoamento das capacidades de força, seria conveniente prever, na segunda sessão, outros grupos musculares com a manutenção da orientação geral de força das sessões.

Na prática do treinamento desportivo, são mais difundidos os microciclos de caráter complexo, que permitem exercer influências equilibradas sobre diferentes aspectos da preparação do atleta em conformidade com as tarefas da etapa de preparação. Nas modalidades de coordenação complexas, nos jogos desportivos e nos combates, que se distinguem pela diversidade de ações motoras e por um grande número de fatores determinantes da atividade competitiva, o microciclo constitui a única forma aceitável de construção do processo de treinamento.

A estruturação do microciclo com o objetivo de solucionar tarefas complexas apresenta dificuldades metodológicas muito sérias, relacionadas com a definição da combinação das sessões de diferentes cargas. Se, no microciclo de caráter concentrado, a carga orientada para solucionar uma tarefa constitui o principal fator, no microciclo complexo, o número de fatores aumenta proporcionalmente ao número de tarefas a solucionar.

A soma de efeitos das cargas de diferente orientação, no microciclo, tem importante significado para a determinação dos parâmetros de influência de treino sobre o organismo do atleta. Na literatura especializada, não se conseguiu encontrar dados convincentes sobre o efeito positivo da combinação direta de cargas de choque de diferente orientação. O especialista (Platonov, 1986) procura explicá-lo com o fato de a carga máxima exigir a mobilização das reservas profundas do organismo do atleta e a redistribuição da atividade dos processos que ocorrem no organismo de acordo com a orientação da carga. Devido à fadiga que se desenvolveu, tal processo possui uma estabilização significativa. A aplicação da carga de outra orientação exige também mobilização máxima, mas já de outros sistemas, o que é pouco conveniente do ponto de vista da formação das reestruturações de adaptação a longo prazo. Tal combinação pode provocar descoordenação dos processos de adaptação, e mesmo falha de adaptação. Por isso, seria conveniente alternar, no microciclo, as cargas próximas das máximas com as cargas de grandeza moderada.

No processo de preparação dos atletas de alta qualificação, depara-se, frequentemente, com um problema: a utilização de microciclos para solucionar tarefas complexas não assegura que influências de diferentes orientações sejam suficientemente capazes de estimular o aperfeiçoamento posterior imediato de alguns componentes da preparação do atleta. Nesse caso, há necessidade de atribuir ao microciclo, complexo pelo seu conteúdo, determinado acento que exprime a orientação predominante de cargas em conformidade com as tarefas da etapa referida de preparação.

A eficiência de direção do processo de treinamento no microciclo é condicionada, em grau considerável, pela dinâmica do volume e da intensidade da carga. A análise dos microciclos de sete dias, com seis dias de treino, que são os mais difundidos na prática do treinamento de atletas qualificados, permite destacar variantes com a dinâmica de um, dois e três picos de volume e de intensidade de cargas (Figura 6.16).

Como regra, no primeiro dia do microciclo, não se planeja a carga máxima, principalmente nos casos em que o microciclo precedente termina com um dia de descanso. Para justificar tal recomendação, podem-se apresentar dois argumentos:

1. Não é desejável que ocorra, no organismo, uma brusca mudança, que poderá ser provocada pela passagem do

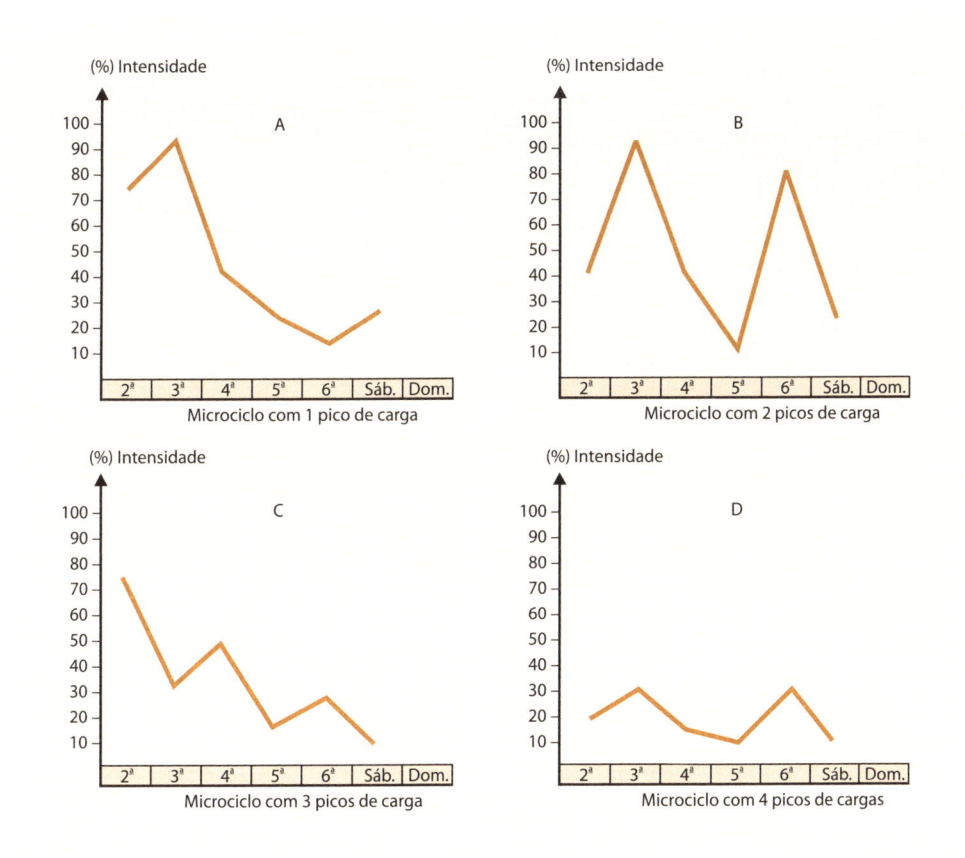

FIGURA 6.16
Variação na estruturação dos microciclos com diferentes dinâmicas de volume e de intensidade de carga (A, B, C, D).

estado de descanso a uma atividade que exija a completa mobilização das reservas do organismo.
2. O período de recuperação, depois de cargas próximas das máximas, dura alguns dias, e, por conseguinte, todas as sessões posteriores de treino vão se realizar tendo como objetivo a sub-recuperação, o que pode refletir negativamente na eficiência geral do microciclo. Por isso, recomenda-se, no primeiro dia do microciclo, a carga com parâmetros não superiores a 60 ou 70% das máximas.

Quando o objetivo, no microciclo, for o de exigir alta intensidade de carga (p. ex., o aperfeiçoamento das capacidades máximas de velocidade), relacionada com um grande volume de exercícios de intensidade moderada (p. ex., o aperfeiçoamento da resistência aeróbia), o caráter geral das cargas poderá ter a dinâmica representada na Figura 6.16 (A, B, C). Seria preferível planejar as cargas de alta intensidade, ligadas ao aperfeiçoamento das capacidades de velocidade, de força explosiva, assim como o ensino inicial das ações motoras complexas para o 1º e 2º dia do microciclo ou para o dia seguinte, após a sessão de treino recuperativo. Quanto aos exercícios com alto volume de carga orientada para o treinamento da resistência aeróbia, anaeróbia, glicolítica e de força, seria conveniente planejá-los de modo que o pico de intensidade adiante, em tempo, o pico do volume de cargas. O aumento do volume da carga além das grandezas determinadas provoca inevitavelmente a redução da intensidade. Na Figura 6.16 (D), está representada a variante com elevado volume de cargas quando a intensidade fica num nível mínimo ao longo de todo o microciclo.

Com relação às particularidades dos processos recuperativos que determinam a estrutura do microciclo, convém levar em conta o fato de que a duração de recuperação, após as cargas máximas de diversas orientações, apresenta diferenças substanciais. As possibilidades dos sistemas funcionais, que asseguram o nível das capacidades de velocidade, de coordenação, a força máxima e de impulso, se restabelecem de uma e meia a duas vezes mais rápido do que as capacidades dos sistemas funcionais que determinam o nível de resistência aeróbia e anaeróbia-glicolítica.

Na construção do microciclo, convém levar em consideração que as capacidades de recuperação do organismo humano, após um trabalho intenso, modificam-se substancialmente sob a influência do treinamento. Os atletas de alto rendimento não só superam os menos qualificados nos resultados desportivos e nas capacidades funcionais de diferentes sistemas, como, também, na capacidade de se restabelecerem rapidamente. O treinador não deve esquecer também das particularidades estritamente individuais do organismo de diferentes atletas, relacionadas com a duração da recuperação; na Figura 6.17, verificou-se o tempo de recuperação das diversas capacidades de treinamento.

ESTRUTURA E ORGANIZAÇÃO DO TREINAMENTO NO MESOCICLO

Classificação dos mesociclos

O mesociclo trata da estrutura de carga que varia de 3 a 6 semanas e representa o elemento da estrutura de preparação do atleta orientado para a solução das tarefas de determinado macrociclo (período) de preparação.

Quanto aos indícios que permitem classificar os mesociclos, podem-se destacar:

- a principal tarefa a ser resolvida pelo mesociclo no sistema de preparação;

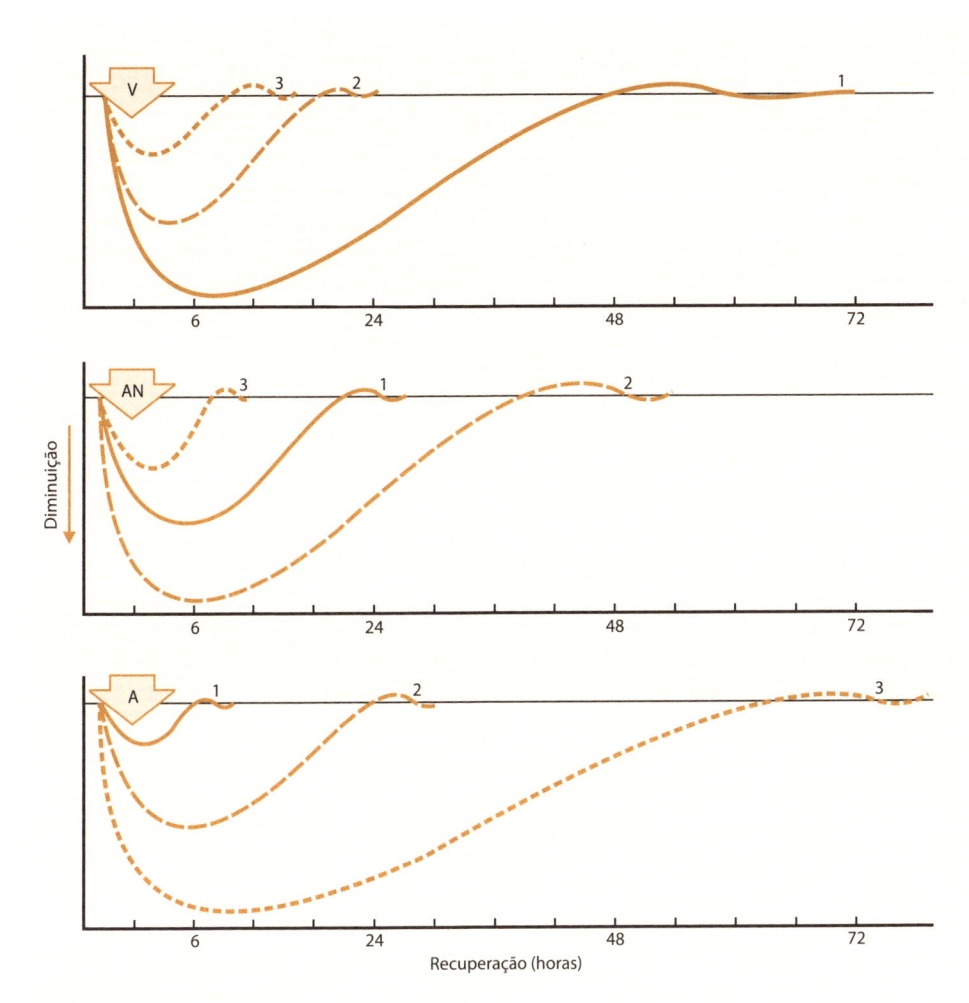

Treinamento desportivo

Legenda:
V – Capacidade de velocidade-força
AN – Capacidade de resistência anaeróbia
A – Capacidade de resistência aeróbia
1 – Velocidade-força
2 – Resistência anaeróbia
3 – Resistência aeróbia

FIGURA 6.17
Tempo de recuperação das capacidades de treinamento após estímulos em diversas fontes energéticas (Platonov, 1986).

- o momento do referido mesociclo na estrutura do macrociclo de preparação;
- a composição dos meios e dos métodos de treino aplicados no mesociclo;
- os tipos de microciclos que compõem o conteúdo predominante do mesociclo estabelecido;
- a grandeza das cargas e sua dinâmica no mesociclo.

Com base nos referidos indícios, a Figura 6.18 destaca os seguintes tipos de mesociclos:

Mesociclo inicial

Geralmente inicia o período preparatório do macrociclo de preparação. A sua tarefa consiste em assegurar a passagem paulatina do organismo do atleta do estado reduzido da atividade de treinamento para o nível competitivo a altos parâmetros, frequentemente próximos das cargas máximas de treinamento nos mesociclos posteriores. O conteúdo do mesociclo inicial é composto por 2 a 3 microciclos do tipo recuperativo ou inicial e concluídos com o microciclo recuperativo. Para o mesociclo inicial, é característica a intensidade relativamente baixa com aumento gradual do volume geral de exercícios.

Mesociclo básico

Reúne alguns tipos de mesociclos, em que se realiza o principal trabalho de treinamento quanto ao aperfeiçoamento de diversos aspectos da preparação do atleta. Pela composição dos meios de treino, os mesociclos dividem-se em *preparatórios gerais* e *preparatórios especiais*, sendo que, pela grandeza das cargas, dividem-se em *desenvolvimento* e *estabilizadores*.

MESOCICLO DE DESENVOLVIMENTO

É a forma principal de organização das influências de treinamento que visam à obtenção do efeito acumulativo de treino, que está na base da elevação do nível de treino do atleta. Tal ciclo caracteriza-se pela grandeza considerável de cargas (geralmente próxima da máxima para dado

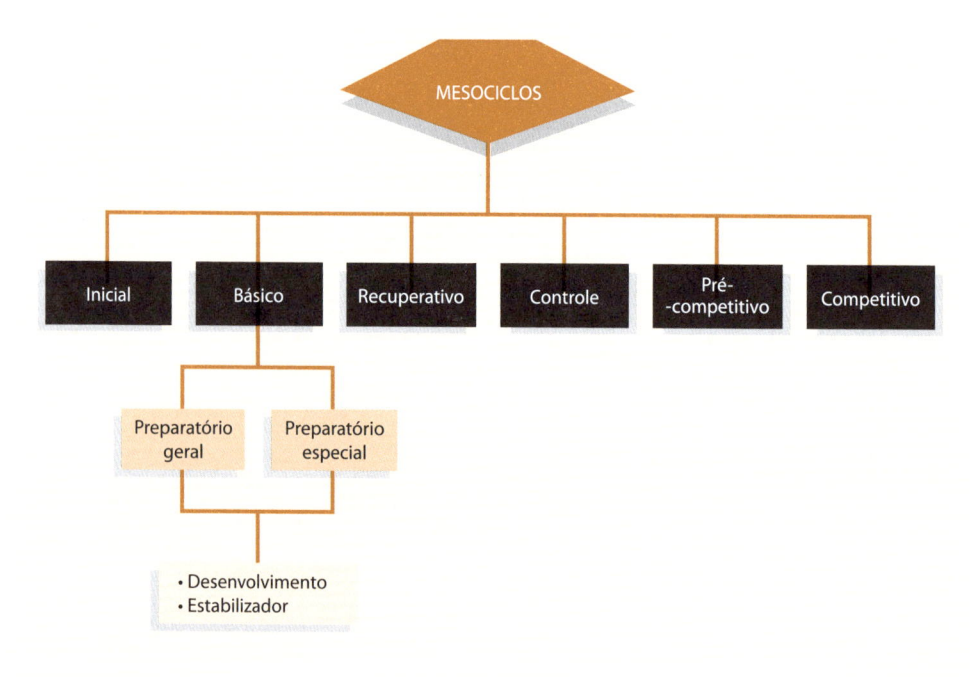

FIGURA 6.18
Classificação dos mesociclos de treinamento.

nível de preparação). Mais adiante, analisaremos algumas das particularidades metodológicas de construção desse tipo de mesociclo.

Mesociclo estabilizador

Visa à consolidação das mudanças obtidas anteriormente, que são asseguradas pela redução insignificante ou pela estabilização das cargas atingidas anteriormente.

Mesociclo recuperativo

Aplica-se no período transitório de preparação, quando têm importância predominante as tarefas de recuperação completa do atleta após um período prolongado de cargas máximas de treinamento e de competição. O mesociclo recuperativo é importante para a adaptação do organismo do atleta, pois permite prevenir a transformação da fase de resistência na fase de profundo esgotamento e de fracasso de adaptação. O mesociclo caracteriza-se pela redução do volume e da intensidade das cargas (geralmente 20 a 30% em relação aos parâmetros do mesociclo básico de desenvolvimento). Têm sido aplicadas diferentes formas de descanso ativo que contribuem para a descarga psicológica do atleta (natação, jogos, passeios nas montanhas, etc.). No processo de preparação de atletas qualificados, incluem-se, no mesociclo recuperativo, vários tratamentos fisioterapêuticos que visam à eliminação das consequências de traumatismos sofridos e a profilaxia de doenças. Nesse mesociclo, seria conveniente efetuar uma análise médica aprofundada que permita avaliar o estado de saúde do atleta.

Mesociclo de controle

Geralmente conclui o período preparatório. A sua principal tarefa consiste em assegurar um controle multiforme da eficiência dos mesociclos básicos anteriores e a adaptação paulatina do atleta às exigências dos mesociclos competitivos posteriores. O conteúdo dos mesociclos deve apresentar diferentes formas de observações pedagógicas e médicas por etapas. O treinamento é combinado com a participação em competições e desempenha a função preparatória e de controle. Durante este mesociclo, eventuais deficiências na preparação do atleta podem ser corrigidas.

Mesociclo pré-competitivo

Destaca-se como um componente estrutural que assegura a preparação imediata para a competição principal do macrociclo. Durante este mesociclo, resolve-se todo um conjunto de tarefas que incluem a recuperação após a etapa precedente de competições seletivas, a manutenção e a eventual elevação do nível atingido, a eliminação de pequenos defeitos da preparação, a solução do estado psíquico do atleta, a adaptação às condições de realização das competições principais, etc. A necessidade de solução dessas tarefas condiciona a inclusão, na estrutura do mesociclo pré-competitivo, de diferentes tipos de microciclos, cujo conteúdo poderá variar dependendo do estado do atleta. As particularidades da estrutura e da dinâmica geral das cargas, no mesociclo pré-competitivo, serão analisadas mais adiante.

Mesociclo competitivo

Representa a base do período competitivo de preparação do atleta. A sua estrutura e o seu conteúdo são determinados pela especificidade da modalidade desportiva, pelo sistema de preparação competitiva, pelas particularidades do calendário de competições, pelo nível da qualificação do atleta e por outros fatores. A duração do período competitivo poderá ser de 6 até 8 meses, o que é característico, por exemplo, para os jogos desportivos. Nesse período, destacam-se geralmente 4 a 6 mesociclos competitivos. Nesses casos, quando as competições se realizam durante 1 a 2 meses, é conveniente destacar o mesociclo de competições principais e os mesociclos competitivos que resolvem outras tarefas (o mesociclo de competições seletivos, os preparatórios, etc.). Dependendo do número de participações, do intervalo entre elas e da importância das competições, podem ser incluídos, na estrutura do mesociclo competitivo, além dos microciclos competitivos, outros tipos de microciclos. A sua função é contribuir para a recuperação e assegurar a manutenção do alto nível de capacidade de trabalho do atleta durante todo o mesociclo competitivo.

COMPOSIÇÃO DOS MICROCICLOS NA ESTRUTURA DO MESOCICLO

Dependendo das tarefas objetivadas no mesociclo e do nível de preparação do atleta, a carga dos microciclos pode variar num leque bastante amplo. Dependendo do número de sessões de treino com cargas de choque e ordinárias e de sua distribuição nos microciclos, o processo de recuperação das possibilidades funcionais do organismo, depois da soma da carga do microciclo, poderá terminar dentro de algumas horas após a última sessão ou demorar alguns dias. Assim, o microciclo seguinte poderá realizar-se no período de recuperação depois da soma da carga do microciclo precedente ou no momento da fadiga residual (Tabela 6.10).

No Quadro 6.4, estão representadas algumas variantes de distribuição de microciclos nos mesociclos. A dinâmica de cargas pressupõe a execução do trabalho de treino no terceiro microciclo no nível da fadiga do microciclo anterior, sendo que o microciclo de choque é planificado durante a recuperação relativa (Grossen; Starischa, 1988; Manso; Valdivielso; Caballero, 1996).

Mesociclo de preparação para mulheres

Ao planejar as cargas do mesociclo para as mulheres, convém levar em consideração a influência dos biorritmos. Existem muitos estudos que comprovam a oscilação da capacidade de trabalho do indivíduo em função das fases dos biorritmos mensais (Agdjanian; Chabatura, 1989; Chapochnikova, 1984).

A alteração do estado funcional, que depende do ciclo biológico específico chamado ovulatório-menstrual, constitui uma particularidade do organismo feminino. A duração desse ciclo oscila, dentro da norma fisiológica, em média, de 21 a 36 dias. Em 60% das mulheres, é de 28 dias (Korop; Kononenko, 1983; Sologub, 1987). Todo o ciclo é geralmente dividido em cinco fases: a primeira, a menstrual (do 1º ao 3º dia); a segunda, a pós-menstrual (do 4º ao 12º dia); a terceira, a ovulatória (do 13º ao 14º dia); a quarta, a pós-ovulatória (do 15º ao 25º dia); e a quinta, a pré-menstrual (do 26º ao 28º dia).

A duração da primeira metade do ciclo ovulatório-menstrual (até a ovulação) é diferente e está ligada às particularidades individuais do organismo feminino, sendo que a duração da segunda metade é sempre constante (de 14 dias). Tendo em vista que a duração dos ciclos ovulatório-menstruais entre as desportistas é diferente, torna-se indispensável saber os dias prováveis do início da ovulação: com o ciclo de 21 dias, a ovulação começa do 7º ao 9º dia; com o ciclo de 28 dias, a ovulação chega no intervalo entre o 12º e o 16º dia do ciclo; ao

TABELA 6.10 – Composição dos microciclos nos diversos tipos de mesociclo

Mesociclos	Microciclos							
Inicial	R	O	R	—	—	—	—	—
Básico	CH	O	CH	R	—	—	—	—
Desenvolvimento	CH	CH	CH	R	—	—	—	—
	CH	O	CH	EST	CH	R	—	—
Estabilizador	EST	O	EST	R	—	—	—	—
Recuperativo	R	R	R	—	—	—	—	—
Controle	R	PC	EST	PC	—	—	—	—
Pré-competitivo	CH	CH	CH	CO	R	PC	Competições	Competições
Competitivo	C	R	C	EST	PC	C	—	—

R, Recuperativo; CH, Choque; O, Ordinário; EST, Estabilizador; CO, Controle; PC, Pré-competitivo; C, Competitivo.

passo que, com o ciclo de 36 dias, entre o 19º e o 23º dia do ciclo.

Em condições normais, nas diferentes fases do ciclo ovulatório-menstrual, ocorrem a modificação da atividade hormonal e a alteração do estado funcional de todos os sistemas do organismo. A maioria dos especialistas defende a existência de uma interligação estável das fases do ciclo menstrual com o nível de manifestação da capacidade de trabalho desportivo (Korop; Kononenko, 1983; Keizer, 1986). Os índices superiores da capacidade de trabalho, durante esse ciclo, são característicos das fases pós-menstrual e pós-ovulatória. Pode ocorrer uma diminuição considerável do nível da capacidade de trabalho físico nas fases ovulatória, pré-menstrual e menstrual. Tais variações têm caráter expressamente individual e manifestam-se em função da especialização desportiva. Em considerável número de desportistas, verifica-se, nessas fases, a diminuição das capacidades de força, de velocidade, de resistência especial e também perturbações na coordenação dos movimentos. Nas fases pré-menstrual e menstrual do ciclo ovulatório-menstrual, a irritabilidade e a instabilidade emocional das atletas elevam-se (Agdjanian; Chabatura, 1989).

A literatura apresenta abordagens relacionadas com o problema da estruturação da preparação desportiva das mulheres. Continua a ser bastante discutido o ponto de vista dos técnicos que estruturam a preparação desportiva das mulheres idêntica à dos homens, ou seja, desconsideram as mudanças do estado funcional e as oscilações da capacidade de trabalho desportivo das mulheres durante o ciclo ovulatório-menstrual. Como principal argumento, aludem, nesse caso, ao fato de que as atletas obrigam-se a participar das competições em diversas fases do ciclo. Pelo visto, tal argumento já não pode satisfazer às exigências modernas da preparação das atletas altamente qualificadas. Deve-se dar atenção especial às variações individuais do estado funcional das atletas em diversas fases do ciclo ovulatório-menstrual. Parece mais justificada a abordagem que se propõe a encarar o ciclo biológico feminino como uma formação estrutural integral (mesociclo) da preparação das desportistas. Nesse caso, convém que, na planificação do mesociclo, seja tomado como base o ciclo ovulatório-menstrual individual da atleta, e seus microciclos sejam relacionados com as fases do ciclo ovulatório-menstrual. Partindo dessa posição, a dinâmica das cargas de treinamento deve corresponder às oscilações ondulatórias rítmicas da capacidade de trabalho durante o ciclo menstrual.

Levando em consideração o estado funcional da mulher, deve-se resolver, em cada fase, as tarefas correspondentes, determinando os meios de treinamento mais apropriados. Para os períodos de elevada capacidade de trabalho, os microciclos devem ser planejados com cargas maiores (ordinárias e de choque); para os períodos de capacidade reduzida de trabalho, os microciclos devem ter cargas predominantemente de caráter recuperativo. Uma vez que as oscilações mais acentuadas das funções fisiológicas do organismo da mulher verificam-se nas fases ovulatória, pré-menstrual e menstrual, seria conveniente destacar, no mesociclo, dois microciclos especiais: o primeiro, incluindo a fase de ovulação possível, e o segundo, abrangendo o período de 1 a 2 dias antes da menstruação. O mesociclo do treinamento inclui, juntamente com dois microciclos especiais, respectivamente, mais 2 a 3 microciclos de treino. O número e a duração dos microciclos devem ser planificados em função da duração individual do ciclo e de suas fases. Exemplo do mesociclo de 28 dias na Tabela 6.11.

No caso do ciclo curto de 21 dias, é necessário prever, no primeiro microciclo, a redução considerável da grandeza da carga dos dias de provável ovulação entre as atletas com ciclo ovulatório-menstrual reduzido, e o principal programa de treinamentos deverá ser realizado na segunda metade do mesociclo.

No período do microciclo especial, recomenda-se reduzir o volume total e a intensidade de cargas. As cargas mais aceitáveis são as que visam à manutenção da preparação técnica e da flexibilidade, sendo que as cargas aeróbias em pequenos volumes exercem influência favorável. As cargas estáticas e dinâmicas globais sobre os músculos da zona pélvica e abdominal são contraindicadas.

Estrutura do mesociclo pré-competitivo

As competições principais constituem o alvo da preparação do atleta, pois da atuação nessas competições depende o resultado final da preparação precedente (por vezes, de muitos anos de treinos). Durante a etapa que antecede às competições principais, a preparação do atleta é orientada no sentido de criar as condições mais favoráveis para a realização do nível alcançado de treinabilidade em resultados desportivos de alto rendimento durante tais competições. O fato, porém, de o atleta ter o nível necessário de treinabilidade não significa que, a qualquer momento, seja capaz de mostrar tais resultados altos. Na prática desportiva, há muitos exemplos em que, durante as competições principais, os atletas apresentavam resultados mais baixos, que não correspondiam aos resultados dos testes de treinabilidade. Segundo dados dos especialistas (Zakharov, 1985; Platonov, 1986), 25 a 60% dos atletas demonstram os seus melhores resultados nas competições principais. A causa de falhas reside frequentemente na má estruturação do mesociclo pré-competitivo.

TABELA 6.11 – Variação da carga no mesociclo, considerando a duração do ciclo menstrual (28 dias)

Dia	Fase	Característica da carga	Tipo de microciclo
1º-3º	Menstrual	Média	Ordinário
4º-12º	Pós-menstrual	Média	Choque
13º-14º	Ovulatória	Média	Estabilizador
15º-25º	Pós-ovulatória	Alta	Choque
26º-28º	Pré-menstrual	Baixa	Recuperativo

Apesar da atenção dada pelos especialistas ao problema da preparação pré-competitiva para as competições principais, os dados ainda são insuficientes para explicar o problema. A causa disso reside na complexidade objetiva do controle dos parâmetros de cargas aplicadas pelos atletas de destaque e nas consideráveis diferenças individuais da preparação pré-competitiva. É desse modo que podem ser explicadas também as recomendações insuficientes e, em muitos casos, contraditórias quanto à estrutura e ao conteúdo da preparação pré-competitiva. Mesmo assim, nos últimos anos, formaram-se determinados modelos de preparação pré-competitiva, com base predominantemente nos estudos das modalidades cíclicas de desporto. Dependendo da duração do intervalo entre as principais competições seletivas e as principais do ano, podem-se destacar duas variantes do mesociclo pré-competitivo.

A primeira variante de estruturação da preparação pré-competitiva pressupõe um intervalo prolongado (5 a 8 semanas) entre as competições seletivas e as principais. A vantagem dessa variante está na possibilidade de uma aproximação mais eficiente do atleta (equipe) das competições principais, mas também, considerando a duração suficiente de preparação pré-competitiva, assegura a elevação complementar do nível dos resultados em comparação com as competições seletivas. Vejamos, como exemplo, a variante da estrutura e da dinâmica geral de cargas no mesociclo composto de seis microciclos (Figura 6.19).

O primeiro microciclo compreende alguns dias (geralmente 5 ou 6) depois das competições, e é dedicado ao descanso ativo e à recuperação psicológica e física após as competições. Depois, planejam-se dois microciclos de choque de treinamento, cuja duração total é geralmente de 14 a 20 dias. O objetivo desses microciclos é a criação da influência total de treinamento capaz de mobilizar as reservas funcionais do organismo do atleta. Isso somente é possível com a aplicação das cargas máximas ou próximas a elas. O volume do trabalho de treinamento atinge os parâmetros máximos (para o dado microciclo) com aumento paulatino do volume de cargas de alta intensidade (qualidade de treino).

Nos microciclos de choque, deve ser dada atenção à preparação de força. Podem ser planejados os microciclos de cargas concentradas de força. A utilização de diversos fatores complementares que reforçam o efeito das influências de treinos contribui para a mobilização das reservas de preparação do atleta, como treinamento em altitude, etc.

O volume máximo de cargas de alta intensidade concentra-se no 4º microciclo; nesse sentido, o volume total de cargas reduz-se ao nível correspondente a 50 e 60% do máximo. Com o objetivo de elevar a especialização dos efeitos dos treinamentos e controlar o nível de preparação, nesse microciclo, o atleta deve participar de uma série de competições intermediárias. Em tais competições, não se objetiva mostrar resultados elevados. Por conseguinte, esse microciclo pode ser encarado como de controle de preparação.

O 5º e o 6º microciclos abrangem o período chamado frequentemente de redução (Cousillman, 1982). Nesses microciclos, reduz-se o nível de cargas para recuperar completamente o organismo do atleta e obter a preparação ótima para o dia do início das competições principais. Anteriormente, descrevemos as particularidades dos microciclos recuperativos de manutenção e pré-competitivo. A duração do período de redução é variável e depende de muitos fatores, sendo geralmente de 10 a 14 dias. Nesse aspecto, são tão importantes o nível das próximas competições e as condições de aclimatação quan-

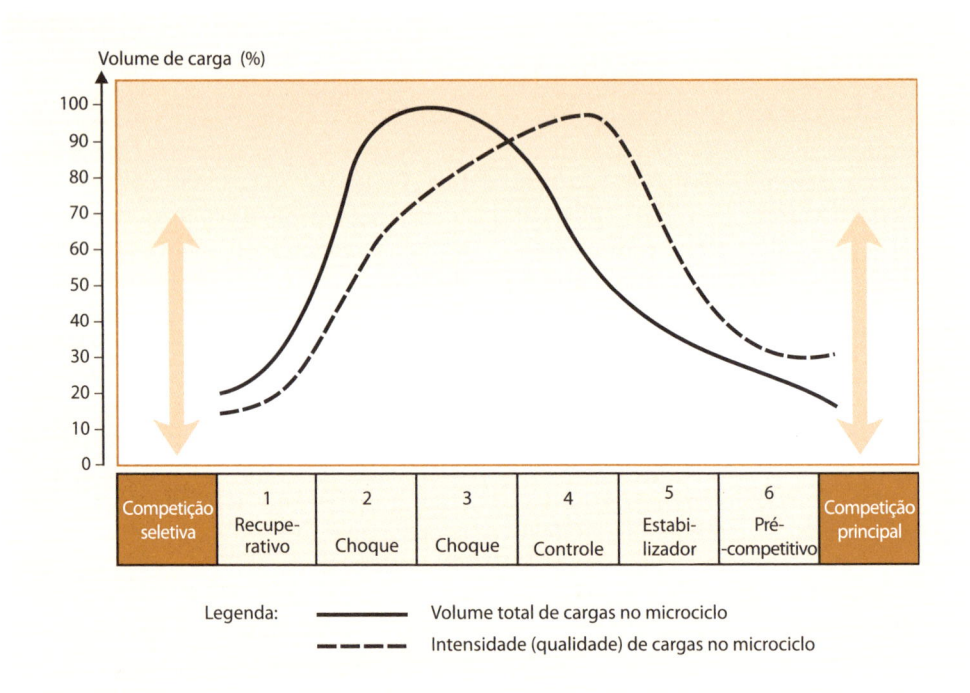

FIGURA 6.19
Estrutura do mesociclo pré-competitivo no desporto individual.

to o grau de intensidade e a duração de toda a preparação precedente do atleta, mas o fator principal são as particularidades individuais de resposta do organismo do atleta.

Juntamente com a variante analisada da preparação pré-competitiva, encontra-se frequentemente, na prática, outra variante. Sua principal peculiaridade é que as competições seletivas realizam-se na véspera das competições principais (habitualmente de 10 a 14 dias antes das competições principais). Assim, o atleta participa das competições seletivas e das principais como se estivesse no auge da forma desportiva. O mesociclo pré-competitivo é planejado para 4 a 6 semanas antes das principais competições seletivas, sendo que a preparação no intervalo entre as competições seletivas e as principais visa manter o nível de preparação atingido e a adaptação às condições das competições principais.

A enorme tensão nervosa e física que cada um dos atletas passa durante o curto espaço de tempo em que se concentram as competições constitui um problema negativo dessa variante de preparação pré-competitiva. E isso nem sempre permite que os atletas mostrem, nas competições principais, o alto resultado planejado. Tal variante é inaceitável quando é necessário completar a equipe em conformidade com os resultados das competições seletivas e assegurar a devida interação técnica e tática dos atletas.

A experiência de muitos anos de preparação de atletas de alto rendimento mostra que seria conveniente definir 90 a 95% dos participantes das competições principais até 4 a 6 semanas antes do início das competições principais, e apenas 5 a 10% dos atletas podem ser incluídos na composição da equipe mais tarde, segundo a decisão do técnico e levando em conta a situação formada no seu processo de preparação.

ESTRUTURA E ORGANIZAÇÃO DO TREINAMENTO NO CICLO ANUAL E MACROCICLO

A estrutura de preparação do atleta (equipe) durante o ano é uma tarefa difícil de ser resolvida pelo treinador. Selecionar o conteúdo do treinamento, bem como controlar a influência dos diversos tipos de cargas no organismo do atleta, é um desafio que a ciência desportiva ainda não conseguiu vencer na sua totalidade. Por isso, ao estruturar o ciclo anual de preparação, na primeira etapa da preparação a longo prazo (muitos anos), devemos fundamentalmente dirigir o processo de preparação para o desenvolvimento físico, para as condições de saúde, para a técnica e para o sistema funcional, criando, assim, premissas para o aperfeiçoamento efetivo na sequência dos trabalhos a serem realizados, principalmente na etapa de desenvolvimento e na realização das capacidades máximas do indivíduo.

Na primeira e na segunda etapa da preparação a longo prazo, devemos fundamentar todo o sistema de treinamento no aperfeiçoamento técnico-tático, físico e psicológico do desportista. Na sequência das etapas, principalmente quando a tarefa é o desenvolvimento das capacidades máximas do desportista, ou seja, o alcance dos resultados de alto rendimento, a estrutura de preparação anual apresenta um caráter bem mais complexo, além de vários fatores. Em geral, a forma desportiva diz respeito à correlação ótima de todos os aspectos (componentes) da preparação do desportista numa determinada modalidade.

A forma desportiva é adquirida num processo de preparação desportiva relativamente prolongado. Na sua base, estão as leis de adaptação do organismo humano. Numerosas pesquisas comprovam que o processo de desenvolvimento da forma desportiva tem o caráter de fase. Tal processo decorre numa sequência de três fases: a aquisição, a manutenção (estabilização relativa) e a perda temporária (Matveev, 1977).

A unidade das três fases de desenvolvimento da forma desportiva, na estrutura de preparação do atleta, está ligada à compreensão de macrociclo de preparação. Na estruturação do ciclo anual de preparação, as três fases citadas podem-se repetir mais de uma vez na temporada, dependendo dos objetivos traçados no início do ano. O ciclo anual pode apresentar mais de um pico de *performance*; a construção do processo de treino para atingir tal pico é chamado de macrociclo. Estudiosos estão de acordo que o planejamento anual pode ter um macrociclo, quer dizer, apenas se visa a uma competição importante ou a dois macrociclos quando o objetivo for a participação em duas competições ou mesmo três macrociclos, quando se objetiva, por exemplo, competições regionais, estaduais e nacionais. Nos últimos anos, encontramos outras variantes de planejamento da carga de treinamento de 4, 5 e até 6 ciclos competitivos no ano. Cada macrociclo é composto por três períodos: o preparatório, o competitivo e o de transição. No caso em que se repete mais de um macrociclo durante o ano, obrigatoriamente se destacam os períodos preparatório e competitivo, sendo que o período de transição pode desaparecer em alguns macrociclos na temporada. Isso ocorre principalmente quando, de um ciclo para outro, tem-se pouco tempo, e o treinador não deve deixar diminuir substancialmente a *performance* adquirida no ciclo anterior. Cada período apresenta suas tarefas a serem cumpridas:

1. O período preparatório deve assegurar o desenvolvimento das capacidades funcionais do desportista e pressupõe a solução das tarefas de aperfeiçoamento de vários aspectos específicos do estado de preparação, podendo-se destacar, nesse período, as etapas de preparação geral e as de preparação especial.
2. O período competitivo deve criar condições para o aperfeiçoamento de diversos fatores da preparação desportiva. A preparação deve ser integral e ocorre numa sequência lógica de conteúdos distribuídos na etapa pré-competitiva e competitiva propriamente dita.
3. O período transitório contribui para a recuperação completa do potencial de adaptação do organismo do desportista e serve de ligação entre os macrociclos de preparação.

O problema relacionado com a estruturação do ciclo anual ocupa um dos lugares centrais na teoria de preparação do atleta. Ainda nos anos 60, formou-se o sistema de opiniões quanto à periodização do treinamento desportivo, exposta de maneira mais completa nos trabalhos de L. P. Matveev. A eficácia da estruturação do treinamento, com base na periodização proposta, com tarefas próprias de cada período, seus meios e métodos de preparação, teve sua confirmação em diversas modalidades desportivas. Porém, as tendências do desenvolvimento desportivo moderno, o aumento de duração do calendário das competições para até 9 a 10 meses por ano – um número considerável de competições de responsabilidade ao longo de quase todo o ano – e o aparecimento de grande número de competições de caráter comercial e de alguns outros fatores contribuíram para o crescimento das visões metodológicas dos princípios de estruturação da preparação dos desportistas altamente qualificados no ciclo anual. O principal objetivo das novas buscas metodológicas visa assegurar a prontidão do atleta para a obtenção de resultados altos no maior número possível de competições durante o ciclo anual.

Na maioria das modalidades desportivas, formaram-se modelos determinados de estruturação do ciclo anual. A estrutura esquemática de variantes do ciclo anual de preparação mais difundida, na preparação dos atletas de alto rendimento, é apresentada na Figura 6.20. A escolha da variante é determinada por numerosos fatores, dentre os quais devem-se destacar:

■ o objetivo de preparação, no macrociclo determinado, condicionado pelo calendário de competições (prazos de realização das competições principais, sua quantidade e distribuição no período);
■ a quantidade de componentes do estado de preparação (qualidades, hábitos), que exige aperfeiçoamento especial em diversos períodos do macrociclo;
■ os ritmos de aperfeiçoamento dos aspectos dominantes de preparação:
■ o lugar do macrociclo referido no sistema de preparação de muitos anos;
■ as particularidades individuais do desenvolvimento da forma desportiva;
■ as condições climáticas e técnicas e os materiais de preparação.

A estruturação da preparação com base no macrociclo anual (variante A) mantém seu significado nas chamadas modalidades de estação: esqui, esqui de montanha, patins, remo e outras. Os fatores substanciais que influem na estrutura de preparação dessas modalidades são as condições climáticas de estação. No entanto, o progresso das condições técnicas e materiais de preparação (aparecimento

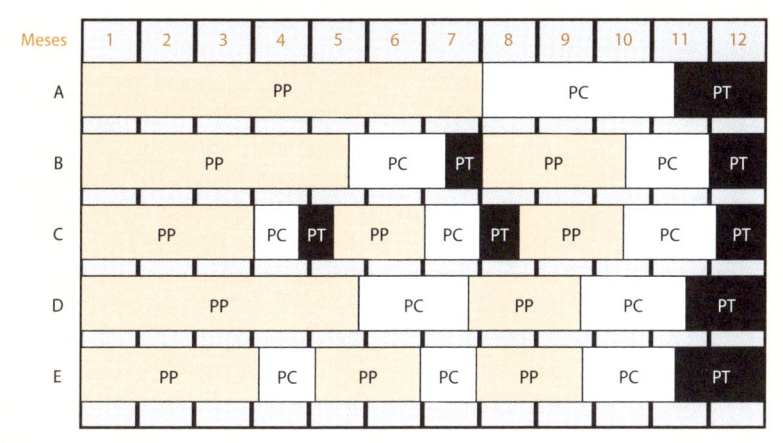

Meses	1	2	3	4	5	6	7	8	9	10	11	12
A	PP	PP	PP	PP	PP	PP	PP	PC	PC	PC	PC	PT
B	PP	PP	PP	PP	PC	PC	PT	PP	PP	PP	PC	PT
C	PP	PP	PP	PC	PT	PP	PC	PT	PP	PP	PC	PT
D	PP	PP	PP	PP	PP	PC	PC	PP	PP	PC	PC	PT
E	PP	PP	PC	PP	PP	PC	PP	PP	PP	PC	PT	PT

Legenda:
A – um ciclo
PP – período preparatório
B – dois ciclos
PC – período competitivo
C – três ciclos
PT – período de transição
D – dois ciclos incompletos
E – três ciclos incompletos

FIGURA 6.20
Modelos de ciclo anual de preparação (adaptado de Platonov, 1986).

de grande quantidade de ginásios cobertos, campos, pistas de gelo artificial, pistas com cobertura artificial, etc.) poderá, em um futuro muito próximo, diminuir a influência dos fatores naturais exteriores sobre a estrutura da preparação. As modalidades de estação distinguem-se pelo período preparatório prolongado (6 a 7 meses) e pelo período competitivo relativamente curto (4 a 5 meses). A preparação, em algumas modalidades de jogos, também se constrói com base no macrociclo anual, quando o campeonato ocorre durante uma estação (temporada) competitiva (futebol, hóquei sobre o gelo), mas o período competitivo dessas modalidades é consideravelmente mais prolongado (até 8 a 9 meses) (Gomes, 2008).

Muitos especialistas continuam a seguir a variante do macrociclo anual nos casos em que se exige um período prolongado para o aperfeiçoamento de alguns aspectos da preparação do desportista e a constituição da forma desportiva. Tal variante é aplicada na prática da preparação para as competições de maior importância, como, por exemplo, os jogos olímpicos, ou na assimilação (domínio) de um novo programa complexo, na ginástica ou na patinação artística, assim como após prolongados intervalos forçados da preparação (p. ex., devido a um traumatismo).

A estruturação do preparo com base nos macrociclos anuais permite assegurar uma preparação profunda, orientada para as principais competições do ano. Sabe-se que, para a obtenção de mudanças na adaptação de longo prazo, é necessária a duração ótima de influências de treinamento. O mecanismo de formação do efeito acumulativo só se verifica nos casos em que a soma das influências de treinamento de determinada orientação adquire caráter relativamente estável (firme). Para tal efeito, são necessárias, normalmente, nunca menos de 4 a 6 semanas (Verkhoshanski, 1985; Meerson, 1986; Mischenko, 1985). A acumulação consequente dos efeitos do treinamento de cargas de diferente orientação exige uma duração maior e depende do número de aspectos da preparação e de sua interação. O período necessário para a criação de premissas funcionais estáveis, a fim de alcançar um nível mais alto de resultados desportivos do que no macrociclo precedente, corresponde aproximadamente de 16 a 22 semanas (Verkhoshanski, 1985; Zakharov, 1990; Suslov, 1987). Tendo em vista as variações individuais do desenvolvimento da forma desportiva, esse tempo, pelo visto, pode ser tomado como base para a determinação da duração do período preparatório. O período preparatório mais curto permite aperfeiçoar apenas certos aspectos da preparação do desportista ou recuperar o nível anteriormente conseguido de preparação. Quanto mais baixo for o nível de preparação no início do macrociclo, mais prolongado será o período preparatório.

As variantes de estruturação do ciclo anual com base em alguns macrociclos são bastante diversificadas e apresentam variações essenciais de parâmetros, mesmo nos quadros da mesma modalidade desportiva. O destaque de alguns macrociclos no ano está relacionado com o número de competições de importância em que se pretende obter resultados elevados. A duração dos períodos, em cada macrociclo, é condicionada pelo objetivo da preparação, assim como pelas leis de aquisição e de manutenção da forma desportiva. Geralmente, mesmo a estruturação de dois ciclos (variantes B e D) e de três ciclos (variantes C e E) de preparação (Figura 6.20) pressupõe a submissão das tarefas e do conteúdo do primeiro e do segundo macrociclos (no caso da variante de três ciclos) aos objetivos da preparação para as competições principais. A participação nas competições principais está habitualmente ligada ao último macrociclo que conclui o ciclo anual. O primeiro macrociclo tem geralmente caráter básico. Um lugar significativo nesse macrociclo é dado aos meios de preparação geral. A participação nas competições não é antecedida de uma preparação pré-competitiva especial. No segundo macrociclo, o processo de treinamento adquire caráter mais especializado e nele se prevê a preparação orientada para as competições de destaque (seletivas). No terceiro macrociclo, a preparação visa à obtenção do resultado máximo nas principais competições do ano.

As tendências modernas, no sentido da profissionalização do desporto, apoiadas na existência de condições para a preparação eficiente durante todo o ano, permitiram que alguns treinadores e especialistas fundamentassem e verificassem, na prática, a concepção metodológica que tem alguns traços distintos em comparação com a abordagem já examinada da estruturação do ciclo anual. São os principais indícios dessa concepção: o volume do trabalho de treinamento, mesmo segundo critérios modernos (até 1.800 horas por ano); a distribuição relativamente igual de cargas no ciclo anual; a inexistência de mudanças significativas na orientação de cargas com o teor percentual elevado de influências especializadas; e a vasta prática competitiva, durante 10 a 11 meses por ano, caracterizando-se a participação nas competições pela orientação permanente no sentido da obtenção dos mais altos resultados. Há adeptos desse ponto de vista no ciclismo, na natação, no halterofilismo e em alguns jogos desportivos (Vorobiev, 1987; Ivoilov; Tchuksin; Schubin, 1986; Makhailov; Minitchenko, 1982). Não se deve encarar como uma contraposição a existência de duas abordagens metodológicas de princípio do problema da estruturação do ciclo anual de preparação dos atletas de alto rendimento. Ambas as variantes permitem que os desportistas obtenham altos resultados desportivos, e cada uma delas apresenta vantagens e deficiências. Por conseguinte, deve-se avaliar a eficiência de cada uma dessas variantes, levando-se em conta os objetivos colocados ao desportista ou à equipe no ciclo anual determinado.

ESTRUTURA DO CICLO ANUAL DE PREPARAÇÃO EM VÁRIOS DESPORTOS

É muito difícil dizer qual sistema de preparação deve ser utilizado durante o ciclo anual (um ciclo, dois ciclos, etc.). O planejamento do ciclo anual depende do calendário de competições de determinado tipo de esporte, além das leis objetivas que levam o organismo a uma adaptação satisfatória. Dessa forma, o tipo de ciclo a ser utilizado deve ser aquele que favoreça o bom desenvolvimento na preparação, levando o desportista a alcançar a melhor forma desportiva nas principais competições do ano.

Por exemplo, no futebol, é muito comum utilizar apenas um ciclo anual. O período de preparação dura no máximo 8 semanas, e o competitivo é longo, pois, em algumas situações, dura mais de 9 meses; já o período de transição normalmente é planejado para o período de 4 semanas.

No período de preparação, os trabalhos são dirigidos com base na preparação física, técnico-tática e psicológica. No período competitivo, o sistema de treinamento torna-se mais complexo, pois deve atender as várias partes do treinamento, sempre procurando habilitar as ações competitivas, além de estimular o desportista a desenvolver ao máximo suas capacidades específicas sem deixar diminuir o nível da preparação física geral.

Durante 4 a 6 semanas no mesociclo competitivo, os jogos oficiais podem atingir 8 a 10 dias, o que torna difícil manter em alto nível as preparações física, técnica e tática. Todo o trabalho, nesse momento de jogos, deve ocorrer com uma carga não muito alta, e a prioridade deve ser dada ao treinamento técnico-tático, que mantém as capacidades fisiológicas especiais e propicia um bom estado psicológico, tanto de mobilização para a competição como de recuperação entre os jogos.

Na sequência dos trabalhos, o volume de treinamento deve ser organizado com base no resultado obtido nesse primeiro momento do período competitivo.

PLANEJAMENTO DO TREINAMENTO EM DIFERENTES PERÍODOS DO MACROCICLO

O rendimento desportivo do atleta, em grande parte, é determinado pelo caráter da distribuição (dinâmica), no ciclo anual, das cargas de treinamento e de competição. O efeito acumulativo de cargas de certa orientação de treinamento propicia uma adaptação funcional favorável para as cargas que apresentam outra orientação. Como resultado, tal combinação assegura a obtenção dos objetivos da preparação no determinado macrociclo, em particular a coincidência do pico da forma desportiva com o período das principais competições. Para a estruturação do ciclo anual, é importante considerar a solução de diferentes tarefas da preparação do atleta (equipe). Com base nas informações colhidas na literatura especializada e na experiência de preparação dos atletas de alto rendimento em diversas modalidades, podem-se destacar alguns aspectos comuns da estruturação de diferentes períodos do macrociclo de preparação.

Período preparatório

Em muitos tipos de desportos, o período preparatório destaca-se pelo tempo de duração de seu conteúdo. Nesse período, deve ser construída a base funcional que assegurará um volume alto de trabalho especial do atleta na temporada de competições. A preparação do aparelho locomotor e do sistema vegetativo do organismo deve ser estimulada com atividades que têm como objetivo o aperfeiçoamento técnico-tático, bem como das capacidades físicas e psicológicas.

O sistema moderno de preparação do desportista independente da idade e do nível, desde o primeiro dia do período preparatório, constrói-se com exercícios que devem resolver a preparação física psicológica, técnica e tática de forma especial.

A seleção dos exercícios deve respeitar a forma de execução da atividade competitiva, bem como imitar o regime de funcionamento da fibra muscular e o sistema energético predominante. Isso é possível quando selecionamos exercícios oriundos da própria modalidade desportiva, já no período preparatório.

O período preparatório é normalmente subdividido em duas etapas: a geral e a especial.

Na *etapa geral* do período preparatório, o mesociclo inicial e o mesociclo básico de preparação, prevê-se a orientação no sentido de elevação do organismo para a execução eficaz do trabalho, com ênfase no sistema aeróbio. Na estruturação da preparação segundo o princípio de um macrociclo anual, o volume da carga aeróbia aumenta gradualmente durante 10 a 12 semanas e atinge o seu máximo em 4 a 5 meses antes das principais competições. No caso de um período preparatório mais curto, tal elevação ocorre durante 6 a 8 semanas.

O trabalho de aperfeiçoamento da resistência aeróbia deve combinar-se obrigatoriamente com exercícios de orientação de força no regime de manutenção (5 a 8% por mês do valor anual). Os exercícios de preparação geral são utilizados predominantemente como meios de preparação de força.

Convém assinalar que, já no início do período preparatório, muitos técnicos consideram necessário destinar 2 a 3% do tempo para os exercícios do tipo *sprint*. Considera-se que, após o período transitório que antecede o período preparatório, no início do macrociclo, o desportista encontra-se em condição favorável para o aperfeiçoamento de suas capacidades de velocidade. Nos mesociclos, essa possibilidade é dificultada, pois a realização de grandes volumes de trabalho de orientação para o aperfeiçoamento de diversos tipos de resistência cria um nível desfavorável à revelação máxima das capacidades de velocidade.

As altas capacidades aeróbias asseguram vantagens somente nas distâncias de fundo. Para obter sucesso nas distâncias de meio-fundo e curtas, nas acelerações e no trecho final, o desportista tem de dispor de altas capacidades anaeróbias. É por isso que, na segunda etapa do período preparatório (os mesociclos preparatório especial básico e preparatório de controle), aumenta significativamente o volume de exercícios preparatórios especiais de caráter misto (aeróbio-anaeróbio). À medida que se aproximam as competições, incluem-se, no regime competitivo específico, em volume cada vez maior, exercícios intensivos. Os volumes mais altos de cargas no sistema energético aeróbio-anaeróbio misto devem ser enfatizados no final do período preparatório.

Para atingir a potência máxima de funcionamento do sistema anaeróbio-glicolítico, bastam geralmente 6 a 10 treinos de choque de correspondente orientação, realizados durante 2 a 3 semanas. Os grandes volumes de cargas de orientação anaeróbio-glicolítica são atingidos nunca antes de 4 a 5 semanas que antecedem as principais competições. A aplicação demasiadamente prematura e excessiva de cargas anaeróbio-glicolíticas reduz o nível das capacidades funcionais do organismo, prejudicando o sistema de preparação.

A correlação geral de cargas executadas em diversas zonas de intensidade, no ciclo anual de preparação, está em média na proporção de 70 a 75% da orientação aeróbia, 12 a 20% da orientação aeróbia/anaeróbia e 4 a 10% da orientação anaeróbia. Tais correlações sofrem alterações, dependendo do tipo de desporto. Assim, por exemplo, na preparação dos atletas especializados em maratona, a participação da carga aeróbia representa 85 a 87% do volume total anual.

As cargas de orientação de força dessa etapa devem ser aplicadas na variante uniformizada ou concentrada. Na preparação dos atletas de alto rendimento, têm sido utilizados, nos últimos anos, com bastante frequência, os mesociclos com volume elevado (concentrado) de cargas de força, na ordem de 23 a 25% do volume geral anual. Tal trabalho orientado assegura o nível de preparação de força do atleta para o momento das principais competições. A etapa com elevado teor de cargas de força dura, geralmente, de 3 a 8 semanas (segundo alguns dados, até 12 semanas) (Verkhoshanski, 1985), dependendo da duração do período preparatório e dos períodos de realização das principais competições. No período de aplicação de cargas concentradas de força e de realização de seu efeito, deve ser reduzido o volume do trabalho de outra orientação. O efeito mais favorável é proporcionado, nesse período, pelo volume moderado de exercícios especiais, com intensidade em elevação gradual. Como os exercícios de força utilizam predominantemente meios preparatórios especiais (p. ex., corrida saltada, corrida subindo montanha, trabalho nos aparelhos especiais de força, para nadadores; os ciclistas praticam subindo a montanha ou andando de bicicleta com catraca pesada, etc.), o trabalho de força, no período de sua aplicação concentrada, deve ter caráter predominantemente aeróbio. A correlação geral dos meios de preparação de força dos atletas das modalidades cíclicas está, em média, na proporção de 70%, resistência de força, de 20%, qualidades de velocidade e de força (inclusive força de explosão) e de 10%, força máxima (Meerson, 1986).

Na *etapa especial*, dá-se prioridade ao trabalho direto dos elementos técnicos ao aperfeiçoamento de elementos anteriormente dominados e que devem fazer parte da composição do novo programa competitivo. A preparação física, nessa etapa, deve contribuir para a solução das tarefas de aperfeiçoamento técnico. Os exercícios de preparação física adquirem orientação cada vez mais especializada e já se apresentam como exercícios preparatórios especiais.

Inicia-se o controle do nível de diversos aspectos de preparação do atleta com sua respectiva correção. A preparação técnica visa à consolidação dos hábitos adquiridos e à elevação do nível competitivo.

Período competitivo

Diversos aspectos da preparação do atleta, no período competitivo, merecem atenção especial. A preparação realiza-se em rigorosa conformidade com o calendário das competições em que os períodos de realização das principais competições têm significado especial. No caso, se o objetivo da preparação consistir na apresentação e na participação bem-sucedida nas principais competições realizadas em períodos curtos, o período competitivo poderá ser dividido em três etapas (Portman, 1986).

Etapa I – Pré-competitiva: constituição da forma desportiva

A participação nas competições, durante essa etapa, está ligada principalmente ao aperfeiçoamento de diversos aspectos específicos da preparação do atleta (ou da equipe). A participação nas competições alterna-se com ciclos de treinamento. Não se deve procurar conseguir a elevação das possibilidades funcionais dos principais sistemas do organismo recorrendo a um volume elevado de influências de treinos. A principal tarefa consiste na obtenção da concordância, da unidade harmônica de diversos aspectos da preparação e da estabilidade dos parâmetros do exercício constitutivo nas condições aproximadas ao máximo das de competição.

Etapa II – Competitiva: a forma desportiva das principais competições

O objetivo é assegurar a obtenção do resultado desportivo nas principais competições do macrociclo. O início da etapa pode ser considerado a participação nas competições (seletivas). Para os atletas de alto rendimento, esse é geralmente o campeonato nacional. Mais adiante, a etapa é concluída com a participação nas principais competições, dependendo da duração da etapa das condições metodológicas de manutenção do estado da forma desportiva superior.

A manutenção do nível da forma desportiva, uma vez que o período competitivo pode continuar também após as principais competições, é um assunto atual relacionado com a preparação do atleta de alto rendimento. A participação com êxito em outras competições e torneios, na temporada, pode ser mantida com a alternância de microciclos competitivos, estabilizadores e recuperativos (manutenção) na estrutura de preparação.

Nos jogos desportivos, o período competitivo abrange o período entre o primeiro e o último jogo das principais competições do calendário. A diversidade de variantes eventuais de estruturação do período competitivo, nos jogos desportivos, dificulta a elaboração de recomendações gerais referentes à dinâmica de cargas. Em diferentes modalidades desportivas (jogos), efetuando uma análise muito geral, podem-se distinguir duas variantes de estrutura do período competitivo. A primeira é construída completamente com base no sistema de definição do vencedor, após os jogos de cada um dos participantes, e por isso tal variante é homogênea em sua estrutura. Todos os ciclos semanais são semelhantes e caracterizam-se pela alternância regular de jogo de calendário e de intervalos entre eles. Nesse caso, no período competitivo, as cargas não têm caráter ondulatório claramente expresso. As influências de treinamentos são bastante homogêneas em sua composição e são orientadas principalmente para a manutenção do nível dos principais componentes da preparação dos jogadores.

Na segunda variante, a estrutura do período competitivo é construída segundo o princípio de voltas, com intervalos de algumas semanas entre elas. Dependendo da duração da fase intercompetitiva, a preparação adquire os traços de etapas separadas do período preparatório. Antecipando a redução do nível das capacidades físicas, durante o período competitivo prolongado, prevê-se, em geral, uma série de microciclos de choque, que visam à manutenção do nível de desenvolvimento das capacidades físicas e até a certo crescimento das mesmas. Uma atenção especial é dada às capacidades de velocidade e de força dos jogadores. Dependendo do caráter dos próximos jogos, podem ser incluídas, na composição da preparação, as mais diversas tarefas de treinamento.

Período transitório

A duração do período transitório depende da estrutura do ciclo anual e do grau de tensão dos períodos transcorridos do macrociclo. O período transitório que conclui o ciclo anual poderá ser o mais prolongado, e sua duração pode ser de 3 a 8 semanas.

Existem pontos de vista diferentes quanto à estrutura e ao conteúdo da preparação dos desportistas de alto rendimento no período transitório. Os especialistas que consideram primordial a tarefa de recuperação psíquica dos desportistas dão preferência ao descanso passivo. Nesse caso, após o final da temporada competitiva, o atleta deixa de treinar e descansa durante um mês ou um mês e meio. O descanso prolongado permite recuperar por completo o estado psíquico do desportista, mas, ao mesmo tempo, leva à redução bastante significativa da sua condição física, o que exige, no início do macrociclo seguinte, um longo trabalho para que ele possa voltar ao nível inicial. Por outro lado, há aqueles que não consideram apropriado cessar por completo os treinos no período transitório, pois isso perturba o ritmo habitual da vida dos atletas e se reflete negativamente no nível de seu estado físico. Nesse período, são preferíveis as formas ativas de recuperação. Prevê-se o sistema de influências mais diversas que permitam assegurar o descanso valoroso e a manutenção da condição física geral do atleta, levando-se em conta o seu estado individual. O mesociclo recuperativo constitui a base da estrutura do período. Recomenda-se aplicar ao desportista, no período transitório, meios não-específicos que criem um fundo emocional positivo: diversos jogos, passeios, natação, exercícios de dança, etc. Mas não se deve excluir por completo da preparação os exercícios de manutenção do nível das capacidades de força, de flexibilidade e de resistência aeróbia. O efeito profilático positivo é proporcionado pela combinação do descanso ativo com tratamentos fisioterapêuticos que contribuam para a eliminação das consequências de traumatismos e supertensões sofridas pelo atleta. O volume total de cargas de treinamento, no período transitório, reduz-se significativamente, excluindo-se as sessões de treino com grandes cargas. A Figura 6.21 demonstra, como exemplo, a estrutura do ciclo anual com dois macrociclos.

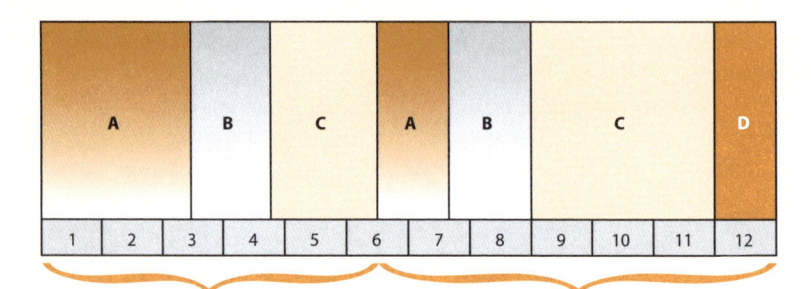

Legenda:
A – Etapa de preparação geral (período preparatório)
B – Etapa de preparação especial (período preparatório)
C – Período de competição
D – Período de transição

FIGURA 6.21
Estrutura da carga anual de treinamento, representada na periodização dupla (dois macrociclos).

7

MODELOS DE PERIODIZAÇÃO NOS DESPORTOS

No século XX e início do século XXI, mais precisamente nos últimos 60 anos, a periodização do treinamento desportivo passou por conceitos que se modificaram frequentemente com a evolução e as transformações ocorridas nos mais diversos desportos. Um modelo implica um esquema teórico do sistema ou da realidade que se elabora com o objetivo de facilitar sua compreensão, seu estudo e sua organização. Ao realizar-se a análise dos diferentes modelos apresentados pela literatura ao longo dos anos, verifica-se que alguns já não são suficientes para explicar os requisitos do calendário desportivo atual. Os modelos tradicionais, fundamentados na teoria geral do desporto, deixaram de ser únicos e verdadeiros na estruturação do conteúdo a ser proposto no desporto moderno. Metodologicamente, podemos distinguir três fases ou etapas que caracterizam a história dos modelos de planejamento desportivo (Manso; Valdivielso; Caballero, 1996):

a) desde sua origem até 1950, quando se inicia a sistematização do treinamento;
b) de 1950 até 1970, quando se inicia o questionamento dos modelos clássicos do planejamento e aparecem novas propostas;
c) de 1970 até a atualidade, quando se vive uma grande evolução dos conhecimentos.

MODELOS DE TREINAMENTO

A origem do trabalho orientado no sentido de aumentar as capacidades de rendimento na atividade física é tão antiga como o próprio desporto. Na antiga Grécia, acreditava-se na possibilidade de converter um indivíduo comum em um perfeito desportista, utilizando-se apenas treinamento sistematizado. Os candidatos às mais diversas competições desportivas eram submetidos, por um longo período de tempo, que às vezes durava até 10 meses, a um processo de treinamento diário intenso que terminava com a realização de trabalhos específicos durante um mês.

Os gregos já dividiam o processo de treinamento em planos de quatro dias, muito similar ao que hoje em dia chamamos de microciclo, mesociclo e macrociclo (Durantez, 1975). A carga de treinamento, no primeiro dia, era leve; no segundo, intensificada; no terceiro, utilizavam carga média com exercício de curta duração; e, no quarto dia, bem suave. Essa estrutura era utilizada de forma rígida pela maior parte dos treinadores da época antiga.

O grande renascimento da atividade física foi estimulado pelos humanistas italianos, ainda nos séculos XV e XVI, embora toda a referência do desporto moderno e de seu desenvolvimento técnico e condicional se deva aos ingleses, que, no século XVI, publicaram alguns trabalhos que se referiam à organização da atividade física. A evolução dos pressupostos teóricos relacionados com o planejamento do treinamento desportivo está indicada na Tabela 7.1, que apresenta a referência da evolução dos modelos e o sistema do treinamento desportivo.

Modelos tradicionais

O modelo tradicional, conhecido em algumas regiões do mundo como moderno, foi divulgado ainda nos anos 50 pelo cientista emérito russo Professor Doutor Leev Pavlovtchi Matveev, que, com seus postulados, popularizou a teoria da periodização no mundo todo. Matveev, considerado o pai da periodização moderna do treinamento desportivo, fundamentou suas explicações na teoria da Síndrome Geral da Adaptação (SELYE), lei que se tornou uma norma na busca da forma desportiva por meio do treinamento.

Ele atualizou e aprofundou os conhecimentos apresentados pelos teóricos até os anos 50, e defendeu as suas próprias ideias sobre o planejamento do treinamento desportivo com os seguintes pressupostos:

a) afirma que as condições climáticas são fatores determinantes na periodização do treinamento desportivo;
b) entende que o calendário de competições influi na organização do processo de treinamento;
c) argumenta que as leis biológicas devem servir como base para a periodização no treinamento;
d) propõe que a unidade de formação especial e geral do desportista deve ser respeitada;
e) demonstra que o caráter contínuo do processo de treinamento deve combinar sistematicamente carga e recuperação;
f) defende o aumento progressivo e máximo dos esforços de treinamento; e
g) reafirma a colocação de Ozolin (1949) sobre a variação ondulante das cargas de treinamento, etc. (Manso; Valdivielso; Caballero, 1996).

No final dos anos 50 e início dos 60, surgem alguns especialistas (Portman, 1986) que criticam o sistema proposto por Matveev e seus colaboradores, fundamentando a sua crítica nos seguintes aspectos:

1. excessivo trabalho de preparação geral;
2. desenvolvimento simultâneo de diferentes capacidades em um mesmo período de tempo;
3. cargas repetitivas durante períodos de tempo prolongado; e,
4. pouca importância destinada aos trabalhos específicos.

O Professor Matveev não aceitou totalmente as críticas, mas admitiu a necessidade de revisar a teoria proposta até aquele momento e deu sequência aos seus estudos, defendendo a ideia de normatizar o treinamento desportivo, utilizando-se de algumas leis:

1. *O princípio da unidade entre preparação geral e especial do atleta* – Esse princípio prevê três posições básicas:

   - a indissolubilidade entre preparação geral e especial;
   - a interdependência dos conteúdos (o conteúdo da preparação especial

Treinamento desportivo

TABELA 7.1 – Evolução dos pressupostos teóricos do planejamento do treinamento e suas referências

Ano	Autor	Referência teórica
1902 1902 1905 1906 1908 1913	KRAEVKI TAUSMEV OLSHANIK SKOTAR SHTLIEST MURPHY	As contribuições desses autores permitem-nos identificá-los como estudiosos que deram início à transição do planejamento desportivo.
1916	KOTOV	Deu origem à concepção de treinamento interrompido e dividido em três ciclos: treinamento geral, preparatório e especial. Destacou a manutenção do universalismo desportivo (formação multidesportiva).
1922	GORINEVSKI	Escreveu o primeiro livro com o título *Bases fundamentais do treinamento*.
1930	PIHKALA	Escreveu o manual de *Fundamentos gerais do treinamento*, considerado uma obra clássica de estudo na área do treinamento desportivo, que, juntamente com a obra de Gorinevski, serviu como fonte de conhecimento para os principais teóricos tradicionais. Propôs, na época, que a carga de treinamento semanal, mensal e anual deveria manter um caráter ondulatório, alternando trabalho e recuperação. Além disso, salientou que a carga de treinamento deve diminuir de volume e aumentar a intensidade, e que o treinamento específico deve ocorrer após um amplo trabalho de condição física geral.
1939	GRANTYN	Propôs os conteúdos e os princípios gerais do planejamento do treinamento desportivo. Alertou sobre a manutenção da união entre especialização desportiva e formação geral e polidesportiva. Confirmou a divisão da temporada em três ciclos: o principal, a preparação e a transição.
1949	OZOLIN	Defendeu a ideia do treinamento a longo prazo (15 a 20 anos). Afirmou que os períodos e as etapas da temporada devem ter a mesma duração, mas a distribuição do conteúdo difere para todos os desportos. Defendeu a adaptação nas diferentes situações climáticas. Propôs que o período preparatório deve ter duas etapas, a preparação geral e a especial, cada uma delas com duração de 6 a 7 semanas. Dividiu o período competitivo em seis etapas: 1. competitivo inicial, 2. competitivo propriamente dito, 3. descarga, 4. preparação imediata, 5. conclusiva, e 6. competição principal. Defendeu que o descanso total deve ocorrer somente em casos especiais e por pouco tempo (5 a 7 dias). Os calendários competitivos devem ditar as etapas de treinamento.
1950	LETONOV	Criticou os modelos utilizados na época. Iniciou os conceitos sobre a adaptação biológica e os modelos de planificação desportiva. Alertou sobre a individualidade dos processos de adaptação. Dividiu a temporada em três ciclos: o treinamento geral e o específico, a forma competitiva e a diminuição do nível de treinamento.

do atleta depende dos pressupostos criados pela preparação geral); e,
- a necessidade de dividir o treino em preparação geral e especial.

2. *A dinâmica da carga de treinamento* – Nesse caso, o autor afirma que, desde o início da temporada de treinamento, devemos sugerir treinos específicos em volumes aceitáveis, dependendo do desenvolvimento geral do atleta.
3. *Os parâmetros da forma desportiva e a estrutura dos macrociclos de treinamento* – Eles sofrem modificações profundas. Com as mudanças ocorridas nos calendários de competição, os desportistas são obrigados a participar de um grande número de competições, o que modifica todo o sistema de planejamento do treinamento na temporada.

Ainda nesse período "tradicional", surgem várias outras propostas de organização da carga de treinamento. O sistema conhecido como pêndulo (Manso; Valdivielso; Caballero, 1996) surge em 1976, inovando os desportos de combate (judô, boxe, etc.). O treinamento nesse sistema é distribuído em dois microciclos conhecidos como principal e regulador na temporada anual, diferenciando-se do tradicional quando, no início, desenvolve a tarefa de treinamento técnico-tático. Isso ocorre com o autocontrole do próprio desportista.

O número dos microciclos que se alternam na temporada dependerá da duração do processo de treinamento, portanto o número de pares consecutivos de que se necessita para atingir o efeito de impulso de pêndulo não deve ser inferior a três e nem superior a cinco ou seis.

As diferenças entre os microciclos principais e reguladores são facilmente notáveis:

- Os microciclos principais têm como objetivo aperfeiçoar a capacidade de trabalho especial do desportista.
- Os reguladores têm como função recuperar a capacidade especial de trabalho e aumentar a preparação física geral do desportista.

Apesar das críticas sofridas e dos novos modelos de treinamento propostos, o Professor Matveev continuou defendendo o sistema tradicional como o melhor caminho para se organizar a carga de treinamento na temporada. A Figura 7.1 mostra a dinâmica da carga de treinamento no ciclo anual proposta por Matveev, ainda na década de 1950.

As principais críticas sofridas por Matveev provinham de estudiosos que afirmavam ser impossível seguir um esquema único de organização das cargas de treinamento para todos os desportos, pois cada grupo apresenta características diferentes. Outro aspecto de discussão sobre o sistema tradicional de treinamento desportivo nasce do conceito multifacético. O treinamento multifacético no desporto de alto nível é um conceito relativo, pois a preparação multilateral está relacionada com a preparação geral. Nesse caso, opõe-se aos postulados de Matveev, principalmente em suas primeiras publicações, onde defende a preparação física geral como um requisito fundamental para o alto nível de aperfeiçoamento desportivo. Para os estudiosos da época (Vorobiev, 1974), a base de qualquer desporto constitui-se com preparação especializada, pois com ela podem ser criadas as condições de adaptação do organismo do desportista coerentemente às exigências do desporto praticado.

Ao longo dos anos, surgem outras propostas que, de forma muito parecida à anteriormente referida, sugerem o modelo de adaptação biológica do desportista que se fundamenta na teoria de sistemas (Tschiene, 1990). A proposta consiste em distribuir a carga de treinamento da temporada de forma ondulatória, alternando

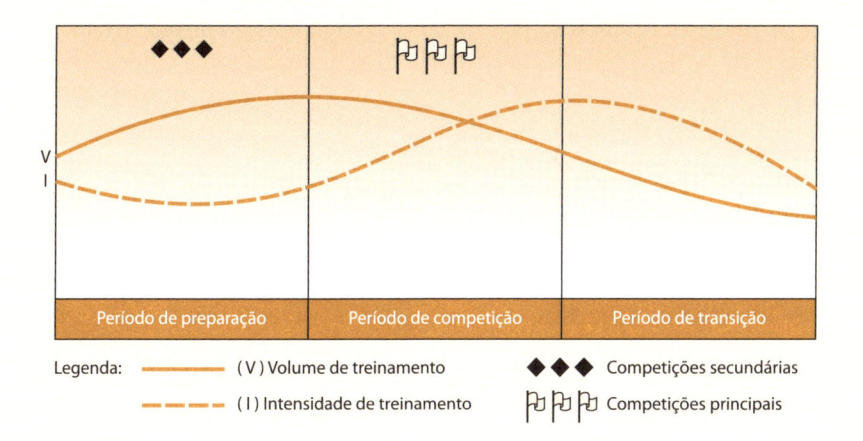

FIGURA 7.1
Dinâmica da carga de treinamento no ciclo anual, considerando os indícios de volume e de intensidade.

o volume e a intensidade sem baixar os níveis de 80% de seus potenciais máximos de carga; ou seja, o uso contínuo de uma elevada intensidade, a utilização predominante de trabalho específico de competição e a utilização de intervalos profiláticos motivados pelo uso elevado de treinamentos de alta qualidade e pequena diferença entre volume e intensidade (Manso; Valdivielso; Caballero, 1996).

As propostas surgidas até então caracterizam as crises do sistema tradicional, e, apesar de surgirem vários sistemas de organização da carga de treinamento, a mensagem mais forte da época ainda ficou sendo o sistema de Matveev, pai da periodização do treinamento desportivo.

Modelos contemporâneos

Os modelos tradicionais contribuíram de forma positiva para os modelos contemporâneos, que evoluíram muito no aspecto qualitativo, dando origem às propostas específicas para cada modalidade desportiva.

Os estudos demonstram que, definitivamente, o raciocínio científico da periodização do treinamento desportivo deve respeitar os desportos em suas dimensões específicas no que se refere ao sistema de competição. No início, os planos modernos de treinamento passaram a exigir uma metodologia idealizada separadamente para os desportos individuais e para os coletivos. Em segundo plano, surge o respeito ao sistema energético em que o desporto ou a modalidade estão inseridos no momento competitivo. A biomecânica destaca a especificidade do gesto motor, referindo-se ao trabalho cíclico e acíclico, enquanto a psicologia defende a preparação do desportista, procurando resolver as questões específicas da resistência psicológica, no que concerne ao treinamento e à competição.

Dessa forma, os ditos modelos contemporâneos podem ser discutidos com base em quatro aspectos:

1. A individualização das cargas de treinamento justificada pela capacidade individual de adaptação do organismo.

2. A concentração das cargas de treinamento da mesma orientação em períodos de curta duração e a necessidade de conhecer profundamente o efeito que produz cada tipo de carga de trabalho e sua distribuição no ciclo médio de treinamento (mesociclo).
3. O desenvolvimento consecutivo de capacidades, utilizando o efeito residual de cargas já trabalhadas.
4. A ênfase no trabalho específico de treinamento. As adaptações necessárias para o desporto moderno só são possíveis com a realização na prática de cargas especiais.

Nos últimos anos, surgiram várias teorias relacionadas com a organização do processo do treinamento desportivo, utilizando os aspectos citados para desenvolver suas próprias metodologias.

O Professor Dr. Yuri Vitale Verkhoshanski não utiliza os termos *planejamento* e nem *planificação*, defendendo a ideia de que o processo de treinamento deve basear-se em um sistema que defina os conceitos de programação, de organização e de controle, conforme mostra a Figura 7.2.

As leis específicas que caracterizam a capacidade de rendimento desportivo são oriundas do processo de adaptação a longo prazo do desportista, estão ligadas diretamente ao trabalho muscular intenso e têm relação direta com o volume e com a duração do estresse fisiológico.

Os conceitos que sustentam a sua teoria já foram mostrados na Figura 7.2 e podem ser melhor compreendidos com os seguintes conceitos:

a) Programação: é compreendida por uma primeira determinação da estratégia, do conteúdo e da forma de estruturar o processo de treinamento.
b) Organização: trata-se da realização prática do programa, considerando-se as condições reais e as possibilidades concretas do desportista.
c) Controle: são os critérios estabelecidos previamente com o objetivo de informar periodicamente o nível de adaptação apresentado pelo desportista.

O autor critica o trabalho sequencial de microciclos de diferentes orientações. Propõe um método programado que se inicia com a utilização de tarefas concretas, exclui do seu vocabulário a palavra período, substituindo-a por etapa, que se prolonga por 3 a 5 meses de preparação, seguida de um programa de treinamento e de competições, garantindo o alcance da forma desportiva. Tal sistema caracterizou-se como o de carga concentrada, que, para alguns estudiosos, só é possível para desportos de força.

Modelo de treinamento em bloco

Esse modelo, proposto por Verkhoshanski, exemplifica a distribuição de cargas concentradas ao longo do ciclo anual de treinamento. Na Figura 7.3, verifica-se a dinâmica da velocidade (*performance*) ao longo da temporada de treinamento e de competição.

O ciclo anual estruturado com 52 semanas, apresentado na Figura 7.3 (a), mostra a periodização simples, na qual a concentração das competições principais encontra-se no bloco C, enquanto as secundárias estão distribuídas na temporada no bloco A e B. A variante (b) demonstra uma periodização dupla, visando ao primeiro nível de forma desportiva na primeira etapa (bloco C), e o principal objetivo está no bloco C da segunda etapa.

Na variante (c) da figura, verifica-se a temporada com 3 ciclos, cuja primeira etapa é composta pelos blocos A, B e C; na segunda etapa, estão os blocos A e C; e,

Treinamento desportivo

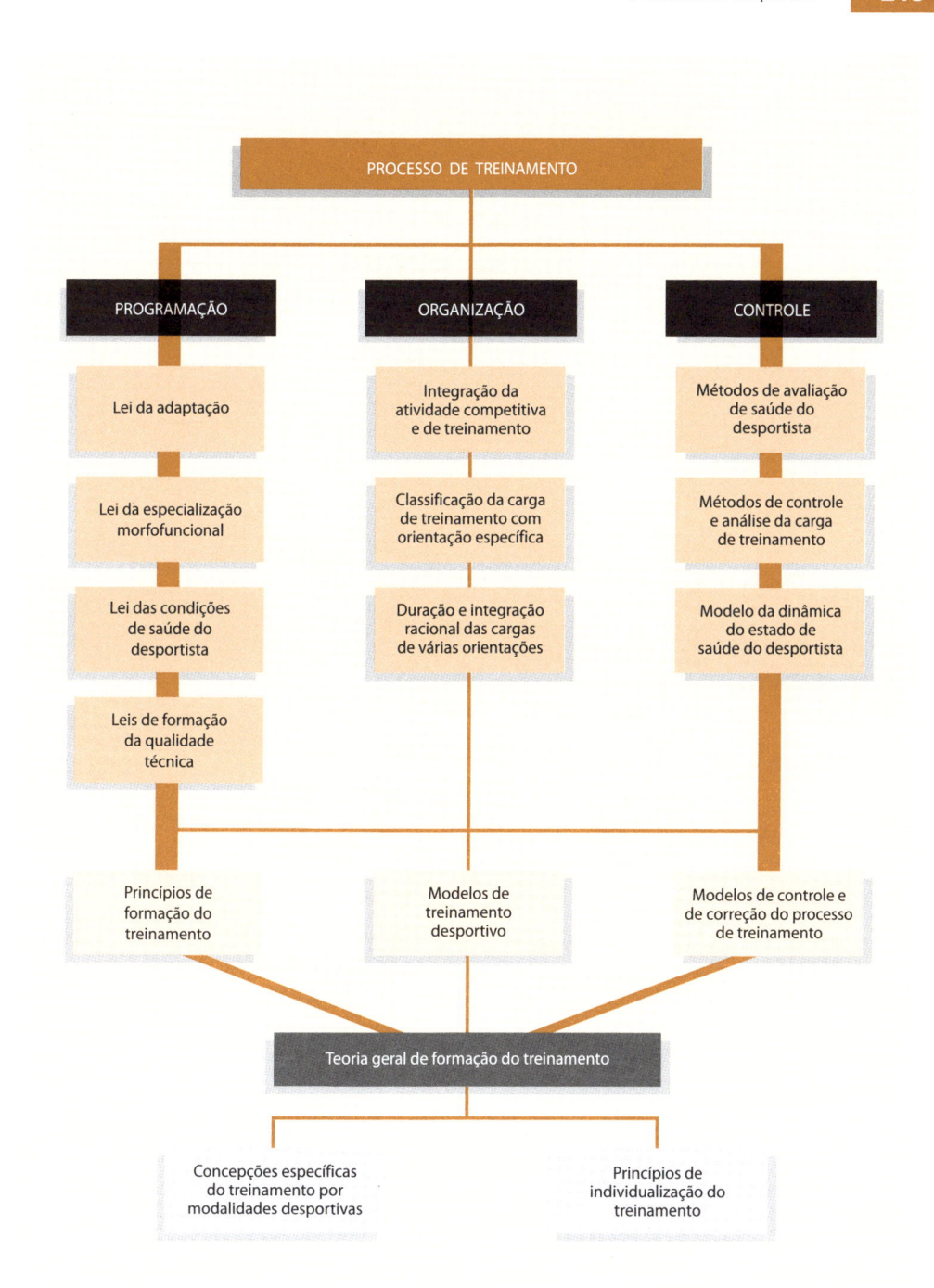

```
                    ┌─────────────────────────┐
                    │ PROCESSO DE TREINAMENTO │
                    └─────────────────────────┘
                                 │
         ┌───────────────────────┼───────────────────────┐
         │                       │                       │
   ┌───────────┐          ┌─────────────┐         ┌───────────┐
   │PROGRAMAÇÃO│          │ ORGANIZAÇÃO │         │ CONTROLE  │
   └───────────┘          └─────────────┘         └───────────┘
         │                       │                       │
┌─────────────────┐     ┌─────────────────┐    ┌─────────────────┐
│ Lei da adaptação│     │   Integração da │    │    Métodos de   │
│                 │     │atividade competitiva│ │   avaliação    │
│                 │     │ e de treinamento │   │  de saúde do    │
│                 │     │                 │    │   desportista   │
└─────────────────┘     └─────────────────┘    └─────────────────┘
         │                       │                       │
┌─────────────────┐     ┌─────────────────┐    ┌─────────────────┐
│Lei da especialização│ │Classificação da carga│ │Métodos de controle│
│  morfofuncional │     │de treinamento com│    │ e análise da carga│
│                 │     │orientação específica│ │  de treinamento │
└─────────────────┘     └─────────────────┘    └─────────────────┘
         │                       │                       │
┌─────────────────┐     ┌─────────────────┐    ┌─────────────────┐
│Lei das condições│     │Duração e integração│  │ Modelo da dinâmica│
│  de saúde do    │     │racional das cargas│   │  do estado de   │
│   desportista   │     │de várias orientações│ │saúde do desportista│
└─────────────────┘     └─────────────────┘    └─────────────────┘
         │
┌─────────────────┐
│ Leis de formação│
│   da qualidade  │
│     técnica     │
└─────────────────┘
         │                       │                       │
┌─────────────────┐     ┌─────────────────┐    ┌─────────────────┐
│  Princípios de  │     │   Modelos de    │    │Modelos de controle e│
│   formação do   │     │   treinamento   │    │ de correção do processo│
│   treinamento   │     │    desportivo   │    │  de treinamento │
└─────────────────┘     └─────────────────┘    └─────────────────┘
                                 │
          ┌──────────────────────┴──────────────────────┐
          │ Teoria geral de formação do treinamento     │
          └─────────────────────────────────────────────┘
                                 │
          ┌──────────────────────┴──────────────────────┐
 ┌─────────────────┐                           ┌─────────────────┐
 │Concepções específicas│                      │  Princípios de  │
 │  do treinamento por │                       │individualização do│
 │modalidades desportivas│                     │   treinamento   │
 └─────────────────┘                           └─────────────────┘
```

FIGURA 7.2
Sistema de programação, de organização e de controle da carga de treinamento (Verkhoshanski, 2001).

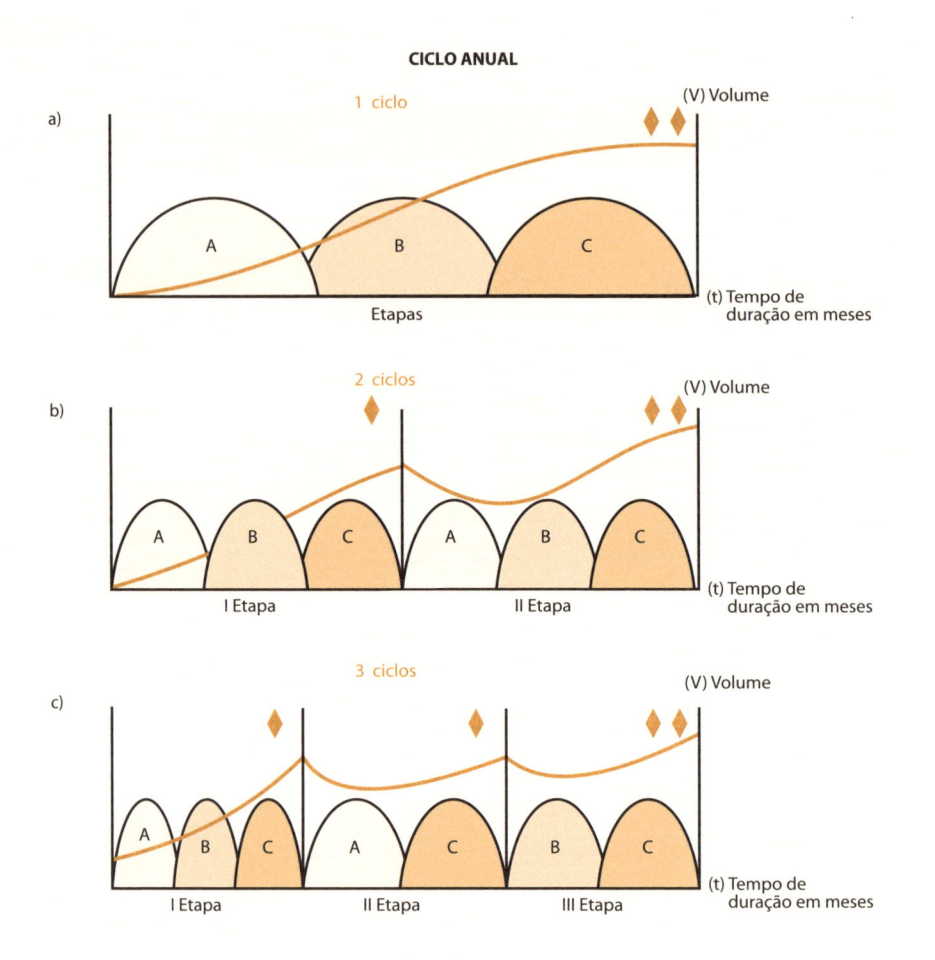

FIGURA 7.3
Dinâmica da velocidade (*performance*) durante a temporada anual nos desportos de força-velocidade (a, b, c) (Verkhoshanski, 1990).

na terceira, estão os blocos B e C. O tempo de duração de cada bloco é diminuído na periodização com 2 e 3 ciclos anuais.

O conteúdo do treinamento no bloco A, no qual se objetiva o maior volume de toda a temporada, deve ser suficiente para desestabilizar os níveis de *performance* adaptados na temporada anterior e para criar novas premissas para a temporada atual. Normalmente, esse bloco dura por volta de 12 semanas. Seu objetivo principal é preparar o aparelho locomotor no microbloco A1 com exercícios de multissaltos, de musculação, etc. Já no microbloco, A2, visa-se ao aumento do impulso nervoso, utilizando-se de exercícios de força rápida e de treinamento de cargas mistas na musculação. No microbloco A3 deve-se aumentar a influência das cargas no organismo, pois o volume ainda continua alto. Cada microbloco tem uma duração de quatro semanas aproximadamente.

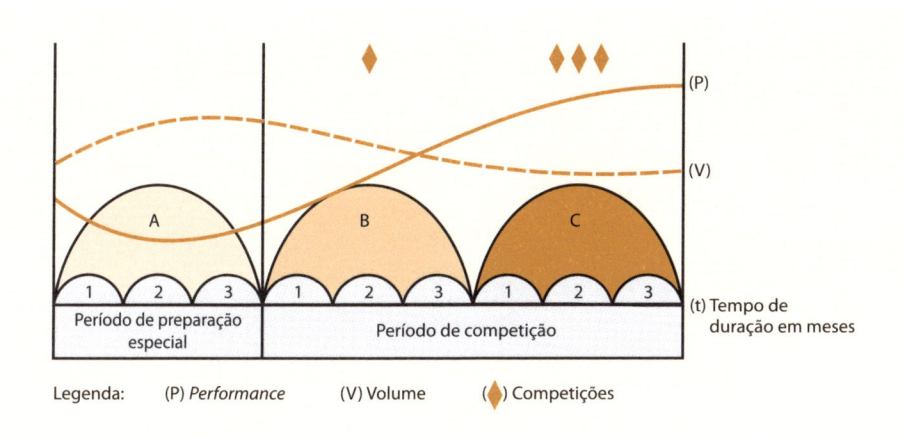

FIGURA 7.4
Dinâmica do volume de treinamento na temporada competitiva.

O bloco B, que dura por volta de dois e meio a três meses, deve ser estruturado de forma que diminua o volume até os níveis ótimos, permitindo o aperfeiçoamento das capacidades competitivas dos desportistas, preparando-os para o bloco C, no qual se encontram as principais competições da temporada, conforme mostra a Figura 7.4.

As lutas desportivas apresentam, no seu alto rendimento, um complexo de capacidades físicas, técnicas e táticas que merecem destaque na organização e no controle da carga. O ponto mais importante é a atenção que se deve ter com o aspecto técnico durante todo o ciclo de competições. A Figura 7.5 apresenta o modelo da dinâmica das cargas de treinamento em um sistema de três ciclos de competição na temporada anual. Na terceira etapa, quando estão programadas as principais competições, nota-se que a força explosiva deve ser mais enfatizada, o que propiciará um aumento substancial da velocidade de contração da fibra muscular aperfeiçoada pela melhora do sistema neuromuscular. O controle deve ser rigoroso no que se refere à técnica desportiva, ou seja, ao ocorrerem perturbações negativas na sua evolução, o treinador deve rever o volume e o enfoque do treinamento das capacidades físicas.

Nas provas de resistência (fundo), o resultado desportivo depende de fatores como altitude, clima, alimentação, genética, etc. No entanto, a organização das cargas na temporada assume, atualmente, papel decisivo na melhora dos recordes. Atualmente, o técnico desportivo compreende bem a necessidade de se enfatizar, no processo de treinamento, o fator velocidade especial com o objetivo de aperfeiçoar o ritmo competitivo. Na Figura 7.6, observamos o modelo da dinâmica de cada capacidade física e sua alteração no ciclo duplo de competições durante o ano.

No modelo de treinamento em bloco, idealizado pelo Professor Yuri Verkhoshanski, nota-se que sempre existe uma concentração de cargas. Com grande volume no bloco A, o conteúdo dos exercícios apresenta uma característica similar ao competitivo, chamado por ele de preparação especial, em que sustenta a tese de que a principal capacidade física responsável pelo resultado desportivo é a velocidade, que deve ser criteriosamente credenciada pelo enfoque do treinamen-

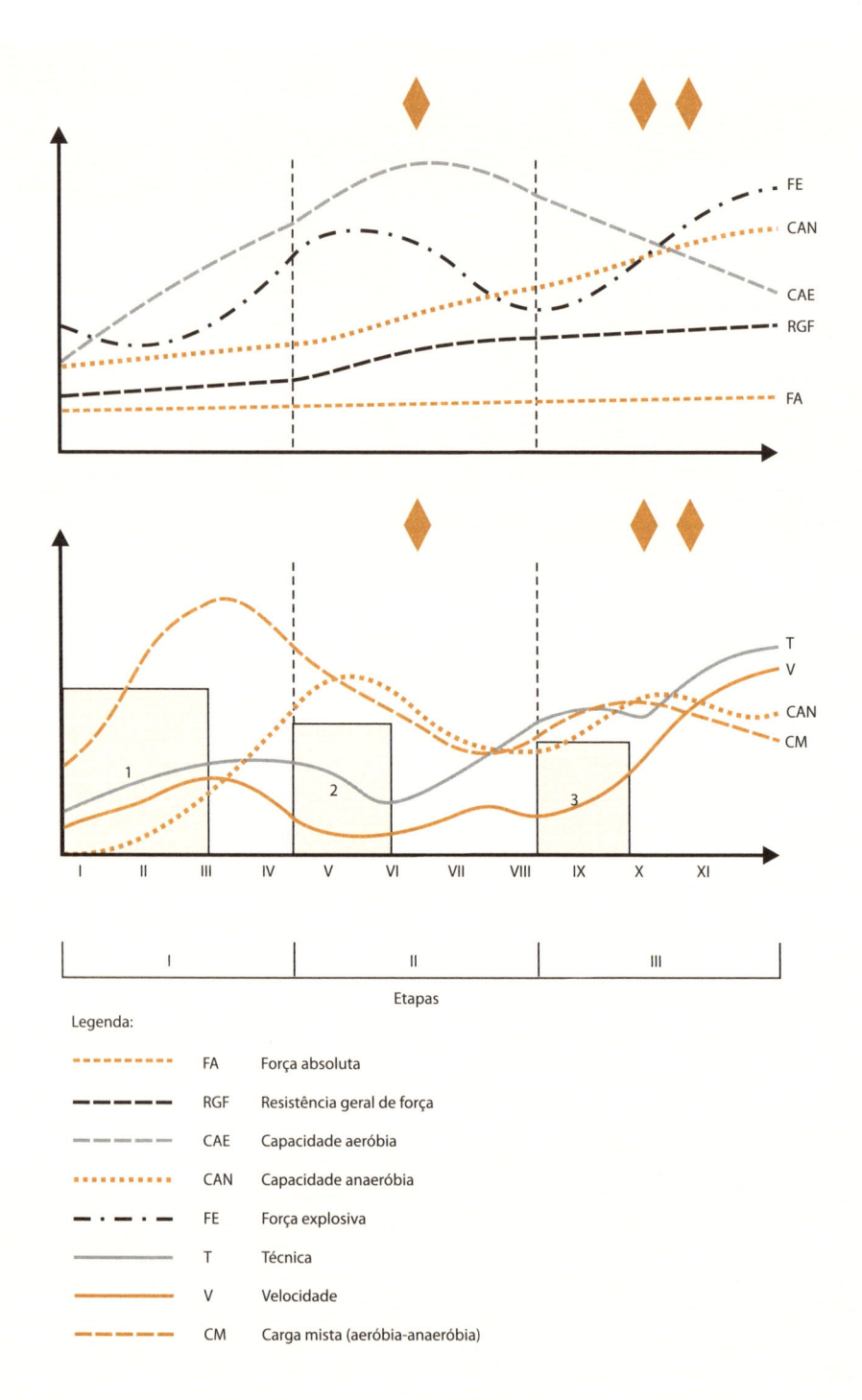

FIGURA 7.5
Modelo para lutas desportivas (3 ciclos) (Verkhoshanski, 1990).

Legenda:

....	FA	Força absoluta
— — —	RGF	Resistência geral de força
– – –	CAE	Capacidade aeróbia
....	CAN	Capacidade anaeróbia
—·—·—	FE	Força explosiva
———	T	Técnica
———	V	Velocidade
— — —	CM	Carga mista (aeróbia-anaeróbia)

DINÂMICA DA CONDIÇÃO DO ATLETA

CAN
CAE
RGF
FA

SUBDIVISÃO DA CARGA

CAN
CM
CAE
CANA

I II III IV V VI VII VIII IX X XI

I | II

Etapas

Legenda:

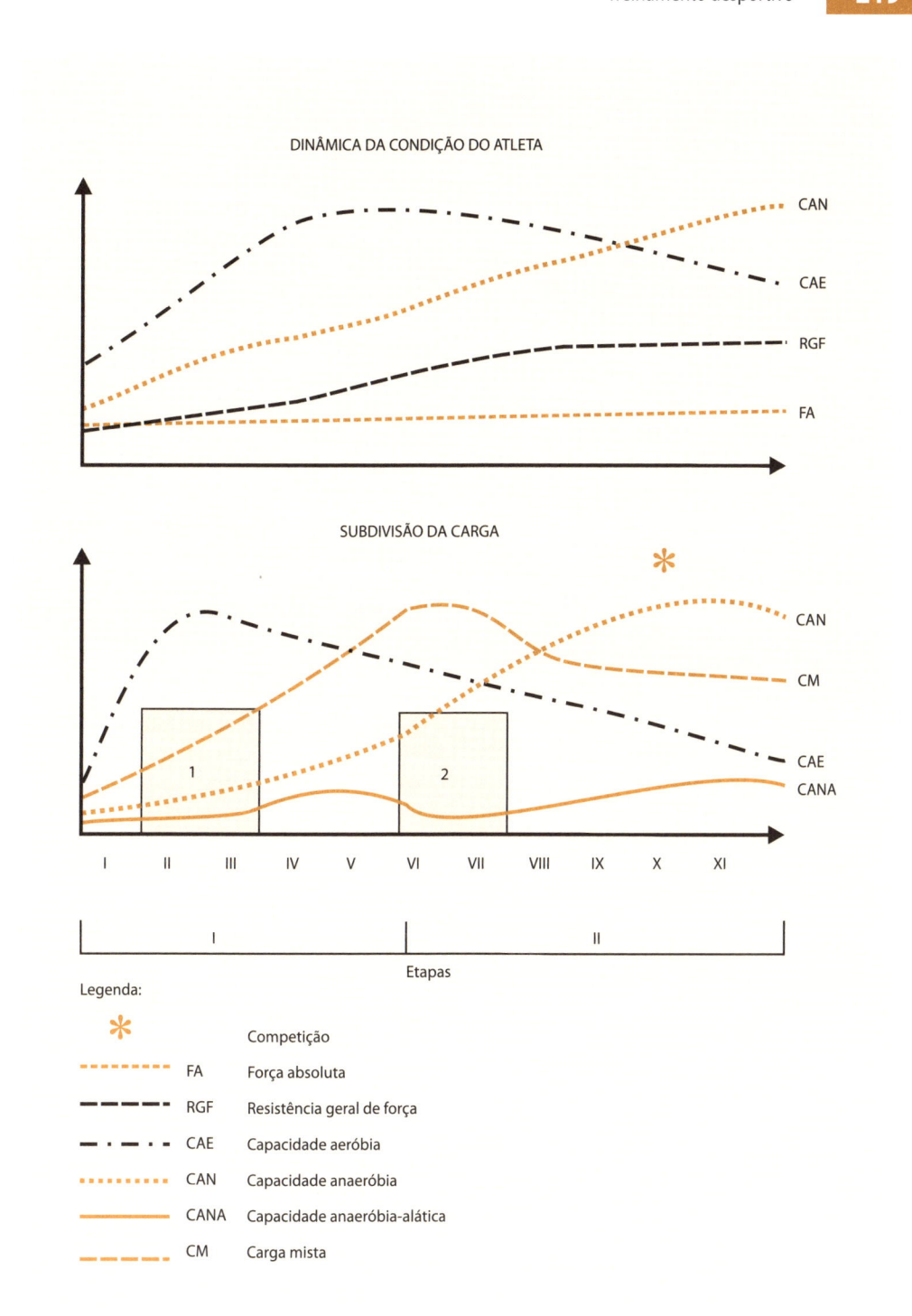

*   Competição
FA   Força absoluta
RGF   Resistência geral de força
CAE   Capacidade aeróbia
CAN   Capacidade anaeróbia
CANA   Capacidade anaeróbia-alática
CM   Carga mista

FIGURA 7.6
Modelo para os desportos de resistência (fundo) (Verkhoshanski, 1990).

to das diversas outras capacidades, dependendo do desporto ou da modalidade (prova) a ser treinado.

Modelo integrador

Os atletas russos, na modalidade de atletismo, mais especificamente na prova de lançamento de martelo, destacaram-se, nos últimos anos, com resultados considerados surpreendentes em nível mundial.

O modelo proposto por Bondarchuk, que divide a temporada de preparação em três fases (desenvolvimento, manutenção e descanso), fundamenta-se nas características de adaptação individual apresentadas pelos atletas. Sendo assim, verificou-se que cada desportista atinge sua forma desportiva em momentos diferentes. Ele diagnosticou, na prática dos campeões olímpicos, que o pico de *performance* pode ser atingido com um período de treinamento que varia de 2 a 8 meses, dependendo do grau de treinamento do desportista, da idade, dos anos de treinamento e de suas próprias características (Bondarchuk, 1988).

O planejamento do treino está submetido à resposta adaptativa do organismo do desportista, que, consequentemente, deve ditar a forma de organização da temporada competitiva. O modelo integrador proposto por Bondarchuk pode ser colocado em prática por algumas variantes de macrociclo, como pode ser visto na Figura 7.7.

As variáveis de 1ª a 8ª são utilizadas com atletas que apresentam a forma desportiva dois meses depois do período destinado ao descanso. Da 9ª variante à 13ª são estruturas indicadas para atletas que respondem bem ao treino de desenvolvimento da forma desportiva três meses depois do período de descanso. As da 14ª à 16ª são aplicadas aos desportistas que apresentam ótimas *performances* com 4 meses de preparação após o período de descanso. As da 17ª à 19ª são destinadas aos desportistas que melhoram suas marcas após 5 meses de preparação depois do período de descanso. Da 20ª à 22ª são variáveis com 6, 7 e 8 meses de trabalho após o descanso. A 23ª variante é destinada ao atleta capaz de apresentar boa forma desportiva de 3 em 3 meses intercalados com períodos de descanso. Já a 24ª tem a mesma ideia, mas sem período de descanso entre elas, sendo, portanto, para os atletas de alta qualificação desportiva. Na 25ª variante, a forma aparece depois de 6 meses de trabalho com um longo período posterior de manutenção das cargas adaptadas. A 26ª variante apresenta apenas 3 meses no primeiro período de desenvolvimento da forma desportiva, seguido de descanso, e, então, inicia-se um longo período de desenvolvimento de 6 meses, buscando o pico de *performance* no último mês da temporada. A 27ª e 28ª variante, com 4 e 5 meses de preparação respectivamente, apresentam, na sequência, um período de manutenção que propicia a elevação do nível de forma desportiva, retornando ao treinamento normal, como forma de preparação para a competição seguinte. Nas variantes 27ª e 28ª, o atleta acumula experiências para o início da próxima temporada.

Fica evidente que os vários modelos apresentados por Bondarchuk devem ser selecionados levando em consideração a resposta da adaptação apresentada pelo organismo do atleta nos primeiros anos e, é claro, está ligado diretamente ao calendário desportivo, principalmente em desportos individuais.

Modelo de cargas seletivas

Esse modelo foi organizado com o objetivo de atender o calendário dos desportos coletivos, em especial, a modalidade de futebol, que, por apresentar uma grande quantidade de jogos na temporada, difi-

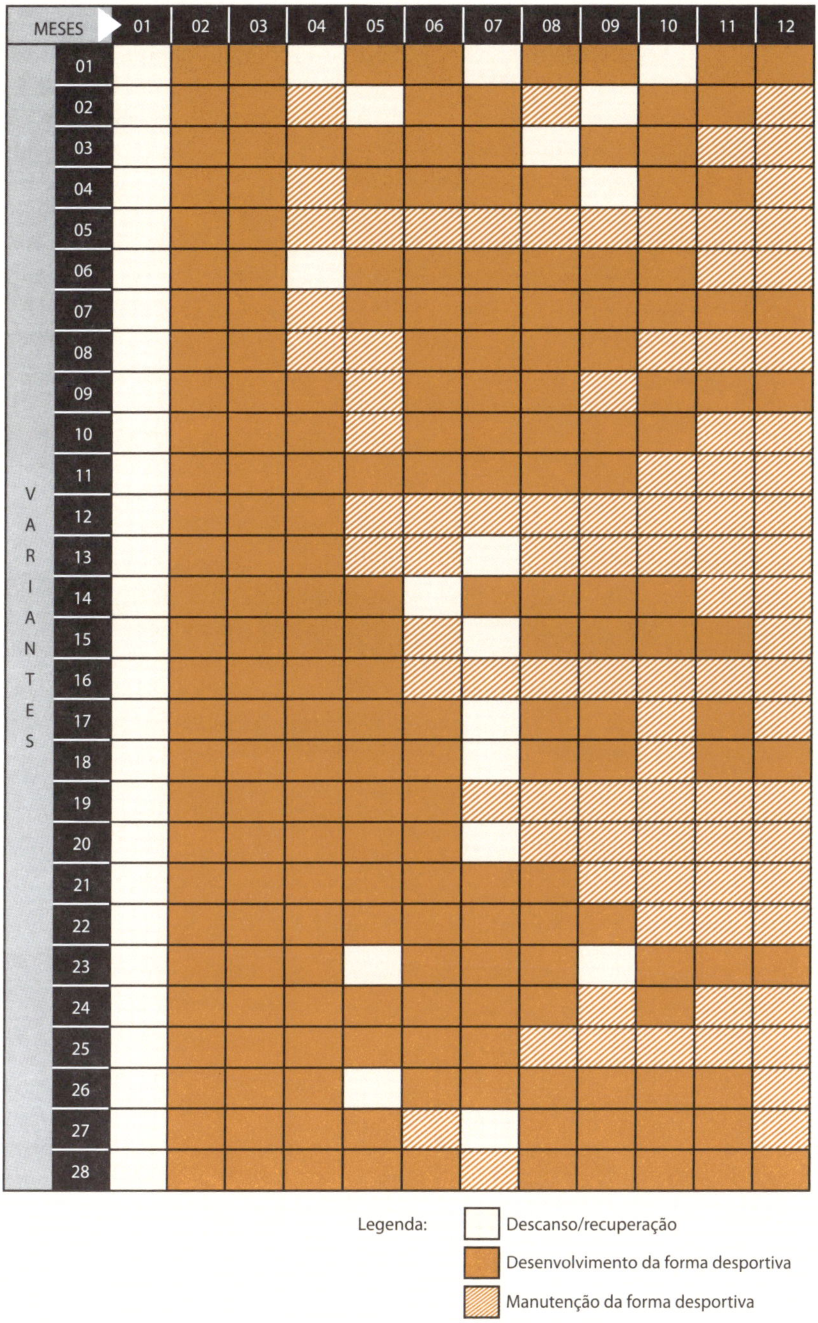

Treinamento desportivo

FIGURA 7.7
Estrutura da periodização do treinamento desportivo com diferentes ciclos de forma desportiva.

Legenda:
- Descanso/recuperação
- Desenvolvimento da forma desportiva
- Manutenção da forma desportiva

O quadro apresenta 28 variantes de periodização do treinamento no ciclo anual.
A leitura do macrociclo deve ser feita na horizontal.

culta a distribuição das cargas de treinamento no macrociclo. O modelo nasce em virtude de o futebol não apresentar tempo suficiente para uma boa preparação dos atletas antes do início dos jogos oficiais.

Como os desportos coletivos, de forma geral, não exigem o desenvolvimento das capacidades máximas e, sim, submáximas, nos últimos anos, elaboramos um modelo de organização de cargas na temporada que permanece durante todo o ciclo com o volume inalterado, procurando uma forma de qualificação durante toda a temporada e alternando as capacidades de treinamento a cada mês durante o ciclo competitivo.

Nesse sistema de cargas seletivas, a exemplo do anterior sistema de cargas em bloco, o alvo do aperfeiçoamento no treino está nas capacidades de velocidade. Na prática, verifica-se que o ciclo anual de 52 semanas deve ser subdividido em duas etapas, caracterizando, assim, uma periodização dupla com duração de 26 semanas cada.

No futebol moderno, o técnico tem dificuldades de prescrever o conteúdo do treinamento, pois o calendário apresenta uma grande quantidade de jogos em âmbito regional, nacional e internacional que devem ser disputados com alto rendimento devido aos sistemas utilizados na classificação. Na Figura 7.8, apresentamos o ciclo de periodização anual com suas etapas e fases.

A Figura 7.8 mostra que o volume do treinamento oscila muito pouco durante todo o ciclo anual de competições; consequentemente, a forma desportiva apresenta uma tendência de melhora durante toda a etapa, diminuindo na fase de pré-temporada em razão de uma pequena redução do volume no início da segunda etapa competitiva. O período competitivo no futebol varia de 8 a 10 meses no ano, com uma quantidade de 75 a 85 jogos na temporada. Com esse panorama, não é possível organizar a carga de treinamento no sistema contemporâneo – defensor da organização de períodos que permitem a aplicação de conteúdos do treinamento em momentos diferenciados na temporada –,

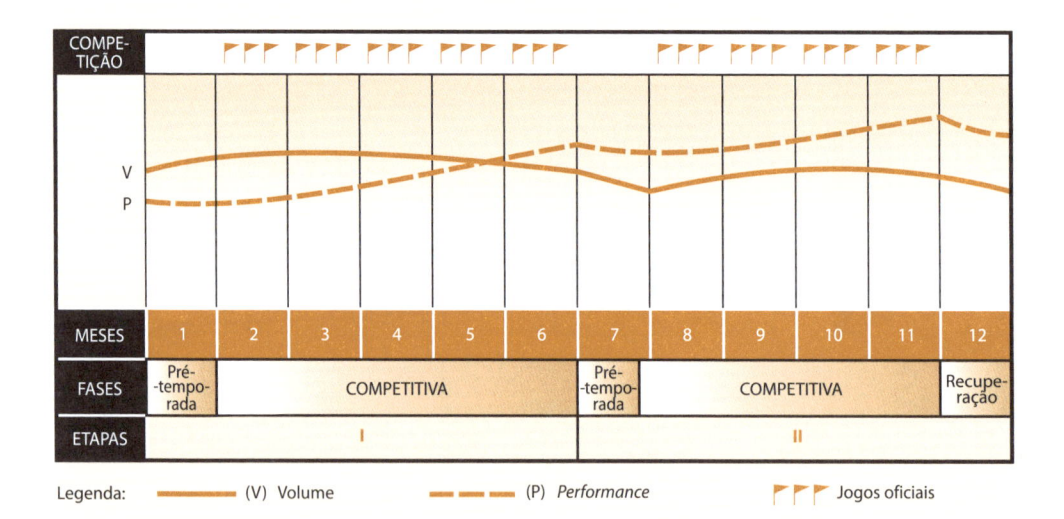

FIGURA 7.8
Periodização anual na modalidade de futebol.

obtendo-se um alto nível de adaptação por se tratar de desporto coletivo. A essência da prática nesse tipo de desporto não exige o desenvolvimento e o aperfeiçoamento das capacidades motoras no seu máximo. Por outro lado, trata-se de um desporto que, na sua atividade competitiva, caracteriza-se pelos esforços intermitentes executados em velocidade, com alto volume de diversas ações motoras e que exige capacidade anaeróbia e aeróbia (mista). Além da força e da resistência especial, utiliza também a flexibilidade para a execução de movimentos técnicos exigidos pelo jogo. A Figura 7.9 demonstra como devem ser treinadas as capacidades físicas (motoras) durante a temporada de 6 meses.

A distribuição do treinamento das capacidades físicas a cada fase e a cada mês de trabalho pode ser visualizada na Tabela 7.2.

Observa-se, na Figura 7.9, a dinâmica das capacidades de treinamento, que se modifica com o passar dos meses no macrociclo. No primeiro mês, verifica-se uma predominância no treinamento da resistência especial, com o objetivo de melhorar os aspectos funcionais; já no segundo mês e na sequência, é dada prioridade ao treinamento do sistema nervoso muscular, procurando assim intensificar o aperfeiçoamento da velocidade de movimento, considerada, atualmente, com a capacidade motora, de fundamental importância na evolução da *performance*.

A estruturação das cargas de treinamento no futebol deve ser organizada de acordo com os seguintes fatores:

a) número de sessões na semana;
b) tempo destinado ao treinamento no macrociclo; e,
c) total de horas destinadas ao mesociclo/macrociclo.

Em nossa prática, utilizamos a distribuição das capacidades de treinamento, considerando a carga horária semanal.

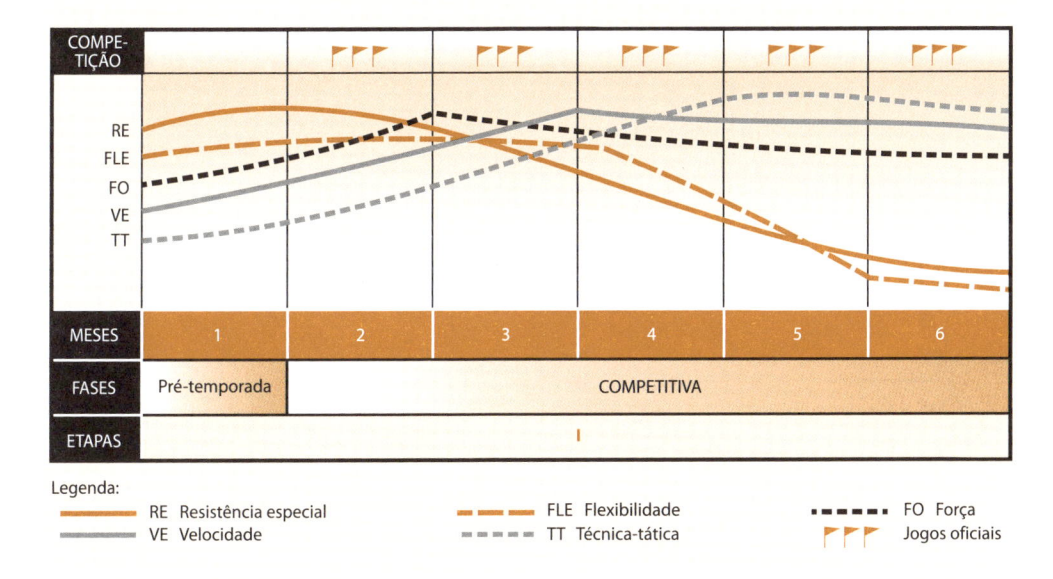

FIGURA 7.9
Distribuição das capacidades de treinamento no macrociclo de competições.

TABELA 7.2 – Distribuição das capacidades de treinamento no macrociclo

Capacidades de treinamento	Distribuição (%) (meses)					
	1	2	3	4	5	6
Resistência especial	25	20	15	15	15	15
Flexibilidade	25	20	15	15	10	10
Força	20	25	25	15	15	15
Velocidade	15	20	25	25	25	25
Técnico-tática	15	15	20	30	35	35
Fase	**Pré-temporada**		**Competitiva**			

Isso facilita a periodização do número de sessões destinadas a cada semana/mês do macrociclo. Veja, na Figura 7.10, o microciclo com um jogo na semana.

A distribuição mensal do treinamento das capacidades físicas (motoras) estimadas em minutos, conforme Figura 7.10, pode ser observada na Tabela 7.3.

A Tabela 7.2 mostra a distribuição do treinamento em uma temporada de 6 meses. O término dela deve coincidir com o final das competições no primeiro semes-

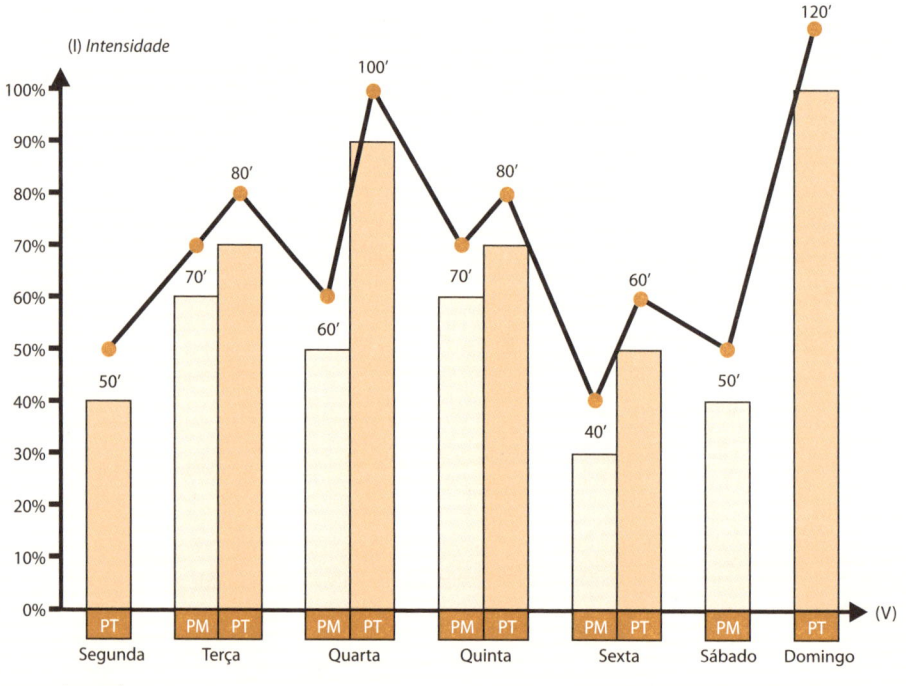

FIGURA 7.10
Estrutura do microciclo com um jogo semanal no futebol.

TABELA 7.3 – Distribuição mensal das capacidades de treinamento

Capacidades de treinamento	Distribuição das capacidades de treinamento a cada mês em minutos					
	1	2	3	4	5	6
Resistência especial	780	624	468	468	468	468
Flexibilidade	780	624	468	468	312	312
Força	624	780	780	468	468	468
Velocidade	468	624	780	780	780	780
Técnico-tática	468	468	624	936	1.092	1.092
Fase	Pré-temporada	\multicolumn{5}{c}{Competitiva}				

tre, pois, após o descanso ativo, inicia-se a nova pré-temporada, preparando para o segundo semestre de competições.

Outro ponto de suma importância a ser observado está relacionado com a organização do treinamento no microciclo, principalmente no que se refere à sequência a ser respeitada no treinamento das capacidades físicas e técnicas. Nas Figuras 7.11 e 7.12, com um e dois jogos semanais, podemos observar um modelo de estruturação das cargas de treinamento a cada sessão do microciclo de competição.

Nas Figuras 7.11 e 7.12, verifica-se a distribuição das capacidades especiais de treinamento. A velocidade, considerada a principal capacidade física (motora) responsável pela *performance* do desportista, é resolvida no processo de treinamento pela manifestação de reação, de acelera-

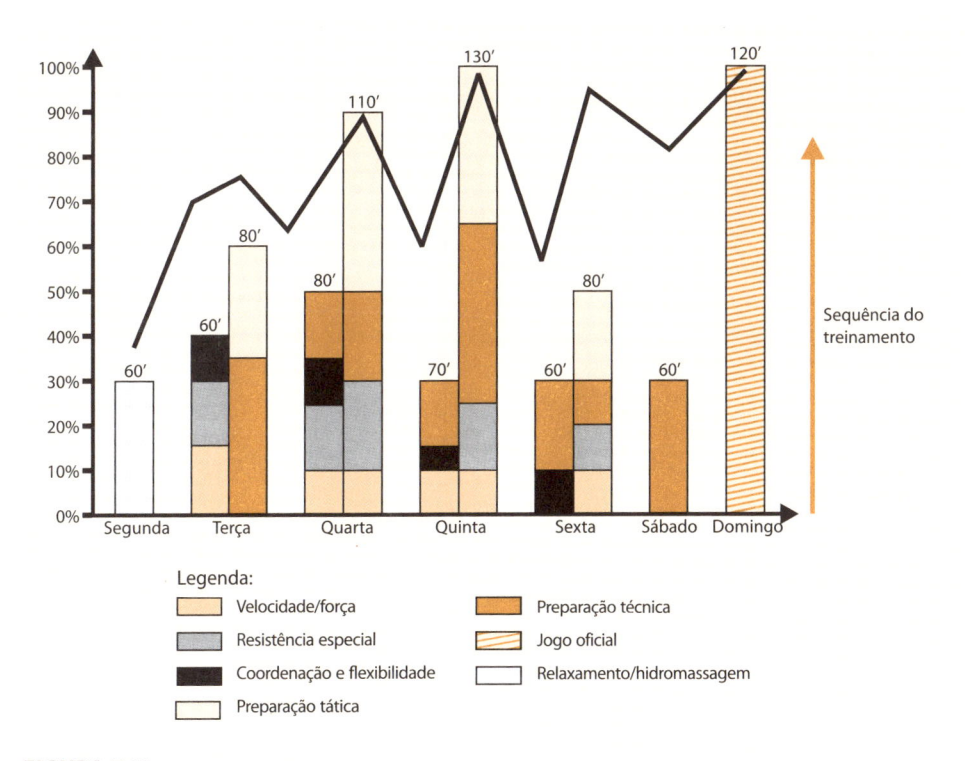

FIGURA 7.11
Estrutura e conteúdo do microciclo na modalidade de futebol com um jogo por semana (Platonov, 1997).

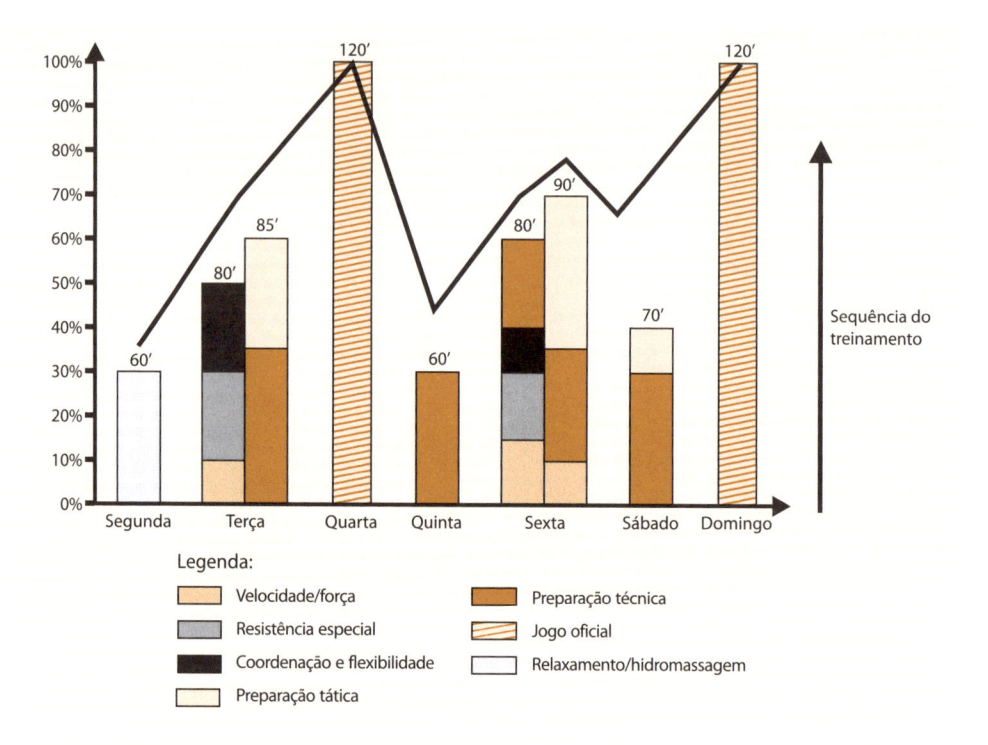

FIGURA 7.12
Estrutura e conteúdo do microciclo na modalidade de futebol com dois jogos por semana (Platonov, 1997).

ção máxima e de resistência, tendo como prioridades no treinamento a velocidade de reação e a aceleração, devido à exigência específica do futebol de movimento acíclico e de curta duração. A capacidade de resistência especial resolve-se no âmbito do treinamento coletivo (técnico-tático), e, quando sugerido fora dessas ações, o treino deve respeitar o sistema energético manifestado no jogo, além da dinâmica de movimentos reduzidos pelo jogador de futebol na atividade competitiva.

O treinamento da força deve se concentrar nos movimentos rápidos, como os multissaltos, a corrida tracionada, a corrida curta em morros, etc. A utilização dos pesos (musculação) deve ter uma ação de fortalecimento muscular, mas isso se trata de um trabalho complementar de força máxima ou submáxima. A prioridade deve estar nos trabalhos de força rápida na maior quantidade de sessões possíveis.

Os exercícios técnicos e os táticos devem estar inseridos em todo o processo do treinamento, destinando a maior parte do tempo a essas ações, pois é nelas que ocorrerá o aperfeiçoamento ótimo das capacidades competitivas do desportista.

ORGANIZAÇÃO E PLANEJAMENTO DO TREINAMENTO NA MODALIDADE DE FUTEBOL

Com base no calendário do campeonato brasileiro de futebol, edição 2001, elaborou-se o projeto de treinamento e de competição da equipe do Clube Atlético Paranaense. O desenvolvimento dos trabalhos ocorreram na cidade de Curitiba, no Estado do Paraná, Brasil.

Os procedimentos tomados seguem uma sequência considerada lógica para atender os objetivos propostos inicialmente.

A elaboração da temporada de treinamento de competição ocorreu após a análise do calendário de competições, no qual se verificou que cada equipe participante da competição seria submetida a 27 jogos na primeira fase, classificando-se as 8 melhores equipes. Dessa forma, o início dos trabalhos ocorreu na segunda semana do mês de junho, e o término, na primeira semana de dezembro. Participaram da competição 28 clubes.

O programa caracterizou-se por uma temporada de 27 semanas. O início da pré-temporada foi na segunda semana de junho, terminando na última semana de julho, totalizando 7 semanas, que foram destinadas a exame médico e a testes físicos, tanto no laboratório como no campo, além de priorizar a preparação física especial.

O período de competições foi subdividido em duas etapas. A primeira etapa teve início na primeira semana de agosto e terminou na última de setembro, totalizando 9 semanas. Já a segunda etapa, composta por 11 semanas iniciou na primeira semana de outubro e foi até a primeira de dezembro.

A periodização do treinamento foi estruturada com base no controle da evolução da preparação técnico-tática (TT), conforme mostra a Figura 7.13.

Na Figura 7.14, pode ser observada a distribuição semanal de todo o conteúdo de treinamento, bem como suas prioridades a cada etapa de treinamento e de competição.

A carga destinada às capacidades de resistência, força e velocidade foi submetida a um controle criterioso para que a

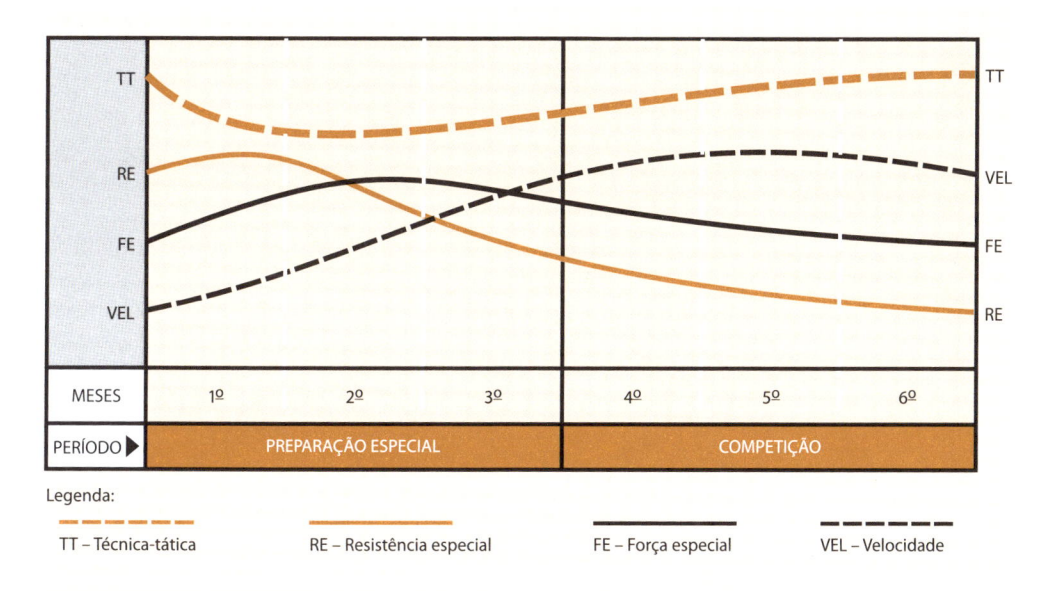

FIGURA 7.13
Dinâmica das cargas na temporada de treinamento e competição.

ETAPA	PRÉ-TEMPORADA							COMPETITIVO I									COMPETITIVO II										
Meses	Junho		Julho					Agosto					Setembro				Outubro					Novembro					Dez
Total de dias de treinamento	13		31					31					30				31					30					02
Jogos oficiais	0		4 (amistosos)					8					6				6					6					1
Semana	1	2	3	4	5	6	7	8	9	10	11	12	13	14	15	16	17	18	19	20	21	22	23	24	25	26	27
Testes psicológicos	X						X					X	X	X	X	X	X	X	X	X	X	X	X	X	X	X	X
Exame médico	X						X					X				X					X					X	
Testes de laboratório	X															X											
Testes de campo	X															X											
Controle da carga		X	X	X	X	X	X	X	X	X	X	X	X	X	X	X	X	X	X	X	X	X	X	X	X	X	
Velocidade		X	X	X	X	X	X	X	X	X	X	X	X	X	X	X	X	X	X	X	X	X	X	X	X	X	
Força	X	X	X	X	X	X	X	X	X	X	X	X	X	X	X	X	X	X	X	X	X	X	X	X	X	X	
Resistência aeróbia	X	X	X	X	X	X	X																				
Resistência anaeróbia (lática)																						X	X	X	X		
Resistência especial		X	X	X	X	X	X	X	X	X	X	X	X	X	X	X	X	X	X	X	X	X	X	X	X	X	
Coordenação de movimentos	X	X	X	X	X	X	X	X	X	X	X	X	X	X	X	X	X	X	X	X	X	X	X	X	X	X	
Flexibilidade	X	X	X	X	X	X	X	X	X	X	X	X	X	X	X	X	X	X	X	X	X	X	X	X	X	X	X
Exercício de recuperação	X	X	X	X	X	X	X	X	X	X	X	X	X	X	X	X	X	X	X	X	X	X	X	X	X	X	X
Técnico-tático			X	X	X	X	X	X	X	X	X	X	X	X	X	X	X	X	X	X	X	X	X	X	X	X	X

FIGURA 7.14
Distribuição do conteúdo de treinamento na temporada 2001 – Campeonato Brasileiro de Futebol.

influência das mesmas no organismo dos jogadores não interferisse na carga específica caracterizada, na prática, pelo treinamento (TT).

PLANEJAMENTO DO TREINAMENTO PARA VELOCISTAS NA MODALIDADE DE ATLETISMO

Os esportes individuais apresentam particularidades na organização do treinamento, pois a alta especialização das provas requer do treinador uma atenção especial ao prescrever o treinamento para os atletas dessas modalidades. A Tabela 7.4 apresenta um modelo de plano de treinamento no microciclo, inserido no macrociclo, dentro do período de preparação do atleta.

ORGANIZAÇÃO DO PROCESSO DE TREINAMENTO

A organização e o planejamento do treino são assuntos complexos e requerem uma maior quantidade de experimentos científicos para explicar alguns fenômenos que ocorrem na prática dos desportos. A seguir, relatamos alguns aspectos que o treinador deve conhecer com profundidade para facilitar todo o processo pedagógico de ensino e de desenvolvimento do treino dos futuros campeões.

a) Educação física e o desporto

A educação física é um processo pedagógico que objetiva instruir e despertar o gosto pela prática de exercícios físicos, procurando assim desenvolver a cultura da sociedade para a melhora da qualidade da saúde e do bem-estar psicossocial.

O desporto deve ser encarado como uma atividade regulamentada pelas regras, sendo possível alcançar um alto rendimento somente com um treinamento sistematizado e especializado durante muitos anos. Dessa forma, o desenvolvimento na prática das capacidades físicas, técnicas, táticas, etc. torna-se imprescindível para a preparação do atleta que busca um resultado de alto rendimento.

b) Desenvolvimento do desporto que se pretende praticar

Aqui é necessário que o treinador passe ao seu campeão em potencial todo o conhecimento geral sobre a modalidade desportiva escolhida. A abordagem deve ser desde o surgimento do desporto, passando por sua história, até a atualidade; isso facilita o aprendizado e desperta um maior contato do aluno com aquilo que pode fazer parte de um longo período de sua vida.

c) Funcionamento do organismo do desportista

Além de se discutir o funcionamento normal do organismo, deve-se aqui também entender quais são as mudanças funcionais que o treinamento pode provocar no organismo do atleta. Tais assuntos devem ser abordados pelo treinador durante as sessões de treinamento, de uma forma bem clara e objetiva, facilitando, assim, o entendimento pelo desportista.

d) Hábitos de higiene e alimentação do desportista

Outro fator que facilitará muito as sessões de treinamento é a conscientização do jovem atleta de que a higiene é indispensável, e que a alimentação especializada exerce influência significativa

TABELA 7.4 – Plano de treinamento para velocistas (100 m) na modalidade de atletismo

Dias da semana / Período	Segunda	Terça	Quarta	Quinta	Sexta	Sábado	Domingo
Manhã	* **Força e coordenação** • 30 saltos alternados (horizontais) • 70 saltos alternados (horizontais) com corrida • 50 saltos saindo da posição de meio agachamento • 4x20 m saída em pé	* **Coordenação técnica, velocidade e resistência da velocidade** • 2x10-30 m (bloco) • 4x20 m (bloco) • 4x40 m (bloco) • 6x60 m (6"3) • 120 m (12"2) • 180 m (19"5) Pausa de 4' entre os tiros	* **Força** • musculação com 4-5 exercícios, carga de 70% • 200 repetições em séries	* **Técnica, velocidade e resistência da velocidade** • 4x100 m (bloco) • 4x20 m (bloco) • 4x40 m (bloco) • 3 séries de 4x50 m • 5x120 m para 12"2 (pausa 3') • Trote do min	* **Força** • musculação com 4-5 exercícios, carga de 85% • 200 repetições em séries • 150 lançamentos com bola de areia de 3 kg	* **Coordenação, velocidade e resistência da velocidade** • 2 séries de 2x20-40 m • 2 séries de 2x40-60 m • 6x100 m (10"6 - 10"8) • Pausa correspondente ao objetivo	Repouso
Tarde	* **Velocidade e resistência da velocidade** • 4x20-40 m saindo da posição em pé • 2 séries de 4x60 m (6"6) • 3x300 m (33"5)	Repouso	* **Coordenação** • 4x20 m corrida saltada • 6x20 m corrida saindo de meia flexão das pernas • 2 séries de 4x80 m • 4x20 m corrida saltada	Repouso	Repouso	Repouso	Repouso

no aperfeiçoamento de suas capacidades competitivas.

e) Controle médico

O controle médico no desporto assume a responsabilidade de manter o bom estado de saúde do praticante no período de treinamento destinado ao alto rendimento.

f) Bases fisiológicas do treinamento

A fisiologia do exercício fundamenta o desenvolvimento morfofuncional nos atletas durante o processo de preparação a longo prazo. As leis biológicas assumem um papel regulador em seus sistemas de treinamento.

g) Preparação física geral e especial

Em alguns desportos, a preparação física assume o papel de maior importância, como é o caso de grande parte dos desportos individuais; entretanto, nos desportos coletivos, a preparação física assume apenas um papel complementar, sendo primordial a preparação técnico-tática, a psicológica, etc. Nesse caso, é bom que esses conceitos teóricos sejam de conhecimento de toda a equipe.

h) Preparação técnico-tática

É compreendida por alguns autores como o elemento que desenha toda a locomoção motora dos atletas na quadra desportiva. A técnica, juntamente com a tática, constituem a principal essência dos desportos, principalmente dos coletivos, em que é possível, através da tática, treinar diversos sistemas, como o defensivo, o de ataque, etc.

i) Preparação moral e psicológica

A preparação moral de um desportista desenvolve-se no processo da própria prática desportiva e está associada ao alto nível de preparação psicológica. Isso ajuda o atleta a concentrar-se para o jogo, além de despertar a motivação e o espírito de coletividade, otimizando a prática competitiva.

j) Métodos de treinamento

Os métodos que auxiliam na preparação dos atletas são os verbais, os demonstrativos e os de influência prática. Esse último é o mais utilizado pelos treinadores, que, mediante os métodos de jogos (os intervalados, os contínuos e os competitivos), facilitam o aperfeiçoamento das capacidades competitivas dos atletas.

l) Organização e realização das competições

Ao estruturar as sessões de treinamento, o treinador deve prestar atenção ao calendário de competições e, ao mesmo tempo, selecionar as mais importantes para a sua realidade; isso facilitará a realização e o alcance de um alto nível de forma desportiva.

m) Local e equipamentos de treinamento

Têm influência direta na programação do treinamento. Quanto mais sofisticados forem os locais de treinamento e os equipamentos, melhor será a otimização do treino.

PLANEJAMENTO DO TREINAMENTO DESPORTIVO NA INFÂNCIA E NA ADOLESCÊNCIA

TREINAMENTO DESPORTIVO NA INFÂNCIA E NA ADOLESCÊNCIA

O início precoce dos jovens no esporte tem sido visto pelas diversas áreas como uma boa iniciativa da sociedade. O jovem inserido na prática desportiva ocupa seu tempo em uma atividade cujos benefícios podem ser enumerados em vários aspectos: integração social do jovem, determinação de regras que se estende por toda a vida, capacidade de raciocínio rápido, espírito de cooperação, etc. Dessa forma, o que a ciência acadêmica tem discutido é o conceito de iniciação precoce no esporte com o conceito de treinamento precoce.

A iniciação no esporte, na ótica da formação global do jovem, é uma iniciativa louvável dos pais, professores e outras pessoas envolvidas no processo de formação do ser humano. Já o treinamento precoce envolve uma série de debates, nos quais os especialistas têm discutido os prejuízos futuros que podem ocorrer com o praticante no ponto de vista psicomotor.

Alguns conceitos precisam ser compreendidos pelo professor/treinador envolvido com a prática do treinamento desportivo na infância e na adolescência. Entre eles, destacamos os fundamentais:

- **Especialização**: treinamento orientado para uma determinada modalidade desportiva com o objetivo de alcançar a alta capacidade competitiva na sua função.
- **Especialização precoce**: ocorre normalmente de forma antecipada, quando o treinador almeja o resultado desportivo muito cedo, especializando, assim, o jovem praticante em uma função específica dentro do desporto, levando em consideração sua idade cronológica.
- **Especialização prematura**: ocorre a especialização antecipada sem a devida atenção à maturação biológica.
- **Adolescência**: trata-se do período pós-púbere, quando o jovem apresenta características de muita responsabilidade individual, e seu aspecto motor inicia um crescimento significativo de aumento de força e capacidade psicofísica para suportar fadiga.

ESPECIALIZAÇÃO DESPORTIVA

O termo especialização precoce no desporto tem ocasionado, na prática, erros substanciais, pois ele não é sinônimo de iniciação e de encaminhamento no desporto, mas se trata de um modelo de preparação dirigida para o aperfeiçoamento das capacidades competitivas em ciclos de médio e longo prazo.

Esse processo, se não apresentar uma característica de desenvolvimento de trabalhos multilaterais, em que o aprendizado técnico possa ocorrer acompanhando o crescimento motor, ao invés de dar ênfase no aperfeiçoamento das capacidades motoras (físicas), pode apresentar problemas futuros e não constitui a melhor forma de se aumentar as cargas de treinamento durante a vida desportiva.

Desenvolvimento multilateral

A multilateralidade é a ocorrência do desenvolvimento fisiológico contínuo e gradual das capacidades motoras realizado de forma adequada para cada jovem praticante. Não se pode confundir com os treinamentos genéricos sem objetivos, pois os trabalhos devem estar bem estruturados de forma a atender as fases sensíveis do desenvolvimento motor. Na preparação multilateral, os objetivos são diversos e devem ser organizados em cada faixa etária e de acordo com a maturação biológica, além de, sem dúvida, considerar o desenvolvimento motor (Manno, 2000).

DESPORTO NA ESCOLA

A preparação dos atletas jovens deve acontecer nas escolas de educação em geral e nas desportivas. Essa estrutura organizacional garante a condição para a preparação a longo prazo dos atletas – de iniciantes a atletas de classe internacional.

A educação física nas escolas deve ser realizada tanto nas aulas como no processo de atividades praticadas nos clubes desportivos. Neles, o objetivo é a preparação para a competição. As competições realizam-se no grupo, entre grupos e de outras formas. O programa de competição deve estar relacionado com o conteúdo ministrado nas aulas de educação física. Nos bairros, as competições escolares são formadas por vários tipos de modalidades desportivas. Os participantes são de diferentes faixas etárias. O clube desportivo deve organizar constantemente vários eventos, com o objetivo de preparar os jovens instrutores e os futuros árbitros desportivos (Filin, 1996).

APERFEIÇOAMENTO DESPORTIVO

As escolas desportivas exercem um papel importante no sistema de preparação dos atletas jovens, propiciando o aperfeiçoamento das qualidades físicas, a preparação geral dos estudantes e a preparação dos atletas de alto nível.

A escola desportiva é um dos principais métodos na prática do desporto dos estudantes nas escolas de formação geral. Os atletas iniciantes são matriculados nas escolas desportivas de acordo com o seu nível atlético e sua idade (Tabela 8.1).

Durante o trabalho nas escolas desportivas, dá-se maior atenção à seleção das crianças bem-dotadas, atenção que é enfatizada nas aulas de educação física nas escolas e em outras instituições estudantis, nas competições desportivas e no controle do nível da preparação especial e geral dos estudantes. Os grupos de treinamento completam-se pelos resultados da seleção e do número de crianças que passaram pela preparação inicial e alcançaram os índices para a preparação geral e especial de acordo com o programa de exigência em dado desporto (Filin, 1996).

O programa escolar é constituído por partes teóricas e práticas e divide-se em grupos de preparação inicial de instrução, de aperfeiçoamento desportivo e de alto nível.

As principais estratégias utilizadas nas sessões de treinamento nas escolas desportivas são: sessão teórica, aprecia-

TABELA 8.1 – Idade dos jovens que se matriculam nas escolas desportivas

Desporto (anos)	Idade mínima (anos)		Desporto	Idade mínima	
	Grupos de preparação preliminar	Grupos de iniciação desportiva		Grupos de preparação preliminar	Grupos de iniciação desportiva
Acrobática	7	10	Natação	7	10
Basquetebol	8	11	Saltos ornamentais	7	10
Boxe	10	13	Rúgbi	9	12
Luta	10	13	Handebol	9	12
Ciclismo	10	13	Trenó	10	13
Polo aquático	10	13	Nado sincronizado	7	10
Voleibol	9	12	Arco e flecha	10	13
Ginástica desportiva			Tiro	10	13
• Meninos	6	9	Pentatlo moderno	10	13
• Meninas	7	10	Tênis de campo	7	10
Ginástica artística	6	9	Tênis de mesa	7	10
Remo acadêmico	10	13	Halterofilismo	10	13
Remo em canoas	10	13	Esgrima	10	13
Patinação	9	12	Patinação artística	6	9
Hipismo	11	14	Futebol	8	11
Atletismo	9	12	Hóquei	9	12
Esqui	9	12	Regatas (vela)	9	12

ção de filmes, *slides* e outros, sessão de treinamento por grupo, treinamento em plano individual e participação nas competições. O trabalho pode ser planejado com os seguintes componentes: plano geral anual, plano individual, plano de trabalho temático de grupo e plano de cada aula (treino).

TÉCNICO DESPORTIVO

No trabalho com jovens, é de fundamental importância a atuação do técnico desportivo (treinador), que, na maioria dos casos, deve atuar como um pedagogo, reunindo conhecimento nas várias áreas da atividade humana. Atualmente, os clubes de fomento do desporto na infância e na adolescência criam formas objetivas de avaliar a qualidade de trabalho do treinador. As mais comuns são:

1. Nos *grupos de preparação preliminar*, com o controle da estabilidade da composição dos grupos estudantis e do nível de assimilação dos alunos das escolas infantis desportivas.
2. Nos *grupos de treinamento*, pela estabilidade da composição dos grupos, pelos critérios da preparação especial dos alunos e pelos resultados atingidos nas competições.
3. Nos *grupos de aperfeiçoamento desportivo*, com a avaliação dos programas exigidos, realizados pelos praticantes e também pelo nível de preparação desportiva.
4. Nos *grupos de alto rendimento*, com a avaliação da quantidade dos atletas preparados para as seleções nacionais e dos resultados das suas participações nas competições internacionais.

Tal sistema de avaliação permite controlar a efetividade da sua atividade, e, em consequência, lhe é atribuída uma categoria (qualificação) correspondente.

Muitas vezes, a eficácia da atividade do treinador da escola desportiva é avaliada pelo resultado das competições infantis e juvenis. Nessa situação, o professor necessita forçar o treinamento especializado e levar frequentemente os atletas aos resultados somente nas competições infantis e juvenis. Muitos treinadores esquecem que o objetivo principal do desporto juvenil é a formação de condições favoráveis para o alcance de resultados de nível internacional na idade ideal para cada desporto.

Frequentemente, os treinadores não consideram a faixa etária ótima para atingir os altos resultados e, em consequência, inadmissivelmente, forçam a preparação dos seus atletas, preocupando-se em levá-los ao alto resultado já na idade juvenil, sem pensar no futuro do atleta durante a passagem de juvenil para adulto. É necessário destacar que a preparação anual de determinada quantidade de desportistas deve ser o objetivo principal e determinante a estender-se na avaliação do trabalho do treinador e do educador. O alcance de altos resultados na idade infantil e na juvenil, em muitos casos, não garante que o adolescente irá progredir posteriormente, alcançando um desenvolvimento máximo e altos resultados. O critério principal do trabalho do treinador é o resultado a longo prazo, avaliado pelo nível de preparação dos atletas formados nas escolas infanto-juvenis (Gomes; Junior, 1998).

Uma das formas mais efetivas de organizar a preparação dos atletas são as sessões especializadas em cada tipo de desporto. Nas sessões desportivas, estabelece-se o contato simples entre os professores e os treinadores-educadores. No processo de treinamento das escolas-internatos desportivas, aplicam-se métodos de treinamento, utilizam-se métodos técnicos e aparelhos de treino, e, com isso, os alunos assimilam a intensidade da carga devida de treinamento e de competição. As formas principais desse processo são os treinamentos em grupo, as sessões teóricas e práticas, as individuais e a preparação em competições desportivas.

ORGANIZAÇÃO DAS COMPETIÇÕES

As competições são de suma importância para todos os atletas; sem a participação nelas, não há desporto, nem educação para eles. As competições constituem o ápice do processo de treinamento, não só sintetizando os resultados do treinamento desportivo, mas também apresentando meios objetivos para avaliar a sua efetividade.

A atividade competitiva moderna é extremamente intensa. Por exemplo, os corredores de alto nível em distâncias médias participam de competições 50 a 60 vezes no ano; os nadadores, de 120 a 140; e os ciclistas de velódromo, de 160 a 180. O volume da atividade competitiva dos atletas de elite não é só condicionado pela necessidade da participação com sucesso na competição, mas também é utilizado para a estimulação da adaptação do organismo do atleta. As competições constituem a parte principal da preparação integral, dando possibilidades de reunir a técnica, a tática, a preparação física e a psicológica em um único sistema dirigido ao alcance de altos resultados. Somente no processo de competição, os atletas podem alcançar o nível máximo funcional permitido pelo organismo e executar a carga que, no processo das sessões de treinamento, nem sempre é possível (Builina; Kupamshina, 1981).

A competição é a parte principal da preparação desportiva das crianças e dos adolescentes. Deve fazer parte do plano da escola desportiva e contribui para o alcance de objetivos, como: melhoria da saúde, aperfeiçoamento da função do organismo em crescimento, desenvolvimento das qualidades físicas, engajamento dos estudantes e dos jovens trabalhadores na atividade desportiva regular e desenvolvimento de vários tipos de desportos na educação geral das escolas.

Forma de organização das competições

Pela forma de organização, diferenciam-se os seguintes tipos:

1. Competição de final de temporada na escola ou no clube desportivo em que participam atletas vinculados àquela instituição.
2. Competição aberta, em que podem participar equipes e atletas oriundos de diferentes clubes.
3. Encontros amistosos entre equipes, escolas, clubes, etc.
4. Competição entre turmas, escolas, clubes desportivos, clubes de educação física da região, cidade, etc.

O sistema de competição pode funcionar nos seguintes grupos etários:

- **Grupo I**: meninos e meninas nas faixas etárias de 7 a 8, 9 a 10, 11 a 12 e 13 a 14 anos de clubes desportivos, de escolas estaduais e municipais e de escolas desportivas especializadas.
- **Grupo II**: meninos e meninas nas faixas etárias de 15 a 16 e 17 a 18 anos; passagem para a preparação sistemática em clubes desportivos e escolas desportivas.
- **Grupo III**: juniores nas faixas etárias de 19 a 21 e 22 a 24 anos; aperfeiçoamento do alto nível nos clubes desportivos, nas escolas superiores de treinamento desportivo, nas aulas de aperfeiçoamento dos estabelecimentos escolares. Esse grupo etário é divido em vários desportos (boxe, luta, futebol, basquete, etc.).
- **Grupo IV**: atletas adultos.

É difícil a determinação do sistema de planejamento e de condução das competições. A sua base constitui-se na direção da estrutura organizacional dos movimentos de educação física e das escolas desportivas. Ela é aperfeiçoada constantemente com o desenvolvimento da ciência e da prática desportiva, com o aumento do número de praticantes e com o aprimoramento do nível dos atletas. Por isso, as competições são parte integrante do processo de treinamento, e seu caráter e sua forma de desenvolvimento devem ser planificados com antecedência. O documento básico do planejamento e da condução da competição é o calendário, que deve ser elaborado pela organização responsável pela sua condução. O planejamento deve ser tradicional e estável, permitindo ao técnico e ao atleta aperfeiçoarem o processo de treinamento, a fim de que se atinjam altos resultados no período das competições principais.

No processo de planejamento e na realização da competição, ocorrem as seguintes posições metodológicas: as competições longas são os estímulos ótimos que provocam uma ação significativa no jovem atleta. A participação nas competições está ligada à elevada perda de energia e às altas tensões nervosas e físicas. Devemos levar em consideração a ação das cargas competitivas nos atletas jovens; pelo seu planejamento, convém manter o princípio do crescimento gradual. Durante a elaboração dos planos individuais, devemos dar atenção às particularidades fisiológicas dos atletas jovens em relação à sua preparação e, a partir disso, planejar o número determinado de competições por ano. A duração da preparação das crianças para participar nas competições iniciais da prática desportiva não deve ser inferior a um ano. As crianças participam em competições de ginástica desportiva, artística e acrobática, nas disciplinas do atletismo de velocidade/força e de basquetebol, depois de um ano a um ano e meio de prática especializada; na natação (saltos ornamentais), depois de dois anos a dois anos e meio de prática.

As competições devem ser planificadas de tal maneira que sua direção e seu grau de dificuldade correspondam aos objetivos propostos na etapa de preparação a longo prazo. Deve-se permitir a participação dos atletas jovens em competições somente quando eles, pelo nível de preparação, forem capazes de atingir determinados resultados. Dependendo da etapa do treinamento a longo prazo, o papel da atividade competitiva pode ser alterado. Assim, nas etapas iniciais, somente são planejadas as competições de preparação e de controle. O objetivo principal da competição é controlar a efetividade do treinamento em foco, propiciar a aquisição de experiência competitiva e motivar o processo de treinamento.

À medida que cresce o nível dos jovens nas etapas seguintes da preparação a longo prazo, a quantidade das competições aumenta. Nos programas de competições das crianças e jovens, devemos utilizar racionalmente diferentes tipos de provas combinadas. O sistema de competição combinada deve alterar-se de acordo com a idade e a preparação dos atletas, além das particularidades do tipo de desporto. Assim, por exemplo, o conteúdo do programa de competição dos atletas de provas combinadas é diferente do dos velocistas, barreiristas, corredores de médias e longas distâncias, saltadores e lançadores. É conveniente que se organize a competição com várias provas especializadas, incluindo 2 a 3 tipos de provas do atletismo e 2 a 5 exercícios de controle. Com a melhoria do nível dos atletas jovens, o programa das provas variadas torna-se mais especializado.

As regras (situação) sobre as competições constituem o documento principal, regulamentando a condição e a ordem da realização da competição. Cada parte dessa regra deve ser cuidadosamente pensada e nitidamente exposta. A regra compõe-se, na base, do plano de calendário e do regulamento de competição do desporto em questão. A regra é constituída pelas seguintes partes: objetivo, lugar e época de realização e participantes; direção de preparação e condução da prova; programa, norma e determinação dos vencedores; concessão de prêmios aos vencedores; época e ordem para a entrega do pedido e recepção dos participantes. Os conteúdos a serem cobrados nas competições dependem do tipo e da escala da prova.

A determinação dos vencedores pode ocorrer por vários meios:

1. Pela menor soma dos lugares conseguidos pelos participantes nos vários tipos de competição.
2. Por maior soma dos pontos.
3. Por menor soma do tempo nos vários tipos de desporto, nos quais o resultado desportivo determina precisamente tais índices. Nesse caso, simula-se o tempo de todos os participantes da competição. O vencedor, de acordo com o programa da competição, revela-se pela soma dos lugares (pontos) conseguidos pelas equipes nos vários tipos de competição.
4. Pela tabela de resultados nos vários tipos de desportos separadamente. Nesses casos, todos os resultados possíveis são transferidos em pontos, e o clube vencedor é determinado pela maior soma obtida pelos participantes em todas as provas. As normas de utilização das cargas são elaboradas na base dos dados das investigações científicas e da experiência avançada dos pedagogos e

treinadores que consideram o resultado desportivo da vida atlética e a diferença de sexo dos atletas.

A determinação da quantidade ideal de competições é de grande significado para os atletas jovens e dá possibilidade aos treinadores de conduzirem sistematicamente a preparação dos estudantes das escolas desportivas, não forçando e, com isso, possibilitando altos resultados nas competições principais. Nos desportos em que a participação nas competições dura pouco tempo e depois delas o atleta recupera rapidamente (restabelece) a sua força, a quantidade de competições pode ser aumentada.

Poucas vezes ocorrem, nos vários tipos de desporto, participações de jovens em competição de resistência e maior intensidade durante um tempo longo. Cada início competitivo exige maiores perdas de energia e tensões nervosas e psicológicas do jovem atleta; quando houver participação, é necessária uma recuperação relativa. Por isso, competições frequentes podem influenciar negativamente o estado de preparação do atleta.

A quantidade das competições depende também das particularidades individuais do jovem atleta, da sua preparação técnica, do longo período de recuperação do organismo e do aumento da excitabilidade nervosa. A excelente preparação técnica, a recuperação rápida e o sistema nervoso equilibrado permitem ao atleta participar frequentemente de competições.

Deve-se aumentar racionalmente a quantidade das competições organizadas dentro da escola, do bairro, etc., estabelecendo-se a quantidade de competições por ano de cada tipo de desporto e levando-se em conta as idades e as particularidades individuais dos atletas jovens e a especificidade do desporto. As competições devem ocorrer regularmente na escola, entre turmas e regiões da cidade, desde que não atrapalhem o processo de treinamento. É necessário que cada escola tenha o seu calendário anual de competições desportivas. No início da etapa inicial da especialização desportiva, a quantidade de competições no desporto escolhido é de 6 a 8 e, no fim, de 10 a 12 por ano. Nessa etapa, a maior atenção deve ser dada para as competições de preparação física geral, que devem ser de 3 a 6 no ciclo anual (dependendo do tipo de desporto). Na etapa de treinamento profundo, o número de competições é demonstrado na Tabela 8.2.

No período preparatório, os atletas jovens participam obrigatoriamente de competições que apresentam significados educativos e de controle e que não exigem preparação especial como no período competitivo. O programa inclui exercícios para o aumento da preparação física geral e especial. O período competitivo, as competições, os controles e as sessões de treinamento com grandes cargas têm um papel importante. A participação nas competições habituais não exige grande alteração no regime de treinamento do atleta. É necessário somente diminuir o volume da carga e, ao mesmo tempo, aumentar a sua intensidade na última semana antes da competição; o atleta terá de descansar de 1 a 2 dias antes do seu início. É necessário diminuir o volume geral do trabalho realizado no período competitivo. Nas competições longas, convém aplicar exercícios dirigidos à manutenção do nível de treinamento atingido pelo atleta. Com tal objetivo, no programa de treinamento, entra uma quantidade de exercícios de preparação especial, às vezes extremamente diferentes dos competitivos. Para a manutenção do nível de treinamento, contribuem também os mesociclos com

TABELA 8.2 – Exemplo do número de competições na etapa de treinamento profundo de acordo com o tipo de desporto

Desporto	Idade			
	Meninos		Meninas	
	15-16	17-18	15-16	17-18
Corrida de meia distância	10-12	12-15	10-12	12-15
Canoagem	6-8	6-8	6-8	6-8
Lançamentos (atletismo)	15-16	22-25	13-16	22-25
Esqui	17-23	24-30	17-23	24-30
Voleibol	35-40	45-50	35-40	45-50

estrutura pêndula, ou seja, a construção do treinamento quando o mesociclo é constituído por alguns microciclos. Devemos selecionar um deles (normalmente na penúltima semana antes da competição e prescrever exercícios competitivos de preparação especial próximo à competição).

Na etapa de preparação imediata à competição (pré-competitiva), deve-se enfatizar a preparação tática. O nível de habilidade técnica atingida e a preparação psicológica e física permitem passar para a preparação tática com maior aproximação das condições exigidas na atividade competitiva. A escolha de uma ou de outra variante tática, a sua elaboração e a realização na atividade competitiva estão condicionadas ao nível da habilidade técnica do atleta e ao desenvolvimento das qualidades físicas, das possibilidades funcionais do organismo e da preparação psicológica.

A preparação psicológica é de grande importância; nela, propõe-se obter informações sobre as competições, os principais adversários, o nível de treinamento do atleta e as particularidades do seu estado na etapa determinada de preparação, a determinação do objetivo da ação do programa nas competições, a estimulação das regras pessoais e os motivos gerais. A preparação psicológica especial, imediatamente anterior à competição, inclui o ajustamento psicológico e a direção do estado do jovem atleta, garantindo a preparação e o desenvolvimento do esforço máximo.

A preparação efetiva para as competições está ligada à atenção concentrada nas principais ações das atividades motoras, ao pensamento, ao sentimento e ao desvio dos fatores estranhos. Por isso, o treinador conduz o trabalho orientado escrupulosamente e, junto com os alunos (atletas), estuda cuidadosamente os principais concorrentes, as particularidades das suas técnicas e táticas e os pontos fortes e fracos, apresentando ao aluno a classificação na competição e as condições para o aquecimento. Como resultado, o jovem atleta apresenta boa preparação, própria a torná-lo capaz de competir, e pode concentrar a atenção não nos fatores externos, mas, sim, no domínio do seu estado interno.

FORMAÇÃO E EDUCAÇÃO DOS ATLETAS

Deve-se dar muita atenção à formação da personalidade do indivíduo, considerando-se os aspectos morais, intelectuais e a educação estética e física. O papel da educação física como meio de educação das crianças e dos adolescentes, vai ao encontro do aumento da exigência do trabalho educativo nas escolas desportivas. A ênfase dada na realização do trabalho educativo com atletas deve ser a união das ações educativas. O resultado da educação é determinado pelo relacionamento entre o treino e os estudos, como é realizada a missão social; portanto, cria-se a disciplina e desenvolve-se a amizade e o inter-relacionamento.

Deve-se considerar que, na escola desportiva, os atletas frequentemente apresentam dificuldades morais básicas e de caráter. Por isso, o treinador e o clube, no qual se inicia a carreira desportiva, terão não só que se preocupar com o aperfeiçoamento positivo moral da personalidade, mas também reeducar o atleta constantemente. O papel importante da educação moral dos atletas pertence ao treinador-pedagogo (Matveev, 1983).

O método de convicção tem sua importância na formação do conhecimento moral. Um dos métodos da educação é o castigo, expresso pela censura e pela avaliação negativa das ações e dos procedimentos dos atletas. São muitos os tipos de castigo. O incentivo e o castigo devem ser utilizados não como procedimentos casuais, mas como resultado de todos os procedimentos. A manifestação de desinteresse é muito natural nos atletas, como natural também é a oscilação da sua capacidade de trabalho. O melhor meio para superar os momentos em que ocorre o desinteresse é desafiar o atleta para tentar realizar exercícios novos e difíceis. Os exercícios exigidos na superação dos momentos difíceis devem estar de acordo com as possibilidades individuais.

CLUBE DESPORTIVO

No desporto, o clube desportivo é um fator importante na educação moral e é indispensável na formação da personalidade do atleta. Os atletas trabalham como instrutores, árbitros, capitães de equipes, etc. O trabalho social é uma excelente escola para a experiência moral positiva. A formação do clube é um processo pedagógico difícil, em que o treinador desempenha um papel importante. No clube, surgem e desenvolvem-se formas de relacionamento: do atleta com o clube, entre os membros da equipe e entre os adversários. Filin e Fomin (1980) salientam que "a realização do clube, a organização da exigência do homem, a organização das intenções reais, vivas e objetivas em conjunto com o clube devem constituir o conteúdo do nosso trabalho educativo".

Uma das principais condições para a realização, com sucesso, das ações educativas no clube está na formação e na manutenção das tradições positivas. Todos os clubes desportivos devem aplicar-se na formação de um sistema de aprovação e de premiação dos atletas. Mas, em nenhum caso, a questão sobre a premiação deve ser resolvida pelo treinador sem a aprovação do clube.

FUNÇÃO EDUCATIVA DO TREINADOR

A principal figura em todo trabalho educativo é o treinador, que não limita a sua função educativa somente à orientação do atleta no momento do treinamento e da competição. A utilização do princípio do treinador no ensino inclui a solução dos objetivos educativos difíceis. Tal princípio baseia-se no processo das sessões de treino e na formação da uma situação agradável e da influência positiva no processo educativo. O sucesso da educação dos atletas jovens depende muito da capacidade do treinador. A efetividade da preparação e da formação geral constitui a educação do atleta e é possível somente quando o treinador está em contato constante com a escola, com os pais e com todos os que influenciam no desenvolvimento da personalidade do atleta. O treinador deve preocupar-se com o aumento do círculo de interesses dos atletas, analisar constantemente a sua condução e conseguir separar as dificuldades surgidas na sua própria vida. Dentre as características do bom treinador estão o talento pedagógico, a rigidez e o entusiasmo.

No geral, é fundamental uma boa formação do treinador para garantir organização e conteúdo no processo de treinamento. Outra questão é que o treinador deve sempre conscientizar o atleta para o objetivo principal que é o desenvolvimento motor e intelectual. Por isso, nas primeiras etapas de preparação a longo prazo, deve-se dar ênfase ao ensino e ao aperfeiçoamento dos principais hábitos motores; posteriormente, orientar o atleta no trabalho ativo e no aperfeiçoamento geral da sua preparação no sentido de superar as dificuldades e assimilar os altos volumes e intensidades das cargas de treino e de competição.

A autoeducação não pode ser isolada das ações pedagógicas e sociais. Esse processo deve fazer parte da estrutura organizacional de todo o sistema de educação. Na primeira etapa, deve-se alertar os atletas para a ideia de autoeducação, e o treinador deve diagnosticar a personalidade do atleta. Na segunda etapa, deve ser organizada a atividade prática dos atletas e dos treinadores na aplicação dos métodos efetivos de autoeducação individual e de grupo. Na autoeducação, entra também a auto-obrigação com o objetivo de ativar e de determinar o complexo das qualidades e propriedades, passíveis de aperfeiçoamento ou de correção (Filin; Fomin, 1980).

A educação das qualidades volitivas é de grande importância na atividade do treinador. As qualidades volitivas são formadas no processo consciente de superação das dificuldades e possuem caráter subjetivo e objetivo. Para a sua superação, utilizam-se tensões volitivas não-habituais (ou seja, máxima para um dado estado do atleta). Por isso, o principal método de educação das qualidades volitivas implica dificultar gradualmente os objetivos realizados no processo de treinamento e de competição. O treinamento sistematizado e a participação em competições são os meios mais efetivos da educação das qualidades volitivas dos atletas jovens. Durante as sessões desportivas, deve ser observado o desenvolvimento das qualidades volitivas, como a orientação para um objetivo, disciplina, iniciativa, decisão, insistência, persistência no sentido de alcançar os objetivos e estabilidade.

Os principais meios e métodos que orientam para um objetivo consistem no aumento e no aprofundamento das sessões teóricas nas aulas de educação física, principalmente para o desporto específico selecionado. Os atletas devem saber como são planificados os treinos, não só pelo volume e pela intensidade, mas também pela ligação com o objetivo concreto de cada etapa; qual a avaliação; que análise dos erros foi feita e quais as razões dos êxitos no processo de treinamento. A disciplina deve ser iniciada na primeira sessão desportiva. A rigorosa manutenção das regras do treinamento e a participação em competições, além do cumprimento das ordens do treinador e boa condução nos treinos, na escola e em casa, devem ser sempre objetos de observação do pedagogo.

A intuição deve estar associada à capacidade de ação volitiva independente. Para o desenvolvimento da intuição, utilizam-se jogos recreativos e desportivos e outros tipos de atividades motoras, em que o praticante deve, rapidamente e de forma correta, avaliar as situações surgidas de repente, pensar e escolher um plano de ação em cada situação e resolver as ações por si próprio.

A estabilidade é uma qualidade que surge em situações muito difíceis. Os seus componentes principais são a maturidade, a persistência, no sentido de alcançar o objetivo determinado, o autodomínio e a vontade de vitória. Um dos métodos da educação é a organização dos treinos e competições que apresentam dificuldades significativas para os atletas jovens. Apesar de tudo, é necessário ensinar a treinar e a participar de competições em condições difíceis. É necessário educar constantemente a vontade; o atleta deve aprende-r a autossuperação e, apesar do cansaço, deve continuar a realizar os exercícios propostos.

A *decisão* é uma expressão ativa do atleta, é a preparação para agir sem oscilação. Ela é educada no processo de utilização de exercícios que devem conter sempre elementos novos e imprevistos e também de difícil superação, que estão ligados à necessidade de decisão.

A educação pela insistência e pela persistência, no sentido de alcançar os objetivos, é uma das principais metas na preparação do atleta. Para o aperfeiçoamento dessas qualidades, é necessário não só a aspiração aos objetivos, mas também a crença no seu resultado. O atleta deve estar consciente de que, sem a superação das dificuldades no treino, não poderá atingir o alto nível desportivo.

É muito importante, desde o início das sessões desportivas, confirmar a assiduidade – capacidade de superação das dificuldades específicas que é atingida por meio da realização sistemática dos treinos ligados com o crescimento das cargas.

Durante os treinos, destaca-se a importância da educação intelectual, que tem como objetivo a assimilação de conhecimentos especiais da teoria e da prática do treino, de higiene e de outras áreas; a educação do saber analisar objetivamente a experiência adquirida e a participação nas competições. A educação intelectual se adquire através de seminários, das conferências e de leitura sistemática de livros.

A composição dos planos no processo educativo é um assunto difícil, porque eles predeterminam a ação do treinador e dos atletas num período de tempo. O planejamento e o controle dos índices da efetividade do trabalho educativo deve ser parte importante na atividade do treinador na escola desportiva.

Para o planejamento e para a formação do trabalho educativo é necessário: determinar o seu objetivo e selecionar os principais meios que ajudam a alcançar os resultados, a controlar o tempo necessário para a utilização dos meios educativos selecionados e a determinar a ordem da sua aplicação; a elaborar as ações educativas de temáticas sucessivas nas sessões de treinamentos e competições no regime da vida do jovem atleta; e a determinar a sucessão metodológica para os atletas (conteúdo dos encontros, exigência, escolha de exercício). O planejamento do trabalho na escola desportiva deve ocorrer nas seguintes ocasiões:

- na temporada toda de ensino;
- no plano de trabalho educativo anual, mensal;
- no plano educativo do trabalho do treinador.

Durante a elaboração dos planos, deve-se considerar a exigência do trabalho educativo e determinar a posição das escolas desportivas e dos programas de ensino nos vários tipos de desporto. No trabalho educativo, deve-se planejar levando-se em consideração a idade, o sexo, a preparação desportiva do jovem atleta e as condições reais da atividade desportiva nas escolas. O plano de trabalho do treinador deve garantir a realização sucessiva do plano anual com determinado grupo de atletas. O treinador deve preparar o plano anual e o plano de trabalho para o período de 1 a 3 meses. Tal plano deve conter medidas concretas, com prazos indicados de prática, e determinar os objetivos das medidas planejadas e a metodologia da sua preparação, e ainda uma pequena análise dos resultados (processo educativo) das medidas aplicadas.

O controle da efetividade do treinamento tem grande significado no clube e constitui a parte principal do controle pedagógico no andamento do processo educativo. O conteúdo principal é o estudo dos índices da efetividade do trabalho educativo no clube desportivo, a análise dos resultados desse trabalho durante o período determinado, revelando insucessos, dificuldades e insuficiências.

A educação laboral constitui o pivô de todos os sistemas de educação do atleta. Os critérios da educação na atividade laboral implicam alta consciência, efetividade e qualidade durante a realização de qualquer trabalho.

O controle efetivo do trabalho educativo nas escolas desportivas é realizado por meio da observação pedagógica e de medidas de estudo de materiais escritos e gravados. Os dados obtidos devem ser comparados com os índices planificados nesse trabalho, que é a base do nível da educação do atleta. Diferenciam-se três formas de cálculo: o preliminar, o corrente e o global. O controle preliminar é realizado antes do início dos treinos ou antes do início dos períodos e das etapas de treinamento; o controle corrente, no desenvolvimento do treinamento; e o global, no fim dos períodos e das etapas.

O controle preliminar é indispensável para o planejamento correto do processo educativo e para a composição dos dados seguintes – corrente e global – com o nível inicial educativo que permite dirigir racionalmente a educação. Os dados do controle global devem ser utilizados para a avaliação do nível atingido no desenvolvimento da personalidade e na avaliação da qualidade do processo educativo. O corrente garante a inclusão das alterações urgentes nas ações educativas, controle das suas efetividades e ativação na autoeducação do atleta. Todas as formas de controle se complementam (Nabatni, 1982).

A prática de todos os tipos de controle é relativamente simples. O controle preliminar e o global geralmente são realizados frontalmente, ou seja, são estudados ao mesmo tempo, e a educação de todos os atletas do clube é avaliada concomitantemente. No início do trabalho, deve-se levar em conta a forte expressão dos índices, caracterizados na personalidade dos atletas. Durante o desenvolvimento das sessões, a avaliação geral deve estar em consonância com os dados das observações diárias e com a renovação dos objetivos no processo de treinamento.

SELEÇÃO DE TALENTOS NOS DESPORTOS

O papel principal na preparação das escolas desportivas pertence ao sistema de seleção dos atletas jovens com talento. A análise da participação dos atletas nos jogos olímpicos e em outras grandes competições mostrou que alcançam resultados significativos aqueles que possuem alto nível de desenvolvimento das qualidades morais e volitivas, os quais dominam com perfeição a técnica e a tática, e também possuem alto nível de estabilidade dos fatores competitivos. Daí a necessidade de seleção especial dos indivíduos possuidores das qualidades mencionadas e capazes de atingir êxitos nas várias especialidades desportivas (Matveev, 1977).

A capacidade desportiva é o conjunto de particularidades de várias formas (morfológicas, funcionais e outras) com as quais estão ligadas as possibilidades de alcançar os altos resultados e os recordes nos vários desportos. A questão mais atual é o surgimento, ao seu tempo, de crianças e de adolescentes com capacidades; assim como a formação e o desenvolvimento do organismo, as capacidades motoras e psicológicas diferenciam-se; as diferenças do seu surgimento tornam-se menos interligadas. O sistema da seleção e da orientação desportiva permite revelar as capacidades das crianças e dos adolescentes, formar condições prévias agradáveis para a melhor abertura das possibilidades potenciais e para o alcance da perfeição física e espiritual (Nabatni, 1982).

A avaliação objetiva das capacidades individuais ocorre na base das observações das crianças e dos adolescentes, assim como não existe nenhum outro critério de aptidão desportiva. Os exames isolados *dos índices morfológicos, funcionais, pedagógicos e psicológicos* são insuficientes para a prática da seleção desportiva. Só na base da metodologia, a presença das capacidades e inclinações (genéticas) é indispensável para o domínio do alto rendimento desportivo.

É possível realizar efetivamente a seleção das crianças e dos adolescentes para a prática desportiva? Justamente com a seleção moderna das crianças e dos adolescentes nas escolas desportivas o processo pedagógico é de grande importância. Sua etapa inicial predetermina todo o processo posterior do aperfeiçoamento desportivo. No entanto, é necessário determinar o que é seleção e orientação desportiva (Filin; Fomin, 1980).

A seleção desportiva é o sistema de organização metodológica das medidas e também dos métodos de observação *pedagógica, sociológica, psicológica, médico-biológica*, na base do qual revelam-se as aptidões e as capacidades das crianças e dos adolescentes para a especialização em determinado tipo de desporto. O objetivo principal é o estudo total e a revelação das capacidades, que devem corresponder, em grande escala, às exigências de um ou outro tipo de desporto. Alguns especialistas utilizam o termo revelação das aptidões desportivas. Assim, entende-se a importância do sistema de determinação dos meios e métodos e da avaliação das aptidões e capacidades do indivíduo, o que é de grande significado para o sucesso na especialidade em questão. A orientação desportiva é o sistema de organização metodológica das medidas, em cuja base determina-se a apropriada especialização do indivíduo no tipo determinado de desporto.

A análise e a conclusão teórica dos resultados dos vários experimentos permitem formular posições básicas da teoria da seleção desportiva. A existência dos mais diversos tipos de desportos aumenta as possibilidades do indivíduo no sentido de atingir um alto nível no desporto. O reduzido surgimento (presença) de qualidades pessoais e de capacidades específicas relativas ao desporto não pode ser considerado como falta de capacidade desportiva. Sinais pouco evidentes em um determinado tipo de desporto podem tornar-se relevantes e garantir em outro tipo altos resultados. Consequentemente, o prognóstico das capacidades desportivas deve ser realizado levando-se em consideração a modalidade de desporto ou os grupos desportivos, em vista das posições gerais caracterizadas para o sistema de seleção.

Aptidões hereditárias

As capacidades desportivas dependem muito das aptidões hereditárias que se mostram diferentes na estabilidade e na conservação. Por isso, durante o prognóstico das capacidades, convém prestar atenção, antes de tudo, nos sinais instáveis que condicionam os êxitos na atividade desportiva futura, porquanto o papel da hereditariedade é condicionado pelos sinais (índices) manifestamente reveladores máximos pela presença de altas exigências no organismo do praticante. É necessário, então, que a orientação para os altos níveis de resultado se faça pela realização da atividade do jovem atleta (Matveev, 1983).

A ordem do estudo dos prognósticos das capacidades propõe a revelação de tais índices, que podem alterar-se sob a influência do treinamento. Por isso, para o aumento do grau de exatidão do prognóstico, é necessário ter em vista tanto o crescimento dos índices como o seu nível inicial. O desenvolvimento das funções separadas e as particularidades qualitativas possuem determinadas diferenças na estrutura do surgimento das capacidades dos atletas em diferentes grupos de idades. Tais diferenças são observadas nos praticantes de técnicas difíceis, em que os altos resultados são atingidos ainda na infância e, em toda a preparação do atleta, da iniciação ao alto nível, ocorrem no desenvolvimento dos processos difíceis da formação do jovem atleta.

O problema da seleção deve ser resolvido na base da aplicação dos métodos de observação médico-biológica, pedagógica, psicológica e sociológica. Os métodos pedagógicos permitem avaliar o nível de desenvolvimento das qualidades físicas, das capacidades coordenativas e da habilidade técnica desportiva. Na base da aplicação dos métodos médico-biológicos, aparecem as particularidades morfofuncionais, o nível do desenvolvimento físico, o estado do organismo e o estado de saúde do atleta. O psicológico determina o estado psíquico, influencia na solução dos objetivos individuais e do clube e também avalia a compatibilidade psicológica dos atletas durante a perseguição dos objetivos postos perante a equipe (Volkov; Filin, 1983).

Os métodos sociológicos permitem colher dados sobre os interesses das crianças em relação ao desporto e descobrir as ligações das razões desse interesse – consequência da formação da motivação para a longa prática desportiva e para o alcance de altos resultados desportivos. O processo de seleção divide-se em três etapas, conforme Tabela 8.3.

Etapas da seleção de talentos

Primeira etapa (preliminar)

Tem como objetivo o aproveitamento da maior quantidade de talentos. É quando ocorrem o exame preliminar e a organização da preparação inicial. Os critérios que determinam o aproveitamento das crianças e dos adolescentes na prática de vários tipos de desportos relacionam-se com a altura, com o peso e com as particularidades da constituição do corpo da criança. A observação do treinador e do professor de educação física tem grande importância para uma seleção correta, no decorrer das aulas (sessões) desportivas, nas várias competições e no momento dos controles. Para escolher dois ou três grupos de 20 jovens para a escola desportiva, devem-se observar mais de 100 crianças. Pelos dados estatísticos, de 60 mil crianças que são observadas nas piscinas, somente uma entrará no nível dos resultados de classe internacional. Por conseguinte, somente um dos muitos atletas de elite torna-se campeão nos jogos olímpicos. A prática desportiva testemunha que, na primeira etapa, é impossível revelar o tipo ideal das crianças possuidoras das qualidades morfológicas, funcionais e psicológicas indispensáveis para a posterior especialidade. As diferenças individuais existentes no desenvolvimento biológico dos iniciantes dificultam tal objetivo. Por isso, convém utilizar, como orientação, os dados obtidos nessa etapa. O ingresso na primeira etapa é destinado a crianças e a adolescentes com exame médico em ordem e sem problemas de saúde.

No final da primeira etapa, devem ser observados os experimentos de controle e

Treinamento desportivo 247

TABELA 8.3 – Sistema de seleção de talentos na escola desportiva

Etapa	Objetivos principais	Métodos de seleção
I	Seleção preliminar	1. Observação pedagógica 2. Testes de controle 3. Mostra – diagnóstico nos vários tipos de desportos 4. Observação sociológica 5. Observação médica
II	Aprofundamento da revisão em correspondência à exigência dos contingentes selecionados dos praticantes, apresentação dos êxitos na especialidade escolhida Matrícula das crianças e dos adolescentes nas escolas desportivas	1. Observação pedagógica 2. Testes de controle 3. Competições e provas de controle 4. Observação psicológica 5. Observação médico-biológica
III	Sistema de ensino a longo prazo para cada praticante na escola desportiva com objetivo da determinação final da sua especialidade desportiva individual (etapa de orientação desportiva)	1. Observação pedagógica 2. Testes de controle 3. Competições e provas de controle 4. Observação psicológica 5. Observação médico-biológica

de competições. Para que se determine o maior grau das possibilidades potenciais das crianças e dos adolescentes, é necessário o nível inicial da sua preparação e o ritmo do seu crescimento. No sistema de seleção dos experimentos de controle, deve ser observado o resultado para determinar não só o que eles já sabem ao ingressar, mas também o que poderão fazer posteriormente, ou seja, revelar suas capacidades na resolução dos objetivos ativos e saber dirigir os seus movimentos. O potencial do resultado desportivo do atleta depende não só do nível do desenvolvimento das qualidades físicas, mas também do ritmo do crescimento dessas qualidades no processo do treinamento especial.

O desenvolvimento físico das crianças é avaliado pelos sinais (índices) externos: altura, peso, proporção do corpo, forma da coluna vertebral e caixa torácica, forma da pélvis e pernas. Depois disso, utilizam-se as capacidades motoras das crianças. Na Tabela 8.4 estão apresentados os controles pedagógicos e os de critérios para a avaliação do nível do desenvolvimento das qualidades físicas que orientam durante a seleção dos iniciantes para a prática desportiva.

Segunda etapa (observação pedagógica)

Realiza-se a observação aprofundada dos contingentes de praticantes selecionados. O treinador estuda profundamente as possibilidades dos praticantes com base nas observações pedagógicas no processo do treinamento, nos testes de controle, nas competições e nas provas de controle, completam-se os grupos de treinamento e o número das crianças e dos adolescentes mais capazes. Os principais critérios para o prognóstico constituem-se nos ritmos do desenvolvimento das qualidades físicas e na formação dos hábitos motores. O ritmo da formação dos hábitos motores e o desenvolvimento das qualidades possibilitam prever as perspectivas do aperfeiçoamento desportivo dos praticantes no futuro.

O objetivo da segunda etapa é a determinação do grau correspondente dos

TABELA 8.4 – Avaliação do nível das capacidades físicas das crianças

Teste de controle	Resultado dos testes			
	9 anos		10 anos	
	Meninos	Meninas	Meninos	Meninas
Frequência do movimento, passos (s)	5,5	5,8	6,0	6,2
Corrida de 20 m com marcha (s)	3,5	3,3	3,3	3,1
Corrida de 60 m com partida alta (s)	9,6	9,3	9,2	9,0
Salto em distância com os dois pés (cm)	155	160	165	170
Salto vertical sem deslocamento (cm)	32	34	36	38
Lançamento da bola medicinal (1 kg) com as duas mãos, de trás da cabeça para a frente (m)	6,5	7,0	7,0	7,5
Abdominal saindo deitado para a posição sentado (número de repetições)	25	30	30	35
Corrida 300 m (s)	65	62	60	58
Corrida 500 m (min)	1.56,0	2.04,0	1.48,0	1.55,0
Pendurar-se na barra com os braços fletidos (s)	12	18	16	22
Apertar dinamômetro (kg)	40	45	45	50
Inclinação do tronco para a frente (flexibilidade) (cm)	7	5	8	5

dados individuais que serão apresentados na etapa de aperfeiçoamento. São de grande importância os testes de controle, a competição, as observações médico-biológicas e as psicológicas.

O treinador deve prestar maior atenção no surgimento das crianças mais independentes, com decisão e capacidade de mobilizar-se no andamento da competição, ativas e persistentes na disputa desportiva, etc. Deve também levar em consideração a necessidade do estado geral da personalidade do atleta e não suas capacidades individualizadas. Por isso, a avaliação deve dar-se no processo de várias atividades (competição, treinamento, em experimentos de laboratórios).

No final da segunda etapa, a comissão, sob orientação do diretor da escola desportiva, examina o pedido dos pais e resolve as questões relacionadas com as matrículas na escola. Os resultados das competições, dos testes de controle, das características do treinador e da conclusão do médico devem ser discutidos durante a matrícula das crianças e dos adolescentes na escola desportiva.

Terceira etapa (orientação desportiva)

É o estudo sistemático, a longo prazo, de cada escola para a determinação final da sua especialidade individual. O estudo a longo prazo aumenta a segurança do atleta na determinação da sua especialidade. Aqui, realizam-se as observações pedagógicas, médico-biológicas, psicológicas e os testes de controle com objetivo de determinar os pontos fortes e fracos da preparação dos praticantes. Nesse momento, deve ser resolvida definitivamente a questão da orientação desportiva individual dos praticantes.

Os principais métodos da terceira etapa são as observações antropométricas e os experimentos pedagógicos, psicológicos, fisiológicos, médico-biológicos e sociológicos. Durante as observações antropométricas, alguns candidatos podem ser indicados para ingressar na escola desportiva, desde que apresentem características para um dado desporto.

Os testes pedagógicos têm um papel importante nos resultados que geralmente formam o conceito da existência das qualidades físicas e das capacidades do indivíduo, indispensáveis para a especialidade de qualquer tipo de desporto. Por exemplo, para a revelação do nível de desenvolvimento da velocidade, utiliza-se a corrida de 30 m; para a revelação da força, utiliza-se a medida da força com ajuda do dinamômetro, etc. O processo de seleção está ligado às etapas da preparação desportiva e às particularidades dos desportos. São caracterizados, em geral, quatro grupos nos seguintes critérios: velocidade/força, técnica dos desportos mais complexos, combate singular desportivo e jogos desportivos.

Nos desportos de velocidade/força, no processo seletivo, são avaliadas as crianças e os adolescentes com alto nível de desenvolvimento de velocidade, de força e qualidades de força rápida. Por exemplo, é importante que os saltadores de distância com corrida possuam um alto nível de desenvolvimento das qualidades de velocidade/força. É sabido que é impossível os homens realizarem salto em distância de 7,10 a 7,20 m sem atingirem uma velocidade final de corrida de 9 a 10 metros por segundo. A alta velocidade da corrida supõe a capacidade de o atleta realizar o impulso com a potência máxima. Foi estabelecida a correlação entre os índices iniciais do desenvolvimento das qualidades da velocidade e da velocidade/força e o resultado nos saltos em distância com corrida durante quatro anos e meio de treinamento. Para o prognóstico seguro das possibilidades potenciais do saltador é muito importante controlar o nível do desenvolvimento das principais qualidades físicas e de seus ritmos (de desenvolvimento).

Na seleção de atletas de distâncias curtas, convém selecionar as crianças e os adolescentes de altura média ou superior à média, com bom desenvolvimento muscular e particularidades constitucionais favoráveis (correlação do comprimento das pernas, tronco). Nesse processo, devemos estimular o tempo de reação ao sinal de partida, o nível de desenvolvimento da velocidade e da velocidade/força, o nível da capacidade de coordenação. Devemos orientar também os índices integrais caracterizados pelo ritmo de desenvolvimento das principais qualidades físicas das crianças e dos adolescentes nos primeiros anos (um ano e meio) de treinamento (Matveev, 1983).

As condições potenciais do futuro dependem, em menor grau, do nível inicial das qualidades físicas e, em maior grau, dos ritmos de crescimento e do desenvolvimento dessas qualidades. Como regra, o nível inicial só em 13% do geral coincide com os resultados na corrida de 100 m depois de alguns anos de treino. Já os ritmos somáticos, nos primeiros anos (um ano e meio), em 89% do geral coincidem com os resultados nos 100 m depois de alguns anos de treinamento.

Os ritmos de desenvolvimento das principais qualidades físicas têm grande importância durante o prognóstico dos resultados dos atletas somente se o nível do seu desenvolvimento for alto; se for baixo, os altos ritmos de desenvolvimento não permitirão aumentar o resultado até o nível esperado em determinados períodos etários de desenvolvimento. Devemos prestar atenção nos ritmos de crescimento durante o processo de seleção, que justifica a si mesmo durante o controle das particularidades individuais da idade biológica das crianças e dos adolescentes. Dessa maneira, a existência relativa do desenvolvimento das qualidades físicas e do ritmo ótimo do seu desenvolvimento relacionado com a idade biológica darão a possibilidade de fazer o prognóstico sobre os resultados de um ou outro atleta. No processo de seleção para o atletismo, deve-se utilizar os testes e critérios de controle apresentados nas Tabelas 8.5 e 8.6.

TABELA 8.5 – Testes com o objetivo de selecionar crianças e adolescentes na modalidade de atletismo (corredores de distâncias curtas e barreiristas)

Testes de controle	Resultado dos testes			
	11 anos		12 anos	
	Meninos	Meninas	Meninos	Meninas
1. Corrida de 30 m com caminhada (s)	3,8	4,0	3,6	3,8
2. Corrida de 60 m com partida alta (s)	8,5	8,8	8,3	8,6
3. Corrida de 300 m (s)	52	55	48	51
4. Salto em distância saindo com os dois pés (rã) (cm)	190	180	200	195
5. Inclinação do tronco para a frente (flexibilidade) (cm)	7	9	8	10

TABELA 8.6 – Testes com o objetivo de selecionar crianças e adolescentes na modalidade de atletismo (saltadores de distância)

Testes de controle	Resultado dos testes			
	11 anos		12 anos	
	Meninos	Meninas	Meninos	Meninas
1. Corrida de 30 m com caminhada (s)	3,9	4,1	3,7	3,9
2. Salto em distância saindo com os dois pés (rã) (cm)	200	190	205	195
3. Salto triplo saindo da posição parada (cm)	6,5	5,8	6,8	6,2
4. Salto vertical saindo da posição parada (cm)	40	35	45	40
5. Inclinação do tronco para a frente (flexibilidade) (cm)	8	10	10	12
6. Elevação do tronco da posição deitado para a posição sentada (número de repetições) (abdominal)	40	35	45	40

Os métodos seletivos são aplicados nos desportos complexos de coordenação, por exemplo, na ginástica desportiva. As potencialidades do ginasta e sua perspectiva podem determinar, em elevado grau, os seguintes fatores: particularidades morfológicas do organismo, habilidade técnica desportiva, preparação física geral e especial e particularidades psicológicas. As particularidades da composição corporal dos ginastas constituem os fatores de caráter endogênico, ou seja, hereditário; isto é resultado, por um lado, do seu gênero espontâneo da seleção, por outro, do seu grau de especialização desportiva (Builina; Kupamshina, 1981).

Durante o prognóstico das capacidades dos ginastas, os critérios são de grande importância, caracterizando o nível e o ritmo do crescimento das qualidades físicas em cada grupo etário: força, velocidade/força, força de resistência e flexibilidade. É estabelecida a conservação relativa da força muscular e da flexibilidade e seu alto prognóstico pela seleção das crianças para a prática da ginástica desportiva. Foi revelado que ginastas separados de diferentes grupos etários possuem também os índices de força muscular relativa e a movimentação nas articulações como nos desportistas de classe internacional. Tais índices têm uma estreita coligação com o crescimento da especialização e da técnica desportiva e conservam seu significado em diferentes períodos etários, sendo, portanto, critérios seguros para a determinação das perspectivas dos ginastas. A habilidade técnica do ginasta é determinada pelos resultados das competições e de programa qualificado, além dos resultados dos testes de controle na preparação técnica. O significado dos testes de controle com o aumento de qualificação desportiva melhora.

A seleção nos desportos de combates realiza-se na base dos seguintes critérios: assiduidade; existência de caracteres como decisão, insistência, maturidade; rápida assimilação do conhecimento e formação dos hábitos motores; e existência de elementos criadores no processo de ensino e aperfeiçoamento da técnica. Por isso, no processo de seleção para a luta nas escolas desportivas, convém levar em conta: o estado de saúde, os sistemas analisadores do organismo, os sinais morfológicos, o nível da preparação física e a capacidade de coordenação, fatores que influenciam a realização dos movimentos com maior exatidão no tempo, no espaço e com pouco esforço, e a existência da capacidade de passar rapidamente para outros objetivos motores. Na seleção, utilizam-se testes de controle e normativos que estão registrados na Tabela 8.7 (Platonov, 1984).

Nos jogos coletivos, as perspectivas dos atletas devem ser determinadas com base na análise das qualidades específicas, garantindo com êxito a solução dos objetivos técnico-táticos no processo da atividade desportiva. O prognóstico incontestável das capacidades das crianças nos jogos desportivos realiza-se na base do estudo do complexo das propriedades individuais da personalidade: características morfofuncionais do atleta, estado dos órgãos e sistemas analisadores do organismo, nível do desenvolvimento das qualidades físicas (de preferência, a de velocidade/força), capacidades de coordenação, capacidades

TABELA 8.7 – Testes de controle com o objetivo de selecionar crianças e adolescentes praticantes de luta em escolas desportivas

Teste de desenvolvimento das qualidades de velocidade/força nos adolescentes de 12 anos		
	Avaliação dos resultados	
Testes de controle	Início do ano	Final do ano
1. Corrida de 30 m com partida alta (s)	5,4 – excelente 5,5 – bom 5,6 – suficiente 5,8 – fraco	5,1 – excelente 5,2 – bom 5,3 – suficiente 5,5 – fraco
2. Salto em distância saindo com os dois pés (rã) (cm)	160 – excelente 155 – bom 150 – suficiente 140 – fraco	180 – excelente 175 – bom 170 – suficiente 160 – fraco
3. Tempo de manutenção da posição no ângulo de 90° pendurado nas argolas (s)	4 – excelente 3 – bom 2 – suficiente 0 – fraco	7 – excelente 5 – bom 3 – suficiente 0 – fraco
4. Flexão dos braços com o apoio das pernas em um banco com altura de 60 cm (número de vezes)	6 – excelente 4 – bom 2 – suficiente 0 – fraco	15 – excelente 12 – bom 8 – suficiente 4 – fraco
5. Exercícios na barra fixa (ginástica) ou nas argolas, até o nível do queixo (número de vezes)	4 – excelente 3 – bom 2 – suficiente 1 – fraco	6 – excelente 5 – bom 4 – suficiente 2 – fraco

de solução operativa dos objetivos motores e pensamento tático, escolha e realização das recepções e meios de condução da competição desportiva, capacidades de controle dos esforços neuromusculares e de direção dos seus estados emocionais em situações extremas.

O prognóstico seguro das capacidades nos jogos desportivos propõe os testes de observações pedagógicas no desenvolvimento das qualidades e das propriedades da personalidade do atleta. A segurança no prognóstico depende de longa observação.

As características qualitativas, condicionadas nas atividades motoras nos jogos desportivos, na etapa inicial da especialização, são relativamente independentes. Durante a determinação das capacidades das crianças pelos critérios, é necessário sugerir a aproximação diferencial e estudar os progressos individuais no desenvolvimento de cada qualidade importante para a especialidade nos jogos desportivos. Como exemplo, apresentamos, na Tabela 8.8, os critérios utilizados durante a seleção na modalidade de basquetebol na escola desportiva (Tabela 8.8).

A determinação dos candidatos às seleções nacionais deve ocorrer com base no controle do potencial motor, nas possibilidades do desenvolvimento posterior das qualidades físicas, no aumento das possibilidades funcionais do organismo do atleta, na assimilação dos novos hábitos motores, na capacidade para a realização de cargas de grandes volumes e altas intensidades e na estabilidade psicológica dos atletas nas competições. No processo de seleção, consideram-se os seguintes componentes: índices morfológicos, nível de preparação física especial, nível da preparação técnica, tática e psicológica, possibilidades funcionais do organismo do atleta e capacidade de recuperação depois de grandes cargas físicas e psicológicas. A principal forma de seleção são as competições. Por isso, devemos levar em conta não só os resultados e sua dinâmica durante os últimos 2 a 3 anos, mas também a dinâmica dos resultados no decorrer do ano-estágio das sessões regulares, em correspondência com os principais componentes da preparação e do desenvolvimento físicos no tipo de desporto em questão (Matveev, 1977).

TABELA 8.8 – Testes de controle com o objetivo de seleção na modalidade de basquetebol

Idade (anos)	Corrida de 20 m/s			Salto em distância			Salto vertical saindo pés unidos			Corrida de 60 m/s		
	Sufic.	Bom	Excel.	Sufic.	Bom	Excel.	Sufic.	Bom	Excel.	Sufic.	Bom	Excel.
						MENINOS						
10	4,2-4,4	3,9-4,1	≤ 3,8	143-155	156-168	≥ 169	27-35	34-40	≥ 41	10,0-10,4	9,4-9,9	≤ 9,3
11	4,0-4,2	3,7-3,9	≤ 3,6	154-162	163-171	≥ 172	33-37	38-42	≥ 43	9,6-10,1	9,0-9,5	≤ 8,9
12	3,9-4,2	3,5-3,8	≤ 3,4	164-178	179-193	≥ 190	35-40	41-46	≥ 47	9,3-9,8	8,3-9,2	≤ 8,2
						MENINAS						
10	4,2-4,4	3,9-4,1	≤ 3,8	133-147	148-162	≥ 163	27-32	33-38	≥ 39	10,8-11,5	10,0-10,7	≤ 9,9
11	4,1-4,3	3,8-4,0	≤ 3,7	140-154	155-169	≥ 170	31-35	36-40	≥ 41	10,2-10,7	9,6-10,1	≤ 9,5
12	4,0-4,3	3,6-3,9	≤ 3,5	159-173	174-188	≥ 189	35-40	41-46	≥ 47	9,8-10,5	9,0-9,7	≤ 8,9

PROJETO DE TREINAMENTO DESPORTIVO

O técnico desportivo, além de dirigir todo o processo de treinos, também é responsável pela estruturação do projeto de treinamento. Naturalmente, o treinador, como chefe da equipe (comissão técnica), antes de iniciar a temporada competitiva, realiza, com todo o pessoal de apoio, uma reunião preliminar para determinar os objetivos a serem atingidos na temporada e as estratégias a serem utilizadas na operacionalização do projeto.

Não há dúvidas de que, para o técnico desportivo ou outro especialista da área do desporto, não é fácil proceder à elaboração de um plano de treinamento numa atividade muito complexa e sujeita às mais variadas influências como é a desportiva.

Todo planejamento deve iniciar com uma meticulosa análise do processo de treinamento a que foi submetido o atleta ou a equipe, e, com base nesses dados, deve ser estruturado todo o processo de preparação.

Ao iniciar o projeto de treinamento, devemos prestar atenção em dois pontos importantes. O primeiro refere-se aos princípios do planejamento do treinamento desportivo, que não são diferentes daqueles discutidos em várias outras áreas da atividade humana. O segundo está relacionado ao papel do treinador, que há muito deixou de se limitar apenas à organização e à coordenação direta das atividades, e, sim, ampliou-se, atingindo outras preocupações, resolvidas com a ajuda das mais diversas áreas.

É importante salientar que o processo de treinamento apresenta, na sua composição, elementos que resultam de uma atividade cuidadosamente organizada. O objetivo principal do planejamento consiste exatamente em conseguir que os elementos resultantes da atividade organizada se destaquem, facilitando o controle e o resultado final objetivado (Gomes; Teixeira, 1997).

Para caminharmos com maior segurança na eliminação dos erros, é necessário que o treinador, ao elaborar o plano de preparação da sua equipe ou atleta, tenha bem definido, mediante estudo anterior, o controle da vasta gama de fatores que sobre ele irão exercer influência. Isso também é válido para poder resolver o seu problema central e fundamental, que é descobrir caminhos e possibilidades para obter resultados possíveis com a equipe ou com os desportistas.

Na literatura, encontram-se referências mais ou menos dispersas sobre muitos dos fatores que exercem influência sobre o planejamento do treinamento. O difícil, porém, é encontrá-las todas juntas, devido à sua enorme variedade. O que se pretende é, de acordo com critérios concretos, abordar a problemática do planejamento do treinamento propriamente dito.

No entanto, vale destacar que não estão aqui enumerados todos os fatores, pois, certamente, alguns não foram observados. Além disso, deve-se fazer uma advertência: parece-nos evidente que nem todos eles terão o mesmo peso, variando muito de uma situação para outra. Ou seja, enquanto um determinado treinador, num clube grande, tem ótimas condições de trabalho à sua disposição, outro, num pequeno clube, não as tem. Mas não podemos esquecer que ambos têm a mesma obrigação.

Após a abordagem inicial, passamos a enunciar os diversos fatores, procurando, assim, fazer comentários acerca de cada um deles, além de expor alguns exemplos.

ANÁLISE DOS RESULTADOS DA TEMPORADA ANTERIOR

Ao iniciar o planejamento, devemos começar por aquilo que constitui exatamente o ponto de partida, isto é, a análise da situação ocorrida. Essa deve ser a mais completa possível, abrangendo todos os aspectos, desde os técnicos até os administrativos, incluindo, também, uma análise do rendimento do grupo e dos desportistas, individualmente, no ano precedente, bem como uma apreciação acerca dos resultados desportivos obtidos (Curado, 1982).

Na análise, devemos diagnosticar os fatores ocorridos que possibilitaram o prognóstico da temporada seguinte, portanto, nesse caso, devemos seguir alguns passos relatados a seguir:

Conhecer o nível de rendimento do atleta ou da equipe na temporada anterior

Obter o resultado da evolução da forma desportiva do atleta, talvez dos testes físicos, técnicos, psicológicos e de rendimento da competição, dados que podem explicar qual o comportamento e a dinâmica de evolução da performance da temporada.

Conhecer o nível de realização dos objetivos previstos

No caso do desporto individual, verificar a evolução das marcas e a classificação nas mais diversas competições, comparando-as com o objetivo proposto no início da temporada precedente.

Conhecer o volume e a qualidade de treinamento realizados na temporada

Recolher, da agenda de anotações e das planilhas propostas de treinamento, os volumes realizados de treino e suas características fisiológicas, além da carga mensal e semanal, qualidade de dias de treino, qualidade de sessões, carga utilizada, dias de folga, etc. Isso facilitará a compreensão do treinador na dosagem e na distribuição das cargas futuras.

Conhecer o perfil da condição apresentada pelo desportista

A verificação, no laboratório e no campo, da condição psicomorfofuncional do desportista, antes de iniciar um novo programa, é fundamental, pois o provável nível de performance a ser atingido depende do nível em que se encontra o atleta no início da temporada.

Conhecer os recursos à disposição, como humanos, materiais, equipamentos, locais e financeiros

A análise da qualidade da equipe que fará parte da comissão técnica torna-se importante para que o treinador delegue as tarefas para cada elemento dela. O levantamento da qualidade dos materiais e dos equipamentos pode facilitar a prescrição e o controle do treino. O aspecto financeiro, quando positivo, dá ao treinador a tranquilidade suficiente para a operacionalização do plano.

Competições em que se pretende participar

São aquelas a que o calendário competitivo oficial obriga a participar como forma de preparação. Dessa maneira, teremos competições regionais, nacionais e internacionais, oficiais e de preparação.

Nível de preparação do treinador

Não se pode ensinar o que ainda não se domina com suficiente segurança. Acrescentaremos aqui que, à medida que nos aproximamos da procura de alto rendimento, é cada vez mais importante conseguir uma boa combinação entre os conhecimentos do treinador e os dos desportistas.

Evolução da respectiva modalidade e suas tendências de desenvolvimento

Isso não é determinado pela necessidade de estar a par da moda ou de copiá-la, mas para que cada treinador seja permanentemente capaz de entender o porquê das modificações que aparecem na prática mais avançada da sua modalidade e conseguir, igualmente, identificar o caminho a ser seguido.

Modelo do desporto praticado

Em relação a tal aspecto, e mais do que destacar o seu enorme interesse, devemos nos preocupar fundamentalmente com a indicação de elementos que terão de figurar na elaboração de qualquer modelo competitivo. Na impossibilidade de o fazermos de forma mais ampla, apresentamos, na sequência, elementos para um modelo de jogo na modalidade de basquetebol. Assim, entre outras coisas, deverá conter os dados indicados na Figura 9.1.

Os modelos competitivos devem incluir o maior número possível de elementos, o que facilitará a intervenção da estatística, a fim de ordenar todos os dados e possibilitar uma explicação para o comportamento das equipes no treinamento e nas competições (Godik, 1996).

Modelo de preparação

Podemos afirmar que ele será uma consequência lógica e natural da elaboração do modelo de jogo. Em função da sua contribuição para a obtenção dos mais altos resultados desportivos, cada um dos componentes do modelo de treinamento ganhará um peso maior ou menor no processo de preparação. Adiantamos também alguns elementos para a elaboração de um modelo de treinamento; continuamos com o exemplo da modalidade de basquetebol (Figura 9.2). Como se pode observar, o modelo deverá conter indicadores quantitativos – estágio mínimo de preparação para um ano – e qualitativos – aspectos específicos e íntimos da respectiva modalidade (Matveev, 1996).

Resultados e objetivos que se pretendem alcançar

Devemos defini-los desde muito cedo, tanto os secundários como os principais, o que permitirá uma correta orientação na direção que imprimimos ao processo de preparação.

Modelo de jogo

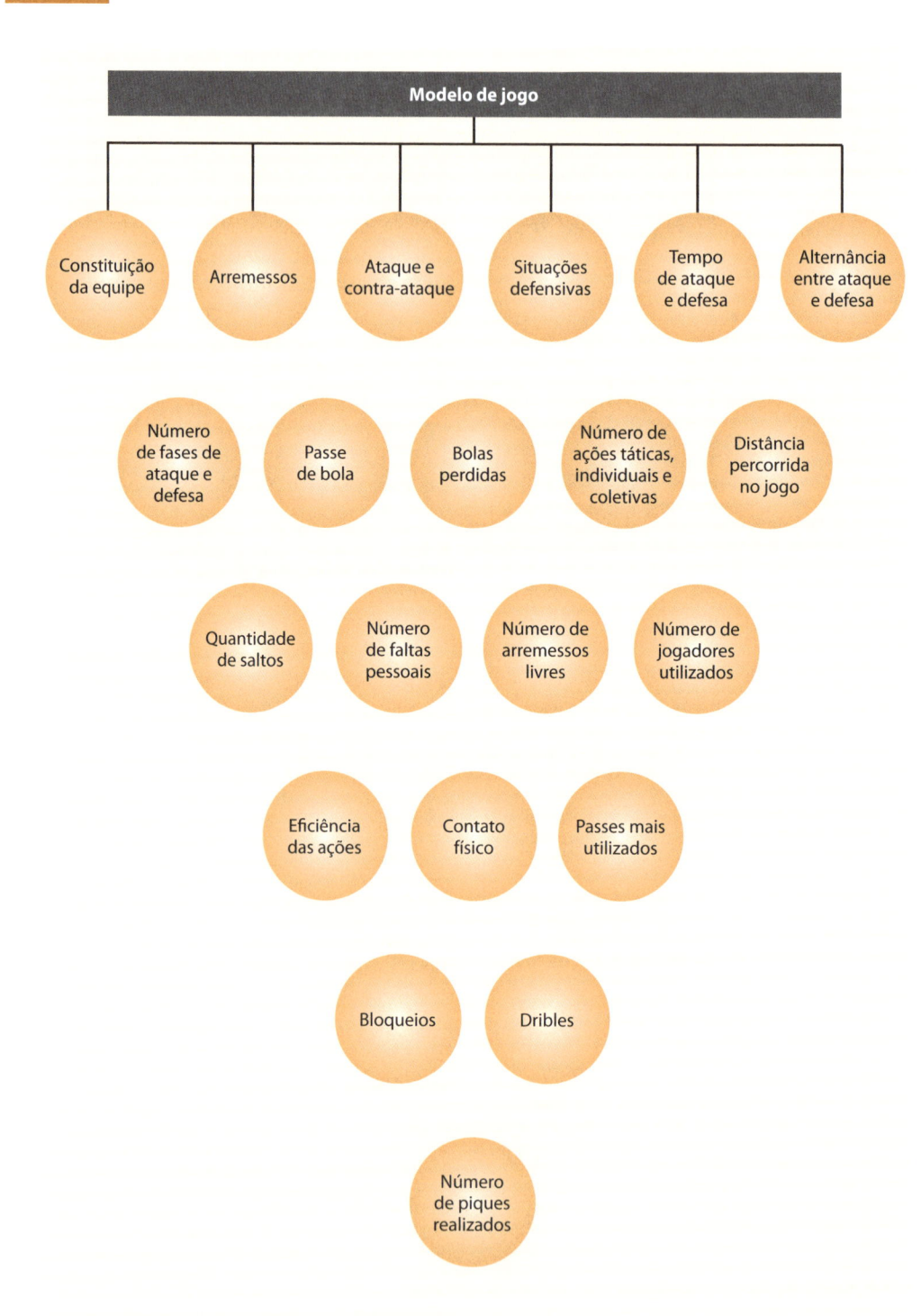

- Constituição da equipe
- Arremessos
- Ataque e contra-ataque
- Situações defensivas
- Tempo de ataque e defesa
- Alternância entre ataque e defesa

- Número de fases de ataque e defesa
- Passe de bola
- Bolas perdidas
- Número de ações táticas, individuais e coletivas
- Distância percorrida no jogo

- Quantidade de saltos
- Número de faltas pessoais
- Número de arremessos livres
- Número de jogadores utilizados

- Eficiência das ações
- Contato físico
- Passes mais utilizados

- Bloqueios
- Dribles

- Número de piques realizados

FIGURA 9.1
Elaboração do modelo de jogo na modalidade de basquetebol.

Estrutura do modelo de treinamento

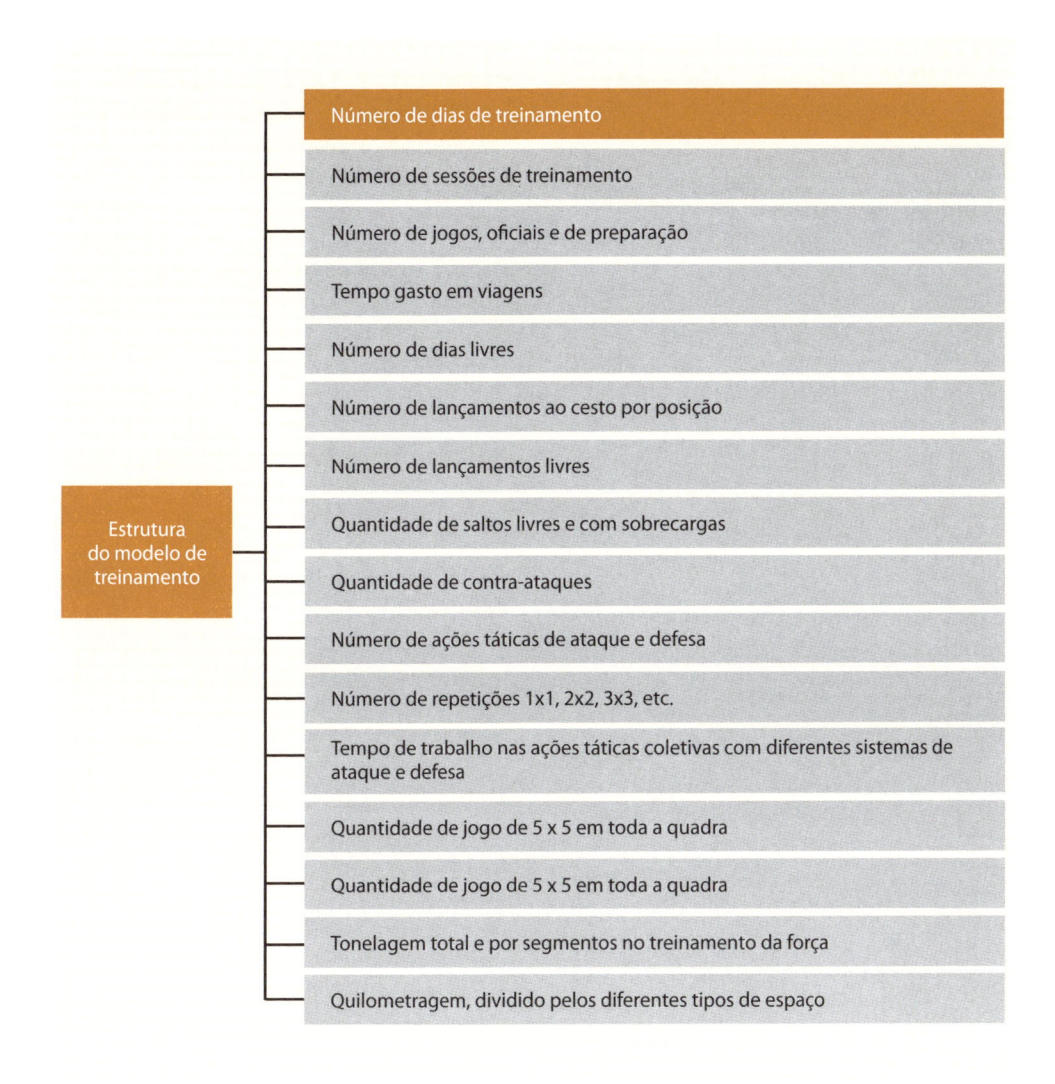

- Número de dias de treinamento
- Número de sessões de treinamento
- Número de jogos, oficiais e de preparação
- Tempo gasto em viagens
- Número de dias livres
- Número de lançamentos ao cesto por posição
- Número de lançamentos livres
- Quantidade de saltos livres e com sobrecargas
- Quantidade de contra-ataques
- Número de ações táticas de ataque e defesa
- Número de repetições 1x1, 2x2, 3x3, etc.
- Tempo de trabalho nas ações táticas coletivas com diferentes sistemas de ataque e defesa
- Quantidade de jogo de 5 x 5 em toda a quadra
- Quantidade de jogo de 5 x 5 em toda a quadra
- Tonelagem total e por segmentos no treinamento da força
- Quilometragem, dividido pelos diferentes tipos de espaço

FIGURA 9.2
Estrutura do modelo de treinamento no ciclo anual para a modalidade de basquetebol.

Meios de recuperação

Uma das bases do processo de treino corretamente dirigido deverá ser constituída por uma alternância equilibrada entre a aplicação das cargas de treino e os adequados períodos de recuperação (Mathews; Fox, 1979).

Aqui surgem algumas questões complicadas, como, por exemplo, o que fazer para ajudar ou acelerar a recuperação? Daqui, o pensamento vai rapidamente para os meios mais ou menos sofisticados, mais ou menos secretos ou milagrosos, alguns já mais tradicionais, outros ultramodernos, os diferentes tipos de sauna e outros meios hidroterapêuticos, as massagens, as substâncias farmacológicas, a eletroestimulação, o esteroide, etc.

Sem negarmos a necessidade e a importância de tais meios ao mais alto nível da prática desportiva, o que pressupõe o seu perfeito conhecimento e domínio por especialistas qualificados, não podemos, no entanto, sabendo da realidade das condições de trabalho da maioria dos treinadores, deixar de destacar uma questão: será que todos já dominam perfeitamente os recursos mais simples e os meios naturais auxiliares de recuperação? É possível que estejamos ainda muito longe disso.

O que fazemos no sentido de aconselhar e esclarecer o que deverá ser um regime de vida adequado a uma correta prática desportiva? Que esclarecimentos prestamos acerca dos problemas da higiene individual? Que conselhos daremos sobre o uso e a manutenção do equipamento pessoal? E que indicações fornecemos para que os nossos desportistas sigam um regime alimentar equilibrado? Será que aconselhamos o desportista a fazer uma refeição diferente; ela acontece após uma sessão de treino de força ou a uma de resistência? E sobre o regime de sono? E sobre a utilização dos meios naturais no fortalecimento do organismo? O que se faz no sentido de adequar o seu regime alimentar às características dominantes e às exigências do esforço específico da respectiva modalidade? O que fazemos para diminuir ou evitar a monotonia do treino?

Bem, de certa forma, referimo-nos a uma razoável quantidade de meios auxiliares de recuperação, o que priva os treinadores de terem de se preocupar com o estudo dos efeitos fisiológicos, bioquímicos e psicológicos provocados pelos diferentes conteúdos das diversas sessões de treinamento e de respeitarem da melhor maneira possível o intervalo de tempo e a aplicação de cada uma delas.

Relacionamento com outros especialistas (médico desportivo, psicólogo, biomecânico, nutricionista, fisiologista, estatístico, etc.)

Para se atingir o alto nível, tal relação torna-se imprescindível, pois o técnico (treinador) não reúne conhecimentos profundos em todas as áreas que, na atualidade, atuam no processo de treinamento e de competição.

Informações sobre as pesquisas na área

Vivemos em uma era de revolução científica e técnica, e nós, treinadores, não podemos estar de fora, vendo as coisas acontecerem, tampouco podemos, pura e simplesmente, ignorá-las. Precisamos recorrer, dentre outras fontes, às revistas especializadas que tratam de uma forma mais aprofundada temas que diretamente nos interessam e, relativamente, aos quais a pesquisa na área do desporto é deficitária (p. ex., dinâmica de grupos, técnicas de comunicação, etc.). Há, também, as revistas dedicadas à investigação no domínio de educação física e do desporto, além da internet, que é um meio rápido e eficaz.

Será quase impossível que, de todas essas fontes, não recolhamos elementos que ajudarão a estruturar o trabalho que queremos realizar com os nossos desportistas.

Novos elementos na preparação

Referimos-nos aqui mais diretamente aos aspectos técnicos e táticos, introduzidos pelas melhores equipes ou pelos melhores desportistas. São, de fato, novidades ou não passarão de modas breves? É realmente algo novo, devidamente fundamentado? Ou não passa de apenas uma mania de um ou outro treinador?

Trata-se, na verdade, de uma nova execução técnica, cuja imitação se aconselha ou será apenas algo a que as características individuais de um determinado desportista obrigam? Da maneira como forem respondidas essas e outras perguntas, dependerá a sua adoção ou rejeição e a respectiva inclusão, ou não, no nosso plano de trabalho com os desportistas.

Controle sistemático e anotações

Qualquer treinador deverá ter um sistema de registros bem-organizado (fichas, dossiês, cadernos, etc.) que lhe permita, em qualquer momento, saber o que já se fez e o que ainda há para fazer. Tudo isso constituirá, por assim dizer, o controle do treinador.

Quanto ao controle periódico, não poderemos separá-lo daquilo que já dissemos a propósito da necessidade da avaliação, uma vez que existe, entre ambos os aspectos, uma estreita relação. O controle, em diferentes momentos, dos efeitos provocados pelo processo de preparação é uma condição indispensável para podermos conhecer, com mais profundidade e segurança, a maneira como está ocorrendo o processo de adaptação. Em função dos resultados das observações, uma vez que todo e qualquer plano deverá possuir um certo grau de flexibilidade, poderemos avaliar a necessidade ou não de algumas pequenas alterações.

Motivação

Os aspectos da preparação psicológica e, nela, os da motivação, tanto intrínseca como extrínseca, ganham uma importância cada vez maior na preparação desportiva, mesmo para aqueles que estão atualmente orientados com os esforços de uma boa parte dos pesquisadores. Por tudo isso, devemos incluir a motivação nos fatores que influenciam o planejamento do treinamento, uma vez que, dentre outras coisas, ela está diretamente implicada na fixação dos objetivos intermediários, individuais e coletivos.

A abordagem anterior não se esgota; por exemplo, não destacamos fatores como: influências sociais e culturais, os aspectos referentes ao clima, etc. A análise desses fatores e as suas influências, específicas e bastante variáveis de modalidade para modalidade, cabe a cada treinador dentro da sua especificidade esportiva.

ELABORAÇÃO DO PLANEJAMENTO DA PREPARAÇÃO DESPORTIVA

A realização do plano, fundamentalmente, trata dos principais problemas metodológicos a serem elaborados nos vários tipos de preparação desportiva. Existem aspectos comuns relacionados às adaptações a um plano de preparação anual e a um plano de preparação a longo prazo.

Analisaremos, na sequência, o plano de preparação em cada etapa de seu desenvolvimento.

ETAPAS DE DESENVOLVIMENTO DO PLANEJAMENTO DA PREPARAÇÃO DESPORTIVA

As etapas do planejamento da preparação desportiva têm muito a ver com praticamente tudo aquilo que devemos fazer antes de chegarmos ao final da elaboração de qualquer plano, e, como é óbvio, devemos dar-lhe forma, escrevendo-o. Essas etapas estão profundamente ligadas aos problemas relacionados com os fatores que influenciam o planejamento (Zakharov; Gomes, 1992).

É importante montar e organizar as diferentes peças que, uma vez devidamente harmonizadas entre si, irão constituir o plano propriamente dito. Deve-se proceder a uma vastíssima gama de operações, por vezes bem diferentes entre si. Estudar, analisar, comparar, caracterizar indivíduos, constituir baterias de testes e/ou provas de controle, etc. são alguns fatores que não devemos esquecer, como os destacados a seguir:

1. Análise da situação anterior. Já procedemos à respectiva abordagem anteriormente.
2. Conhecimento detalhado dos modelos de jogo e de preparação.
3. Caracterização de cada desportista e do grupo respectivo. Tal caracterização resulta da comparação dos dados dos dois fatores anteriores (modelos de jogo e de preparação) com os resultados da análise da situação anterior.
4. Dessa comparação, teremos os dados do que fazer a seguir:
   a) Estabelecer os objetivos de preparação – elementos fundamentais de ordem física, tática, técnica, psicológica e teórico-metodológica:
      – Os objetivos de preparação podem ser determinados para grupos de desportistas e individualmente.
   b) Estabelecer os objetivos de performance:
      – classificação na competição;
      – promoções aos níveis superiores;
      – convocação de jogadores para as seleções estadual, nacional e internacional, etc.
   c) Estabelecer a concepção de jogo (no caso dos jogos desportivos):
      – Será em função dos objetivos estabelecidos e da concepção de jogo definida que iremos ver qual o tempo necessário para realizá-los.
5. Conhecimento do calendário competitivo. No caso da elaboração de um plano de preparação, é necessário conhecer apenas as competições principais, que irão permitir estabelecer a periodização concreta.

   – Para elaborar um plano de preparação anual, é necessário, contudo, conhecer todas as competições em que os desportistas irão participar, independentemente da sua natureza.
   – Depois de termos estabelecido o calendário competitivo anual completo, passamos à determinação da ordem de importância dos jogos ou das competições. É a ordem de importância que irá constituir a fundamentação da periodização do processo anual da preparação e da determinação dos diferentes mesociclos de treino, cada um deles com a sua especificidade própria.

6. Programação dos índices de formação desportiva. Sendo a forma desportiva a resultante qualitativa do processo de preparação, parece-nos evidente que ela não deverá continuar sendo avaliada por meio de frases como "sinto-me em forma", "hoje não me sinto bem", etc. Quantas vezes nós, os treinadores, já ouvimos essas frases, ou outras semelhantes, que procuram demonstrar que o praticante se sente ou não capaz de levar adiante determinadas tarefas (no treinamento ou mesmo diretamente na competição).

A forma desportiva é o alvo do treinamento, e é fundamental nos tornarmos capazes de identificá-la. O desenvolvimento tecnológico, em plena era da informática, nos facilita tal ação.

Desse modo, a forma desportiva deverá expressar-se, tanto quanto possível, mediante dados objetivos obtidos nos diagnósticos médico-biológicos, bem como por meio dos dados específicos fornecidos pela própria competição.

Assim, poderemos ter:

a) resultados nas provas de controle específico;
b) valores dos índices funcionais – consumo máximo de oxigênio, capacidade de esforço anaeróbio;
c) resultados do comportamento psíquico.

7. Estabelecer indicadores de preparação; para cada mesociclo, o número de:
   - dias de preparação;
   - sessões de treino;
   - jogos e competições;
   - dias livres, etc.

8. Testes. É necessário determinar os momentos em que será oportuno e útil aplicá-los – em função da divisão em mesociclos obtidos na sequência da determinação da ordem de importância dos jogos e das diferentes competições. Os resultados são registrados em fichas individuais.

9. Controle médico. Pode ser geral ou parcial. Deverão ser fixadas as datas em que será efetuado. Além disso, as datas não poderão ser escolhidas ao acaso, existem momentos em que o controle médico é obrigatório e outros em que é aconselhável. Eis alguns exemplos:
   - antes do início da preparação;
   - antes de um período de competições difíceis, para saber em que estado se encontram os desportistas;
   - antes do período de transição, para se saber como organizar tal período para cada desportista.

10. Meios de manutenção e de recuperação da capacidade de esforço. Serão específicos em função das características dos mesociclos em que tiverem de ser utilizados.

11. Assistência científico-metodológica. Terá igualmente um caráter específico em função dos diferentes tipos de mesociclos, e pode ser:

    a) investigação de laboratório (p. ex., determinações bioquímicas);
    b) investigação no campo (p. ex., observação e coleta de dados para tratamento estatístico, tanto sobre a própria equipe como acerca dos futuros adversários; controle do treinamento por meio de recursos telemétricos).

12. Aspectos materiais e administrativos. São aqueles que, ao fim, permitem ou não a realização do plano. Precisamos ter uma ideia muito clara daquilo "com que podemos contar".

    Essa é também a área, por excelência, para uma estreita e eficiente colaboração com os dirigentes desportivos.

13. Escrever o plano, não esquecendo nenhum dos documentos que deverão acompanhá-lo (fichas dos desportistas, principais grupos de meios a utilizar no processo de treino, cadernos de treino, aspectos relativos à individualização do treino, etc.).

    Como qualquer plano, terá necessariamente uma parte descritiva e outra gráfica, cada treinador deverá conceber um certo número de fichas (para os planos de mesociclo, de microciclo, de sessões de treino, fichas dos desportistas, etc.).

PLANEJAMENTO A LONGO PRAZO

Não há, realmente, muito mais a esperar dos planos de curto prazo atualmente, o que, aliás, é comum a quase todos os aspectos da nossa vida. Parece não haver nada melhor do que os exemplos (Castillo, 1994).

Alemanha, Canadá e Cuba, três países que, embora em termos de população não façam parte do grupo das grandes potências mundiais, estão, de fato, no domínio da atividade desportiva de alto rendimento. E se muitos e variados tiverem sido os fatores que contribuíram para tal situação, necessariamente diferentes num e noutro caso, o certo é que tais países têm se beneficiado extremamente da existência de planos de treino a longo prazo.

Em relação ao plano de preparação a longo prazo, existem duas alternativas para a sua elaboração. A primeira refere-se à preparação dos desportistas de um clube, e a segunda, à dos componentes das diferentes seleções. Não se realiza, portanto, para toda e qualquer categoria de desportistas, abrangendo apenas coletivos devidamente selecionados.

Tais planos têm, em geral, uma duração de quatro anos (influência dos ciclos olímpicos), mas podem também ser elaborados para um período de tempo mais curto (dois ou três anos), como, por exemplo, no caso da preparação destinada à ultrapassagem do baixo nível de qualidade dos desportistas de um determinado clube, ou para um período de tempo mais longo, por exemplo, planos com a duração de seis anos para a preparação de jovens desportistas.

Um plano de preparação a longo prazo compreenderá os seguintes componentes:

1. Conjuntos de dados preliminares (parte descritiva).

a) Caracterização do valor atual da respectiva modalidade e estudo das suas tendências de desenvolvimento.

O conhecimento dos modelos e a análise da situação anterior são aspectos que também têm muito a ver com outros a que já nos referimos anteriormente.

Além disso, teremos também de estudar muito atentamente quais os aspectos que são fundamentais e decisivos para a obtenção dos resultados de alto nível para cada um dos componentes do processo de treinamento (físico, técnico, psicológico).

Outros aspectos referem-se à necessidade de realizar um prognóstico de resultados e estabelecer a hierarquia de valores da respectiva modalidade.

b) Composição do grupo e caracterização individual e detalhada dos desportistas.

Aqui, deverão aparecer os elementos que nos permitirão formar uma primeira imagem sobre o material humano à nossa disposição.

Sobre cada desportista devemos possuir informações, as mais completas possíveis, relacionadas com:

- idade, peso, estatura, clube em que joga;
- funções que desempenha (principal alternativa), tempo de prática desportiva, origem (de onde vem, antigos treinadores);
- índices morfológicos e funcionais;
- uma curta anaminese, da qual ressaltem dados relevantes (parâmetros do esforço que o desportista suportou até então, elementos referentes ao último período imediatamente anterior

ao do planejamento, estado de saúde, traumatismos sofridos e características fundamentais do processo de preparação a que foi submetido).

Todos esses elementos podem e devem ser registrados em fichas.

c) Elementos novos na preparação.
Devemos estar atentos às novidades, e o aspecto mais- importante é sabermos exatamente como e quando poderemos auxiliar e enriquecer efetivamente o nosso próprio processo de treinamento.

2. Elementos de conteúdo da parte gráfica.

a) Fixação dos objetivos.
Os objetivos serão divididos em gerais, por grupos e individuais. Para alcançarmos os objetivos fixados, é necessário resolver determinados problemas ao longo do processo de preparação. Para uma melhor e mais eficiente organização do trabalho, é bom que tenhamos uma divisão muito clara dos problemas a serem resolvidos. Assim, uns dirão respeito à aprendizagem, outros, à correção de um ou de outro pormenor, e outros ainda, apenas ao seu aperfeiçoamento.

Parece-nos necessário ressaltar algumas considerações sobre a metodologia a seguir para a fixação de objetivos. Assim, essa começará por uma análise do rendimento da equipe e dos atletas no ano desportivo precedente, assim como uma apreciação dos resultados desportivos alcançados.

Quanto aos objetivos de performance, estes poderão ser de várias ordens. Assim, poderemos ter, dentre outros possíveis, os seguintes:

– classificações das diferentes competições (as principais) em que a equipe ou o desportista irá participar. No caso da equipe, deverá ser estabelecido o número de pontos com o qual será possível obter o lugar desejado. Para o desportista individual, deverá ser feito um prognóstico do resultado necessário;

– promoção de um a dez desportistas para equipe nacional.

Sobre os objetivos de preparação, deverão aumentar de um ano para o outro e compreender os elementos fundamentais que permitirão alcançar o modelo e os objetivos finais. Os objetivos para cada componente do processo de treino desportivo devem ser estabelecidos (preparação física geral e especial, preparação técnica, preparação táctica, preparação psicológica e preparação teórica) e para cada ano da sua duração.

b) Calendário competitivo.
Inclui apenas as competições principais (campeonato nacional, provas internacionais oficiais, taça), de acordo com as quais serão elaborados.

c) Formas e locais de preparação.
As formas de preparação podem ser: estágios (na altitude, no litoral, etc.), torneios de vários dias, estágios especiais de preparação, preparação normal no clube, estágios comuns de preparação com equipes de clubes ou seleções de outros países, etc.

As formas e os locais de preparação são escolhidos em função das possibilidades materiais existentes, dos objetivos propostos, da periodização do processo de treino e das exigências da recuperação.

d) Diagnóstico e exames médicos.
São importantes para conhecermos a evolução dos índices (forma desportiva).
e) Parâmetros da preparação.
Deverão aparecer nesse ítem os dados mais significativos e decisivos para a obtenção de progresso: número de sessões de treino (com a equipe, com grupos de desportistas, individualmente), número de jogos e/ou competições, número de dias de preparação, número de dias gastos com viagens, número de dias livres, tempo destinado à preparação física, tática e técnica, etc.

PLANEJAMENTO DE TREINAMENTO DO CICLO ANUAL

O plano anual é um documento obrigatório para qualquer categoria de desportista. Portanto, pode decorrer ou não de um plano de preparação de longo prazo. Nesse caso, servirá para a realização gradual dos objetivos fixados em segundo plano e deverá incluir os elementos com influência direta, no que diz respeito à preparação dos desportistas tanto para as exigências correntes quanto para as de longo prazo.

Um plano de preparação anual deverá compreender:

1. Conjunto de dados preliminares (parte descritiva).

   a) Equipe de especialistas.
   Serão assinaladas apenas as mudanças que possam ter ocorrido, e será estudada a eventual consequência sobre as diferentes formas de colaboração e a dinâmica do relacionamento que deverá existir entre os diversos componentes da equipe.
   b) Composição do grupo de desportistas.
   c) Fixação dos objetivos.
   d) Calendário competitivo.
   Em relação ao plano de preparação de longo prazo, deve-se levar em consideração todos os jogos ou competições em que a equipe ou os desportistas irão tomar parte, independentemente da sua natureza.
   O calendário competitivo completo fornece-nos a periodização do processo de treinamento.
   Estabeleceremos, em seguida, a ordem de importância dos jogos e das diferentes competições, uma vez que conhecemos, para cada um deles, os adversários e o seu valor, o local onde se enfrentam e os objetivos visados, o que nos permite ter uma ideia acerca do provável resultado.
   A ordem de importância dos jogos e das diferentes competições conduz-nos à divisão do processo de preparação em diferentes mesociclos, cada um deles com uma especificidade própria e bem-determinada.

   a) Formas e locais de preparação.
   b) Parâmetros da preparação e do esforço.
   Escalonados por mesociclos, com um registro e um controle rigoroso sobre a relação existente entre o planejado e o realizado.
   c) Provas de controle. Controle médico.
   Direção da forma desportiva.
   d) Meios de recuperação e de esforço.
   e) Assistência metodológico-científica (investigatório, registros, controle do treino, etc.).
   f) Aspectos materiais e administrativos.

2. Forma de realização.
Análise detalhada da situação anterior (dos desportistas e da equipe). Procede-se tal como foi indicado no plano de preparação a longo prazo.

A seguir, na Tabela 9.1 e nas Figuras 9.3, 9.4 e 9.5 (a e b), são apresentados alguns modelos de Planilhas para a elaboração do plano de treinamento em diferentes níveis e modalidades.

TABELA 9.1 – Modelo de planilha para a estruturação da sessão de treinamento no período de preparação para um atleta da modalidade de atletismo especializado na prova de 5000 metros

Data	Dia	Período	Conteúdo do treinamento
05/01/2009	Segunda-feira	Manhã	• *Aquecimento*: 20 min. com alongamentos de baixa intensidade. • Corrida de 10 km variando ritmo, com frequência cardíaca entre 140-180 bpm. • Terminar com alongamento de baixa intensidade.
		Tarde	• *Aquecimento*: 20 min. com exercícios de coordenação específicos para corrida. • Realizar 5 x 2.000 m para 8 min. com pausa de 1.30-2.00 minutos (pausa de forma ativa). • Terminar com alongamento de baixa intensidade, durante 15 minutos.

Data	05	06	07	08	09	10	11
Dia	Segunda-feira	Terça-feira	Quarta-feira	Quinta-feira	Sexta-feira	Sábado	Domingo
	Conteúdo						
Período da manhã							
Período da tarde			• 15 minutos de aquecimento geral com trote e alongamento • Realizar 20 x 400 metros para 68-70 minutos com pausas de 45-60 minutos • Finalizar com trote leve de 20 minutos				

FIGURA 9.3
Modelo de planilha para a elaboração do plano semanal de treinamento.

Data	Dia	Período da manhã	Período da tarde
01	Domingo	• Corrida de 15 km, variando ritmo com frequências cardíacas, variando entre 140-180 bpm.	
02	Segunda-feira		
03	Terça-feira		
04	Quarta-feira		
05	Quinta-feira		
06	Sexta-feira		
07	Sábado		
08	Domingo		
09	Segunda-feira		
10	Terça-feira		
11	Quarta-feira		
12	Quinta-feira		
13	Sexta-feira	Treino intervalado, 8 x 1.000 m; ritmo de 3,45 min/km; pausa de 1 min.	
14	Sábado		
15	Domingo		
16	Segunda-feira		
17	Terça-feira		
18	Quarta-feira		
19	Quinta-feira		
20	Sexta-feira		
21	Sábado		
22	Domingo	Corrida de 12 km na pista, procurando manter a F.C em 160-180 bpm.	
23	Segunda-feira		
24	Terça-feira		
25	Quarta-feira		
26	Quinta-feira		
27	Sexta-feira		
28	Sábado		
29	Domingo		
30	Segunda-feira		
31	Terça-feira		

FIGURA 9.4
Modelo de planilha para elaboração do plano mensal.

Treinamento desportivo 269

Meses	1	2	3	4	5	6
Competições	Secundárias		Importante	Superimportante		–
Forma desportiva	Baixa	Média	Alta	Alto rendimento		Baixa
Etapas	Geral	Especial	Pré-competitiva	Competitivo		Regenerativa
Período	Preparatório			Competitivo		Transitório

FIGURA 9.5 (A)
Modelo de planilha para a estruturação do macrociclo de treinamento (semestral).

1	Ciclos	Anual										
2	Períodos	Preparatório						Competitivo				Transitório
3	Etapas	Preparação geral				Preparação especial			Competições secundárias		Competições principais	Regenerativa
4	Mesociclos	1	2	3	4	5	6	7	8	9	10	11	12
5	Indicação das competições												
6	Dias de competição												
7	Indicação do dias de treinamento												
8	Número de treinamento a cada mês												
9	Número de horas a cada mês												
10	Volume												
11	Intensidade												
12	Horas de preparação física geral												
13	Horas de preparação física especial												
14	Testes de controle												

FIGURA 9.5 (B)
Modelo de planilha para a organização da periodização (simples) com um período de competição.

CONSIDERAÇÕES FINAIS

Nesta segunda edição, acrescentei um novo capítulo sobre o treinamento e aperfeiçoamento das capacidades motoras, mas não deixei de dar atenção ao aspecto relacionado com o calendário desportivo atual. A literatura nacional ainda não apresenta dados suficientes para que se possa construir um instrumento teórico que responda às exigências do desporto moderno.

O número de participações dos atletas em competições oficiais nos últimos 50 anos vem crescendo muito. Essas competições, que apresentam caráter de espetáculo (p. ex., apresentações, shows, competições que visam ao resultado de alto nível, muito bem representadas pelos Jogos Olímpicos, Campeonatos Mundiais, Jogos Continentais, etc.), exigem do desportista um *sistema de treinamento* muito bem organizado, planejado e com uma forma de controle que possa auxiliar o treinador na prescrição correta das cargas diárias de treino, bem como na sua dosagem durante os prolongados e exigentes ciclos de competição.

O panorama atual, relacionado com a atividade competitiva do atleta, exige um controle minucioso de todas as variáveis envolvidas, direta ou indiretamente, com o processo de preparação desportiva. Ao planejar o treino, o técnico desportivo deve sempre levar em consideração os princípios pedagógicos da Educação Física, além das leis biológicas que regem o treinamento especializado, quando relacionados com o esporte de rendimento.

A arte de organizar o treino torna-se fascinante quando técnico e desportistas têm bem claro quais são os objetivos a serem atingidos na temporada e qual a competição considerada alvo, o que facilitará a periodização do treinamento. Nesse aspecto, não podemos deixar de abordar as diferenças naturais que apresentam os desportos individuais dos coletivos: os primeiros primam pelo desenvolvimento das suas capacidades máximas, enquanto os coletivos buscam atingir níveis de adaptação ótima, o que nos mostra um caminho bastante diferente a ser seguido na estruturação da metodologia de treinamento.

O período de treinamento proposto no século XX teve sua divulgação no mundo no início da década de 1950. Apesar de existirem estudos anteriores que preconizavam nomes bastante diferentes, o consenso maior entre os autores é a subdivisão da temporada de treinamento em *período de preparação*, *período de competição e período de transição*. Cada período apresenta suas etapas, que permitem o controle da quantidade e da qualidade do treino, mais conhecidas na literatura contemporânea como *volume e intensidade*.

Nos esportes individuais, é de grande importância o período de preparação, pois, quanto mais longo for, maior será a possibilidade de adaptação em um estado novo das capacidades morfofuncionais. O período competitivo normalmente é curto, e é quando a resposta ao treinamento deve ser aferida com precisão. No desporto coletivo, o período de preparação não exerce grande influência, pois é normalmente de curta duração, quando são criadas as primeiras premissas de adaptação em um nível baixo. O período competitivo é que determinará a elevação paulatina do nível de *performance*. Nesse caso, o treinador deve ter muito claros e objetivos os indicadores de controle da *performance* do desportista, pois isso facilitará uma maior ou menor atenção na evolução das capacidades motoras.

O período de transição é o momento que o treinador desportivo utiliza para regenerar (recuperar) a capacidade de trabalho do desportista. Já existe um consenso entre os estudiosos de que, nesse momento, o desportista deve descansar por um período não muito longo e, ao mesmo tempo, não deve abandonar totalmente a atividade, procurando, assim, manter um certo nível de *performance* atingido anteriormente.

A respeito da questão do rendimento desportivo em um processo a longo prazo (muitos anos), países do Leste Europeu, há muitas décadas, desenvolveram programas que permitiram formar atletas olímpicos. Tais programas têm origem na *seleção de talentos*; depois, na *iniciação desportiva*, no *aperfeiçoamento desportivo*; e, por último, no *rendimento desportivo*. As leis naturais de desenvolvimento do ser humano, com seus estudos apurados e confirmados cientificamente, permitem-nos estruturar um plano a longo prazo, respeitando os períodos sensíveis do desenvolvimento motor e procurando, a cada momento, implementar cargas de treinos especiais, que permitam a adaptação do organismo do atleta de forma saudável, convergindo, então, para um alto rendimento desportivo.

A tarefa do treinador, evidentemente, não é fácil, pois as variáveis a serem controladas são muitas. As confirmações científicas nas diversas áreas ajudam nesse processo, mas não podemos descartar a habilidade do treinador, que, somada à experiência prática, pode resolver questões momentâneas que são muito particulares nos desportos, as quais dependem do momento emocional que se vive e que ainda não encontram explicações suficientes nos pressupostos teóricos.

REFERÊNCIAS

ACHMARIN, B. *Teoria e metodologia da educação física*: manual para os institutos pedagógicos. Moscou: Prosveschenie, 1990.

AGDJANIAN, N.; CHABATURA, N. *Os biorritmos, esporte, saúde*. Moscou: Fizcultura y Sport, 1989. p. 208.

BADILLO, C. J. J.; SERMA, R. J. *Bases de la programacion del entrenamiento de fuerza*. Barcelona: Inde, 2002.

BOGUEM, M. *O ensino das ações motoras*. Moscou: Fizcultura y Sport, 1985.

BOIKO, V. *O desenvolvimento orientado das capacidades motoras do homem*. Moscou: Fizcultura e Sport, 1987. p. 144.

BONDARCHUK, A. *Periodización del entrenamiento deportivo en los lanzamientos atléticos*. Madrid: Consejo Científico Metodológico del Comité Estatal de Cultura Física y Deportes, 1988.

BRIANKIN, S. V. *Estrutura e função do esporte moderno*. Moscou: Instituto de Cultura Física de Moscou,1983.

BUILINA, I. F.; KUPAMSHINA, I. F. *Teoria da preparação de desportistas jovens*. Moscou: Fizcultura y Sport, 1981.

CASTILLO, E. M. *O treinamento desportivo*. Cuba: [S.n.], 1994.

CHAPOCHNIKOVA, V. *A individualização e o prognóstico no esporte*. Moscou: Fizcultura y Sport, 1984.

COSTA, L. P. *Introdução à moderna ciência do treinamento desportivo*. Brasília (D.F.): Divisão de Educação Física do MEC, 1968.

COSTILL, D.; SHARP, R.; TROUP, J. Muscle strength: contribution to sprint swimming. *Biokinetic Strength Training*, v. 1, p. 55-59, 1980.

COSTILL, P. L. Energy supply in endurance activities. *International Journal of Sports Medicine*, v. 5, p. 19-21, 1984.

COUSILLMAN, D. A. *Natação esportiva*. Moscou: Fizcultura y Sport, 1982. p. 208.

CRISTIENSEN, E.; HEDMAN, R., SALTIN, B. Intermittent and continuous runing: a further contribution to the physiology of intermittent work. *Acta Physiologica Scandinavica*, v. 50, n.3-4, p. 269-286, 1960.

CURADO, J. *Planejamento do treino e preparação do treinador*. Lisboa: Caminho, 1982.

DEDVEDEV, A. *O sistema de muitos anos no halterofilismo*: compêndio para os treinadores. Moscou: Fizcultura e Sport, 1986. p. 214

DONSKOI, D.; ZATISIORSKI, V. *Biomecânica*: manual para os institutos de cultura física. Moscou: Fizcultura e Sport, 1979. p. 264.

DURANTEZ, C. *Olímpia y los juegos olímpicos antiguos*. Pamplona: Delegación Nacional de Educación Física y Deportes/ Comitê Olímpico Español, 1975.

FILIN, V.P. *A teoria e a metódica do esporte juvenil*. Moscou: Fizcultura y Sport, 1987.

FILIN, V.P. *Desporto juvenil*: teoria e prática. Londrina: Centro de Informações Desportivas, 1996.

FILIN, V.P.; FOMIN, N. A. *Fundamentos do desporto de jovens*. Moscou: Fizcultura y Sport, 1980.

GODIK, M. A. *Controle da carga de treino e competição*. Moscou: Fizcultura y Sport, 1980.

GODIK, M. A. *Futebol*: preparação dos futebolistas de alto nível. Rio de Janeiro: Palestra Sport, 1996.

GODIK, M. A. *Metodologia esportiva*: manual para os institutos de educação física. Moscou: Fizcultura y Sport, 1988.

GOLLNIK, F.; HERMANSEN, L. *Adaptação bioquímica aos exercícios*: metabolismo anaeróbio: a ciência e o esporte. Moscou: Fizcultura e Sport, 1982. p. 14-59.

GOMES, A. C. *Formação do sistema de treinamento de desportistas brasileiros com base na teoria e prática do esporte internacional (no material de corrida)*. Tese

(Doutorado em Teoria e Metodologia da Educação Física e Treinamento Desportivo) – Academia Nacional de Cultura Física da Rússia, Moscou, 1997b.

GOMES, A. C. *Futebol*: treinamento desportivo de alto rendimento. Porto Alegre: Artmed, 2008.

GOMES, A. C. *Princípios científicos do treinamento desportivo*. João Pessoa: Idéia, 1997a.

GOMES, A. C. *Treinamento desportivo*: princípios meios e métodos. Londrina: Treinamento Desportivo, 1999.

GOMES, A. C. *Treinamento desportivo*: processo de muitos anos de preparação. João Pessoa: Ed. Universitária, 1998.

GOMES, A. C.; FILHO, N. P. A. *Cross training*: uma abordagem metodológica. Londrina: Apef, 1991.

GOMES, A. C. et al. Análises das ações motoras de deslocamento da equipe de voleibol feminino. Encontro Anual de Iniciação Desportiva – PIBIC/CNPq, VIII, 1999. *Anais ...*, v. II, 1999. p. 377-378.

GOMES, A. C.; JUNIOR, A. A. Seleção de talentos nos desportos: fundamentos teóricos. *Âmbito – medicina desportiva*, São Paulo, ano 4, n. 40, p. 11-177, 1998.

GOMES, A. C.; MACHADO, J. A. *Futsal*: metodologia e planejamento na infância e adolescência. Londrina: Midograf, 2001.

GOMES, A. C.; TEIXEIRA, M. *Esportes*: projeto de treinamento. Londrina: Cid – Centro de Informações Desportivas, 1997.

GROSSEN, M.; STARISCHA, S. *Principios del entrenamiento deportivo*. Barcelona: Martinez Roca, 1988.

GUJALOVSKI, A. *As etapas do desenvolvimento das capacidades físicas (motoras) e o problema de otimização da preparação física das crianças de idade escolar*. Tese (Doutorado) – Moscou, 1980, p. 43.

HARRE, D. *Special problems in preparing for atletic competitions*: principles on sports training. Berlin: Spongverlag, 1982. p. 216-227.

HOHMANN, A. *Grundalagem der trainingssteuerung im sportspiel*. Hamburg: Czwalina, 1993.

HOWALD, H. Training-induced morphological and functional changes in skeletal muscle. *International Journal Sports Medicine*, v. 3, n. 1, p. 1-12, 1982.

ILHIN, E. *Psicologia da educação física*. Moscou: Prosveschenie, 1983. p. 199.

IVOILOV, A.; TCHUKSIN, I.; SCHUBIN, I. A preparação poli competitiva dos desportistas. *Teoria e a prática da cultura física*. n. 2, p. 33-35, 1986.

JUNIOR, A. A. *Flexibilidade e alongamento, saúde e bem-estar*. São Paulo: Manole, 2009.

KARPMAN, V.; KHRUCHEV, S.; BORISSOVA, I. *O coração e a capacidade de trabalho do atleta*. Moscou: Fizcultura e Sport, 1978. p. 120.

KEIZER, H. A. Exercise – and training – induced menstrual cycle irregularies. *International Journal Sports Medicine*, v. 7 (Suppl.), p. 38-44, 1986.

KELLER, V. S. *Atividades competitivas no sistema de preparação desportiva*: sistema moderno de preparação desportiva. Moscou: Fizcultura e Sport, 1995. p. 41-49.

KELLER, V. S.; PLATONOV, V. N. *Teoria e metodologia da preparação de desportistas*. Linov, 1983. p. 270.

KEUL, J. Training und regeneration im hochleistungssport. *Leistungssport*, v. 8, n. 3, p. 236-246, 1978.

KOROP, I.; KONONENKO, I. *A natação feminina*: particularidades e perspectivas. Kiev: Zdorovie, 1983.

KOTS, I.; VINOGRADOVA, O. *A fisiologia do aparelho nervoso muscular*: manual para institutos da cultura física. Moscou, 1982.

KOTS, I.; VINOGRADOVA, O. *método de saturação de hidratos de carbono*. Moscou: Fizcultura e Sport, 1981.

KOTS, I.; VINOGRADOVA, O. *O método de saturação de hidratos de carbono*. Moscou: Fizcultura e Sport, 1969.

LENINGUER, A. *As bases da bioquímica*. Moscou: Mir, 1985.

LIAKH, V. *As capacidades de coordenação dos escolares*. Minsk: Polimia, 1989. p. 1-12.

LUKIN, I. *A metódica de planificação da carga de treino de orientação de velocidade e de força no sistema de preparação anual e de muitos anos de futebolistas*. Tese (Doutorado). Moscou, 1990. p. 21.

MAKHAILOV, V.; MINITCHENKO, V. A distribuição da carga de treino nos ciclos anuais de preparação dos esportistas. *Teoria e a prática da educação física*, n. 3, p. 23-26, 1982.

MANNO, R. *Fundamentos del entrenamiento deportivo*. Barcelona: Editorial Paidotribo, 2000.

MANSO, J. M. G.; VALDIVIELSO, M. N.; CABALLERO, J. A. R. *Planificacion del entrenamiento deportivo*. Madrid: Gymnos Editorial, 1996.

MATHEWS, D. K.; FOX, E. L. *Bases fisiológicas da educação física e dos desportos*. Rio de Janeiro: Guanabara, 1979.

MATVEEV L. P.; MEERSON, F. Princípios de la teoría del entrenamiento y las tesis actuales de la teoría de la adaptación a las físicas. In: MATVEEV L. P.; MEERSON, F. *Esbozos de la teoría de la cultura física*. Moscou: Fizcultura e Sport, 1984.

MATVEEV, L. P. *Fundamento do treino desportivo*: manual para os institutos de cultura física. Moscou: Fizcultura y Sport, 1977.

MATVEEV, L. P. *Fundamento geral da teoria do desporto e sistema de preparação dos desportistas*. Kiev: Literatura Olímpica, 1999.

MATVEEV, L. P. *Introdução à teoria da cultura física*. Moscou: Fizcultura y Sport, 1983.

MATVEEV, L. P. *Preparação desportiva*. São Paulo: FMU, 1996.

MATVEEV, L. P. Problema da periodização do treinamento desportivo. *Fizitiskoi culture*, Moscou, n. 1, 1964.

MATVEEV, L. P. *Teoria e a metodologia da cultura física*: manual para os institutos da cultura física. Moscou: Fizcultura y Sport, 1991.

MAZNITCHENKO, V. *O ensino das ações motoras*: as bases da teoria da cultura física. Moscou: Fizcultura y Sport, 1977.

MEERSON, F. *Principais leis naturais de adaptação individual*: fisiologia dos processos de adaptação. Moscou: Fizcultura y Sport, 1986.

MEERSON, F. Z.; PSHENNIKOVA, M. C. *Adaptación a las situaciones de stres y las cargas físicas*. Moscou: Editora Medicina, 1988.

MELLENBERG, G. *Os princípios motores regionais de elevação da qualidade do processo cíclico com a orientação para o desenvolvimento da resistência*: teoria e prática da cultura física. Moscou, Fizcultura e Sport, 1991. p. 23-24.

MIKHAILOV, V. *A respiração do esportista*. Moscou: Fizcultura e Sport, 1983. p. 103.

MILANOVICH, D. Prirucnik za Sportske Trenere. Zagreb: Faculdade de Cultura Física da Universidade de Zagreb, 1997.

MISCHENKO, V. *Os mecanismos fisiológicos de adaptação duradoura do sistema respiratório do homem sob a influência da atividade muscular tensa*. Tese (Doutorado). Kiev, 1985, p. 23.

NABATNI, Kovoi, M. I. *Fundamentos da preparação de esportistas jovens*. Moscou: Fizcultura y Sport, 1982.

NANOVA, L. *A variação na preparação de lançadores*. Moscou: Fizcultura e Sport, 1987. p. 1-12.

NAZAROV, V. T.; KISELEV, V. G. Biomechanical stimulation on muscle activity in sport rehabilitation/ abstr. International Congress of Biomechanical, 8, 1981, Nagoya, p. 28, 1981.

OVANESSIAN, A; OVANESSIAN, I. *Pedagogia do esporte*. Kiev: Zdorovie, 1986.

OZOLIN, N. G. *Treinamento de atletismo*. Moscou: Fizcultura e Sport, 1949.

OZOLON, E. *Corrida de Sprint*. Moscou: Fizcultura e Sport, 1986. p, 154

PLATONOV V. N. Teoria del deporte: manual para os institutos de cultura física. Kiev: Vysha skola, 1987. cap. 8.

PLATONOV, V. *Adaptação no esporte*. Kiev: Sdarovie, 1988.

PLATONOV, V. N. *Teoria e metodologia do treinamento desportivo*: manual de estudos para os estudantes de cultura física. Kiev: Escola Superior, 1984.

PLATONOV, V. N. *Teoria geral de preparação de desportistas no esporte olímpico*. Kiev: Literatura Olímpica, 1997.

PLATONOV, V. Teoria do esporte . Kiev: Editora Vischa Scola, 1987, p. 216.

PLATONOV, V.; FESSENKO, S. *Os nadadores mais fortes do mundo*. Moscou: Fizcultura y Sport, 1990.

PLATONOV, V.N. A preparação dos esportistas qualificados. Moscou: Fizcultura e Sport, 1986.

PODSKOTSIKII. B. N.; ERMAKOV, A. D. Exemplo de planejamento de treinamento de levantamento de peso dois meses antes da competição. Moscou, Levantamento de peso, 1981, p. 17-20.

POLISCHUK, D. A. *Ciclismo*. Barcelona: Paidotribo, 1993. p. 514.

POPOV, V. *A educação da flexibilidade*: as bases da teoria e da metódica de cultura física. Moscou: Fizcultura e Sport, 1986. p. 95-102.

PORTMAN, M. Planification et periodisation des programmes d'entrainement et de compétition. *Jounal de L'athetisme*, n. 30, p. 5-15, 1986.

POWERS, S. K.; HOWLEY, T. E. *Fisiologia do exercício*: teoria e aplicação ao condicionamento e ao desempenho. São Paulo: Manole: 2001.

PRAMPERO, P. E.; LIMAS, F. P.; SASSI, G. Maximal Muscular Power, Aerobic and Anaerobic, in II6 Athletes performing at the XlXth Olympic Games in Mexico. Ergonomics, v. 13, n. 6, p. 665-674, 1970.

PRUS, G.; ZAJAC, A. *Treinamento de sprinters*: metodologia principal do esporte de alto nível. Moscou: Fizcultura e Sport, 1988. p. 39-46.

SALTIN, B. Malleability of the system in overcoming itmitation: functional elements. *The Journal of Experimental Biology*, v. 1, n. 15, p. 345-354, 1985.

SCHMIDT, R. *Os sistemas motores*: fisiologia do homem. Moscou: [S.n.], 1985. v. 4.

SELIE, G. *Síndrome de adaptação*. Moscou: Medguiz, 1960, p. 124.

SEROV, S. Os exercícios pliométricos como meio de preparação de velocidade e de força dos atlletas na etapa de preparação especial. Tese (doutorado), Leningrado, 1988.

SHAPOSHNIKOVA, V.I. Individualización y prognostico en el deporte. Moscou: Fizcultura y Sport, 1984.

SIFF, C. M.; VERKHOSHANSKY, Y. *Super entrenamiento*. Barcelona: Editorial PaidoTribo, 2004.

SOLOGUB, E. *As bases fisiológicas do treino esportivo da mulher*: materiais metodológicos. Leningrado: [S. n.], 1987.

SUDAKOV, K. *Teoria geral dos sistemas funcionais*. Moscou: Editora Medicina, 1984.

SUSLOV, F. Acerca del aumento de la efectividade del entrenamiento deportivo en condiciones de altura média. *Teoria e Prática da Cultura Física*, Moscou, v. 12, p. 18-50, 1976.

SUSLOV, F. P. Preparação Competitiva e calendário de competições. Sistema moderno de preparação desportiva. Moscou, 1995, p. 73-79.

SUSLOV, F. *Sobre o fundamento especial de preparação nas modalidades cíclicas de esporte*: o desenvolvimento da resistência nas modalidades cíclicas. Moscou: s. n., 1987. p.39-40.

TIMAKOVA, T. A. *A preparação de muitos anos de nadadores e sua individualização* (aspectos biológicos). Moscou: Fizcultura y Sport, 1985.

TSCHIENE, P. *El estado actual de la teoría del entrenamiento*. Roma: Scuola Dello Sport, 1990.

TSVETAN, Z. *Bases del Entrenamiento Deportivo*. Barcelona: Editorial Paidotribo, 2001.

VAITSEKHOVSKI, S. *O sistema de preparação desportiva dos nadadores para os Jogos Olímpicos*: teoria, metodologia, prática. Tese (Doutorado). Moscou: Instituto Central da Cultura Física, 1985. p. 22.

VERKHOSHANSKI, Y. V. *A programação e organização do processo de treino*. Moscou: Fizcultura e Sport, 1985.

VERKHOSHANSKI, Y. V. *As bases da preparação física especial dos desportistas*. Moscou: Fizcultura e Sport, 1988. p. 331.

VERKHOSHANSKI, Y. V. *Entrenamiento deportivo*: planificación y programación. Barcelona: Martinez Roca, 1990.

VERKHOSHANSKI, Y. V. *Treinamento desportivo*: teoria e metodologia. Porto Alegre: Artmed, 2001.

VIRU, A. M. Biochemical and hormonal responses to training. *International Journal of Sports Science & Coaching*, v. 1, n. 2, p. 25-35, 1995.

VIRU, A.; IURIMIAE, T.; SMIRNOVA, T. *Os exercícios aeróbios*. Moscou: Fizcultura e Sport, 1988. p. 142.

VIRU, A.; Kyrgue, P. *Hormônios e a capacidade de trabalho desportivo*. Moscou: Fizcultura e Sport, 1983. p. 159.

VOLKOV, N. *Bionergética de la actividad muscular intensa del hombre y métodos para el aumento de la capacidad laboral de los deportistas* Dissertação (Mestrado), Moscou, 1990.

VOLKOV, N. *Bioquímica do esporte*. Moscou: Fizcultura e Sport, 1989. p. 267-347.

VOLKOV, V. M., FILIN V.P. *Seleção desportiva*. Moscou: Fizcultura y Sport, 1983.

VOROBIEV, A. N. *Halterofilia*: ensayo sobre fisiologia y entrenamiento deportivo. México: Libros de México, 1974.

VOROBIEV, A. Teoria e da prática. *Coletânea científica*, n. 1, p. 9-10, 1987.

ZAKHAROV, A. A.; GOMES, A. C. *Ciência do treinamento desportivo*. Rio de Janeiro: Palestra Sport, 1992.

ZAKHAROV, A. *O efeito imediato afastado da carga de força como fator de aumento do resultado nas competições*. Tese (Doutorado), Moscou, 1985. p. 23.

ZAKHAROV, A. *O método de jogo de ensino de jovens ciclistas*: ciclismo. Moscou: Fizcultura e Sport, 1986. p.70-74.

ZAKHAROV, A. *Os aspectos metódicos de organização da preparação dos ciclistas de alta competição nas condições* do centro de preparação olímpica: recomendações práticas. Moscou: Sovietiski Sport, 1990.

ZATSIORSKI, V. As qualidades físicas do atleta. Moscou: Fizcultura y Sport, 1970.

ZENOV, B. *A preparação física especial do nadador em terra e água*. Moscou: Fizcultura e Sport, 1986. p. 79.

ZHELYAZKOV, T. *Bases del entrenamiento*. Barcelona, Editorial Paidotribo, 2001.